Walter Porzig

Das Wunder der Sprache

Probleme, Methoden und Ergebnisse
der Sprachwissenschaft

Neunte Auflage
Herausgegeben von Andreas Jecklin und Heinz Rupp

Francke Verlag Tübingen und Basel

UTB
FÜR WISSEN
SCHAFT

Uni-Taschenbücher 32

1. Auflage 1950
9. Auflage 1993
(unveränderter Nachdruck der 8. Auflage 1986)

Dischingerweg 5 · D-7400 Tübingen
ISBN 3-7720-1203-5

Einbandgestaltung: A. Krugmann, Freiberg am Neckar
Gesamtherstellung: Pustet, Regensburg
Printed in Germany

ISBN 3-8252-0032-9 (UTB-Bestellnummer)

INHALT

Vorwort zur fünften Auflage 5
Aus dem Vorwort zur ersten Auflage 7
Vorwort zur zweiten Auflage 9

I. Die Richtigkeit der Namen 13

II. Gespräch 50

III. Gliederung 90
1. Die Erscheinung Sprache 92
2. Die Methoden der Forschung 93
3. Rede, Satz, Wort 109
4. Die Gliederung des Wortschatzes 117
5. Die Gliederung des Satzes 135
6. Die Wortarten 147
7. Die Lautung 152

IV. Sprache und Seele 162
1. Bewußtsein und Unbewußtes beim Sprechen 164
2. Das Sprechen und die Zeit 176
3. Leib und Seele beim Sprechen 186
4. Die Einheit der Persönlichkeit und der Aufbau der sprachlichen Gebilde 198
5. Seele und Welt 207

V. Die Sprachgemeinschaft 213
1. Der räumliche Bereich der Sprache 220
2. Die gesellschaftliche Gliederung der Sprachgemeinschaft 243
3. Alltagssprache und Hochsprache 250
4. Die Einheit der Sprachgemeinschaft 260
5. Sprachlicher Austausch 263

VI. Sprachwandel 271
1. Die Feststellung des Sprachwandels 271
2. Die Tatsachen des Sprachwandels 279
3. Die Arten des Sprachwandels 283
4. Die Ursachen des Sprachwandels 295

VII. Sprachvergleichung 320

Anmerkungen 375

Wegweiser durch die Literatur 397

Sachverzeichnis 403

Wörterverzeichnis 417

Namenverzeichnis 427

Erklärung der fremden Buchstaben 431

VORWORT ZUR FÜNFTEN AUFLAGE

Als mich vor einiger Zeit Herr Dr. Lang vom Francke-Verlag fragte, ob ich bereit sei, eine neue Auflage von W. Porzigs «Das Wunder der Sprache» zu besorgen, sagte ich mit Vergnügen zu. Dieses Vergnügen hat seine Gründe. Porzigs Buch, so erinnere ich mich, hat mir, als jungem Assistenten an der Universität Freiburg i. Br., schon bei seinem ersten Erscheinen im Jahre 1950 einen großen Eindruck hinterlassen und den angehenden Mediävisten zu stärkerem Engagement im Bereich der Sprachwissenschaft verleitet. 20 Jahre später bin ich noch, wie damals, der Meinung, daß Porzigs Buch – man entschuldige den Superlativ – ein großartiger Wurf war. Ich habe in diesen zwanzig Jahren akademischer Lehrtätigkeit immer wieder erlebt, wie junge Germanistik-Studenten gerade durch Porzigs Buch Interesse an einem wissenschaftlichen Gebiet faßten, von dem sie vorher wenig wissen wollten. Ich kenne auch heute noch kein anderes Buch, das dem Linguisten, dem angehenden Linguisten und dem Laien gleichermaßen nützlich sein kann. So schien mir eine Neuauflage mehr als gerechtfertigt.

Vor meiner Zusage, die Neuauflage zu besorgen, habe ich Herrn Dr. Andrea Jecklin, Assistent am Deutschen Seminar der Universität Basel, gebeten, mir zu helfen. Aus dieser Bitte um Hilfe ist eine echte Zusammenarbeit geworden; deshalb ist das Vorwort auch von uns beiden unterzeichnet.

Es stellte sich uns die Frage, wie wir bei einer Neuauflage verfahren sollten. Nach erneuter gründlicher Lektüre des Buches waren wir uns einig, daß am Text nichts geändert werden dürfe: Änderungen und Einfügungen neuer Abschnitte oder gar neuer Kapitel aufgrund der heutigen Forschungslage hätten die Geschlossenheit des Buches, den «Wurf» Porzigs, zerstört. Wir haben also den Text gelassen, wie er war, und nur offensichtliche Fehler ausgemerzt.

Damit der Leser von Porzigs Text aus leicht Zugang zum heutigen Stand der Linguistik findet, haben wir das Literaturverzeichnis und die Anmerkungen dort, wo es uns nötig schien, erweitert. Beim Hinweis auf neue Forschungsprobleme und -ergebnisse und die dazugehörende Literatur haben wir uns auf leicht zugängliche Literatur beschränkt und bevorzugt auf solche, die den Leser, falls er Näheres wissen will, auch bibliographisch weiterführt. Die Register wurden ebenfalls überprüft, im Blick auf den Leser zum Teil verbessert und wo nötig erweitert.

Wir hoffen, daß mit diesen sehr zurückhaltenden Eingriffen der ursprüngliche Charakter von Porzigs Buch gewahrt bleibt und der Leser doch die Möglichkeit hat, sich rasch dem heutigen Stand der Wissenschaft zu nähern.

Mehr denn je scheint uns heute wesentlich, was Porzig im zweiten Abschnitt seines Vorworts zur 2. Auflage gesagt hat.

Basel, den 7. 9. 1971 ANDREA JECKLIN HEINZ RUPP

AUS DEM VORWORT ZUR ERSTEN AUFLAGE

Dieses Buch beabsichtigt, eine gemeinverständliche Darstellung der Probleme, Methoden und Ergebnisse der modernen Sprachwissenschaft zu geben.

Die Sprachwissenschaft erfreut sich nicht derselben Anteilnahme weiterer Kreise wie die Naturwissenschaften, obwohl ihre Ergebnisse und ihre Verfahren nicht entfernt solche Anforderungen an das abstrakte Denken stellen wie die Mathematik und die theoretische Physik. Das könnte um so mehr auffallen, als die Sprache eine eigentlich und besonders menschliche Fähigkeit ist. Erst sie macht die seelischen Vorgänge zum menschlichen Erleben, und nur sie stiftet die Gemeinschaft, auf der alle menschliche Kultur aufbaut. Die Sprachwissenschaft ist demnach die Grundwissenschaft für alle Geisteswissenschaften in demselben Sinne, wie die Mathematik die Grundwissenschaft für die Naturwissenschaften ist. Wie nämlich in diesen nur das als endgültiges Ergebnis gebucht werden kann, was eindeutigen mathematischen Ausdruck gefunden hat, so müssen sich alle Erkenntnisse über geistige Leistungen der Menschheit auf Bau und Leistung ihrer Sprachen zurückführen lassen. Freilich befindet sich die Sprachwissenschaft noch ziemlich weit vor ihrem Ziel, aber dieser Umstand ist eher geeignet, ihren Reiz für den Forscher zu erhöhen.

Wenn trotzdem die Beschäftigung weiterer Kreise mit sprachwissenschaftlichen Ergebnissen nicht über elementare Fragen der «Sprachrichtigkeit» und gelegentliche Kuriositäten hinausgeht, so hat das im wesentlichen zwei Ursachen: die eine gründet tief im Verhältnis des Menschen zu seiner Sprache, die andere ist zufällig und äußerlich. Die Sprache ist so unmittelbar mit dem Bewußtsein des einzelnen verbunden, daß es sehr schwer fällt, sie gegenständlich vor sich hinzustellen und sie gewissermaßen von außen zu betrachten. Wie der naive Mensch ein mit Luft gefülltes Gefäß als «leer» bezeichnet, weil Luft selbstverständlich überall ist, so vermag er auch die Sprache nicht als Problem zu sehen, weil sie die selbstverständliche Grundlage seines

Denkens und damit der Problemstellung selber ist. Die zweite Ursache ist die Art des Sprachunterrichts in unsern Schulen. Trotz aller Bemühungen, ihn lebendiger zu gestalten, ist er immer noch geeignet, von der theoretischen Beschäftigung mit der Sprache auf Lebenszeit abzuschrecken.

Hier soll nun versucht werden, die Probleme, die die Tatsache Sprache bietet, erst einmal vor Augen zu bringen. Deshalb habe ich sie nicht in ihrer logischen Folge dargeboten – sonst hätte ich mit dem dritten Kapitel beginnen müssen –, sondern so, wie sie geschichtlich der Reihe nach den Menschen zum Bewußtsein gekommen sind. Auf diesem Wege wird sich auch heute noch der Laie am leichtesten hineinfinden.

Alle Kapitel sind so angelegt, daß in ihnen das Ganze der Sprache unter einem besonderen Gesichtswinkel vor Augen tritt. Ich habe mich bemüht, schlicht bei den Tatsachen zu bleiben und dem staunenden Leser keine unkontrollierbaren Höhenflüge vorzuführen. Strittigen Fragen bin ich nirgends ausgewichen. Es ist mir hoffentlich gelungen, in solchen Fällen beide Standpunkte unparteiisch zu Worte kommen zu lassen. Meine eigene Stellung dazu habe ich dann deutlich angegeben.

Um dem interessierten Leser ein weiteres Studium zu erleichtern, habe ich Wert darauf gelegt, die wichtigsten Fachausdrücke sowohl in ihrer deutschen als auch in ihrer internationalen Form mit ausführlicher Erklärung anzugeben. Ratschläge für weitere Lektüre gibt der «Wegweiser durch die Literatur».

Die Anmerkungen sollen in erster Linie auf meine Quellen hinweisen, daneben auch meine Stellungnahme zu strittigen Fragen kurz begründen.

Zum Schluß ist es mir eine angenehme Pflicht, dem Verlag Francke herzlich dafür zu danken, daß er dem unter so ungünstigen äußeren Umständen entstandenen Buche in seiner vortrefflichen Sammlung Dalp Aufnahme gewährt hat.

Februar 1950 WALTER PORZIG

VORWORT ZUR ZWEITEN AUFLAGE

Die neue Auflage bot die erwünschte Gelegenheit, das unter abenteuerlichen Umständen und in etwas apokalyptischer Stimmung zustande gekommene Buch neu zu bearbeiten. In den Jahren 1947/48 geschrieben, konnte es nicht mehr anstreben, als den Stand der Wissenschaft von 1939 darzustellen oder vielmehr das, was der Verfasser davon wußte. Seitdem hat sich nicht nur die Welt, sondern auch die Sprachwissenschaft und der Verfasser verändert. So war die Hauptaufgabe der Neubearbeitung, Lücken auszufüllen und die Darstellung so nahe wie möglich an die Gegenwart heranzuführen. Das erwünschte Ziel wäre gewesen, über alles Wichtige zu berichten, was heute auf dem Gebiete der Sprachwissenschaft in der Welt vorgeht. Daß es nicht erreicht worden ist, wird niemanden wundern. Zwar hat sich der Verfasser bemüht, von möglichst viel sprachwissenschaftlichen Bestrebungen Kenntnis zu erhalten, und er ist zahlreichen Fachgenossen zu herzlichem Dank verpflichtet, die ihn dabei unterstützt haben. Aber nicht alles, von dem er Kenntnis bekam, konnte er lesen; nicht alles, was er gelesen hat, hat er verstanden, und nicht alles, was er verstanden zu haben glaubt, traute er sich zu, gemeinverständlich darzustellen.

Die Fülle und Buntheit der Auffassungen, wie sie eine in hoher Blüte stehende Wissenschaft darbietet, wird nur der übersehen und ordnen können, der sich an die Erscheinung Sprache selbst hält. Die verschiedenen Seiten, die sie dem Betrachter darbietet, erklären die Verschiedenheit der Wege, auf denen man Zugang sucht, und die abweichenden Bilder, die man vom Gegenstand der Untersuchung bekommt. Ich bin überzeugt, daß kein ernsthafter Versuch nutzlos, keine Auffassung völlig falsch ist. Es ist menschlich, daß jeder Forscher in die Sicht des Gegenstandes, die sich ihm zuerst oder gar als erstem dargeboten hat, etwas verliebt ist und so seine Akzente einseitig setzt. Aber erst die Gesamtheit der einseitigen Bilder ergibt unser heutiges Wissen von dem Gegenstand Sprache. Damit dieses Wissen wirklich wird und lebendig bleibt, darf das Gespräch zwischen den «Richtungen» nicht abreißen. In diesem Zusammenhang möchte der vorliegende Versuch in seiner neuen Gestalt gesehen werden. Er wendet sich nicht an die Fachgenossen, denen mit entschiedener Stellungnahme für oder gegen viel mehr gedient wäre, sondern an die vielen, die in ihrem Leben und Denken auf die Erscheinung Sprache stoßen und wissen möchten, was denn die Fachleute bisher darüber herausgebracht haben.

Deshalb fängt das Buch mit dem alten Problem des Kratylos an, der Stelle, wo Sprache dem denkenden Menschen unsres Wissens zuerst auffiel. Dann folgt ein Streitgespräch, in dem versucht wird, die Erscheinung Sprache zunächst einmal abzugrenzen gegen das, was nicht Sprache und noch nicht Sprache ist. Wenn es dabei gelungen ist, von der Fiktion und dem Gedankenexperiment zu ernsthaften Problemen vorzustoßen, so verdanke ich das dem Rat und der Mitarbeit von OTTO KOEHLER in Freiburg, der unermüdlich mündlich und schriftlich dieses Gespräch im Ernst geführt hat und überdies noch eine weitverstreute Literatur aus mir fremdem Fachgebiet zur Verfügung stellte. Im Kapitel «Gliederung» kommen dann die verschiedenen Gesichtspunkte und Methoden selbst zu Wort und werden dabei, den Tatsachen der wirklichen Welt zuwider, im Zusammenwirken gezeigt. Die Veränderungen im vierten (sprachpsychologischen) Kapitel sind natürlich auf das Erscheinen des dritten Bandes von Friedrich Kainz' großer «Sprachpsychologie» zurückzuführen, der die langersehnte moderne psychologische Beschreibung des Sprechens und Verstehens gegeben hat, deren die erste Auflage noch entraten mußte. Das sprachsoziologische Kapitel hat mehrfach freundliche Beachtung gefunden. Es ist jetzt hoffentlich übersichtlicher gegliedert. In der Terminologie habe ich mich aus praktischen Gründen, wenn auch widerstrebend, den Germanisten angepaßt. Wesentlich vollständiger konnte der Bericht über die «Plansprachen» gestaltet werden dank der freundlichen Beratung durch Herrn Professor WILHELM BLASCHKE in Wels (Oberösterreich), der mir für lange Zeit eine wertvolle

Sammlung einschlägiger Literatur überließ. Dafür möchte ich ihm auch an dieser Stelle herzlich danken.

Zwei Kapitel der ersten Auflage sind weggefallen. Das achte, «Die Sprachen der Erde», ist heute, wo wieder alle Bücher zur Verfügung stehen und «Les langues du monde» in erneuerter Gestalt erschienen ist, überflüssig. Das neunte habe ich, gutem Rate folgend, in das zweite und dritte mit eingearbeitet.

Der «Wegweiser durch die Literatur» ist auf den berechtigten Wunsch mancher Leser wesentlich erweitert worden. Hoffentlich haben nun die Leser nicht das Gefühl, in einen Irrgarten gewiesen zu werden.

Meinen Dank an den Verlag Francke erneuere ich aus vollem Herzen. Einen weiteren Anlaß dafür hat er mir mit der großen Geduld gegeben, mit der er auf die aus sachlichen und persönlichen Gründen langwierige Neubearbeitung gewartet hat.

ERSTES KAPITEL

DIE RICHTIGKEIT DER NAMEN

Alle Wissenschaft beginnt damit, daß sich jemand über Alltägliches und Selbstverständliches wundert. Warum fallen alle Dinge zu Boden, wenn sie nicht gehalten werden? Warum sind die Bäume grün? Warum sind Menschen, Tiere und Pflanzen ihren Eltern oft so ähnlich und dann wieder so ganz unähnlich? Die Versuche, solche Fragen zu beantworten, haben ganze Wissenschaften erzeugt oder schon bestehende Wissenschaften auf neue Bahnen gewiesen. Freilich, mit dem Wundern allein ist es nicht getan. Wenn sich der Fragende gar zu leicht beruhigt bei Antworten wie «Ein Gott hat es so gefügt» oder «Ein zufälliges Ereignis der Vorzeit hat für alle Zeit das gültige Muster geprägt», oder wenn er sich einschüchtern läßt durch die Mahnung «So zu fragen ist Frevel» oder «Dergleichen einzusehen geht über den menschlichen Verstand», so entsteht, was auch immer sonst die Folgen sein mögen, jedenfalls keine Wissenschaft. Wissenschaft kommt erst dann zustande, wenn das Interesse einzelner Menschen an den Erscheinungen der Wirklichkeit so groß wird, daß sie sich mit ihnen ohne Rücksicht auf praktische Zwecke beschäftigen, ohne dabei durch Angst oder Ehrfurcht gehemmt zu werden. Unterschätzung der Schwierigkeiten und naives Selbstvertrauen stehen an der Wiege jeder Wissenschaft.

Das Sichwundern, aus dem die Sprachwissenschaft entstehen sollte, richtete sich zunächst nicht auf die Tatsache, daß Menschen überhaupt sprechen – das war allzu selbstverständlich. Sondern man fragte, und zwar an den verschiedensten Orten unabhängig voneinander, warum die Dinge hießen, wie sie hießen. Also nicht, daß Dinge überhaupt einen Namen haben, setzte die Menschen in Erstaunen, sondern sie wollten wissen, warum sie gerade diesen Namen trugen, also warum die Frau «Frau» und der Löffel «Löffel» heißt. Auch hier gab es die Antwort aus dem Mythos, die weiteres Fragen erstickt: die Dinge heißen, wie sie heißen, weil sie der erste Mensch im Auftrag und in der Vollmacht Gottes so genannt hat (1. Mos. 2, 19.20). Anderwärts sind es die Ahnen, die in ihrer Weisheit den Dingen ihre Namen gegeben haben. Daneben aber finden wir Versuche, den Beweggründen dieser ersten Benennung nachzuspüren. Adam nennt die Frau *ischa* (hebr. «Weib»), weil er ahnt und empfindet, daß sie von ihm, dem Manne (hebr. *isch*) genommen ist (1. Mos. 2, 23). Solche Ableitungen eines Namens aus einem andern, durch die etwas über die Beziehung zweier Dinge, über die Herkunft oder die Aufgabe des so benannten Dinges ausgesagt wird, finden sich nun überall, wo man auf die Sprache aufmerksam wird, über sie nachzudenken beginnt.

Damit eröffnet sich den Menschen ein neuer Weg, die Welt zu verstehen, ihre Erscheinungen zu deuten. In den Namen hat die Gottheit oder die Weisheit der Vorfahren das wahre Wesen der Dinge offenbar gemacht. Aber während überall in der Welt, wo überhaupt dieser Weg betreten wurde, auch aus dieser Quelle des Wissens in erster Linie die Priester schöpften, um die religiöse Deutung der Welt zu verfeinern, geriet an einer einzigen Stelle die Frage nach der Namengebung in das Kraftfeld einer ganz anderen geistigen Bewegung. Das war in Griechenland im 5. Jahrhundert vor Christi Geburt. Die Namen der Dinge sind von den Vorfahren überliefertes Gut, genau wie Sitten und Gebräuche, Recht und Religion. Als solchen lebt man mit ihnen, sucht sie, wenn man geistig anspruchsvoll ist, zu verstehen und zu deuten, aber man stellt sie nicht in Frage. Genau das geschah aber zu jener denkwürdigen Zeit unter den Griechen, als verwegene Männer daran gingen, den Mutterboden zu untersuchen, auf dem die griechische Gesellschaft lebte. Wenn wir bei der Darstellung jedes geistigen Anliegens immer wieder von dieser Zeit und ihren Fragen ausgehen müssen, so ist das ein Zeugnis für die ununterbrochene Überlieferung, die uns mit der Geburtsstätte unserer Kultur verbindet.

Wie bei allen ursprünglichen Völkern waren auch bei den Griechen das gesellschaftliche und das geistige Leben von alters her in streng geregelten Formen verlaufen. Brauch und Herkommen bestimmten, was sich schickte, was man tun mußte und tun durfte, was sich zu erstreben lohnte und was man besser vermied. Die Gesamtheit dieser nicht geschriebenen, sondern gelebten Vorschriften nannten die Griechen «Nomos», und es ist bezeichnend, daß sie später auch das geschriebene Gesetz mit diesem Wort benannten. «Der Nomos ist König über alle», hat der Dichter Pindar gesagt (1) zu einer Zeit, als diese Herrschaft des Nomos schon nicht mehr unbestritten war. Denn das geschichtliche Schicksal hatte die Griechen hinausgeführt aus der Enge ihres kantonalen Daseins und ihnen gezeigt, daß hinter dem Berg auch Leute wohnen. Sie hatten Niederlassungen an den Küsten fremder Erdteile gegründet und waren dabei mit Völkern in enge Berührung gekommen, die auch ihr festes und unverbrüchliches Brauchtum hatten, aber ein ganz anderes, als es die Griechen von Hause kannten (2). So ist es nicht zu verwundern, daß gerade in den Städten auf Kolonialboden, bei den Ioniern an der kleinasiatischen Küste, zuerst nachgedacht worden ist über die Gültigkeit der Nomoi, der Bräuche, und über den Grund dieser Gültigkeit. Wenn man das, was bisher selbstverständlich gewesen war wie essen und trinken, prüfen wollte, so brauchte man dazu einen Maßstab, an dem man es messen konnte. Dieser Maßstab wurde den Griechen die vernünftige Überlegung. Sie versuchten, in das Wesen und den natürlichen Zusammenhang der Dinge einzudringen, um daraus das Zweckmäßige, das allgemein und von Natur aus Gültige zu erkennen. Erst wenn Brauch und Herkommen in dieser Weise geprüft und gültig befunden worden waren, konnten sie Anspruch auf Achtung und Befolgung erheben. Wie ein Rausch muß diese Entdeckung des Gebrauchs der Vernunft zur Prüfung der Werte damals über die Menschen gekommen sein. Es machte den gewitzten Ioniern – sie waren ja alle Seefahrer und Kaufleute – ein diebisches Vergnügen, die festesten und anerkanntesten Werte vor den Richterstuhl ihrer Vernunft zu fordern und ihre Fragwürdigkeit nachzuweisen. «Nur durch Herkommen, aber nicht von Natur gültig», lautete meistens das Urteil. «Darum aber auch nicht verpflichtend.»

Die vernünftige Erwägung mußte sich in den Formen der Sprache vollziehen. Von jeher waren die Griechen Künstler des Streitgesprächs gewesen. Schon in den ältesten Denkmälern, in denen wir sie selbst hören, in den homerischen Gedichten (3), setzt uns die raffinierte Kunst der Rede in Erstaunen, über die der Dichter diese Helden der Vorzeit verfügen läßt. Aber Redenkönnen war für die Griechen nicht nur ein Schmuck des geistigen Daseins, sondern eine Notwendigkeit des bürgerlichen Lebens. In den vielen kleinen Städten hing das Schicksal des einzelnen Bürgers oft ab von den Beschlüssen politischer Versammlungen oder den Urteilen eines Gerichtshofs, der selbst durch die Zahl der Beisitzer eine stattliche Versammlung war. Und diese Versammlungen, politische wie gerichtliche, ließen sich in ihren Entscheidungen nicht so sehr durch sachliche Erwägungen leiten als vielmehr durch den Eindruck einer packenden Rede (4). Um das öffentliche Reden kam also keiner herum, wer es nicht konnte, mußte es lernen, oder er mußte jemanden finden, der ihm, für Geld oder aus Gefälligkeit, seine Rede aufsetzte. Hier winkte dem rede- und schreibgewandten Manne ein guter Verdienst. Und so wurde reden lehren und Reden verfassen ein gewiß nicht leichter, aber dafür sehr einträglicher Beruf. Die Männer, die ihn ausübten, waren stolz auf ihre handwerkliche Kunst und nannten sich darum «Sophisten», das wäre etwa zu übersetzen als «Fachleute», nämlich der Redekunst (5). Diese Sophisten, die, entgegen dem Ruf, in den sie durch den Verlauf der geistigen Entwicklung gekommen sind, in ihrem Fach ehrliche und fähige Leute waren und sich ihren Beruf haben sauer werden lassen, mußten sich nun mit ihrem Handwerkszeug, nämlich mit der Sprache, eingehend und als Techniker befassen.

Und dabei stellten sie nun auch an die Sprache, die ursprünglichste und stärkste, die selbstverständlichste und nie bezweifelte gesellschaftliche Bindung, die prüfende Frage: Herkommen oder Wesenszusammenhang? (6) Sind die Regeln der Sprache, also das, wonach wir das Sprechen eines Kindes oder eines Ausländers als «falsch» oder «richtig» beurteilen, Gewohnheit und Übereinkunft der Menschen, oder kann man sich dafür auf naturgegebene, im Wesen der Dinge und des Sprechens gründende Beziehungen berufen? Mochte man die Frage in dem einen oder in dem anderen Sinne beantworten, in jedem Falle waren die Folgen unabsehbar. War der Sprachgebrauch wirklich nur Gebrauch, nur Nomos, dann unterlag er ja, wie jedes Herkommen, der Kritik der Vernunft, vor der er sich zu rechtfertigen hatte. Dann mußte er sich gefallen lassen, ohne Rücksicht auf unvordenklich lange Geltung, als falsch erkannt und auf Grund vernünftiger Einsicht verbessert zu werden. Dann konnte und mußte man beim Sophisten nicht nur die kunstmäßige Verwendung, sondern auch den alltäglichen Gebrauch der Rede erlernen. Wenn aber im Gegenteil die Sprache und ihre Formen wesenhafte Beziehungen der Dinge widerspiegelten, dann erschloß sich für den Kundigen in ihnen eine Quelle tiefer Einsicht in das Wesen der Welt selbst.

Diese Auffassung von der Sprache hatte im 5. Jahrhundert vor Christus ebenfalls hervorragende Vertreter. Noch kurz vor dem Auftreten der Sophisten hatte sich ein ionischer Philosoph, Herakleitos von Ephesos, auf sprachliche Erscheinungen für seine Anschauung von der Welt berufen. Für ihn war die Welt ein Gefüge gegensätzlicher Spannungen (7), die in ihrem Widerstreit die Dinge hervorbrachten. Genau genommen gab es gar keine starren Gegenstände, sondern nur Vorgänge, die von uns als Gegenstände aufgefaßt werden. Seine Beispiele für diesen inneren Bau der Dinge waren der Fluß, der ein Strömen, und die Flamme, die ein Brennen ist. Diese seine Erkenntnis vom Vorgangscharakter der Gegenstände fand er nun in den Namen der Dinge bereits vorgebildet. Wie er das im einzelnen meinte, können wir aus den Bruchstücken seines Werkes nicht mehr entnehmen. Wir erfahren aber von Platon, den die Frage stark beschäftigte, wie sich seine Schüler die Sache dachten (8). Danach zerfallen alle «Namen», das heißt die Wörter der Sprache überhaupt, in Urwörter und abgeleitete Wörter. Die Namen der meisten Dinge sind von Wörtern abgeleitet, die «fließen» (griechisch *rhein*) oder «gehen» (griechisch *iénai*) oder eine andere Art der Bewegung bezeichnen. Und dies entspricht dem Wesen der Dinge, denn dieses Wesen ist eben Verlauf, das heißt Bewegung. Die Urwörter aber bilden ihrerseits in ihrem Lautbestand, dem *r* und dem *i*, die Bewegungen nach, die sie benennen. Zwischen diesen und der Lautform der Urwörter besteht also eine naturgegebene Beziehung. So kann die Sprache ausgewertet werden für die Erkenntnis des Wesens der Dinge.

Herakleitos, auf den diese Betrachtungsart im Kern sicherlich zurückgeht, stand damit selbst am Ende der priesterlichen Überlieferung, von der vorhin die Rede war. Schon längst hatte man versucht, die Namen der Dinge zu deuten, um dadurch hinter ihr Wesen zu kommen. Und auch die beiden Gesichtspunkte des Herakleitos finden sich schon früher: die Laute der Wörter deuten unmittelbar die Natur der bezeichneten Dinge an, und der Zusammenhang der Wörter untereinander gibt Aufschluß über den Zusammenhang der Erscheinungen der Welt. *Etymos* «wahrhaft» oder «wirklich» nannten die Griechen schon vor Herakleitos (9) die Beziehung der Namen auf ihre Stammwörter, die über das Wesen der benannten Dinge Aufschluß gaben. Danach bekam die Kunst dieser Zurückführung den Namen *Etymologie* (10), die Lehre von den wahren Wortbedeutungen. Denn jedes Ding hat seinen richtigen Namen, es kommt nur darauf an, ihn zu kennen. «Daß man die Bahnen der Sterne berechnen kann, begreife ich», sagte der Bauer, den ein Zufall in einen astronomischen Vortrag geführt hatte, «aber wie in aller Welt haben sie ihre Namen herausgebracht?» Für ihn waren diese Namen nicht Übereinkunft und Herkommen (Nomos), sondern Natur und Wesen (Physis) der Himmelskörper. Und so kann man mit dem richtigen Namen die Mächte beschwören, absichtlich oder unabsichtlich, wenn man nicht aufpaßt. Darum kommt es bei heiligen Handlungen auf jeden Laut, auf jede Betonung an. Kann doch eine falsche Betonung das Wesen eines Dinges in sein Gegenteil verwandeln (11).

Das war, ehrwürdigen Alters, die Auffassung von der Sprache als Offenbarerin des Wesens der Welt. Und nun kamen die Sophisten und prüften mit der Schärfe ihres Verstandes auch dieses Band menschlicher Gemeinschaft, dessen Kraft nur im Herkommen zu wohnen schien. Sprach man nicht überall auf der Welt anders? Hatte nicht jede griechische Stadt ihre eigene Mundart, und die Barbaren gar ganz fremde Sprachen? Wenn eine natürliche Beziehung zwischen Wörtern und Sachen bestand, konnte sie doch nur in höchstens einer dieser Sprachen vorliegen, den andern mußte sie irgendwie abhanden gekommen sein. Wenn das aber möglich war, wer bürgte dafür, daß überhaupt eine Sprache die richtige Beziehung noch bewahrt hatte? Und wieviel Unvernünftiges fand sich in jeder Sprache, wenn man einmal darauf aufmerksam geworden war! Wirklich in jeder Sprache, so daß wir ohne Mühe die Anstöße, die die Sophisten an ihrer Muttersprache nahmen, auch an unserer aufzeigen können. Sagen wir nicht ausnahmslos *der Sperling* und *die Schwalbe*, obwohl es doch unbestreitbar weibliche Sperlinge und männliche Schwalben gibt? Vernünftigerweise muß man gegebenenfalls von *der Sperlingin* und *dem Schwälber* sprechen (12). Und ist die Sonne nicht weit kräftiger und also männlicher als der sanfte Mond, der offenbar viel eher weiblicher Natur ist? Vertauschen wir also im Namen der Vernunft das grammatische Geschlecht der beiden Himmelskörper! Die Engländer haben das tatsächlich getan. Die altgermanische Regelung, daß die Sonne weiblich und der Mond männlich ist, hat ursprünglich auch bei ihnen gegolten. Dann haben sie aber in ihrer Sprache das grammatische Geschlecht überhaupt aufgegeben und nehmen nur noch in der Wahl der Fürwörter auf das natürliche Geschlecht Rücksicht. Und dabei hat es sich durchgesetzt, daß die Sonne mit *he* «er» und der Mond mit *she* «sie» bezeichnet wird. Weiter: es heißt *der Mut*, aber *die Sanftmut* – und was hat diese überhaupt mit dem *Mut* zu tun? Wir bilden die Vergangenheit der Tätigkeitswörter *fragen, jagen, klagen, nagen, plagen, sagen, wagen* als *fragte, jagte, klagte, nagte, plagte, sagte, wagte*. Warum sagen wir *trug* zu *tragen?* Beseitigen wir die unerklärliche und darum unberechtigte Ausnahme und bilden wir hinfort *tragte!* Was solchen Vorschlägen mit Hohn und Spott widerspricht – und auch bei den Griechen widersprach –, ist eben das Herkommen, der Nomos, der «König über alle». Er ist offenbar in der Lage, auch dem einflußreichsten Schulmeister zu widerstehen.

Aber damit, daß die praktischen Sprachreformversuche der Sophisten scheiterten, war die Auffassung ihrer Gegner noch nicht gerechtfertigt. Die Sprachtheorie der Herakliteer fand einen anderen Gegner, den weniger ihr Ausgangspunkt als ihre Folgerungen auf den Plan riefen. Gegenüber dem auflösenden, ja zersetzenden Wirken der Sophisten hatten sich in Athen Männer erhoben, die gerade durch das Mittel der vernünftigen Überlegung, des «Logos», der Auflösung zu steuern und festen Grund für das Denken und für das Handeln zu gewinnen strebten. Das waren Sokrates und seine Schüler. Deren größter, Platon, prüfte in seinem Dialoge Kratylos (benannt nach einem Schüler des Herakleitos) die Ansicht von der Sprache als Schlüssel zum Wesen der Dinge. Der Gedanke, daß der Mensch in seinen höheren Fähigkeiten einen Zugang zum wahren Sein besitze, war Platon gewiß nicht fremd. Aber er mißtraute einer Lehre, die das feste unwandelbare Sein in ein Gefüge von Vorgängen und Spannungen auflöste. So hat er, nicht ohne Wohlwollen, mit geistreicher, manchmal kaum zu durchschauender Ironie die ganze Lehre noch einmal untersucht und schließlich verworfen. Über die Sprache führt der Weg zur Erkenntnis der letzten Dinge nicht.

Die ganze Frage nannte Platon die nach der «Richtigkeit der Namen» (13), das heißt nach dem Grunde, aus dem ein Wort mit einer Sache so verknüpft ist, daß es diese Sache meint und sie im Denken vertritt. Die Frage ist damals von den Griechen nicht endgültig erledigt worden und muß von der Sprachwissenschaft immer von neuem durchdacht werden.

Wie läßt sich eine «natürliche» Beziehung eines Wortes auf seinen Gegenstand überhaupt denken? Nun, ein Wort ist zunächst ein Lautgebilde, und ein großer Teil der Dinge in der Welt sind Töne oder fallen uns durch die Töne auf, die sie hervorbringen. So ist es möglich, die Welt der Töne durch die Laute der Sprache nachzubilden. Und in allen Sprachen der Welt ist diese Möglichkeit in einem gewissen Umfang verwirklicht. Wir haben im Deutschen den Vogel, der seinen Namen ruft, ja der eigentlich für unsere Wahrnehmung nichts ist als dieser sein Ruf: *Kuckuck*. Schon bei den Griechen hieß er danach: *kókkyx*. Und dann überhaupt die Stimmen der Tiere: die Kuh *muht*, das Schaf *blökt*, die Ziege *meckert*, das Schwein *quiekt* und *grunzt*, die Katze *miaut*, die Taube *gurrt*, der Rabe *krächzt*. Aber auch Lebloses tönt: es *rasselt*, *klappert*, *quietscht*, *plätschert*. Das sind nicht etwa Überbleibsel aus vorgeschichtlichen Zeiten der Sprache, sondern die meisten dieser Wörter – sie ließen sich leicht vermehren – sind jungen Ursprungs (14). Der elektrische Schalter sagt *knips*, und *knipsen*, *anknipsen*, *ausknipsen* sind geläufige Wörter mindestens der Alltagssprache (15).

Daß die Wiedergabe desselben Naturlauts in verschiedenen Sprachen etwas verschieden ausfällt – der Hahn kräht in Deutschland *kikeriki*, in Frankreich *cocorico* –, wird uns nicht wundern, wenn wir bedenken, daß ein Schalleindruck nicht nur durch den wirklichen Ton draußen, sondern auch durch die Auffassung des Hörenden zustande kommt, und diese ist bei verschiedenen Menschen verschieden. Und verschieden sind auch die eingeübten Bewegungen der Sprechwerkzeuge in den einzelnen Sprachgemeinschaften.

Aber einige andere Bemerkungen drängen sich angesichts der Beispiele – die man ebensogut aus jeder beliebigen anderen Sprache hätte nehmen können – der Betrachtung auf. Man beobachtet zunächst, daß im allgemeinen nicht die reine Lautnachahmung der Sprache angehört, sondern daß sie in das Formengefüge der Sprache eingebaut, daß sie Wort geworden ist. Gebilde wie *bautz! pardauz! rums!* (da ging die Pfeife los); (und die Venus ist perdu) *klickeradoms!* (von Medici) stehen als eine Art Ausrufe außerhalb des Satzverbandes, sie sind jedenfalls keine Wörter, die etwas meinen, also über sich hinausweisen, und etwas vertreten, sondern sie sind selbst das Gemeinte, nämlich ein bestimmter Schall. Dagegen wird aus dem *muh* der Kuh ein Tätigkeitswort *muhen,* dem *meck* der Ziege ein *meckern,* dem *knips* des Schalters ein *knipsen;* schon im 16. Jahrhundert ist so aus der Lautnachahmung *puff!* für einen Stoß oder einen Knall das Tätigkeitswort *puffen* entstanden. Es werden also die reinen Schallgebilde mit Ableitungssilben versehen, vermöge deren sie nun als Wörter bestimmter Art (Hauptwörter, Tätigkeitswörter, Eigenschaftswörter) erscheinen und als solche gebeugt werden können.

Eigentümliche Verwicklungen in der lautlichen Beziehung eines Wortes auf ein tönendes Ding entstehen weiter dadurch, daß die Wörter keiner Sprache in ihrem Lautbestande unverändert bleiben, sondern sich mit der Zeit wandeln, während irgendein natürlicher Schall selbstverständlich heute genau so klingt wie vor mehreren Jahrtausenden. Das Bedürfnis, den natürlichen Klang so genau wie möglich in Sprachlauten nachzubilden, bewirkt manchmal, daß die lautliche Veränderung der Wörter entweder ganz unterbleibt oder wieder rückgängig gemacht wird. So ist der Name des Kuckucks eine Neuerung, allerdings schon althochdeutscher Zeit, sein alter Name lautete *Gauch* (16), ein Wort, das mit dem Rufe des Vogels keine Ähnlichkeit hat – oder vielmehr keine Ähnlichkeit mehr hat –, denn wir wissen, daß es in alter Zeit so ähnlich wie *ghoug* gelautet haben muß. Da haben wir die Lautnachahmung wieder. Es kommt also sicherlich vor, daß durch innersprachliche Lautentwicklung die Verbindung zwischen Sprachlaut und Naturlaut zerrissen wird. Die Sprachgeschichte erlaubt da mitunter überraschende Durchblicke. Sie lehrt uns zum Beispiel, daß der Name des Hähers ursprünglich die Form *kikison* (17) hatte, deutlich eine Wiedergabe des Naturlauts dieses Vogels, aber durch eine Ableitungssilbe als Wort bestimmter Art gekennzeichnet. Auch in diesem Falle haben wir gelegentlich eine lautliche Erneuerung: in Bern heißt der Vogel heute *Härregägger.* In dem Worte *lachen* wird man kaum den damit gemeinten Laut hören. Wenn man aber als älteste uns erreichbare Lautung des Wortkerns *klak* feststellt, so wird die Nachbildung offenkundig. Besonders deutlich ist das bei unserm Wort *husten:* die älteste Lautung des Kerns, abgesehen von den Bildungssilben, ist *quos,* eine recht genaue Wiedergabe des Hustengeräuschs. Und als älteste Gestalt des Wortes für «Niesen» erschließen wir aus lateinisch *sternuit*, griechisch *ptárnytai* «er niest», ein **pstrneuti* «er niest», wo die Silbe *neu* eine bestimmte Präsensbildung und *ti* die Personalendung ist, während der übrigbleibende eigentliche Wortkern, oder, wie wir sagen, die «Wurzel», *pstr* den Laut des Niesens genauer darstellt als unser *hazi*. Durch solche Erfahrungen ermutigt, darf man vielleicht wagen, in der Wurzel *ak,* die einer in unserer Sprachfamilie weit verbreiteten Wortsippe mit den Bedeutungen «Stein» «spitz», «scharf» zugrunde liegt, eine Wiedergabe des Geräuschs zu sehen, das beim Zurechtschlagen von Steinen zu Werkzeugen entstand. In älterer Zeit hat also manchmal eine natürliche Beziehung eines Sprachlauts auf ein tönendes Ding vorgelegen, die im Laufe der Zeit verdunkelt worden ist.

Aber die Möglichkeiten einer solchen Beziehung zwischen Sprachlaut und Sache sind mit der reinen Lautnachahmung noch nicht erschöpft. Von Wörtern wie *flirren* und *kribbeln* haben wir ohne weiteres das Gefühl, daß sie in ihrer Lautgestalt irgendwie mit den Eindrücken des zuckenden Lichtes und der oft wiederholten leichten Hautreizung zusammenhängen. Das erklärt sich aus einer Erscheinung, die wir Mitempfindungen oder Synästhesien nennen. Unser Bewußtsein ist nämlich so eingerichtet, daß Empfindungen auf einem Sinnesgebiet, die wir auf einen äußeren Anlaß beziehen können, oft von Empfindungen auf einem anderen Sinnesgebiet begleitet sind, für die kein solcher Anlaß besteht. Das bekannte Sehen von Tönen und Hören von Farben sind nur äußerste Fälle dieser allgemeinen Erscheinung. So haben wir bei dem Reiz des zuckenden Lichtes und bei der Reizung des Tastsinns durch rasch wiederholte leichte Berührung gleichzeitig Gehörseindrücke, die eben Wörter wie *flirren* und *kribbeln* wiederzugeben suchen. Es besteht hier eine Möglichkeit, auch andere Erscheinungen als Töne in die Laute der Sprache zu übertragen. Wir sprechen deshalb von Lautübertragungen.

Lautnachahmungen und Lautübertragungen verleiben einen äußeren Eindruck der Sprache ein. Ein Klang wird unmittelbar Sprache, eine andere Erscheinung, nachdem sie in Klang übersetzt ist. Aber der Ursprung der natürlichen Beziehung zwischen Wort und Sache kann auch im Sprechenden selbst liegen, kann Ausdruck sein. Eine der Formen, in denen sich der Mensch der Wirklichkeit bemächtigt, ist die Gebärde. Davon gibt es zwei durch ihre Leistung verschiedene Arten: eine Gebärde weist entweder auf etwas hin (z. B. ein ausgestreckter Zeigefinger), oder sie stellt etwas dar (z. B. eine drohend geballte Faust). Zeigen ist eine Abschwächung des Ergreifens, und durch die darstellende Gebärde eignet man sich etwas gleichsam körperlich an. Nun werden zu Gebärden sowohl die Muskeln der Gliedmaßen als auch die des Gesichts benutzt. Und so können auch Sprechorgane, wie die Lippen oder die Zunge, der Gebärde dienen. Gebärden der Sprechorgane aber können laut werden. Das sind also Laute, die einfach durch die Gebärden der Sprechorgane entstehen. Man nennt sie deshalb Lautgebärden (18).

Am deutlichsten beobachten kann man Lautgebärden in der Sprache der Kinder (19). Das *ta* oder *tata,* mit dem Kinder auf Eindrücke antworten, die ihre Aufmerksamkeit oder ihr Begehren erregen, entsteht aus einer Zeigbewegung der Zunge. Die Mitbewegungen der Zunge beim Zeigen sind ja auch noch beim Erwachsenen zu beobachten. In dieser Beziehung ist bemerkenswert, daß die hinweisenden Fürwörter in vielen Sprachen durch Zahnlaute gekennzeichnet sind, ebenso das persönliche Fürwort der zweiten Person *du.* Das persönliche Fürwort der ersten Person enthält in vielen, gar nicht verwandten Sprachen Nasen- und Gaumenlaute: in den indogermanischen Sprachen wird «ich» durch die Stämme **egho* und **me* wiedergegeben, die semitischen Sprachen haben eine Grundform *anaku,* das Chinesische als älteste Lautgestalt *ngok.* Diese Übereinstimmung geht offenbar auf die Gebärde zurück, mit der man auf sich selbst aufmerksam macht. Wenn andrerseits ein Kind für «essen» und «Speise» *mamá* sagt, so ist das nichts als das Lautwerden der Kaubewegung. Mit Recht hat man vermutet, daß die Silbe *ma,* die einfach oder verdoppelt in den meisten Sprachen der Welt die Mutter bezeichnet, ursprünglich das Lautwerden der Saugbewegung ist.

Es können aber auch äußere Bewegungen durch Gebärden aufgenommen werden, z. B. bewegtes Wasser durch wellenförmige Bewegung der Hände. Auch hieran beteiligen sich die Sprechorgane. So versteht man, daß gleitende und fließende Bewegungen durch *l*-, *r*- und *s*-Laute, das heißt aber durch gleitende Bewegungen der Zunge, dargestellt werden: man denke an das deutsche *schleichen* und *gleiten* und an die indogermanische Wurzel *ser* für «fließen». Das sind Tatsachen, die die Herakliteer ganz richtig erfaßt hatten (20).

Diese natürlichen Beziehungen, Lautnachahmung, Lautübertragung und Lautgebärde, stiften einen Zusammenhang zwischen der Erscheinungsform der Dinge und gewissen Arten der Lautung. Dadurch bekommen viele, wenn nicht alle Laute eine Gefühls- oder Erlebnisbedeutung, die die Sprechenden in sie hineinhören können, wenn der inhaltliche Zusammenhang entsprechend ist. Sie können es, aber gewöhnlich tun sie es nicht. Doch ist nicht zu bestreiten, daß jeder, der deutsch spricht, auf Befragen zugeben wird, daß in Wörtern wie *spitz Witz fix* oder *klar strahlen* oder *Schreck stocken zucken* oder *leise weich* oder *sausen laut* der Klang des Wortes seiner Bedeutung entspricht. Man nennt diese Erscheinung – deren Umfang und Tragweite noch zu bestimmen bleibt – «Lautsymbolik» (sinnbildlicher Wert der Laute). Daß der Symbolwert einer Lautung nicht von ihrem reinen Klang herkommt, sondern aus Lautnachahmung, Lautübertragung oder Lautgebärden gespeist wird, lehrt ein Fall wie deutsch *Rache* und *Rachen.* Die gleiche Lautung erscheint für beide Wörter angemessen, obwohl sie weder sachlich noch geschichtlich etwas miteinander zu tun haben. Im ersten hört man eben die unmittelbare Wiedergabe des Wutschreis, im zweiten empfindet man die darstellende Gebärde der gemeinten Sache. Einen solchen sinnbildlichen Wert kann eine Lautung zu jeder Zeit bekommen, es ist dann ganz gleichgültig, ob das betreffende Wort früher ähnlich oder vielleicht ganz anders gelautet hat. So gibt das Wort *Blitz* das Aufzucken der elektrischen Entladung wieder oder das englische *squirrel* «Eichhörnchen» (gesprochen etwa so, wie es geschrieben wird) die raschen und wendigen Bewegungen dieses Tieres. Aber das Hauptwort *Blitz* ist abgeleitet von dem Tätigkeitswort *blitzen,* und dies geht auf das althochdeutsche *blecchazzen* «aufleuchten» zurück, an dem jedenfalls das Augenblickliche und Plötzliche des Blitzes nicht mehr zum Ausdruck kommt. Und englisch *squirrel* ist gar ein Lehnwort über das Französische und das Lateinische aus dem Griechischen, lautete dort *skíuros* und bedeutete «Schattenschwanz». Der sinnbildliche Gehalt ist also in die modernen Formen erst hineingedeutet worden. Merkwürdigerweise hat man solche Fälle als Einwendungen gegen die Annahme natürlicher Beziehung von Lauten auf Sachen angeführt. Sie sind im Gegenteil ein Beleg dafür, wie stark das Bedürfnis nach einer solchen Beziehung ist: so stark, daß es sich gegen bereits geformte Sprachgebilde durchsetzt (21).

Der ganze Bereich der Beziehung zwischen Name und Sache, wie er durch die Begriffe Lautnachahmung, Lautübertragung, Lautgebärde und Lautsymbolik umschrieben wird, stellt eine sehr ursprüngliche Schicht sprachlicher Gestaltung dar. Diese Schicht liegt in allen Sprachen der Erde und auf allen Stufen sprachlicher Entwicklung zutage. Zu jeder Zeit und an jedem Orte ist es möglich, daß sich die Sprechenden auf sie besinnen und des natürlichen Zusammenhangs zwischen dem Sprachlaut und den Erscheinungen der Welt inne werden. Wenn ein Dichter dieses Erlebnis künstlerisch gestaltet, so entsteht ein lyrisches Kunstwerk. Die Lyrik ist so alt wie die Sprache selbst, eben weil sie auf der tiefsten und ursprünglichsten Schicht sprachlicher Gestaltung beruht. Man achte nur auf den Klang der Laute in Goethes «Zueignung»:

> Der Morgen kam; es scheuchten seine Tritte
> Den leisen Schlaf, der mich gelind umfing,
> Daß ich, erwacht, aus meiner stillen Hütte
> Den Berg hinauf mit frischer Seele ging;

Ich freute mich bei einem jeden Schritte
Der neuen Blume, die voll Tropfen hing;
Der junge Tag erhob sich mit Entzücken,
Und alles war erquickt, mich zu erquicken.

Und wie ich stieg, zog von dem Fluß der Wiesen
Ein Nebel sich in Streifen sacht hervor;
Er wich und wechselte, mich zu umfließen,
Und wuchs geflügelt mir ums Haupt empor:
Des schönen Blicks sollt' ich nicht mehr genießen,
Die Gegend deckte mir ein trüber Flor;
Bald sah ich mich von Wolken wie umgossen
Und mit mir selbst in Dämmrung eingeschlossen.

Auf einmal schien die Sonne durchzudringen,
Im Nebel ließ sich eine Klarheit sehn.
Hier sank er, leise sich hinabzuschwingen,
Hier teilt' er steigend sich um Wald und Höhn.
Wie hofft' ich ihr den ersten Gruß zu bringen!
Sie hofft' ich nach der Trübe doppelt schön.
Der luft'ge Kampf war lange nicht vollendet,
Ein Glanz umgab mich, und ich stand geblendet.

Die erste Strophe ist beherrscht vom Klang des *i*-Lautes, der den Eindruck des Frühlichtes erweckt und zu gleicher Zeit die Stimmung des nach erquickendem Schlummer in den Morgen Wandernden versinnbildlicht. Diese Bewegung malen die *l*- und *r*-Laute. Das Klangbild bleibt zunächst in der zweiten Strophe. Nur die *w*-Laute bringen einen neuen Ton, den wir ganz von selbst mit den ziehenden Nebelschwaden verbinden. Da meldet sich mit den Reimen auf *o* dunkel Drohendes, das dann in den beiden letzten Versen entschieden die Oberhand gewinnt: der Wanderer befindet sich im Nebel. Doch da setzt mit der dritten Strophe der *a*-Laut ein, dessen Klang sich immer mehr verstärkt, bis er in den letzten beiden Versen strahlend durchbricht. Es bedarf keines Hinweises, um hier die Klarheit der Sonne zu hören, die der Wanderer durch den Nebel brechen sieht. Dabei muß man selbstverständlich beachten, daß die Laute nach ihrem Klang und nicht nach ihrem Schriftbild zu bewerten sind. Nicht nur *au* beginnt mit dem *a*-Laut, der den

Charakter des Selbstlautes bestimmt, sondern auch *ei*, das ja *ae* gesprochen wird. Die Worte *auf einmal* enthalten also hintereinander drei vom *a*-Laut beherrschte Silben. Der Nebel hat die innere Stimmung des Wanderers nicht beeinträchtigen können, immer wieder ringt sich der *i*-Laut durch (*ich mich, wie, mit mir*). Und die siegreiche Sonne nimmt unmittelbar mit diesem *i* Verbindung auf: *schien – durchzudringen, ließ sich,* so daß sich der «erste Gruß» des Dichters an die Sonne in den Klang dieses Lautes kleidet: *Wie hofft ich ihr den ersten Gruß zu bringen!*

Neben das Klangbild der Morgenfrühe stellen wir die Abendstimmung und Todessehnsucht in den Versen:

Über allen Gipfeln
Ist Ruh.
In allen Wipfeln
Spürest du
Kaum einen Hauch.
Die Vöglein schweigen im Walde.
Warte nur, balde
Ruhest du auch.

Man braucht die Erlebnisse, die durch solche vollendete Kunst der Sprachgestaltung hervorgerufen werden, nicht im einzelnen zu beschreiben. Es wäre auch nicht möglich. Aber die Beispiele machen klar, wie der Dichter die ursprüngliche Leistung der Sprache wieder hervorruft, die Welt im Klang vom Menschen aus noch einmal zu gestalten. Was wir hier an deutscher Lyrik beobachten, gilt für die Lyrik aller Sprachen und aller Zeiten. Nur die Gehalte, die die Dichter ausdrücken, sind jeweils verschieden (22).

Aber gegen die ganze Betrachtungsart, die eine natürliche Beziehung feststellen will zwischen den Lautgebilden der Sprache und den Sachverhalten, auf die sie sich beziehen, erhebt sich nun die Fülle der Einwände, die unsres Wissens zuerst Platon in seinem Dialog «Kratylos» formuliert und zusammengestellt hat. Die Begründung dieser Einwände gilt nicht nur für das Griechische, sondern für alle Sprachen, so daß wir Platons Beispiele einfach durch solche aus dem Deutschen ersetzen können.

Die Lautung eines Wortes soll also in irgendeiner Weise sinnbildlich die Sache wiedergeben, die das Wort nennt. Aber dieselbe Sache wird doch in verschiedenen Sprachen, ja, in derselben Sprache mit Worten benannt, die lautlich völlig abweichend, mitunter geradezu entgegengesetzt gestaltet sind. Das Feuer heißt im Englischen *fire* (gesprochen *fair*) mit hellem, im Italienischen *fuoco* mit dunklem Selbstlaut. Nun, vielleicht ist Feuer im feuchtkalten England etwas anderes als im sonnigen Italien. Aber lateinisch heißt es *ignis* mit *i* und Nasenlaut, griechisch dagegen *pũr* mit *u* und Lippenlaut (23). Und Römer und Griechen wohnten doch im selben Mittelmeerklima. Im Deutschen finden wir für nah verwandte Erscheinungen so gegensätzliche Lautungen wie *Glut* und *Hitze,* und zwischen *dunkel* und *finster* dürfte das schärfste Auge keinen Unterschied des Sachgehalts entdecken. Auf der anderen Seite bezeichnen ganz ähnliche Lautungen entgegengesetzte Dinge: nicht nur der *Mut* wird durch den *u*-Laut gekennzeichnet, sondern auch die *Furcht,* nicht nur *klug,* sondern auch *dumm.* Wörter wie *weich* und *steif, hart* und *zart* klingen dem unbefangenen Ohr sehr ähnlich, jedenfalls viel ähnlicher, als es der Gegensatz der gemeinten Eigenschaften erwarten läßt (24). Die Herakliteer freilich wurden durch solche Einwände nicht getroffen. Sie behaupteten ja gerade, daß jedes Ding und jede Erscheinung aus Gegensätzen bestehe, und es konnte ihnen nur willkommen sein, in Benennungen gegensätzlicher Lautprägung eine Bestätigung ihrer Ansicht zu finden. Aber für Platon war eine Auffassung gerichtet, nach der das Wesen der Dinge einmal in dieser und einmal in entgegengesetzter Weise erscheinen konnte.

Für uns, die wir in der Sprache nicht Aufschluß über das Wesen der Dinge, sondern über das Verhältnis der Menschen zu den Dingen suchen, lautet die Frage anders. Wir fragen erstens, ob alle Wörter schon lautlich eine sinnbildliche Beziehung zu der gemeinten Sache aufweisen, und zweitens, welche Gründe denn, abgesehen von der Lautung, für die Benennung maßgebend sein können.

Die erste Frage können wir aus unserer eigenen Erfahrung

als Sprechende einfach verneinen. Bei der Mehrzahl der Wörter, die wir benutzen, haben wir nicht im geringsten das Gefühl, daß sich ihre Lautgestalt irgendwie auf den gemeinten Sachverhalt bezöge. Es sind immer nur einzelne besondere Fälle, bei denen uns eine solche Beziehung zum Bewußtsein kommt. Nehmen wir als beliebiges Beispiel den Namen des Hundes in einigen heutigen Sprachen. Der Hund heißt englisch *dog,* französisch *chien,* italienisch *cane,* neugriechisch *skili,* russisch *sobaka,* arabisch *kelb,* also in jeder Sprache anders – aber nirgends außerhalb der Kinderstube heißt er *wauwau* (25). Und das ändert sich auch nicht, wenn wir die älteren und ältesten Lautformen dieser Wörter aufsuchen. Es gibt also zweifellos noch andere Gründe für die Benennung einer Sache als die natürliche Lautbeziehung.

Dadurch gewinnt die zweite Frage an Bedeutung. Welche Beweggründe bestimmen die Sprechenden bei der Wahl eines Namens für eine Sache? Die Herakliteer meinten: die Einsicht in das Wesen der Sache. Diese Meinung zu widerlegen war für Platon nicht schwer. Sie würde in der Tat voraussetzen, daß die Menschen früherer Zeiten, die die Benennungen geprägt haben, eine viel tiefere Einsicht besessen hätten als die heutigen. Aber nichts spricht dafür, daß sich die Menschen in dieser Hinsicht wesentlich geändert hätten. Und außerdem: Stammen denn alle Namen von Dingen aus Urzeiten? Werden nicht auch heute und von uns selbst Dinge benannt, sei es, daß die Dinge selbst neu sind, sei es, daß ein altes Ding einen neuen Namen bekommt? Wir haben also Gelegenheit, zu beobachten, wie es bei dieser Namengebung zugeht. Und wir sehen uns vom Hin- und Herdenken an die Stelle verwiesen, die man in sprachlichen Angelegenheiten am zweckmäßigsten immer zuerst befragt, nämlich an die Erfahrung. Was lehrt uns die Erfahrung über den Grund der Benennung von Gegenständen?

Offenbar haben wir dabei mehrere Fälle zu unterscheiden: Es kann erstens sein, daß der neubenannte Gegenstand selber neu ist, entweder, weil er vorher noch nicht vorhanden war, oder weil die fragliche Sprachgemeinschaft ihn noch nicht kannte. Zweitens aber kann ein Gegenstand, der bekannt und auch benannt ist, aus irgendeinem Grunde einen neuen Namen bekommen.

Wenn man sich nun bestimmte Fälle der Namengebung genauer ansieht, so wird man gewahr, daß die Entstehung und die Einbürgerung eines neuen Namens ein recht verwickelter Vorgang ist. Zunächst sind schon die Umstände, unter denen ein neuer Name notwendig wird, sehr verschieden. Wenn dann der Name von einer Gemeinschaft angenommen wird, kommen eine Menge von geschichtlichen und gesellschaftlichen Verhältnissen ins Spiel. Und schließlich überspringt der Name sehr häufig die Grenzen einer Sprachgemeinschaft und wird auch von andren übernommen, für die er nun natürlich auch «neu» ist. Dieser letzte Vorgang, die «Entlehnung», soll noch an andrer Stelle (S. 263 ff.) ausführlich erörtert werden, wir müssen ihn aber schon hier in Betracht ziehen, weil in unserem vielsprachigen Kulturkreis kaum ein Fall von Namengebung zu finden ist, bei dem er keine Rolle spielt.

Für die Benennung von Gegenständen, die in jeder Beziehung neu sind, die es vorher überhaupt noch nicht gab, verfügen wir gerade in unserer Zeit über ein reiches Material. Ein sehr großer Teil der Dinge, mit denen wir täglich umgehen, ist wenig älter als hundert Jahre, meistens sogar erheblich jünger. Da hat sich die Namengebung gewissermaßen vor unsern Augen vollzogen. Woher haben nun *Eisenbahn, Telegraf, Telefon, Fahrrad, Automobil, Flugzeug* und alles, was dazugehört, ihre Namen? Nun, sie sind ihnen von den Erfindern oder denen, die die Erfindung verwerteten, gegeben worden. Wie ist also z. B. die Eisenbahn zu ihrem Namen gekommen? (26)

Was wir heute Eisenbahn nennen, beruht auf zwei Erfindungen, die unabhängig voneinander zu ganz verschiedenen Zeiten gemacht worden sind, nämlich die Befestigung und Glättung eines Weges durch Metallschienen und die Ersetzung der tierischen Zugkraft durch die Dampfmaschine. Der Gedanke, einen Weg für besonders schwere Lasten mit Schienen aus Holz zu befestigen und dadurch zugleich die Reibung zu vermindern, stammt aus dem Betriebe der Bergwerke und der Eisenhütten. Bewegt wurden die Lastwagen auf diesen Wegen zuerst durch Menschen- oder durch Pferdekraft. In England, wo Eichenholz kostbar und knapp war, ersetzte man die hölzernen Schienen durch gußeiserne und nannte die so befestigten Wege teils *iron roads* «eiserne Straßen», teils *railways* «Schienenwege». Der erste Ausdruck wurde mit der Sache in Frankreich als *chemin ferré,* in Deutschland als *eiserner Weg* übernommen, ohne daß er große Verbreitung gefunden hätte. Es handelte sich ja um eine technische Angelegenheit des Bergbaus. Übrigens gab es in Frankreich den *chemin ferré* schon vorher, nur meinte man damit einen besonders hart gepflasterten Weg, es war also eine bildliche Bezeichnung. Die neue Bedeutung, die man aus England übernahm, führte gelegentlich zu Unklarheiten, und dies ist möglicherweise der Grund, weshalb sich die gleichbedeutende, aber noch nicht gebräuchliche Wendung *chemin de fer* im Anfang des 19. Jahrhunderts schließlich durchsetzte. Man benannte also die neue Sache, einen in besonderer Weise hergerichteten Weg, indem man zu dem gewöhnlichen Worte für «Weg» eine unterscheidende Bestimmung hinzufügte. Dabei macht sich der Wunsch geltend, das Neue möglichst genau zu bezeichnen: «eiserner Weg» war zu unbestimmt, daher sagte man in England «Schienenweg». Auch in Frankreich hat man lange Bedenken gegen den *chemin de fer* gehabt und gelegentlich vorgeschlagen, das englische *railway* einfach zu entlehnen. In Deutschland hat man das *Eisen-* beibehalten, aber den «Weg» näher bestimmt als *-bahn,* das ist ein Weg, der keine Abweichung des Laufs gestattet.

Die Entwicklung der Eisenbahn verlangte nun sehr bald Einrichtungen und Hilfsmittel, die es bisher nicht gegeben hatte, und es ist lehrreich zu beobachten, woher ihre Benennungen kommen. Da finden wir zunächst eine Reihe von Ausdrücken, die von der sachlichen Nachbarschaft übernommen werden. Die Eisenbahn war ein Verkehrsmittel geworden und trat als solches in Wettbewerb mit dem Wagenverkehr auf der Straße und mit dem Schiffsverkehr auf Flüssen und Kanälen. Von den Kanälen stammen die deutsche *Weiche* und der französische *gare,* beides zunächst Bezeichnungen für Ausweichstellen an Wasserwegen, sodann für dieselbe Sache bei der Eisenbahn. Im Französischen wird das Wort zum Namen der «Haltestelle» (die eben zum Ausweichen diente), während im Deutschen *Weiche* auf die Vorrichtung beschränkt wird, die den Übergang von einem Gleis auf das andere ermöglicht. Aus derselben Umgebung kommt der Name des «Bahnsteigs», französisch *quai,* zunächst ein gemauertes Stück am Flußufer zum Ein- und Ausladen, deutsch *Perron,* ursprünglich «Freitreppe, Rampe», die demselben Zwecke diente. Daß die in Deutschland übliche Bezeichnung ein französisches Lehnwort ist, spielt dabei keine Rolle, denn vom Schiffsverkehr auf die Eisenbahn ist sie erst im Deutschen übertragen worden. Schließlich ist auch der «Zug», englisch *train,* französisch *train* ursprünglich der «Schleppzug», das deutsche Wort ist die Übersetzung davon. Im Französischen hat sich übrigens *train* erst nach der Mitte des 19. Jahrhunderts unter dem Einfluß des Englischen durchgesetzt, vorher ist *convoi* das üblichere Wort. Nun kann *convoi* auch ein «Geleitzug» von Schiffen (aber auf See!) sein, älter aber ist die Verwendung für eine Kolonne von Saumtieren. Und daß man daran bei der Übertragung gedacht hat, wird wahrscheinlich durch die gelegentliche Verwendung von *caravane* im selben Sinne.

Damit kommen wir zu dem Beitrag, den der Straßenverkehr dem Wortschatz der Eisenbahnen geliefert hat. Da sind zunächst die *Geleise,* die auf den unbefestigten Wegen alter Art eine so unerfreuliche Rolle spielen. Auch in Frankreich hat man lange das entsprechende *ornière* versucht, sich aber daran gestoßen, daß die Wagengeleise Vertiefungen im Boden sind, die Eisenbahnschienen dagegen gerade höher liegen. So hat man englisch *rail* als Lehnwort übernommen, das einfach die technischen Werkstücke bezeichnete, aus denen die Geleise zusammengesetzt wurden. Vielfach konnte man die entsprechenden Ausdrücke des Postverkehrs übernehmen, den die Eisenbahn zuerst ergänzte und schließlich ersetzte. Die *Station* war schon im Ausgang des Altertums die Stelle, wo die reitende oder fahrende Post anhielt, um die Pferde zu wechseln. Der deutsche *Bahnhof* (zuerst *Eisenbahnhof*) ist unmittelbar die Entsprechung des *Posthofs,* obwohl es sich bei der Eisenbahn niemals um einen richtigen *Hof* gehandelt hat. Und der Zugbegleiter, den wir heute «Schaffner» nennen, hieß zunächst im Deutschen wie im Französischen *conducteur* (27), das war die französische Bezeichnung des Beifahrers des Postillons. Derselbe Mann hieß im Englischen *guard* «Wächter», weil er unter Umständen die Aufgabe hatte, die Post gegen Straßenräuber zu verteidigen, und auch dieses Wort bezeichnet heute den Eisenbahnschaffner.

Damit haben wir ein Verfahren kennen gelernt, durch das die Sprachgemeinschaft das Bedürfnis nach Namen für neue Erscheinungen befriedigt: sie überträgt Wörter aus benachbarten älteren Sachgebieten auf das neue. Das geschieht nicht absichtlich und planmäßig, sondern die Wörter stellen sich gewissermaßen von selbst ein. Darum sind es oft mehrere gleichzeitig, die in Gebrauch kommen und zwischen denen dann der Geschmack oder die Laune der Sprachgemeinschaft entscheidet.

Aber wenn wir auch nur an die hauptsächlichsten neuen Dinge denken, die mit der Eisenbahn in den Gesichtskreis des Menschen getreten sind, so fehlt uns bisher eigentlich die imponierendste Erscheinung unter ihnen – die *Lokomotive.* Erfunden ist sie bekanntlich in England, und von ihrem Erfinder Stephenson wurde sie *locomotive engine,* «sich von der Stelle bewegende Maschine» genannt. Der Name war also zunächst ein Beiwort, das die besondere Art der Maschine beschrieb. Warum sie so hieß, ist leicht erklärt. Die Dampfmaschinen, die es schon länger gab, waren, soweit sie nicht als Schiffsmaschinen dienten, alle ortsfest. Ja selbst für den Betrieb der Eisenbahn zweifelte man eine Zeitlang, ob es zweckmäßiger sei, die Dampfmaschine beweglich zu machen oder den Zug von einer ortsfesten Maschine zur andern ziehen zu lassen, so wie es heute noch bei den Drahtseilbahnen geschieht. Der Streit ist erst 1830 endgültig entschieden worden. Wenn also Stephenson seine Erfindung *locomotive engine* nannte, so wollte er damit sagen, daß er sich für das Prinzip der beweglichen Zugmaschine entschieden hatte. Insoweit handelte es sich um eine Benennung nach der Art von *railway* und *chemin de fer:* Sache und Wort *engine* gab es schon, und jetzt wird eine besondere neue Art durch eine Beifügung bezeichnet. Aber wo kommt die Beifügung her? *Locomotive* war ja kein Wort der englischen Sprache. Die beiden Bestandteile *loco* «von der Stelle» und *motiva* «beweglich» sind lateinisch, aber die Zusammensetzung kommt im Lateinischen nicht vor, sondern ist erst von Stephenson geschaffen.

Die Sache ist deshalb merkwürdig, weil es sich keineswegs um eine vereinzelte Marotte gerade dieses Erfinders handelt. Sehr viele Erfindungen und Entdeckungen des 19. und 20. Jahrhunderts wie *Elektrizität, Telegraph, Telephon, Photographie, Automobil* bis zum *Atomreaktor* sind auf dieselbe Weise benannt worden. Erst nachträglich haben wir im Deutschen aus Gründen des guten Geschmacks die fremden Namen zum Teil durch deutsche Bezeichnungen ersetzt. Wir müssen uns erinnern, daß das Fahrrad zuerst *Velociped* und *Bicycle,* das Flugzeug *Aeroplan* hieß. Die Namen sind ja meist nicht von Deutschen gegeben (28). Aber auch im Französischen oder Englischen sind es fremde Wörter. Sie sind aus griechischem und lateinischem Sprachstoff geformt, und doch keine griechischen und lateinischen Wörter, die einmal in diesen Sprachen gelebt hätten. Vielmehr sind sie neu gebildet, und der Wortschatz der antiken Sprachen hat gewissermaßen nur als Steinbruch gedient. Dabei hat man sich um die Regeln der griechischen und der lateinischen Wortbildung wenig gekümmert. *Telegráphos* freilich würde auch im Griechischen, wenn es vorkäme, «Fernschreiber» bedeuten, aber schon *telephonos* wäre «fernhin tönend» und nicht «Fernsprecher». Im Lateinischen könnte man aus *velox* »schnell und *pes* «Fuß» niemals ein *velocipes* zusammensetzen, was außerdem «Schnellfuß» bedeuten würde. *Automobil* und *Bicycle* sind gar aus griechischen und lateinischen Bestandteilen zusammengeleimt: *autós* ist griechisch und heißt «selbst», *mobilis* ist lateinisch und heißt «beweglich», das Ganze soll demnach «sich selbst bewegend» heißen. Die Silbe *bi* als erster Teil einer Zusammensetzung bedeutet im Lateinischen «zwei», *kýklos* ist griechisch «Rad», *Bicycle* soll also «Zweirad» sein. Daß es solche Wörter im lebendigen Griechisch und Lateinisch nicht gegeben hat und auch nicht gegeben haben kann, versteht sich von selbst. Was hat nun aber die Namengeber unserer Zeit zu ihrem seltsamen Verfahren veranlaßt? Es müssen doch gewichtige Beweggründe gewesen sein, denn seit über hundert Jahren ist es immer wieder angewendet worden. In England hört sogar der schlichte Kinderwagen auf den vornehmen, aber nur dem klassisch Gebildeten durchsichtigen Namen *perambulator* «Spazierenfahrer». Die Gründe dieser Art der Namengebung sind einerseits in der kulturgeschichtlichen Lage unserer Zeit zu suchen, andrerseits beruhen sie auf der Eigenart und Leistungsfähigkeit der westeuropäischen Sprachen.

Alle unsere Erfindungen haben eine wissenschaftliche Grundlage. Die Erfinder sind nicht nur Techniker, sondern auch Wissenschaftler und wollen es sein. Die Wissenschaft aber ist international, und ihre Sprache ist von alters her das Lateinische, das schon früh eine Menge griechischen Sprachguts aufgenommen hatte. Auf der anderen Seite sollten die Erzeugnisse der Technik in allen Ländern Absatz finden. Mit ihren Namen verfolgten die Namengeber also eine doppelte Absicht: sie wollten betonen, daß es sich bei ihren Erzeugnissen um wissenschaftliche Angelegenheiten handle, und sie wollten in allen Ländern Europas und Amerikas verstanden werden. Deshalb griffen sie zum Griechischen und Lateinischen, und daß sie es taten und tun mußten, läßt erkennen, wie sehr die Einheit unserer abendländischen Kultur auf dem gemeinsamen antiken Erbe beruht. Hübsch ist es, daß gerade Technik und Naturwissenschaft hier der Antike, gegen die sie so oft ungerecht sind, ihre Huldigung abstatten.

Aber sie hatten auch einen praktischen Grund, sich gerade an die antiken Sprachen zu wenden. Ihre Namen sollten möglichst genau das Wesen ihrer Erfindung angeben und dabei doch handlich bleiben. Also sollte der Name möglichst aus einem Wort bestehen, aber aus einem Wort, das viel besagte. Die Lösung dieser doppelten Aufgabe erforderte das zusammengesetzte Wort. Nun besitzt aber die damals führende Sprache des Abendlandes, das Französische, die Fähigkeit zur Zusammensetzung nur in geringem Grade. Daher griff man auf die antiken Sprachen und namentlich auf das Griechische zurück mit seinen viel reicheren Möglichkeiten der Wortbildung. Schon das Lateinische selbst hatte seine ursprünglich beschränkte Fähigkeit zur Wortzusammensetzung nach griechischem Vorbild zugunsten seiner dichterischen und wissenschaftlichen Sprache beträchtlich ausgeweitet. Und so erklärt sich die merkwürdig unlateinische Behandlung des lateinischen Sprachguts in der Sprache unserer Technik: lateinische Wörter werden in griechischer Weise zusammengesetzt. Selbst mit französischem Material wird dasselbe gemacht. *Aéroplan* besteht aus lateinisch *aer* «Luft» und französisch *planer* «schweben», heißt also «Luftschweber». Das Ansehen der antiken Sprachen und das französische Vorbild waren so wirksam, daß auch das Englische die vielsilbigen Wörter übernommen und selbst neue gebildet hat, obgleich es mit seinen kurzen Wörtern und der unbeschränkten Fähigkeit zur Zusammensetzung sehr bequem neue Bezeichnungen hätte schaffen können.

Wirklich verdauen freilich konnten die abendländischen Sprachen diese «antiker Form sich nähernden» Wörter nicht, und zwar wegen der Vielsilbigkeit, die ihnen ungewohnt war. Sie halfen sich mit Abkürzungen: *vélo* in Frankreich und in der Schweiz, *fiets* (aus *velociped*) im gesprochenen Niederländisch (28a), *bike* im Englischen (aus *bicycle*), *bil* in den skandinavischen, *auto* in den meisten europäischen Sprachen. Der *perambulator* «Kinderwagen» heißt im gesprochenen Englisch *pram*. Dabei ging freilich die genaue Bezeichnung der Sachen verloren, die Namen wurden zu bloßen Etiketten. Aber das ist der Charakter der abendländischen Wörter ganz allgemein, und außerdem wußten ja die wenigsten, was die Wörter der künstlichen griechisch-lateinischen Mischsprache eigentlich bedeuteten. Das war auch gar nicht nötig, wenn man nur wußte, welche Sache gemeint war, und diesen Dienst leisten Gebilde wie *vélo* und *bil* ebensogut.

Diese Art der Namengebung ist offenbar etwas Einmaliges. Sie ist bedingt durch die Entwicklung der abendländischen Technik und nur denkbar in der besonderen kulturgeschichtlichen Lage des Abendlandes gegenüber der Antike. Dagegen ist das Verfahren, Bezeichnungen aus verwandten Sachgebieten zu entlehnen, wie es den größten Teil des Wortschatzes der Eisenbahn geliefert hat, in weiterem Umfange gültig. Als das Auto neu aufkam, war bereits die Eisenbahn ihrerseits unter den Gebenden. Der Fahrer des Automobils hieß *Chauffeur* «Heizer» wie der auf der Lokomotive, obwohl seine Aufgabe eine ganz andere war. Auf der anderen Seite hat man den Luftverkehr sprachlich der Seeschiffahrt angeglichen. Schon vor der Technik hatte die Phantasie das *Luftschiff* geschaffen (29). Und Luftfahrzeuge *landen* genau wie Schiffe, oft sogar, trotz des Widerspruchs der Pedanten, auf dem Wasser. Der Führer eines Flugzeuges heißt *Pilot*, das ist aber das französische Wort für den Lotsen. Die Flieger haben bekanntlich dauernd dagegen zu kämpfen, daß der Laie ihre Bewegungsart als *fahren* bezeichnet. Dieser Ausdruck kommt ihm aber ganz unwillkürlich auf die Zunge, weil man eben in Schiffen und Wagen *fährt* und das Flugzeug in der Luft dieselbe Rolle spielt wie das Schiff im Wasser oder der Wagen auf dem Lande. Im Englischen sagt man für die Fahrt eines Schiffes *to sail*, eigentlich «segeln», auch dann, wenn es sich um einen Dampfer oder ein Motorschiff handelt (29a).

So ist es schon in uralten Zeiten gegangen. Die indogermanischen Völker haben ursprünglich die Kunst des Reitens nicht gekannt, weil die Pferde, die sie zur Verfügung hatten, dafür zu schwach waren. Sie benutzten sie also nur dazu, den Wagen zu ziehen. Als sie nun von den östlichen Völkern die stärkeren Pferde und damit das Reiten kennen lernten, bezeichneten es mehrere unter ihnen als eine Art des Fahrens: im Lateinischen hieß «reiten» zunächst *equo vehi* «auf dem Pferde fahren», und im Russischen sagt man noch heute dafür *jechat' verchom* «oben fahren». Es gibt Geräte, die ihren Namen von ihren Vorgängern zur Steinzeit ererbt haben. Unser Wort *Messer* geht zurück auf eine alte Zusammensetzung **mati-sahs,* deren erster Teil «Speise» und deren zweiter Teil ein Werkzeug zum Schneiden bezeichnet, das man gleichzeitig auch als Waffe benutzte. Dieses *sahs* – nach dem übrigens die *Sachsen* ihren Namen tragen, weil es ihre eigentümliche Waffe war – war selbstverständlich auch schon zur Zeit der Völkerwanderung aus Eisen. Der Name des Geräts aber ist dasselbe Wort wie das lateinische *saxum* «Stein, Fels». Es hat also eine Zeit gegeben, wo das *sahs* ein Steinwerkzeug war, und als es durch ein Metallwerkzeug ersetzt wurde, vererbte es diesem seinen Namen. Man erkennt aus den wenigen Beispielen, welchen Wert die «Etymologie», die Lehre von der ursprünglichen Bedeutung der Namen, für die Kulturgeschichte hat.

Aber die Frage der Namengebung stellt sich nicht nur, wenn ein ganz neuer Sachverhalt zum ersten Male benannt werden muß, sondern auch, wenn ein bekannter Sachverhalt aus irgendeinem Grunde einen neuen Namen bekommen soll. Wir sprechen vom *Rücken* oder *Kamm*, von den *Flanken*, von der *Schulter,* vom *Fuße,* von der *Nase* eines Berges – alles eigentlich Namen von Teilen des tierischen Körpers. Wer diese Bezeichnungen zuerst anwendete, sah in dem Berge ein Tier, der *Kamm* läßt etwa an einen Drachen denken (30). Auch französisch *crête* aus lateinisch *crista* ist «Kamm», dazu gibt es noch *la côte* «die Rippe» für den Bergabhang. Das norwegische *ås* «Höhenzug» bedeutet ursprünglich «Schulter», *nes* «Vorgebirge» ist natürlich «Nase». Bei der *Landzunge* liegt offenbar die Anschauung eines Tieres zugrunde, das mit weit ausgestreckter Zunge Wasser schlürft. *Meerbusen* dagegen täuscht das anatomische Bild nur vor. Er ist durch Übersetzung des griechischen *kólpos* zustande gekommen, das eigentlich den «Bausch eines Gewandes» bezeichnete. Das Wort ist als *golfo* in die romanischen Sprachen, von da als *Golf* ins Deutsche entlehnt worden. Auch bei einem Gefäß sprechen wir von der *Schnauze,* die Griechen nannten die Henkel eines solchen *ýata* «Ohren».

Die Sprechenden sahen sich in diesen Fällen vor der Aufgabe, Geländeformen und Gefäßformen zu benennen, die in ihren Einzelheiten offenbar keine festen Namen hatten. Nun sah man in sie menschliche oder tierische Gestalten hinein und gewann so ungesucht die notwendigen Namen. Der Vorgang ist im Leben der Sprache sehr häufig. Man nennt ihn Übertragung oder mit fremdem Fachausdruck Metapher.

Den Hauptvorteil bietet die Übertragung, wenn man von seelischen oder unanschaulichen Sachverhalten sprechen will. Die *heitere Stimmung* ist übertragen vom *heiteren*, d. h. «leuchtenden» Himmel (31). *Lahme Entschuldigungen*, *faule Ausreden* (32), *schiefe Darstellungen*, *fadenscheinige Begründungen* (33) sagen auch dem Laien sofort, woher der übertragene Ausdruck genommen ist. Er leuchtet so unmittelbar ein, daß man erst nachdenken muß, um den «eigentlichen», d. h. nicht übertragenen Ausdruck zu finden, wie *ungeschickte Entschuldigungen, ungenügende Ausreden, ungenaue Darstellungen, unzureichende Begründungen*. Der Versuch lehrt, daß die «eigentlichen» Ausdrücke weniger geläufig sind als die übertragenen und daß sie nur verneinende Bestimmungen geben, während die übertragenen die Sachverhalte positiv kennzeichnen konnten.

Die Übertragung ist also nicht ein gelegentlicher Notbehelf, sondern ein regelmäßiges und verbreitetes Verfahren, anschauliche Bezeichnungen zu schaffen, wo solche nicht zur Verfügung stehen oder unbrauchbar geworden sind. Sie setzt voraus, daß jedes Wort in einen Bereich gehört, wo es eigentlich verwendet wird. Außerhalb dieses Bereichs steht es «übertragen», aber es bringt dabei gewissermaßen die Luft seiner eigentlichen Umgebung mit, und darauf eben beruht seine anschauliche und eindringliche Wirkung. Man sieht die Entschuldigungen daherhinken, man riecht die aus irgendeinem Abfalleimer herausgeholten Ausreden, man sieht die verschobenen Linien der Darstellung und die zerschlissene Decke der Begründungen. Das gilt freilich nur solange, als die Sprechenden daran denken, wo die übertragenen Wörter eigentlich zu Hause sind. Tun sie das nicht mehr, so sind, wie man zu sagen pflegt, die Metaphern «verblaßt» – das ist natürlich selbst eine Metapher, hergenommen von Schriftzügen –, und damit büßen sie ihren anschaulichen Wert ein. Will man diesen Wert wiedergewinnen, dann muß man eine neue Übertragung vornehmen, und so beobachten wir eine ständige Erneuerung, einen dauernden Wechsel der Metaphern.

Aber nicht alle neuen Namen, die man braucht, werden durch Übertragung gewonnen. Ein sehr großer Teil besteht aus Neubildungen. Die Neubildung eines Wortes ist ein sehr bemerkenswerter Vorgang, der uns manches vom Bau der Sprache und vom Verhältnis der Menschen zu ihrer Sprache verrät. Wir wollen ihn deshalb etwas genauer betrachten.

Mit der Erfindung des Fliegens entstand eine Gruppe von Menschen, die diese Kunst beherrschte und die es vorher nicht gegeben hatte. Wie sollte man sie nennen? Der Name, der sich durchgesetzt hat, ist *Flieger*. Wie ist er zustande gekommen? Voraussetzung war zunächst, daß es ein Tätigkeitswort *fliegen* gab, das bisher für Vögel und Insekten angewendet worden war und nun auf den Menschen in seiner Maschine übertragen wurde. Ein Tätername davon war zur Bezeichnung der *Fliege* verwendet worden, althochdeutsch *flioga* «die Fliegende» (34). Aber diese Art, Täternamen zu bilden, war außer Gebrauch gekommen. So gab es einen Täternamen zu *fliegen* eigentlich nicht, höchstens daß einmal in wissenschaftlichem Zusammenhang festgestellt wurde, daß z. B. der Albatros *ein guter Flieger* sei. Aber dieses Wort gehörte kaum dem allgemeinen Sprachgebrauch an. Eine zweite Voraussetzung war, daß es eine Gruppe von Täternamen zu Tätigkeitswörtern für Fortbewegungsarten gab. Das älteste Beispiel ist *Reiter* zu *reiten*, dann *Lenker* zu *lenken* (seit Ende des 17. Jahrhunderts), schließlich *Fahrer* zu *fahren*, das zur Verdeutschung von *Chauffeur* diente. Sie sind gebildet mit der Silbe *-er*, die dem Stamm des Tätigkeitswortes angehängt wird. Entscheidend aber war, daß diese Fortbewegungsarten mit dem *Fliegen*, wie es nun von Menschen betrieben wurde, in einem sachlichen Zusammenhang standen. *Fliegen* war eine neue Art, mit einem Hilfsmittel schneller vom Fleck zu kommen, die neben die alten des *Reitens* und *Fahrens* trat. So kreuzten sich im Bewußtsein der Sprechenden diese Muster mit dem Gedanken an die Tätigkeit des *Fliegens* (35), und fast ohne sich der Neubildung bewußt zu werden, nannten sie den Mann, der zum *Fliegen* stand wie der *Reiter* zum *Reiten* und der *Fahrer* zum *Fahren Flieger*.

Das sind scheinbar viele überflüssige Worte, um einen selbstverständlichen Vorgang zu beschreiben. Aber man muß die Einzelheiten dieses Vorgangs verstanden haben, um auch verwickeltere Fälle beurteilen zu können. Und so selbstverständlich ist auch nicht alles daran. Wenigstens hat es einige Zeit gedauert, bis die Sprachwissenschaft anerkannte, daß die Musterformen einer Neubildung mit dieser nicht nur in einem formalen, sondern auch in einem sachlichen Zusammenhang stehen müßten. Wenn wir also z. B. die Bildungsweise der neuen Wörter *entdunkeln, entwarnen* (36), *entstören* verstehen wollen, genügt es nicht, wenn wir ganz im allgemeinen sagen, daß Zusammensetzungen mit der Vorsilbe *ent-* einen Gegensatz zu oder ein Wegnehmen von etwas bedeuten. Wir müssen vielmehr die Vorbilder im einzelnen suchen, nach denen jedes dieser Wörter gebildet worden ist, das heißt die alten Wörter, die dem Sprechenden, der zuerst eines dieser neuen Wörter gebrauchte, bewußt oder unbewußt vorschwebten. Für *entdunkeln* als Gegensatz zu *verdunkeln* bietet sich da sofort das Paar *verhüllen/enthüllen* an, das eine ganz ähnliche Handlung bezeichnet. Bei *entwarnen* müssen wir daran denken, daß wir uns gewissermaßen im militärischen Bereich befinden. Dort gibt es schon lange die Paare *spannen/entspannen* (einen Bogen), *laden/entladen* (ein Gewehr), danach einerseits *sichern/entsichern,* andrerseits *schärfen/entschärfen* (eine Mine). In ähnlicher Weise setzt die Warnung alles in gespannte Bereitschaft, die durch die Entwarnung wieder aufgehoben wird. Gleichzeitig wirkt eine andere Reihe ein. Die Warnung verpflichtet zu einem bestimmten Verhalten, die Entwarnung entläßt aus dieser Verpflichtung. Daher können auch das ältere Paar *binden/entbinden* (einer Verpflichtung) und die Wörter *entlassen* und *entpflich-*

ten als Vorbild in Betracht kommen. Das Fachwort der Elektrotechnik *entstören* bedarf auch einer längeren Erörterung. *Entstört* wird bekanntlich ein Hochfrequenzgerät, indem man es mit einer Vorrichtung versieht, die es verhindert, daß Rundfunkempfänger in der Nachbarschaft gestört werden. Nun haben wir eine ganze Reihe von Tätigkeitswörtern mit der Vorsilbe *ent-*, die das Beseitigen unerwünschter Dinge von einem Gebrauchsgegenstand bezeichnen. Ein gefällter Baum wird *entästet*, ein Teich *entschlammt*, ein Kleidungsstück *entlaust*. Schließlich gehen sie alle auf das Vorbild *entwaffnen* zurück, das es schon im Mittelhochdeutschen gibt. Das zweite Glied dieser Wörter ist immer ein Hauptwort, das die zu entfernende Sache angibt. Das kann auch etwas Nichtgreifbares sein, z. B. *Kraft* in *entkräften*. Wer also *entstören* zuerst sagte, dachte an das Beseitigen *des Störens*.

Der sprachliche Vorgang, den wir soeben an mehreren Beispielen veranschaulicht haben, nämlich die Bildung eines neuen Wortes zu einem vorhandenen nach einem sachlich nahestehenden Muster, heißt Ableitung. Man sagt, daß *Flieger* von *fliegen* nach dem Muster von *Fahrer* zu *fahren* abgeleitet sei. Das Bedeutungsverhältnis des abgeleiteten Wortes zum Stammwort richtet sich ganz nach dem Muster und kann daher unter Umständen sehr eigenartig sein. Dafür noch ein Beispiel. Für die Vollziehung der Todesstrafe haben wir das umgangssprachliche Tätigkeitswort *köpfen*, das dem amtlichen und vornehmeren *enthaupten* entspricht. *Köpfen* ist nun von *Kopf* in einer Weise abgeleitet, die in unserer Sprache sehr häufig ist, nämlich, indem man die Endungen der Tätigkeitswörter an das Hauptwort anhängt, das dabei, wenn es möglich ist, Umlaut erhält. Ein solches von einem Hauptwort abgeleitete Tätigkeitswort nennt man mit dem Fachausdruck Denominativum. Es gibt irgendeine Handlung an, die von oder mit dem Gegenstand vorgenommen wird, den das Hauptwort nennt. Welche Handlung das ist, ist in jedem einzelnen Falle ganz genau bestimmt. Aber zwischen den einzelnen Fällen gibt es die größten Unterschiede. So heißt *robben* «kriechen wie eine Robbe», *lammen* «ein Lamm zur Welt bringen», *ackern* «einen Acker pflügen».

Da jedes dieser Tätigkeitswörter von seinem Hauptwort nach einem bestimmten Muster abgeleitet ist, sind größere und kleinere Gruppen entstanden, innerhalb deren das Verhältnis der Bedeutungen Tätigkeitswort/Stammwort dasselbe ist. So haben wir eine Gruppe, in der das Denominativum aussagt, daß etwas mit dem versehen wird, was das Hauptwort bezeichnet, wie *kleiden* von *Kleid, schmücken* von *Schmuck, krönen* von *Krone*. Bei *köpfen* ist nun gerade das Gegenteil der Fall, es heißt doch «den Kopf abschlagen». Wir müssen uns jetzt nach einer Gruppe umsehen, in der das Denominativum ebenfalls besagt, etwas wegnehmen, was das Hauptwort bezeichnet. Eine solche Gruppe gibt es wirklich, aber sie führt uns weit ab von der Richtstätte, nämlich in Küche und Garten. Da werden Äpfel *geschält,* Fische *geschuppt,* Kirschen oder Nüsse *gekernt*, Rüben *geblattet* (d. h. ihre überflüssigen Blätter entfernt, um Grünfutter zu gewinnen) und – siehe da! – Salat wird *geköpft*. Vom *Köpfen* des Salates zum *Köpfen* des Mörders ist ja etwas weit, aber es gibt ein Zwischenglied. Im ländlichen Haushalt wird nämlich noch etwas anderes *geköpft* als Salat, nämlich Geflügel, wenn es geschlachtet wird. Bei diesem Vorgang ist die Ähnlichkeit mit einer Hinrichtung ohne weiteres klar, und von hier aus hat denn auch die Umgangssprache in nicht gerade geschmackvoller, aber durchaus anschaulicher Weise das Wort auf die Hinrichtung übertragen.

Man darf also keineswegs für alle Fälle einer bestimmten Ableitungsweise dasselbe Verhältnis der Bedeutungen voraussetzen. Nur Schritt für Schritt, indem man von jedem Wort zu seinem unmittelbaren Muster zurückgeht, kommt man zu dem Ausgangspunkt der Bildungsweise. Das ist gewöhnlich ein Wortpaar oder eine kleine Gruppe von Wörtern, die nun allerdings eine einheitliche Bedeutungsfärbung haben (37). Die Beispiele haben außerdem gezeigt, daß bei Neubenennungen Ableitungen und Übertragungen oft zusammenwirken.

Aber warum sind eigentlich so viele Neubenennungen nötig? Warum verlieren Gegenstände ihren alten Namen und bekommen einen neuen? Der Anstoß kann von zwei

Seiten ausgehen: entweder der alte Name wird unbrauchbar, oder ein neuer Name hat solche Vorzüge, daß er den alten verdrängt.

Unbrauchbar wird ein Wort hauptsächlich dadurch, daß es eine unangenehme, gefährliche oder anstößige Gedankenverbindung hervorruft. Bekanntlich sind die Namen für gewisse Körperteile verpönt und müssen durch andere Bezeichnungen ersetzt werden. Dieser Vorgang wiederholt sich aber beständig, denn es dauert nicht lange, dann sind auch die neuen Namen in guter Gesellschaft unmöglich, weil die Anstößigkeit ja nicht am Namen, sondern an der Sache hängt. So ist das alte Wort *arsch* überhaupt nur noch in bestimmten Kreisen und Situationen möglich. Es wurde zunächst durch *Hinterer* und schließlich durch *Gesäß* ersetzt. Aber *ars*, älteste erreichbare Form **orsos*, bedeutete eigentlich «Hervorstehender» und war also selbst schon eine verhüllende Bezeichnung, die ursprünglich für den tierischen Körper geprägt war. Für die Geschlechtsorgane sind «eigentliche» Namen kaum aufzufinden, da sie so schnell erneuert werden. Die Namen der genannten beiden Körperteile sind natürlich überall und immer verboten, aber manche Zeiten und Gesellschaften gehen in der Verhüllung viel weiter.

Umgekehrt dürfen auch besonders wertvolle Gegenstände nicht mit Namen genannt werden, um nicht böse Einflüsse auf sie zu ziehen. So wird die Bezeichnung für «Kind» ständig erneuert, weil man Kinder weder vor noch nach der Geburt beschreien darf. Im Lateinischen sind die alten Namen für «Sohn» und «Tochter», wie wir sie haben, völlig verschwunden und durch *filius* und *filia* ersetzt, die eigentlich «Säugling» heißen. Im Lettischen ist nur die Bezeichnung für «Sohn» verändert, und das ist wohl ein älterer Zustand. Derselbe Grund hat es veranlaßt, daß der Name des Pferdes in den meisten Sprachen mehrfach erneuert worden ist, während die Namen der andern Haustiere ziemlich beständig sind. Die altindogermanische Bezeichnung **equos*, die wir noch aus dem Lateinischen kennen, ist in den romanischen Sprachen durch *caballus* (unbekannter

Herkunft) (37a), im Germanischen durch *hross*, eigentlich «Springer», ersetzt worden. Im Deutschen wurde dann *Roß* auf einem großen Teil des Gebietes durch *Pferd* verdrängt, eine griechisch-lateinisch-keltische Mischbildung aus spätantiker Zeit (38), die auf dem Wege über das Verwaltungswesen in das Althochdeutsche gekommen ist.

Schließlich vermeidet man es, die Namen gefährlicher Wesen auszusprechen, um sie nicht herbeizurufen. Darum ist der alte Name des Bären nur im Süden, wo er nicht so gefährlich wurde, erhalten geblieben: griechisch *árktos*, lateinisch *ursus*, keltisch *arth*. Im nördlichen Europa dagegen wird es vermieden, und das Tier bekommt neue Namen: althochdeutsch *bero* ist eigentlich «der Braune», und russisch *medved'* bedeutet «Honigesser». Auch der Name der *Schlange* wird oft erneuert: das deutsche Wort, ursprünglich männlichen Geschlechts, bedeutet «der sich Windende», und im Lateinischen weicht das alte *anguis* dem verhüllenden *serpens* «der Kriechende».

Häufiger noch ist der andere Fall, daß ein neuer Name für eine Sache so beliebt wird, daß er den alten ganz außer Gebrauch kommen läßt. Gründe für solche Durchschlagskraft eines Wortes gibt es hauptsächlich zwei: die Eigenschaft als Kraftwort und die Fähigkeit, gewisse Lieblingsvorstellungen hervorzurufen.

Ein Kraftwort ist ein derber, übertreibender, bizarranschaulicher Ausdruck aus der niederen Umgangssprache, der eben dadurch imstande ist, ein Ding nicht nur zu nennen, sondern gleichzeitig die Gefühle des Sprechenden zu entladen. Freilich, seine Beliebtheit wird auch sein Verderben: durch häufigen Gebrauch schwächt sich seine Wirkung ab, er wird der gewöhnliche, normale Ausdruck, und mit der Rolle als Kraftwort ist es vorbei. So bezeichnete unser Wort *Kopf*, das lateinische *cuppa*, eigentlich ein Gefäß, wie es das in *Tassenkopf* und *Pfeifenkopf* heute noch tut. Es wurde als Kraftwort für das jetzt veraltete *Haupt* verwendet und war eben die Ursache, daß dieses außer Gebrauch kam. In ähnlicher Weise hat im Französischen *tête* und im Italienischen *testa*, eigentlich «Scherbe», das alte *caput* verdrängt.

Auch unser *Bein,* das zunächst «Knochen» bedeutete, wie man noch an Wörtern wie *Beinhaus* und *Gebeine* sieht, ist als Kraftwort zum Namen des Körperteils geworden, genau wie heute *Knochen* sich anschickt, denselben Weg zu gehen. Italienisch *bocca,* französisch *bouche* bezeichnete ursprünglich die «aufgeblasene Backe» und hat als Kraftwort *os* «Mund» ersetzt.

Denselben Vorgang beobachten wir an Tätigkeitswörtern. *Laufen,* ursprünglich «springen», ist in manchen Gegenden als Kraftwort an die Stelle von *gehen* getreten. In seiner älteren Verwendung für die schnellere Gangart ist es dort durch *rennen* ersetzt, das zuerst von Wasser und dann von Pferden gesagt wurde. Das Wort *essen* kämpft heute in manchen Schichten einen Verzweiflungskampf gegen das Kraftwort *fressen.* Dem lateinischen *esse* «essen» ist es seinerzeit ähnlich ergangen. In den romanischen Sprachen lebt es nirgends mehr. Im Spanischen und im Portugiesischen ist es durch die Zusammensetzung *comedere* «verzehren» ersetzt. Französisch *manger* und italienisch *mangiare* aber gehen auf *manducare* «kauen» zurück.

Kraftwörter gehören überall denselben Bereichen an und benutzen im wesentlichen dieselben Anschauungen. Dagegen wechseln die Lieblingsvorstellungen der Menschen nach Völkern und Zeiten, und daher haben die Neubenennungen, die aus dieser Quelle stammen, ein hohes kulturgeschichtliches Interesse (39). Wenn im Deutschen das alte *streiten, Streit, Streiter* einen großen Teil seines Anwendungsbereichs an *kämpfen, Kampf, Kämpfer* abgeben mußte, so drückt sich darin der Einfluß der Kirche auf die weltliche Gesellschaft aus. Denn die neue Wortsippe stammt von *campio,* das ist der Verfechter einer Sache im gerichtlichen Zweikampf, der als Gottesurteil galt und deshalb unter Aufsicht der Kirche stand. Die veränderte Benennung verrät, daß nun jede bewaffnete Auseinandersetzung als Gottesurteil aufgefaßt und unter religiösen Gesichtspunkten gesehen wurde. Und wie tief der Einfluß einer Bewegung wie der Mystik auf das deutsche Geistesleben geworden ist, zeigt gerade dieses Wort *Einfluß,* das ebenso wie die Wörter *einleuchten* und *Grund* dem Wortschatz der Mystiker entstammt. Für die Begriffe des Wollens und Entwerfens liefert zunächst die Kunst des Schützen die Benennung. Man sagt *auf etwas absehen* und *zielen* für «etwas vorhaben», dazu die Hauptwörter *das Absehen* (seit dem 18. Jahrhundert *die Absicht*) und das *Ziel.* In denselben Zusammenhang gehört *der Zweck,* das ist der Nagel in der Mitte der Scheibe, und *der Anschlag,* das ist das Anlegen der Armbrust oder des Gewehrs. Aber *Anschlag* weicht im 18. Jahrhundert dem Worte *Plan,* das eigentlich die Zeichnung für einen Bau meint. In dieser Bedeutung war es kurz vorher aus dem Französischen entlehnt worden, die Übertragung auf das geistige Gebiet ist veranlaßt von der Freude am Bauen, die das Jahrhundert auszeichnet. Heute ist unser Wortschatz, ganz unabhängig von der Weltanschauung des einzelnen, von zwei Gebieten beherrscht: von Krieg und Technik. Wir sprechen von *Angriff* und *Verteidigung,* von *Front,* von *Umgehung,* von *Rückzug,* von *Deckung* und *Tarnung,* von *Schwerpunkt* und von vielen anderen kriegerischen Begriffen auch auf Gebieten, die vom Kriege weit entfernt sind. Und die Technik liefert noch viel mehr: *Leitung, Kontakt, Spannung, ein-* und *ausschalten, auslösen* – es bedarf keiner Beispiele für die übertragene Verwendung dieser und vieler anderer technischer Ausdrücke. Sie bezeichnen aber alle Sachverhalte, die auch vorher schon Namen hatten, die nur außer Gebrauch gekommen sind.

An dieser Stelle müssen auch noch die sogenannten Modewörter erwähnt werden, das sind Wörter, die eine vorübergehende, aber sehr heftige Beliebtheit dem Umstand verdanken, daß sie, im einzelnen vielleicht ganz zufällig, in tonangebenden Kreisen in Umlauf gekommen sind. Wer *diskriminieren* statt *benachteiligen, diffamieren* statt *beschimpfen* oder *verleumden* sagt und das, was seit über hundert Jahren *reaktionär* geheißen hatte, auf einmal *restaurativ* nennt, will einerseits zeigen, daß er auch «dazugehört», und andrerseits schon durch die Wahl seiner Wörter den Verdacht vermeiden, er könnte eine eigene Meinung haben.

Die Neubenennung von Erscheinungen der Umwelt, von der wir einige typische Beispiele betrachtet haben, erweist sich als ein ziemlich verwickelter Vorgang. Es ist höchst wahrscheinlich, wenn auch selten unmittelbar zu beobachten, daß ein Einzelner den neuen Namen zuerst gebraucht. Aber was ihn bei der Wahl oder der Neubildung beeinflußt, ist nur zum geringsten Teil eigene Willkür, in der Hauptsache vielmehr seine Stellung, sei sie noch so bescheiden, im Zusammenhang von Gesellschaft und Kultur. Erst recht wird dann die Sprachgemeinschaft, die bei der Namengebung immer das letzte Wort hat, in dem, was sie annimmt und was sie verwirft, geleitet von den großen geistigen und materiellen Strömungen, die ihre Geschichte ausmachen.

So können wir nun versuchen, die Frage nach der Richtigkeit der Namen von unserm heutigen Standpunkt aus zu beantworten. Es besteht gewiß kein eindeutiger, naturgegebener Zusammenhang zwischen den Dingen und den Lauten, mit denen sie benannt werden. Aber ebensowenig wird dieser Zusammenhang durch rein willkürliche Übereinkunft gestiftet. Vielmehr geben die Namen die Stellung einer Gemeinschaft zu den Dingen ihrer Umwelt an. Die Namen sind ein Mittel, durch das sich die Gemeinschaft mit ihrer Umwelt auseinandersetzt, sie gliedert und deutet. Dabei ist sie abhängig sowohl von der Beschaffenheit des menschlichen Seelenlebens und seinen Antworten auf die Eindrücke der Welt als auch von der geistigen und kulturellen Lage, in der sie sich jeweils befindet. Die Beziehung der Namen auf die Sachen ist nicht naturgegeben und nicht willkürlich gesetzt, sie ist geistesgeschichtlich bedingt.

ZWEITES KAPITEL

GESPRÄCH

Teilnehmer: ein Psychologe, ein Zoologe, ein Sprachwissenschaftler, ein Gast (40)

P.: Das ist ja eine erstaunliche Sache, und es wird wohl lange dauern, bis ich mich mit ihr abgefunden habe. Sie bringt eigentlich alle Vorstellungen durcheinander, die man als Psychologe von tierischer Intelligenz und ihrem Unterschied von der menschlichen hat.

Z.: Wenn sich Vorstellungen, die man hat, gelegentlich an einer harten Tatsache stoßen und gezwungen sind, sich damit auseinanderzusetzen, so ist das eigentlich kein Schade.

P.: Nein, nur liegt die Schwierigkeit in diesem Falle nicht so sehr in der beobachteten Tatsache, dem merkwürdigen Verhalten der Bienen, sondern in einer Deutung dieser Tatsache, die sich auf den ersten Blick aufdrängt, aber bei näherem Zusehen doch in ein Dickicht von Schwierigkeiten führt.

Z.: Und worin sehen Sie die Schwierigkeiten?

P.: Nun, die naive nächstliegende Deutung des Verhaltens der Bienen ist doch, daß hier eine Biene anderen Bienen eine Mitteilung macht, Mitteilung heißt aber doch Sprache, und Sprache ist Tradition, ist Kultur, ist Geist! Sie sehen, wie weittragend die Folgerungen für unsere Auffassung vom Menschen und seiner Stellung in der Welt sein müßten.

Z.: So stürmisch würde ich ja noch nicht gleich folgern. Eine Mitteilung glaube ich hier auch zu sehen, sogar eine Mitteilung mit Hilfe von Symbolen. Aber ist Mitteilung gleich Sprache? Gibt es keine Mitteilung außerhalb der Sprache? – Herzlich willkommen meine Herren! Bitte nehmen Sie Platz. Wir sind eben schon im Begriff, einander in die Haare zu fahren, ohne Ihr Erscheinen abzuwarten.

S.: Erlauben Sie mir zunächst, Sie mit meinem Gast und Zunftgenossen aus Amerika bekannt zu machen. Ich habe ihn schonend vorbereitet, daß er auf Entspannung bei unserer abendlichen Zusammenkunft nicht rechnen darf.

A.: Im Gegenteil, ich bin ganz gespannt auf Diskussionen zwischen den Vertretern so verschiedener Wissenschaften.

Z.: Also, die Frage, über die wir uns im Augenblick Ihrer Ankunft nicht einig waren, ist die, ob eine Mitteilung nur mit sprachlichen Mitteln erfolgen könne, ob man also von der Tatsache einer Mitteilung auf das Bestehen einer Sprache schließen müsse.

S.: Ich kann mir zwar viele Gebiete denken, bei deren Erforschung der Zoologe mit dem Psychologen in Berührung kommt, daß ein solches aber gerade die Sprache ist, setzt mich doch in Erstaunen. Wieso ist Sprache überhaupt ein zoologischer Gegenstand? Ich habe immer geglaubt, sie unterscheide am deutlichsten den Menschen von allen anderen Tieren.

Z.: Ja, das ist natürlich auch der Grund, weshalb wir uns aufgeregt haben. Aber darf ich Ihnen zunächst einmal kurz die Tatsachen berichten, um deren Beurteilung es sich handelt: Mein Kollege, Karl von Frisch, der sich seit vielen Jahren damit beschäftigt, das Verhalten von Bienen zu erforschen, hat festgestellt, daß eine einzelne Biene imstande ist, ihren Stockgenossinnen mitzuteilen, nicht nur, daß sie eine Futterquelle entdeckt hat, sondern auch was sie bietet, wie ergiebig sie ist, und wo sie sich befindet (41).

P.: Das letzte ist das eigentlich Erstaunliche. Denn die bloße Tatsache, daß die Biene von einer Futterquelle bestimmter Art kommt, würde sich wohl durch den Geruch verraten.

A.: Und wie hat Professor von Frisch festgestellt, daß eine Mitteilung erfolgt ist?

Z.: Aus dem Verhalten der anderen Bienen. Sie fliegen, ohne zu suchen, gerade auf die Futterstelle zu.

S.: Und die Entdeckerbiene ist nicht dabei?

Z.: Natürlich nicht; sonst wäre die Sache nicht weiter auffallend. Aber sie verhalten sich genau so, als hätten sie die Entdeckung selbst gemacht und wiederholten nur den Flug.

S.: Das sieht allerdings ganz so aus, als sei ihnen etwas mitgeteilt worden.

A.: Kann man diesen Schluß aus einem solchen Verhalten ziehen?

S.: Ich glaube wohl. Nehmen wir an, wir seien soeben einer fliegenden Untertasse entstiegen und wüßten überhaupt nicht, daß es so etwas wie Sprache gäbe. Nun beobachten wir einen Verkehrsunfall, ein Kind ist verletzt und muß ins Krankenhaus gebracht werden. Ein Radfahrer, der Zeuge des Unfalls war, sucht die Mutter des Kindes auf und spricht mit ihr, d. h. er verhält sich in einer äußerlich feststellbaren Weise, für die wir eben den Ausdruck «sprechen» haben. Nun beobachten Sie das Verhalten der Mutter: sie zeigt Erschrecken, Schmerz, Besorgnis und eilt so schnell sie kann – nicht an die Stelle des Unfalls, sondern in das Krankenhaus, in das man ihr Kind gebracht hat. Das heißt, sie verhält sich, als ob sie selbst Zeuge des Unfalls gewesen wäre. Dieses Verhalten ist ausschließlich, wie wir beobachtet haben, durch eine Sprechhandlung veranlaßt worden, und eine Sprechhandlung, die so etwas bewirkt, nennen wir eben Mitteilung.

A.: Und mit was für einer Art Handlung bringen die Bienen ihre Mitteilungen zuwege?

Z.: Mit Körperbewegungen. v. Frisch spricht von «Tänzen» und will damit sagen, daß die Biene erregt ist, daß ihre Bewegungen eine gewisse Regelmäßigkeit zeigen und daß der ganze Vorgang längere Zeit dauert. v. Frisch hat übrigens Filme aufgenommen, die ich Ihnen morgen in meinem Institut gern zeige.

A.: Und wie reagieren die anderen Bienen?

Z.: Zuerst einige und dann immer mehr beteiligen sich an dem Tanz. Sie werden gewissermaßen von der Erregung angesteckt.

S.: Aber die Tänze müssen doch sehr abwechslungsreich und verwickelt sein, allein schon wenn sie eine genaue Ortsbeschreibung liefern sollen. Denn irgendwie gezeigt wird dabei doch wohl nicht?

Z.: Doch, man kann schon sagen, daß gezeigt wird. Allerdings nicht für die Augen, denn sie müssen sich vorstellen, daß sich der ganze Vorgang auf der senkrecht stehenden Wabe im völlig finsteren Stock abspielt. Aber kann man nicht auch das ein Zeigen nennen, wenn ich im Dunkeln einem anderen dadurch eine Richtung angebe, daß ich ein paar Schritte in dieser Richtung tue und der andere sich dabei an mir festhält und auf diese Weise die Richtung mitbekommt? Genau das machen die Bienen, wie Sie sich morgen am Film überzeugen können. Das Merkwürdige ist nur, daß sie sich gar nicht in der Richtung bewegen, die sie im Gelände eingeschlagen haben, sondern daß sie gewissermaßen am Modell zeigen. Sie ersetzen nämlich die Orientierungsrichtung, die sie im Freien haben, durch eine solche, die ihnen auch im Stock zur Verfügung steht.

P.: Wonach orientieren sich denn die Bienen im Freien?

Z.: Nach der Sonne.

S.: Wie ist denn das möglich? Die Richtung Bienenstock–Sonne ändert sich doch fortwährend.

Z.: Ja, das möchten wir auch gern wissen. Tatsache ist jedenfalls, daß die Bienen die Veränderung des Sonnenstandes jeweilen einrechnen oder ausschalten, oder wie man das bei so einem instinktiven Verhalten nennen soll. Das ist eine Fähigkeit, die sie ganz unabhängig von Mitteilungen, die sie sich etwa machen, besitzen. Aber nun weiter. Diese Richtung zur Sonne wird auf der Wabe als Richtung nach oben, also der Schwerkraft entgegen, dargestellt. Das heißt also, die Biene kriecht oder tanzt genau nach oben, wenn die Futterstelle, die sie entdeckt hat, genau in Richtung der Sonne lag. Bildete die Flugrichtung nach der Futterstelle einen Winkel mit der Richtung zur Sonne, so weicht sie auf der Wabe um eben diesen Winkel von der Senkrechten ab. Dabei deutet die Biene zugleich die Entfernung an, indem sie um so langsamer tanzt, je weiter in der Natur die Futterstelle vom Stock entfernt ist. Übrigens wird dieses Verfahren nur angewendet, wenn es bis zur Futterstelle verhältnismäßig weit ist. Befindet sie sich in der Nähe des Stockes, so tanzt die Biene, die sie gefunden hat, auf der Wabe einfach einen Tanz im Kreise, und ihre Gefährtinnen bewegen sich dann im Freien ebenfalls in Kreisen um den Stock und finden auf diese Weise die Futterstelle. Aber nun, meine Herren, was liegt hier vor? Kann man das Sprache nennen? Offenbar wird doch mit Symbolen gearbeitet, die Richtung entgegen der Schwerkraft vertritt die Richtung zur Sonne (mit automatischer Zeitkorrektur!), die Geschwindigkeit vertritt die Entfernung, und überhaupt: die paar Quadratzentimeter Wabenfläche vertreten die ganze große Landschaft draußen. Nur die Winkel bleiben Winkel und behalten auch ihre Größe. Würden sie ein solches System von Symbolen als Sprache anerkennen?

S.: Jedenfalls würde es dafür kein Hindernis sein, daß die Mittel der Verständigung hier Körperbewegungen sind und nicht Laute wie bei der Menschensprache. Es gibt ja auch unter Menschen Gebärdensprachen, wenn die Lautsprache aus irgendeinem Grund nicht angewendet werden kann oder soll, wie z. B. bei Taubstummen, bei Trappisten, deren Ordensregel das Sprechen verbietet, oder in gesellschaftlichen Schichten, die auf geheime Verständigung Wert legen. Es wäre also nur zu fragen, ob diese Bienentänze wirklich Symbole und ob sie ein System von solchen sind.

A.: Aber ist denn eine Sprache ein «System von Symbolen», was immer das sein mag?

P.: Ja, ich habe überhaupt den Eindruck, daß wir hier versuchen, eine Erscheinung unter den Begriff «Sprache» zu bringen oder von ihm auszuschließen, ohne daß wir vorher Klarheit darüber geschaffen haben, was Sprache eigentlich ist.

S.: Da bin ich schuld. Ich hätte es vorhin nicht durchlassen dürfen, daß wir Sprache stillschweigend als Mitteilung bestimmten. Ein Mensch spricht aber nicht nur, um einem anderen etwas mitzuteilen. Er ist zum Beispiel auch imstande, den anderen durch Sprechen zu einer Mitteilung, die er braucht, zu veranlassen, also ihn zu fragen. Das können auch die Leute aus der fliegenden Untertasse am Verhalten feststellen. Da geht etwa ein Mann durch die Stadt, und man sieht, daß er unsicher ist, welchen Weg er einschlagen soll. Er wendet sich an einen anderen, es findet ein Gespräch statt, und sogleich setzt er entschieden seinen Weg fort, zögert nicht an Kreuzungen und Ecken, sondern kommt dort an, wo er, wie sein Verhalten zeigt, ankommen wollte. Er hat ganz offenbar eine Mitteilung bekommen, aber er hat sie selbst durch eine Sprechhandlung erst herausgelockt. Das kann man also durch Sprechen auch. Und dann die allergeläufigste Leistung der Sprache: wir können einen andern oder mehrere andere durch Sprechen veranlassen, etwas zu tun, das Fenster zu schließen, das Brot herüber zu reichen, uns eine Fahrkarte zu verkaufen und tausend Dinge des täglichen Lebens zu tun bis hinauf zu den wichtigsten Entscheidungen. Weit mehr als durch Fragen und Mitteilungen steuern die Menschen ihr Leben gegenseitig durch Aufforderungen.

P.: Ist mit diesen drei, Aufforderung, Frage, Mitteilung, nun der Katalog der Zwecke des Sprechens oder der Leistungen der Sprache vollständig?

S.: Einige sind dieser Meinung (42). Aber es gibt sprachliche Äußerungen, die keinen dieser Zwecke verfolgen, wie etwa «So'n Sauwetter», oder «Was für ein reizendes Kind!» Mitteilungen oder Fragen sind das doch nicht. Niemand erfährt durch solche Äußerungen etwas Neues, und beantworten kann man sie auch nicht. Von Aufforderungen ist schon gar keine Rede. Also bleibt nichts übrig, als einen vierten Zweck des Sprechens, eine vierte Leistung der Sprache anzuerkennen. Denn einen Zweck haben solche Ausrufe schon, nämlich den, sich mit seinen Mitmenschen in einer Stellungnahme, einer Beurteilung zu treffen oder sich wenigstens darüber auseinanderzusetzen. Übrigens sind diese vier Leistungen der Sprache schon sehr früh erkannt worden. Gleich der älteste Sprachtheoretiker, Protagoras, hat sie bestimmt und die «Stützpfeiler der Rede» genannt (43).

A.: Mit all dem wissen wir aber noch nicht, was Sprache eigentlich ist, was wir tun, wenn wir sprechen. Es scheint ja, daß wir das zu sehr verschiedenen Zwecken tun. Aber all diese Zwecke kann man doch wohl auch ohne zu sprechen erreichen. Einiges davon können sicher auch Tiere.

Z.: Auffordern können sie auf jeden Fall, zunächst einmal ihre Artgenossen durch Lock- oder Drohrufe oder Gebärden zu sämtlichen sozialen Leistungen der betreffenden Tierart, also etwa zu gemeinsamem Angriff oder zur Flucht, zur Nahrungssuche, zu Balz und Fortpflanzung, zur Pflege der

Jungen, zum Kampf ums Revier und noch zu manchem anderen (44). Außerdem sind sie aber auch in der Lage, Menschen zu etwas aufzufordern, wenn sie an seinen Umgang gewöhnt sind. Wir kennen das alle vom Umgang mit Hunden und Katzen her. Wenn man die Sache unter dem Gesichtspunkt der Leistung betrachtet, so sind die Bienentänze gewiß auch Aufforderungen, nämlich nach der Futterstelle zu fliegen. Das ist jedenfalls ihr biologischer Sinn. Aber ich möchte doch behaupten, daß sich damit ihre Leistung nicht erschöpft. Damit die Aufforderung wirksam wird, und in der Weise wirksam wird, wie wir das tatsächlich beobachten, müssen sie doch wohl auch Mitteilungen enthalten.

P.: Da müßten wir nun die Frage aufwerfen, ob es Mitteilung ohne Sprache gibt, so wie, nicht nur bei Tieren, sondern auch beim Menschen, Aufforderungen ohne Hilfe der Sprache vorkommen, nämlich durch Winke oder Schreie.

S.: Echte Mitteilungen ohne zu sprechen?

P.: Gewiß. Wenn Sie zum Beispiel durch den Wald gehen und Sie bemerken ein Reh, so werden Sie nicht versuchen, ihren Begleiter durch Sprechen aufmerksam zu machen, sondern Sie werden ihn am Arm berühren und nach dem Reh zeigen. Das ist eine Mitteilung, und Sie haben nicht gesprochen.

Z.: Solche Mitteilungen durch ein bestimmtes Verhalten finden wir bei den Tieren auf Schritt und Tritt. Nehmen Sie etwa ein Stichlingsmännchen. Wenn es in seinem Revier einem anderen Stichling begegnet, so greift es ihn sofort an. Ist dieser andere nun ein paarungslustiges Weibchen, so flieht es nicht, setzt sich aber auch nicht zur Wehr. Daraufhin, und wenn es außerdem einen dicken silbrigen Bauch hat, fängt das Männchen an zu balzen. Wenn der fremde Artgenosse jedoch flieht oder seinerseits angreift, wird er aus dem Revier verjagt. Das Verhalten teilt also mit: ich bin ein Weibchen und möchte gern ablegen, oder: ich Männchen will dein Revier erobern. Infolgedessen weiß der Revierinhaber, wen er vor sich hat, und verhält sich entsprechend.

A.: Warum behaupten Sie, daß der Stichling etwas weiß?

Sie können das nicht kontrollieren, und es ist auch ganz überflüssig, um die Vorgänge zu beschreiben. Genügt es nicht, zu sagen, daß das Verhalten des einen Tieres unter bestimmten Umständen bei dem anderen als Reiz wirkt und dadurch ein entsprechendes Verhalten hervorruft?

P.: Würde dieser Gesichtspunkt nicht auch für Menschen zutreffen?

A.: Sicher.

Z.: Nun, dann hätten wir ja keinen Unterschied. Wir finden bei Tieren wie bei Menschen ein bestimmtes wechselseitiges Verhalten, das wir beschrieben haben und das wir «Mitteilung» nennen wollen. Es ist nicht notwendig, daß dabei gesprochen wird.

S.: Dagegen möchte ich denn doch verschiedene Bedenken anmelden. Erstens scheint mir, wenn wir nur auf das Verhalten abstellen, der Unterschied zwischen Aufforderung und Mitteilung zu verschwinden. Warum sollte man im Falle der Stichlinge das Verhalten des Weibchens nicht als «Aufforderung zum Tanz», das des fremden Männchens als «Herausforderung zum Kampf» auffassen? Zweitens aber trifft dieses Beispiel gar nicht das Wesentliche, was sich bei der Botschaft von dem Verkehrsunfall oder auch im Bienenstaat abspielt. Warum hätten Sie sonst, Herr Kollege, darauf bestanden, daß der Bienentanz nicht nur Aufforderung, sondern auch Mitteilung sei?

Z.: Und worin sehen Sie das Wesentliche?

S.: Das hängt mit der eigentlichen Leistung der Sprache zusammen, also mit der, die auf keine Weise ersetzt werden kann. Aber dazu müßten wir vorher noch feststellen, ob auch die Fühlungnahme oder Stellungnahme oder wie Sie nun das gemeinsame Schimpfen oder Sichfreuen oder Sichinteressieren nennen wollen, und vor allem die Frage zustande kommen können, ohne daß dabei gesprochen wird.

P.: Bei den Ausrufen sind wir, glaub ich, alle einig, daß Sie fast unmerklich aus nichtsprachlichem Verhalten, zornigen oder freundlichen Mienen und Gebärden, zärtlichen oder drohenden Lauten hervorgehen. Zunächst sind sie nur Entladungen einer Erregung, aber in vielen Lagen suchen sie doch auch Berührung mit anderen Menschen und werden auch so verstanden.

Z.: Diese Leistung steht demnach auch den Tieren zu Gebote.

P.: Ohne Zweifel. Aber wie steht es nun mit der Frage? Gibt es fragendes Verhalten bei Tieren?

Z.: Aber gewiß. Jedes Werben ist doch ein Fragen.

S.: Ebenso wie ein Auffordern oder auch Mitteilen. Mir scheint, bei dem Verhalten der Tiere fließen diese Leistungen ineinander. Ursprünglich sind sie eben beim Menschen beobachtet und unterschieden worden.

Z.: Ja, können denn Menschen fragen ohne zu sprechen?

P.: Unzweifelhaft. Beobachten Sie einmal z. B. einen Arbeiter in einer Fabrikhalle. Er hat einen Zuruf oder einen Wink nicht verstanden. Mit Worten zurückzufragen ist wegen des Lärms aussichtslos. Was tut er? Er deutet eine der Handlungen, die möglicherweise in Betracht kommen, an und entnimmt dem Verhalten des anderen, ob er die richtige getroffen hat. Nötigenfalls wiederholt er das Verfahren. Ist er nur über eine Person oder eine Sache im unklaren, so genügt es, wenn er der Reihe nach auf sie zeigt, bis der andere zu erkennen gibt, daß es die ist, die er meint. Er versucht also, wenn auch nur andeutungsweise, auszuführen, was man seiner Meinung nach von ihm verlangt, und wartet dann, ob er damit Beifall findet.

S.: Diese außersprachliche Art zu fragen spiegelt sich auch noch in der Sprache wider. Die fragenden Fürwörter sind häufig dieselben wie die unbestimmten, nur mit anderer Betonung. Und ein Fragesatz schließt oft nicht mit dem Abschlußton der Aussagesätze, sondern mit einer Tonfolge, die auf Kommendes hinweist.

A.: Damit haben wir nun freilich festgestellt, daß alles, was mit Hilfe des Sprechens geleistet werden kann, auch ohne diese Hilfe möglich ist. Was berechtigt uns also, das sprechende Verhalten des Menschen als eine Sonderart seines Verhaltens überhaupt herauszustellen und dabei noch diese vier recht verschiedenen Verhaltensweisen unter einem Begriff zusammenzufassen?

S.: Das ist in der Tat die entscheidende Frage nach dem Wesen der Sprache, nach dem Recht, «Sprache» überhaupt als eine Erscheinung eigener Art zu betrachten. Das wäre wirklich nicht erlaubt, wenn sie gar nichts leistete, was nur ihr eigentümlich wäre, und wenn sich dieses Eigene nicht in allen ihren Erscheinungsformen wiederfände. Da möchte ich zuerst der Behauptung widersprechen, daß man durch Sprechen nichts weiter erreiche, als man auch ohne zu sprechen erreichen könne. Das bezieht sich nämlich nur auf die allgemeine Art der erreichten Zwecke, also Aufforderung, Frage, Mitteilung, Stellungnahme. Aber innerhalb jeder gegebenen Lage bietet die Sprache sehr viel mehr als jedes nichtsprachliche Verhalten (45), so viel mehr, daß nach meiner Ansicht ein Unterschied nicht nur des Grades, sondern auch der Art besteht. Alle nichtsprachliche Verständigung ist lagegebunden, sie kann sich nur jetzt und hier auswirken. Ohne zu sprechen können Sie niemand veranlassen, aus dem Nebenzimmer ein bestimmtes Buch oder ein bestimmtes Werkzeug zu holen oder morgen früh um acht am Bahnhof sein. Sie können ihn auch nicht fragen, wann und wohin er abzureisen gedenkt, und Sie können ihm nicht erzählen, was Sie gestern getan haben oder wie er zum Bahnhof kommt, wenn der Bahnhof nicht in Sicht ist oder die Straße gerade darauf zuführt. Bei den Stellungnahmen ist der Unterschied nicht so auffällig, weil sie an sich immer lagegebunden sind. Aber ganz allgemein erreicht der Sprechende durch die Sprache Vergangenheit und Zukunft und die ganze Welt des Raumes jenseits seines augenblicklichen Standortes.

Z.: Das trifft in gewissem Umfang auch für die Bienen zu.

A.: Aber der Mensch erreicht seinen Zweck obendrein auf eine sehr wirtschaftliche Weise. Eine kleine Bewegung der Muskeln der Sprechorgane genügt. Da müssen sich Professor v. Frischs Bienen ganz anders anstrengen mit den ekstatischen Tanzbewegungen ihres ganzen Körpers! Aber man möchte gern wissen, wie dieses Kunststück zustande kommt, welche technische Anordnung eine solche Kraftersparung möglich macht.

S.: Ja, wie kommt die ganze Welt, Nähe und Ferne, Vergangenheit und Zukunft in ein paar Laute, die von menschlichen Sprechorganen hervorgebracht werden? Man kann sagen, daß diese Welt mit ihren vielschichtigen Beziehungen auf die Folge der Laute, wie die Mathematiker sagen, «abgebildet» wird, ähnlich wie die Bienen den freien, von der Sonne beherrschten Raum auf die dunkle Wabe, wo nur die Schwerkraft herrscht, abbilden. Aber wie einfach erscheint jetzt das Verfahren der Bienen gegenüber den Leistungen der Menschensprache, die nicht Raum in Raum übersetzt, sondern eine Mannigfaltigkeit von vielen Dimensionen in eine Folge von Lauten einfängt, die nur die eine Erstreckung der Zeit hat.

A.: Auf diese Erscheinung dürfte der Ausdruck «abbilden» nicht mehr recht zutreffen. Aber um es zu beurteilen, müßte man erst einmal wissen, durch welches Verfahren eine so imponierende Leistung überhaupt zustande kommt.

S.: Wenn man es rein äußerlich technisch beschreiben will, ohne zunächst die tieferen Zusammenhänge zu verfolgen, so geschieht zweierlei: die Wirklichkeit, soweit sie den Menschen angeht, also seine Umwelt, wird in Teile gegliedert; ihr Seinszusammenhang wird durch Beziehungen ersetzt, die vom Menschen her gedacht sind. Und diese Teile und ihre Beziehungen werden durch Lautfolgen dargestellt. Diese Darstellung ist es nun, die allen Anwendungsformen der Sprache gemeinsam ist, und sie unterscheidet sie deutlich von allen nichtsprachlichen Aufforderungen, Fragen, Mitteilungen und Stellungnahmen. Sie befreit das Gespräch aus den Fesseln der überschaubaren Situation und erlaubt eine viel genauere Verständigung im einzelnen. So erst wird eine nähere Beziehung der Menschen zueinander hergestellt, an Stelle der bloßen Teilhabe an einer Situation, mit der sich jeder für sich auseinandersetzen muß.

P.: Dieser letzte Gedanke scheint mir wichtig zu sein. Was in der Rede dargestellt wird, ist nicht so sehr die äußere Wirklichkeit unmittelbar, sondern ihr Bild im Bewußtsein des Sprechenden, wie das übrigens schon Aristoteles vor mehr als zweitausend Jahren festgestellt hat (46). Das ist ja eben die wunderbare Macht der Sprache, daß sie die Schranken zwischen den Bewußtseinen (wenn man so sagen darf) der einzelnen Menschen durchbricht und dem einen vom Bewußtseinsinhalt des anderen Kenntnis gibt (47).

Z.: Geschieht das nicht allgemein durch so ansteckende Verhaltensweisen wie Lachen, Weinen, Gähnen, überhaupt durch Blicke und Gebärden, ganz ohne Hilfe der Sprache? Denken Sie an die doch unzweifelhaft auch seelischen Beziehungen der Mutter zu ihrem Säugling. Die Anwendung auf entsprechendes tierisches Verhalten ergibt sich von selbst.

P.: Solche unmittelbaren seelischen Beziehungen erkenne ich selbstverständlich an. Aber ich meine, daß die Übermittlung ganz konkreter Bewußtseinsinhalte doch noch etwas ganz anderes ist.

A.: Das wäre ja eine großartige Sache und führte eigentlich schon an die Metaphysik heran; aber eben darum bin ich mißtrauisch und frage, was es denn mit dem «Bewußtseinsinhalt», von dem die Sprechenden Kenntnis geben und nehmen, auf sich hat. Woher kennen Sie ihn?

P.: Er ist das allerunmittelbarste, das ich kenne. Er ist mein Erleben, mein Sein zur Welt im normalen Wachzustand.

A.: Zweifellos. Aber wenn Sie ein unmittelbares Sein in die Form der wissenschaftlichen Erkenntnis bringen wollen, so genügt Ihre Aussage allein nicht für die Feststellung eines Tatbestandes. Es muß jeder andere denselben Tatbestand feststellen, einer den anderen kontrollieren können, sonst können wir wissenschaftlich mit den Aussagen nichts anfangen. Und wenn Sie behaupten, daß Inhalte von einem Bewußtsein in das andere übertragen werden oder in einem Bewußtsein «dieselben» Inhalte wie in einem anderen zustande kommen, so müßten Sie sie doch vergleichen. Und das können Sie nicht.

P.: Das stimmt, und ich erkenne Ihre methodische Gewissenhaftigkeit durchaus an, die Sie verhindert, von unkontrollierten und unkontrollierbaren Erscheinungen Gebrauch zu machen. Aber wenn wir darauf verzichten, unsere eindrücklichsten Erlebnisse für die Erkenntnis auszuwerten, geben wir damit nicht einen Zugang zum Wesen des Menschen und vielleicht zum Innern der Welt auf, der durch nichts zu ersetzen ist?

A.: Um einen solchen Zugang zu bieten, müßten diese Erlebnisse objektive Wirklichkeit sein, und das ist es ja gerade, was wir bestreiten. Es läßt sich doch alles, wofür Sie Bewußtseinserlebnisse in Anspruch nehmen, auch ohne solche rein als Verhaltensweise begreifen. Ich habe mich vorhin gefreut, daß wir die Leistungen der Sprache nur aus dem Verhalten der Menschen abgeleitet haben, ohne Begriffe wie Vorstellen, Wollen, Fühlen oder Denken zu Hilfe zu nehmen.

P.: Immerhin müssen Sie, wenn Sie Ihren Grundsatz streng durchführen, auf die Untersuchung von nicht wenigen Erscheinungen verzichten, die doch als Erscheinungen unzweifelhaft wirklich sind, wie und wo sie immer zustande kommen mögen. Oder sind Erlebnisse wie die der Farben Rot, Gelb, Grün, Blau wissenschaftlicher Untersuchung nicht zugänglich?

A.: Aber gewiß. Wenn jemand farbenblind ist, können Sie das doch an seinem Verhalten feststellen.

P.: Ja, ich kann feststellen, daß er z. B. Rot und Grün nicht oder wenigstens nicht in derselben Weise unterscheidet wie die Mehrzahl der Menschen. Aber von der Eigenart des Rot- oder Grünerlebnisses erfahre ich weder bei ihm noch bei normalen Menschen etwas. Und gerade diese Eigenarten haben doch gewisse gesetzmäßige Beziehungen. Ich wüßte nicht, wie man das Besondere, z. B. an der Erscheinung der Komplementärfarben, aus dem Verhalten entnehmen sollte. Und mit dem ganzen großen Gebiet der Träume könnten wir nun gar nichts mehr anfangen. Aus dem Verhalten, das man beobachtet, kann man bekanntlich nicht einmal schließen, ob einer träumt oder nicht. Es kann einer nachtwandeln oder die lebhaftesten Reden führen und nichts dabei träumen, und ein anderer schläft ohne sich zu rühren und träumt das wildeste Drama.

A.: Dieses letzte Argument scheint mir etwas ad hominem

gezielt, denn wir legen ja in Amerika auf die Beobachtung von Träumen, um Krankheitsursachen zu erkennen, großen Wert. Aber was wir eigentlich untersuchen, sind nicht die Träume, sondern die Erzählungen von den Träumen, und dieser Gesichtspunkt gilt auch für Komplementärfarben und dergleichen. Und eine Aussage ist ja auch ein Verhalten, d. h. Reaktion auf einen Reiz.

S.: Halt, Vorsicht! Unsere Diskussion geht ja gerade davon aus, daß wir nicht wissen, was die Sprache nun eigentlich tut, um die Menschen in Verbindung zu bringen. Also können wir sie auch hier nicht zu Hilfe rufen, um sie als eine Reaktion wie jede andere auszuwerten. Aber ich glaube, daß es einen Weg gibt, um weiter zu kommen. Wir haben doch die Tatsache «Gespräch», in dem zwei Menschen immer gegenseitig durch einen Reiz eine Reaktion, nämlich eine sprachliche Äußerung, hervorrufen. Beide Äußerungen nehmen aufeinander Bezug, und zwar inhaltlich Bezug, wobei ich über den Sinn dieses «inhaltlich» noch gar keine Aussagen machen möchte. Es ist jedenfalls nicht, wie wenn ein Hund bellt oder ein Vogel zwitschert und nun andere Hunde oder andere Vögel ebenfalls anfangen zu bellen oder zu zwitschern. Wir sagen, daß die Äußerung des einen vom anderen verstanden worden ist und daß die Antwort des zweiten wieder vom ersten verstanden wird. «Verstehen» heißt dabei nur soviel, daß, wie die Reaktion zeigt, der Reiz irgendwie verarbeitet wurde.

A.: Wir müssen bedenken, daß der Reiz ja nie auf einen völlig unberührten, sondern auf einen irgendwie vorbereiteten Organismus trifft. Die Reaktion wird nicht nur vom Reiz, sondern auch von der Bereitschaft bestimmt.

S.: Diese Bereitschaft, scheint mir, ist für die Wirkungsweise außerordentlich wichtig. Vor allem darf man sie wohl nicht als einen ruhenden Zustand auffassen, der auf den Reiz hin die Reaktion hervorbringt, sondern als ein bewegtes Gefüge, das den Reiz in seine Bewegung als eine der wirkenden Kräfte mit einbezieht. Das Ergebnis dieses Vorgangs ist es, was wir als Reaktion feststellen. Selbst einfache Fragen finden manchmal ganz unerwartete Antworten, die man erst auf Umwegen versteht; aber, das ist das Entscheidende, man versteht sie. So habe ich einmal in Athen auf der Straße einen Mann gefragt: «Wo fährt das Auto nach Theben ab?», und er antwortete: «Wollen Sie nicht lieber mit der Bahn fahren?» Die Antwort war verblüffend, wenn man bedenkt, daß die Bahn eine Stunde länger braucht und entsprechend teurer und viel unbequemer ist. Ich hatte gehofft, der Mann würde sagen: «Das Auto fährt dort drüben an der Ecke ab»; ich war auch darauf gefaßt, daß er sagen würde: «Es tut mir leid, das weiß ich nicht»; und ich hätte mich auch nicht gewundert, wenn er gesagt hätte: «Dieses Auto fährt schon seit drei Monaten nicht mehr.» Aber was er wirklich sagte, kam mir ganz unerwartet. Trotzdem konnte ich nicht nur den Wortlaut, sondern auch die Motive der Antwort verstehen. Er konnte die Frage nicht geradezu beantworten, weil er die Abfahrtsstelle nicht kannte. Er wollte aber den Fremden, der um Auskunft bat, nicht enttäuschen und schlug deshalb einen Ausweg vor, der diesen seinem Wunsch gemäß nach Theben brachte, ohne daß zur Zeit unlösbare Fragen aufgeworfen wurden. Es ging also in ihm auf den Reiz der Frage hin allerhand vor, und was vorgegangen war, konnte man aus seiner Antwort rückwärts erschließen. (48)

Daß man es kann, beweist, daß diese Vorgänge in jedem Sprechenden der Art nach gleichförmig ablaufen. Die Unterschiede im Einzelfall lassen sich eben aus dem Wortlaut der Reaktion entnehmen. Sie sind also wirklich objektiv vergleichbar. Die Vermutung, der andere werde bei diesen Vorgängen ähnliche Erlebnisse gehabt haben wie wir selber im entsprechenden Fall, muß wissenschaftlich erlaubt sein. Wenn diese inneren, d. h. nicht unmittelbar wahrnehmbaren Vorbereitungen der Antwort bei jedem Menschen unberechenbar verschieden wären, könnte man sich immer nur über die nächstliegenden Dinge unterhalten, wo Reiz und Reaktion wirklich automatisch aufeinander folgen.

A.: Wenn es Ihnen gelingen sollte – es bedürfte dazu natürlich noch eingehender Untersuchungen –, den inneren Mechanismus, wie in einem Gespräch die Antwort auf den

Reiz zustande kommt, objektiv zugänglich zu machen, so wäre das ein begrüßenswerter Fortschritt; aber es wäre eine Ergänzung, keine Widerlegung meines methodischen Standpunktes. Aber warum legen Sie auf diesen dunklen Teil des Vorgangs, der sich zwischen Reiz und Reaktion abspielt – wenn sich überhaupt etwas abspielt! –, so viel Wert?

S.: Weil ich überzeugt bin, daß hier der Schlüssel zum Wesen und Wirken der Sprache liegt, und weil ich glaube, daß die Sprachwissenschaft sehr wesentlich dazu beitragen kann, das Verhältnis Reiz/Reaktion beim Lebendigen, das doch zunächst nur in seiner Tatsächlichkeit gegeben ist, in seinem Wesen zu klären.

A.: Etwas Ähnliches habe ich befürchtet. Aber all die Zerlegung der Wirklichkeit mit Hilfe von Lautgebilden, aus der Sie Ihre Schlüsse ziehen wollen, setzt doch voraus, daß Sie Dinge vor sich haben, Wörter, Sätze, Reden, die Sie messen, einteilen, untereinander und mit den Dingen der Welt in Beziehung setzen können. Aber Sprechen ist ein Verhalten, also ein Vorgang, den man wissenschaftlich eben als Vorgang auffassen und beschreiben muß.

S.: Erinnern Sie sich, daß das «Zerlegen», wie Sie sagen, der Wirklichkeit ein Versuch war, die besondere Leistung des sprechenden Verhaltens, nämlich die Darstellung, zu beschreiben. Wenn Sie diesen Versuch verwerfen, sollten Sie Ihrerseits angeben, wodurch sich das Sprechen von anderen Weisen des Verhaltens unterscheidet.

A.: Das Sprechen ist dadurch gekennzeichnet, daß es eine Reaktion auf zwei gleichzeitig wirkende Reize ist, nämlich den Sachverhalt von dem, und die Person, zu der man spricht (49). Das sprechende Verhalten richtet sich nach beiden, man spricht in einer bestimmten Weise, weil man von einer bestimmten Sache zu einer bestimmten Person spricht. Die beiden Reize und die Reaktion darauf machen die Sprechhandlung aus. Die Reaktion ist natürlich eine Einheit, die man nicht zerlegen kann, ohne ihren Sinn als Reaktion zu zerstören. Es gibt also nur ganze Reden, deren Beschreibung als Ausrichtung nach beiden Reizen die Aufgabe der Sprachwissenschaft ist.

S.: Damit bin ich ganz einverstanden, glaube aber, daß eine genaue Beschreibung von selbst über dieses erste Ziel hinausführen wird. Aber ich würde Wert darauf legen, daß wirklich eingehend und ohne Voreingenommenheit beschrieben wird, was die Erscheinung bietet, und nicht nur immer abstrakt versichert, es handle sich eben um nichts weiter als eine Ausrichtung nach Person und Sachverhalt. Gerade Art und Mittel dieser Ausrichtung interessieren uns, und die müssen bei einer Beschreibung ja zutage kommen. Das ist um so nötiger, als die Reaktion des einen im Gespräch ihrerseits als Reiz auf den anderen wirkt, und man muß den Reiz sehr genau kennen, wenn man die Reaktion darauf verstehen will. Man sollte auch nicht immer gleich, wenn jemand typische Formen an Sprechhandlungen feststellt, sagen, er verdingliche Vorgänge in unzulässiger Weise. Niemand macht dem Physiker oder dem Astronomen einen solchen Vorwurf, wenn er die Bahnen eines Geschosses oder eines Kometen differenziert oder integriert.

A.: Gut, wir wollen versuchen, die Einzelheiten der Reize und Reaktionen beim Sprechen aufzunehmen. Dabei werden wir sehen, wie lange unsere Einigkeit vorhält.

S.: Da möchte ich zuerst Ihre Aufmerksamkeit auf eine Erscheinung lenken, die in ihrer einfachsten Form so aussieht: Man sitzt bei Tische, und einer bittet seinen Nachbar «Würden Sie so gut sein, mir das Salz herüber zu reichen?» oder «das Brot herüber zu reichen?» Beide Äußerungen sind, wenn ich mich Ihrer Ausdrucksweise bediene, Reaktionen auf die Reize der Sachen (Bedürfnis nach Salz oder Brot, das in Reichweite des Nachbarn steht) und der Person (der Nachbar, der zu Salz oder Brot verhelfen kann). Der Unterschied ist nur, daß einmal das Bedürfnis nach Salz, das anderemal nach Brot die Art der Reaktion bestimmt, und das wirkt sich in der Verschiedenheit der Lautungen Salz und Brot aus. Genau derselbe Unterschied der Lautungen wirkt nun als Reiz auf den Nachbar, der je nachdem das Salz oder das Brot reicht. Ich brauche das wohl nicht weiter auszuführen. Es lassen sich immer in derselben Situation mehrere im übrigen gleichlautende Äußerungen finden, die sich nur in einem solchen Stück Lautung unterscheiden und eben dadurch Reaktionen auf ganz bestimmt unterschiedene Reize sind und andererseits als Reize ganz bestimmt unterschiedene Reaktionen hervorrufen. Lautungsstücke, die in dieser Weise dem Verhalten zugeordnet sind, nenne ich Wörter, und ich glaube nicht, daß gegen diese Ableitung des Begriffs methodische Bedenken bestehen.

A.: Gewiß nicht, wenn sie nur immer festhalten, daß Sie Varianten einer Handlung und keine Dinge vor sich haben. In verschiedenen Situationen spricht man verschieden, wie man im Haus und auf der Straße verschieden grüßt oder Suppe, Braten und Fisch auf verschiedene Weise ißt. Derartige Unterschiede sind gar nicht allein von den Sachen bedingt, sondern auch von der Person des Sprechenden. Sein Sprechen unterscheidet sich je nach der sozialen Gruppe, zu der er gehört, er spricht z. B. eine bestimmte Mundart, oder er spricht Englisch, Deutsch oder Französisch, je nachdem wie es in seiner sozialen Gruppe üblich ist.

S.: Ich glaube, wir müssen zwischen diesen beiden Verschiedenheiten des Sprechens, den sachlich und den sozial bedingten, unterscheiden. Es ist zweifellos etwas anderes, ob ich in meiner Rede zwischen Salz und Brot wechsle, oder ob verschiedene Menschen oder derselbe Mensch in verschiedener Umgebung auf dieselbe Sache mit der Lautung *brot, bread, pain* oder *chleb* verweist. Wir sind auf die Frage gestoßen, was es bedeutet, daß der Sprechende in seiner Rede die Lautung *brot* verwendet, wenn er Brot, und die Lautung *salz,* wenn er Salz haben will. Ich behaupte, daß diese Lautungen mit diesen Sachen irgendwie verbunden sind, und daß diese Verbindung für den Hörenden ebenso gilt wie für den Sprechenden. Diese Verweisung auf Sachen, die doch auch nach Ihrer Meinung für das Sprechen wesentlich ist, findet sich weder bei Grußgebärden noch bei Tischsitten, und man muß sie also für sich betrachten, ganz gleich, wie die Sprechenden einmal gelernt haben, solche Unterschiede zu machen.

P.: Dann wären also die Varianten der Lautung, die von solchen bestimmten Zügen des Sachverhaltes wie dem Unterschied Salz/Brot ausgelöst werden und ihrerseits das Verhalten des Angeredeten im Hinblick auf diese Züge steuern, d. h. die Wörter, wie wir nun vielleicht sagen dürfen, als Zeichen anzusprechen. Sie vertreten im Gespräch bestimmte Sachen und ersetzen eine Zeiggebärde, wo sie nicht möglich oder nicht zulässig ist.

A.: Daß Wörter Zeichen sind, ist zwar eine alte und heute sehr verbreitete Ansicht, aber mir will sie gar nicht einleuchten. Von einem Zeichen verlangt man doch in erster Linie, daß es eindeutig ist. Wie könnte es sonst das, wofür es steht, vertreten! Und wann sind die Wörter beim Sprechen eindeutig? Dieselben Lautungen können ganz verschiedenen Sachen zugeordnet sein, also Homonyme darstellen, von denen wir im Englischen so viele haben, die aber in keiner Sprache fehlen. Im Deutschen spricht man von *Dichtungen* Shakespeares oder Goethes, aber auch von der *Dichtung* eines Wasserhahns; eine *Winde* blüht am Gartenzaun, aber mit einer *Winde* hebt man auch einen Wagen, um ihn zu reinigen oder zu reparieren.

S.: Verzeihung, wir hatten das Wort abgeleitet als eine Lautung, die eine bestimmte Reaktion hervorruft. Die Lautung allein ist nicht das Wort, und Homonyme, von denen Sie Beispiele bringen, sind ebenso viele verschiedene Wörter.

A.: Und wodurch erfahren Sie, um welches der verschiedenen möglichen Wörter es sich handelt, wenn Sie eine solche mehrdeutige Lautung hören?

S.: Aus dem Zusammenhang, und zwar sowohl dem Zusammenhang im Gespräch als auch dem Zusammenhang der ganzen Lage einschließlich ihrer Voraussetzungen.

A.: Damit kommen sich unsere Auffassungen schon näher. Aber die Wirkungsweise von Zeichen ist das doch nicht: Grenzsteine, Verkehrsschilder, chemische Formeln geben von sich aus eindeutig zu erkennen, wofür sie stehen, wenn sie auch selbstverständlich immer im Zusammenhang einer Situation auftreten. Aber sie helfen eher die Situation mit aufbauen, als daß sie von ihr bestimmt würden. Aber es gibt noch andere Arten der Mehrdeutigkeit, über die ich gern Ihre Ansicht hören würde. Wie ist es, wenn wir sagen: *Die*

Ergänzungssteuer ist ein Stein des Anstoßes? Da erscheint die Lautung *stein* in einem Zusammenhang, der entweder eine Aufforderung sein kann, nämlich, sich dieser Steuer zu widersetzen, oder eine Mitteilung, nämlich daß viele Leute gegen diese Steuer sind, aber von einem Stein im gewöhnlichen Sinne ist nicht die Rede, weder spielt ein «Stein» als Reiz für den Sprechenden eine Rolle, noch wird der angeredete zu irgendeiner Reaktion hinsichtlich eines Steines veranlaßt. Ist diese Lautung *stein* überhaupt ein Wort im Sinne, wie Sie es vorhin bestimmt haben? Welche Änderung des Verhaltens entspricht ihm? Gar keine, es handelt sich um einen Ausdruck, der nur als Gesamtheit Reiz oder Reaktion sein könnte. Man könnte ebensogut sagen: «Diese Steuer ist abzulehnen» oder «wird allgemein abgelehnt».

S.: Warum sagt man aber nicht so?

A.: Weil man hofft, beim Gesprächspartner mehr Eindruck zu machen, wenn man sich nicht ganz alltäglich ausdrückt.

S.: Aber worauf gründet sich denn diese Hoffnung? In unserem Falle ist sie kaum begründet, denn die Redensart ist ja ganz abgedroschen, und insofern gehört diese Redensart mit *Stein* gar nicht zur Mehrdeutigkeit des Wortes *Stein*. Aber sie hat wirklich einmal einen Ausdruckswert gehabt, und der beruhte darauf, daß eine Wendung der biblischen Sprache (Jes. 8,14; 1. Petr. 2,8) gebraucht wurde, die der Alltagssprache als eine gehobene gegenüberstand.

A.: Man reagierte also mit der ganzen Wendung auf den Partner, den man beeinflussen wollte und dessen soziale Bedingtheit eine besondere Wirkung der biblischen Anspielung versprach.

S.: Aber die Wendung mußte ja auch der Sache entsprechen, d. h. sie mußte die Verhaltensweise «ablehnen» in bezug auf diese Steuer hervorrufen. Das konnte sie nicht einfach deshalb, weil sie anders war als die gewöhnliche – im Gegenteil! –, sondern weil sie an sich schon in der Umgebung, aus der sie stammte, geeignet war, als Reiz für ablehnendes Verhalten zu wirken. Für einen wirklichen «Stein des Anstoßes» in der entsprechenden Situation ist das leicht einzusehen. Merkwürdig und für unsere Frage wichtig ist aber, daß diese Wortgruppe diese Fähigkeit auch in anderer, aber in gewisser Weise entsprechender Situation behält. Mit anderen Worten, man kann Wörter oder Gruppen von Wörtern von ihrer ursprünglichen Verwendung in eine andere übertragen, ohne daß sie sinnlos werden. Sie werden sogar in der neuen Verwendung besonders wirksam. Aber sie werden es deshalb, weil der Geruch ihrer Herkunft ihnen anhaftet, weil man merkt, daß sie eigentlich nicht in diese, sondern in eine ganz bestimmte andere Situation gehören. Wenn das nicht mehr der Fall ist, ist es auch mit ihrer besonderen Wirksamkeit aus. Diese Möglichkeit der Übertragung, der Metapher, wie der Fachausdruck lautet, beweist, daß die Gebilde, die wir Wörter genannt haben, ihre Fähigkeit als Reize oder Reaktionen zu dienen, nicht nur aus der Situation beziehen, sondern auch an sich selbst tragen.

P.: Das ist aber doch nun entschieden eine Eigenschaft, die sie mit den Zeichen teilen. Sie stehen für eine Sache und wirken, als ob die Sache selbst gegenwärtig wäre.

A.: Aber gerade die Tatsache der Übertragung findet sich bei Zeichen und Systemen von Zeichen nicht, eben weil sie der eindeutigen Zuordnung widerspricht. Und da kann ich gleich noch einen weiteren Fall von Mehrdeutigkeit der Wörter anschließen. Sie sagen: «Eine schöne Bescherung!» oder «Welch reizende Überraschung!», wenn Sie das Gegenteil meinen.

P.: Nun, das ist die bekannte Erscheinung der Ironie, die in ihren seelischen Zusammenhängen sehr interessant ist und sich beim Sprechen durch den Ton der Stimme und das sonstige Verhalten kundgibt. Wenn Ironie mißverstanden wird, hat der Sprechende seinen Partner falsch eingeschätzt. Das kommt ja beim Sprechen auch sonst vor, z. B. wenn einer Wörter und Wendungen wählt, die der andere nicht versteht.

A.: Schön, Ironie und Übertragung sind also in der Sprache nicht nur möglich, sondern sogar sehr häufig. Und wo finden Sie dergleichen in einem System von Zeichen? Nicht nur tatsächlich kommt es nicht vor, es ist nicht einmal denkbar. Stellen Sie sich «ironische» oder «übertragene» Verkehrsschilder vor! Aber überhaupt, jedes System von Zeichen würde sich selbst aufheben, wenn es diese beim Sprechen ganz geläufigen Verfahren auch nur gelegentlich zuließe.

S.: Diese Überlegung scheint mir überzeugend. Ich hatte schon immer Bedenken, die Wörter der Sprache einfach als Zeichen aufzufassen, weil ja alle Zeichen verabredet sein müssen, um gültig zu sein, während die Geltung der Wörter nicht verabredet ist und auch gar nicht verabredet sein kann, weil jede Verabredung eine geltende Sprache schon voraussetzt.

Z.: Bestreiten Sie damit nicht die Entwicklung der Sprache? Wir sind doch, denk ich, einig darüber, daß sie allmählich auf Grund der Erbanlagen des Menschen entstanden ist. Dabei muß ja auch die Gliederung der Rede in Wörter zu irgendeiner Zeit in die Erscheinung getreten sein. Es gibt doch sogar Zeichen, deren Anwendung und Verständnis angeboren sind.

S.: Selbstverständlich denke ich mir die Sprache als durch Entwicklung entstanden. Gerade darum bestreite ich, daß sie ein System von Zeichen sei, nämlich in dem Sinne, wie Flaggensignale oder Verkehrsschilder Systeme von Zeichen sind. Gewiß können Sie den Begriff des Zeichens so erweitern, daß er sogar angeborene Verhaltensweisen mit umfaßt. Aber das ist nicht die Meinung derer, die die Sprache als Zeichensystem auffassen. Ich glaube nicht, daß sich die Sprache durch den Begriff Zeichen erhellen läßt, viel eher kann man das Zeichen als abgekürzte und erstarrte Sprache betrachten. Entscheidend ist für mich, daß ein Zeichen eindeutig sein muß, und daß die Sprache das ihrer Natur nach nicht ist.

A.: Und schließlich ist das Verhalten der Menschen beim Sprechen ganz anders als gegenüber von Zeichen. Sprechen ist Reaktion auf den doppelten Reiz des Partners und der Sache, beim Zeichen ist ein Partner überhaupt nicht vorhanden, und der Reiz geht allein von der festen Verbindung Zeichen/Bezeichnetes aus.

P.: Nehmen wir also an, daß die Sprache kein System von Zeichen ist, oder, etwas vorsichtiger ausgedrückt, daß sich der Mensch beim Sprechen nicht eines Systems von Zeichen bedient. Aber wie vollbringt er denn nun positiv die Leistungen, die ihm, wie wir gesehen haben, die Sprache ermöglicht?

S.: Es steht ja nichts im Wege, die Beziehungen, die der Mensch durch die Sprache zu den Dingen gewinnt, als eine besondere Art zu beschreiben. Sie unterscheidet sich von der Zeichenbeziehung durch die Weise, wie sie zustande kommt, wie sie wirkt und was sie bewirkt, das reicht doch aus für eine saubere Abgrenzung, wie wir sie für die Verständigung brauchen. Wir müssen nur, ganz unabhängig von der Erscheinung Zeichen, von Anfang an untersuchen, wie die Menschen sprechend ihre Beziehungen zueinander und zu ihrer Umwelt herstellen, denn diese doppelte Beziehung hatten wir doch als wesentlich erkannt.

P.: Diese doppelte Beziehung scheint mir nun aber doch eine Vermittlung zwischen den Personen und den Sachen zu erfordern. Wenn sich zwei Menschen über einen Sachverhalt verständigen, müssen sie diesen Sachverhalt doch erst einmal beide in irgendeiner Weise haben. Ist es unzulässig, anzunehmen, daß der Sachverhalt als Bewußtseinserlebnis in dem einen gespiegelt und dieses Erlebnis im Sprechen auf den anderen übertragen wird? Der Gedanke ist ja nicht neu, schon John Locke hat sich die Sache so vorgestellt (50).

S : Und er war keineswegs der erste; Sie finden diese Auffassung auch schon bei Aristoteles (51). Man kann sagen, daß sie eigentlich bis in die neueste Zeit die herrschende gewesen ist.

A.: Da sehen Sie, wie notwendig es war, einmal radikal mit solchen Fiktionen aufzuräumen.

S.: Es gab auch noch andere Bedenken. Ist es nicht auffällig, daß Wörter, die eigentlich Empfindungen beschreiben, wie *blau, warm, hart,* tatsächlich «Eigenschaften an Dingen» meinen? Das versteht man, wenn man sich auf die Leistung des Gesprächs besinnt. Der Sinn der Rede muß für die Teilnehmer des Gesprächs derselbe sein, sonst ist die Verständigung, was wir auch unter diesem Wort verstehen, nicht möglich. Die seelischen Erlebnisse aber, die das Sprechen und Verstehen begleiten, sind, wenn wir Selbstbeobachtung als Erkenntnismittel zulassen, sehr wandelbar, und wenn wir sie nicht zulassen, überhaupt nicht zu bestimmen. Die Gemeinsamkeit, die das Gespräch herstellt, ist aber gerade von der zufälligen Seelenlage des einzelnen unabhängig. Die Rede richtet sich nach außen auf die Sachverhalte, und so wird sie auch verstanden. Wenn ich sage «Bitte, schließen Sie das Fenster», so teile ich dem andern nicht meinen Wunsch mit, das Fenster möge geschlossen werden, sondern ich fordre ihn auf, es wirklich zu tun. Und der andre interessiert sich gar nicht für meinen Seelenzustand, etwa für die Beweggründe, die meiner Aufforderung zugrunde liegen, sondern allein für das wirkliche Schließen des Fensters. Das ergibt für jedes Gespräch einfach die unbefangene Beobachtung. Insofern steht die Verhaltensforschung trotz ihrer Einseitigkeit der Wirklichkeit näher als die «psychologische» Auffassung des Sprechens.

Z.: So wäre das Sprechen also doch unmittelbar den Sachen zugeordnet, und die ganz unmittelbare Beziehung des Verhaltens der Bienen auf ihre Erlebnisse könnte echte Sprache sein.

S.: Das ist richtig, solange wir, wie unser Gast hier will, jede sprachliche Äußerung als Ganzes auf eine Situation beziehen. Aber diese kahle, abstrakte Zuordnung, die nur feststellt, daß jede Rede Ausrichtung auf eine Situation ist, ist ja auch nach seiner Meinung nur der Anfang einer Untersuchung, der Rahmen, innerhalb dessen sie sich bewegen soll. Wenn wir nun die Reden mit den Situationen und beide unter sich vergleichen, so finden wir, wie wir schon gesehen haben, daß es Wörter gibt, d. h. lautliche Varianten der Rede, die gewissen Zügen der Situation zugeordnet sind und in dieser Rolle durch das Verhalten der Sprechenden ausgewiesen werden. Entschuldigen Sie die pedantische Formulierung, aber ich halte es für den ganzen Fortgang der Untersuchung für entscheidend wichtig, daß bewiesen ist, daß es Wörter gibt, und zwar ganz unabhängig von dem Standpunkt, den jemand in der Frage nach dem Wesen der Sprache einnimmt.

A.: Und warum denken Sie gerade von den Wörtern aus die Frage nach der Sachbeziehung der Rede aufzurollen?

S.: Weil sie in der unendlich vielgestaltigen Rede wiederkehrend Einheiten darstellen, und weil sich gezeigt hat, daß von diesen Einheiten das Verhalten zu den Sachen gesteuert wird. Außerdem wissen wir, daß die Sachbeziehung der Wörter von der einmaligen Situation unabhängig ist. Sie lassen sich übertragen, sie lassen sich ironisch gebrauchen, ohne daß ihr Sachbezug verloren geht, der vielmehr die Voraussetzung des übertragenen oder des ironischen Gebrauchs ist. Ich meine, wenn man Wörter mit dem vergleicht, was ihnen an den Sachen entspricht, so müßte für die Art dieser Beziehung etwas zu lernen sein.

Z.: Es würde sich also wohl empfehlen, von den Sachen auszugehen, deren Beschaffenheit und Gliederung uns durch die Sachforschung unabhängig von ihren Benennungen bekannt ist.

S.: Dieser Versuch ist oft gemacht worden (52) und hat ein sehr lehrreiches Ergebnis gehabt: in den meisten Fällen stimmen die Bereiche der Wörter der Sprache mit den rein sachlich abgegrenzten Dingen der Wirklichkeit und ihren Teilen nicht überein. Gleich zu Anfang stößt man auf die so bekannte, aber trotzdem höchst bemerkenswerte Tatsache, daß es nicht nur eine, sondern sehr viele Sprachen unter den Menschen gibt, die sich u. a. sehr auffallend durch die ganz verschiedenen Wörter unterscheiden, mit denen sie die Dinge bezeichnen.

Z.: Nun, die verschiedenen Lautungen sollten keine Schwierigkeit machen. What's in a name, that which we call a rose by any other word would smell as sweet (53). Man sollte meinen, ein Pferd wäre überall dasselbe, wo es überhaupt vorkommt, ganz gleich, wie diese Tierart in den verschiedenen Sprachen genannt wird.

S.: Sie haben natürlich recht, aber das trifft nur für einen Teil des Wortschatzes zu. Die Ansicht, daß es gar nicht zutreffe, halte ich allerdings für übertrieben. Daß der Hund oder das Pferd unter verschiedenen wirtschaftlichen oder sozialen Verhältnissen sehr verschiedene Bedeutung haben können, ist eine andere Sache. Niemand wird behaupten, daß in den modernen abendländischen Sprachen die Wörter für «Pferd» während der letzten fünfzig Jahre ihren Sachbezug geändert hätten, obwohl sich die Bedeutung des Pferdes für den Menschen in dieser Zeit so gründlich gewandelt hat wie niemals seit seiner Zähmung in der jüngeren Steinzeit. Und ebensowenig haben sich die Bezeichnungen für das Pferd geändert. Deswegen macht es nicht die geringsten Schwierigkeiten, solche Wörter in irgendeinem Zusammenhang von einer Sprache in die andere zu übersetzen. Aber gerade bei dieser Tätigkeit stellt sich dann heraus, daß die Sache beim größten Teil des Wortschatzes nicht stimmt. Wir brauchen dazu gar nicht entlegene Sprachen nebeneinanderzustellen oder schwierige und umstrittene Sachgebiete aufzusuchen: Die geläufigsten Kultursprachen unserer Zeit und die alltäglichsten Situationen liefern uns auf Schritt und Tritt Beispiele. Da ist z. B. die anschauliche Fortbewegungsart des Fahrens. Man sollte meinen, das sei cin eindeutiger Vorgang in der Wirklichkeit, der so wie «Pferd» und «Hund» überall unter Menschen seinen Namen haben müßte.

A.: Diese Meinung wäre aber irrig, denn Ihr deutsches Wort *fahren* deckt doch sehr verschiedene Sachverhalte: Sie *fahren* mit Wagen aller Art, aber auch mit Schiffen, und das ist doch etwas völlig anderes. Wir sagen im Englischen in diesem Falle *to sail,* und bei Wagen machen wir noch den Unterschied, ob man den Wagen selbst lenkt, dann heißt es *to drive,* oder ob man nur drin sitzt und sich fahren läßt, das ist *to ride.* Und wenn es sich nur darum handelt, irgendwo hinzukommen, sagen wir einfach *to go by train* oder *by car.*

S.: *Gehen* können wir in so einem anschaulichen Zusammenhang gar nicht verwenden, denn dazu brauchen wir die Füße. Nur ganz unanschaulich können wir sagen, daß einer *als Intendant nach Hamburg geht,* da ist aber von Fortbewegung überhaupt nicht die Rede. Aber wie ist es mit Ihrem *to ride* und *to drive?* Wir *fahren* natürlich auf dem Rade; und das lenkt man ja nun entschieden selbst.

A.: But we *ride on a bicycle,* of course! Denn es ist ja fast dieselbe Situation, wie wenn man zu Pferde sitzt.

S.: Daran denken Sie freilich nicht, wenn Sie für das Fahren im Zug *to ride* gebrauchen. Solche Unstimmigkeiten lassen sich alle geschichtlich erklären. Da spielt eben die Möglichkeit der Übertragung eine Rolle, von der wir gesprochen haben. Das Rad war ein Ersatz für das Pferd, also wurde der Ausdruck aus diesem Gebiet übertragen. Ebenso würden wir im Deutschen gern mit dem Flugzeug *fahren,* weil es eben eine Art von Schiff ist, wenn es uns die Piloten nur erlaubten. So müssen wir *fliegen* sagen, obwohl wir uns dabei keineswegs in der Lage des Vogels befinden, zu der *fliegen* eigentlich gehört. Und *reiten* als Weise der Fortbewegung können wir nur auf einem Tier, normalerweise einem Pferd. Sie sehen, die Anwendungsbereiche von deutsch *fahren, reiten* und *gehen* sind ganz anders gegeneinander und nach außen abgegrenzt, als die teilweise entsprechenden englischen *to sail, to drive, to ride* und *to go* (54).

A.: Das beweist doch, daß die Wörter überhaupt keinen festen Sachbezug haben, sondern ihn jeweils erst im Zusammenhang einer Situation bekommen.

S.: Ganz recht, aber es läßt sich eben nicht jedes Wort in jeder Situation sinnvoll verwenden, sondern der Kreis der möglichen Situationen, zu denen es paßt, liegt in der Sprache fest. Er kann erweitert werden, und wird erweitert, aber nur unter bestimmten Bedingungen und ganz allmählich. Diese Kreise decken sich in verschiedenen Sprachen, übrigens auch in verschiedenen Schichten derselben Sprache, in der Regel nicht. Sie sind also nicht ausschließlich von der Sache her bestimmt, denn die Sache ist ja dieselbe.

P.: Von den Vorstellungen über die Sache sollen sie aber auch nicht bestimmt sein, wie vorhin festgestellt wurde. Gibt es denn zwischen den Dingen und den menschlichen Eindrücken von den Dingen ein Mittleres?

S.: Eben die sprachlichen Inhalte, die schon die Stoiker

als «das Gesagte» von dem «draußen Vorhandenen» und der «Vorstellung» unterschieden haben (55).

A.: Hoffentlich sind das nicht wieder Dinge, nur solche unsoliderer Art als die der Wirklichkeit, denn abgesehen von meinem allgemeinen Mißtrauen gegen solche luftigen Gebilde würde uns diese Behauptung zur Auffassung der Wörter als Zeichen zurückführen, von der wir doch überzeugt sind, daß sie nicht zutrifft.

S.: Keine Sorge! Die Sprachinhalte sind Wirkungen von Menschen auf Menschen und zwischen Dingen und Menschen. Sie sind gewiß gebunden an die Dinge der Wirklichkeit, nicht bloße Gebilde der Willkür. Aber sie sind auch an den Absichten und Bedürfnissen dessen, der sich mit dieser Wirklichkeit auseinandersetzen will und muß, orientiert. Insofern schon sind sie vom Menschen und seiner besonderen Art her bestimmt. Und endlich sind sie gebunden an das Verständnis des Gesprächspartners, das ja Sinn und Ziel des Sprechens überhaupt ist.

A.: Damit kann ich mich einverstanden erklären, wenn ich auch glaube, daß man das etwas nüchterner ausdrücken könnte.

S.: Es sagt nicht mehr, als die genaue Beschreibung der Erscheinung «Sprechen» verlangt. Deren Leistung beruht darauf, daß es «Wörter» gibt, die zu den Menschen und zu den Dingen die angedeuteten Beziehungen haben. Daß die beiden Beziehungen untrennbar sind, ist eine Erkenntnis, die wir der Verhaltensforschung verdanken. Im übrigen ist die Auffassung, zu der wir gekommen sind, gar nicht neu. Sie entspricht Wilhelm von Humboldts Erkenntnis, daß die Sprache nicht ein Werk, sondern eine Wirksamkeit ist. Und insbesondere dem Wort hat schon Platon im «Kratylos» (56) ganz dieselbe Rolle zugeschrieben, wenn er es «ein Werkzeug» nennt, «einander zu belehren und das Sein zu gliedern». Dabei müssen wir nur festhalten, daß «Belehrung» und «Gliederung des Seins» nur zwei Seiten desselben Vorgangs sind.

P.: In Platons Formulierung wird noch ein Bild gebraucht, an dessen Stelle ich gern die sachliche Aussage hätte. Er spricht von einem «Werkzeug» und vergleicht ausdrücklich den Bohrer und das Schiffchen des Webers. Diese Geräte, die aus Metall und aus Holz sind, bestehen als materielle Dinge. Als was bestehen die Wörter der Sprache? Früher hätte man gesagt als «Engramme», also Eindrücke im Gehirn. Aber so einfach sieht die Welt nicht mehr aus.

A.: Ich würde sie als eingeübte oder angewöhnte Verhaltensweisen bestimmen (57).

Z.: Diese Notwendigkeit, bestimmte Verhaltensweisen durch Übung oder Gewöhnung zu erwerben, unterscheidet anscheinend die menschliche Sprache von den «Mitteilungen» der Bienen und entsprechendem Verhalten anderer Tiere. Der Tanz der Bienen, der Sinn seiner Richtung, die Regelung der Geschwindigkeit braucht nicht gelernt zu werden. Diese Dinge sind erblich bedingt, ebenso wie die Fähigkeit, diese Ausdrucksmittel jedesmal der konkreten Situation anzupassen. Diese selbst muß natürlich vom einzelnen Individuum wahrgenommen und verarbeitet werden.

P.: Ererbtes spielt auch beim Sprechen des Menschen eine Rolle. Die Fähigkeit nämlich, solche Verhaltensweisen zu erwerben, d. h. eine Sprache zu erlernen, ist dem Menschen angeboren. Dazu gehören eine Menge Einzelheiten, das spontane Lallen, die Verknüpfung von Gehörseindrükken mit dem Bewegungsgefühl in den Sprechorganen, die Lust und die erstaunliche Fähigkeit, gehörte Laute selbst nachzuahmen und vieles andere.

Z.: Viele von diesen ererbten Vermögen finden sich auch bei Tieren, freilich bei keinem alle vereint (58).

P.: Nun aber: jedes normale menschliche Kind lernt von selbst sprechen; welche Sprache es aber lernt, das richtet sich nach der Umgebung, in der es aufwächst, und nicht nach seiner Abstammung oder nach der Sprache, die seine Vorfahren gesprochen haben. Dafür also spielen besondere Erbanlagen offenbar keine Rolle.

Z.: Würden Sie das nun als einen entscheidenden Unterschied zwischen der Menschensprache und der Bienensprache ansehen, daß die eine von der Umgebung erlernt werden muß, während die andere wesentlich angeborenes Verhalten ist?

P.: Das hängt ganz davon ab, wie wir uns über den Anwendungsbereich der Bezeichnung Sprache einigen, und das wieder ist eine Frage der Zweckmäßigkeit. Wir sollten vielleicht nicht vom «Wesen der Sprache» reden und damit den Eindruck erwecken, als gäbe es solche «Wesenheiten» und wir hätten Kenntnis von ihnen. Es handelt sich doch einfach darum, festzulegen, wie wir einen bestimmten Ausdruck gebrauchen wollen. Wenn das fragliche Verhalten der Bienen und das sprechende Verhalten der Menschen in den Zügen, auf die es uns ankommt, übereinstimmen, dann werden wir beide unbedenklich mit demselben Wort bezeichnen. Da habe ich wegen der Bienen freilich noch einige Fragen auf dem Herzen. Damit wir ein Verhalten als Aufforderung ansprechen, genügt es oft nicht, daß es eine bestimmte Reaktion bewirkt – wenn jemand gähnt, ist das keine Aufforderung an die Umgebung, mitzugähnen, obwohl es diese Wirkung hat –, sondern der Sprechende muß auch die Absicht haben, ein bestimmtes Verhalten des Partners herbeizuführen. Wie ist das bei den Bienen?

Z.: Nun, die Gedanken der Bienen können wir nicht lesen, wenn sie welche haben. Aber ihr Verhalten zeigt jedenfalls, daß es sich an ein Publikum wendet. Sie tanzen nämlich nicht, wenn sie allein sind. Und das sollte vollständig genügen. Auch beim Menschen erkennen wir die Absicht beim Sprechen objektiv doch nur daraus, daß er zu jemandem spricht und von dessen Reaktion Notiz nimmt.

S.: Ja, z. B. wenn der Meister den Lehrjungen nach Bier schickt und der bringt statt dessen Milch. Da läßt das Verhalten des Meisters keinen Zweifel daran, daß seine Absicht bei der Aufforderung nicht erreicht worden ist. Bei solchen Pannen stellt sich erst deutlich heraus, daß der Sprechende etwas Bestimmtes erwartete. Aber was tun denn die Bienen, wenn ihre Genossinnen der Aufforderung nicht entsprechen?

Z.: Bei der Aufforderung zum Futterholen kommt das nicht vor, weil die Handlungen der Bienen erblich festliegen und sie insoweit keinen freien Willen haben. Es gibt bei ihnen weder Streik noch Meuterei. Aber bei einer anderen Gelegenheit kann man beobachten, was die Bienen tun, wenn ihre getanzten Aufforderungen nicht befolgt werden. Wenn sie schwärmen und der Schwarm sich erst einmal vorläufig niedergelassen, d. h. an einen Ast gehängt hat, fliegen nach allen Seiten einzelne Bienen aus, die nun nicht Futter, sondern dauernde Unterkunft für den Schwarm suchen. Jede, die zurückkommt, meldet die Lage der Unterkunft, die sie gefunden hat, durch ihren Tanz. Weil aber alle verschiedenes melden, geschieht zunächst gar nichts. Dann tanzen alle diese Bienen so lange, bis unter ihnen Übereinstimmung hergestellt ist, d. h. bis sie alle die Tanzweisung der einen übernommen haben, die vielleicht die überzeugteste oder die energischste ist. Erst dann setzt sich die Königin und mit ihr der Schwarm in Bewegung. Es wird also so lange aufgefordert, bis der Erfolg eintritt.

P.: Dann dürfen wir wohl sagen, daß bei den Bienen etwas vorliegt, was dem entspricht, was wir bei menschlichem Verhalten Absicht nennen. Der Tanz wirkt nicht nur als Aufforderung, sondern ist auch als solche gemeint. Die Biene bezieht sich tanzend auf ihre Stockgenossinnen. Und gleichzeitig bezieht sie sich auf einen Sachverhalt, eben die Lage der Futterquelle. Dieser Sachverhalt befindet sich zur Zeit des Tanzes nicht im unmittelbaren Wahrnehmungsfeld der Beteiligten. Dies alles zusammen stellt doch eine Leistung dar, wie wir sie vorhin für eine Sprechhandlung ermittelt haben.

S.: Dagegen ist nichts zu sagen. Um die Verständigungsleistung der Bienen gegen das menschliche Sprechen abzugrenzen, wäre allerdings noch zu fragen, mit welchen Mitteln sie erzielt wird. Wenn ich mich recht erinnere, zeigte eine Trachtbiene einigen ihrer Gefährtinnen den Weg sozusagen am Modell.

P.: Aber dieses Modell ist selbst ein Symbol oder ein System von Symbolen: Wabe für Landschaft, Richtung aufwärts für Richtung sonnenwärts, Tempo des Tanzes für Entfernung.

Z.: Die Vertauschung der Anschlußrichtungen ist keine Besonderheit nur der Bienen und zeigt sich auch außerhalb jeder Verständigungssituation. Es hat sich nämlich herausgestellt, daß bei allen Insekten mit Orientierung nach dem Licht, die man daraufhin geprüft hat, diese beiden Richtungen füreinander eintreten, wenn auch zum Teil in verschiedenem Sinne. Das geschieht auch bei solchen, die gar nicht gesellig leben, sich also auch nicht verständigen. Es handelt sich anscheinend um eine erbliche Reaktionsweise, die den Insekten als solchen eigentümlich ist. Sie verhalten sich, wenn sie die Sonne nicht sehen, zur Schwerkraft, oder vielmehr zu deren Gegenrichtung genau wie sonst zur Sonnenrichtung. Aber nur bei den Bienen, soviel wir wissen, ist diese Eigentümlichkeit für die Verständigung nutzbar gemacht.

S.: Wenn für die Bienen wie für alle Insekten die beiden Richtungen erlebnismäßig gleichbedeutend sind – bewiesen ist es nur für das Verhalten –, kann man wohl kaum von Symbol oder Bedeuten sprechen. Wenn wir unsere Tastwelt als dieselbe wie unsere Sehwelt erleben, sagen wir doch auch nicht, daß die Tasteindrücke die Gesichtseindrücke bedeuten oder symbolisieren. Sondern wir sagen, daß wir dieselbe Welt auf zwei verschiedene Weisen wahrnehmen. Es ist bemerkenswert, daß die Bienen ein solches Verhältnis zum Zwecke der Verständigung verwenden können, und zwar in der Weise, daß sie auf der Wabe unmittelbar zeigen können, wie sie sich im Gelände bewegt haben. Wir hätten dann – erlauben Sie mir in vorgerückter Stunde mit allem Vorbehalt eine kühne Deutung – eine «Sprache», die sich nur des Zeigens, aber nicht des Symbols bedient. Wie dem auch sei, es scheint mir eine Mahnung, daran zu denken, daß wir längst nicht alle Möglichkeiten sprachlicher oder sprachähnlicher Verständigung in unserer Erfahrung vorfinden. Wir kennen ja nur die Sprachen des Homo sapiens aus den letzten fünf Jahrtausenden. Wie seine Sprache vor dieser Zeit ausgesehen hat und auf welche Weise der Homo primigenius, der berühmte Neandertaler, und seine Vorformen etwa gesprochen haben, darüber wissen wir gar nichts. Wenn wir jetzt bei so ganz anders organisierten Wesen wie den Insekten auf Verständigungsmittel stoßen, brauchen wir uns nicht zu wundern, wenn unsere Begriffe, die nach einem begrenzten Ausschnitt aus den Möglichkeiten menschlicher Sprache gebildet sind, nicht darauf passen.

A.: Sollen wir nun daraufhin unseren Begriff entsprechend erweitern, oder sollen wir für die neu entdeckten Weisen der Verständigung neue Begriffe bilden?

Z.: Ich bin ganz entschieden für eine Erweiterung des Begriffs «Sprache». Alles Wesentliche, was wir schon bisher darunter verstanden haben, ist doch hier gegeben: Verständigung zwischen gesellig lebenden Tieren, die entscheidend wichtige Leistungen für das Leben der Gemeinschaft vollbringt; als Mittel dazu symbolische oder meinetwegen auch andersartige Abbildung einer nichtgegenwärtigen Wirklichkeit auf ein gegenwärtiges Mittel, das man sinnlich wahrnehmen kann – das ist doch eine Beschreibung, die ebensogut auf die Bienensprache wie auf die menschliche paßt.

P.: Soziologisch und biologisch mag das alles zutreffen, aber psychologisch finde ich doch einen großen Unterschied, ob das Verhalten durch Erbanlagen der ganzen Art unveränderlich gesteuert wird, oder ob jedes Individuum für sich willkürliche Reize lernen muß, wie sie in einer bestimmten Gemeinschaft üblich sind.

A.: Der Unterschied dürfte nicht wesentlich sein. Er bezieht sich ja nur darauf, wie das Verhalten erworben wird, nicht darauf, wie es abläuft und was es leistet.

S.: Und doch scheint mir gerade darin der entscheidende Unterschied zu bestehen. Die Ausdrücke der Bienensprache liegen ein für allemal fest, sie können sich nur auf dieselbe Weise und in den biologischen Zeiträumen ändern, wie sich lebendige Organisation ändert, durch Mutation und Auslese. An einer Menschensprache ändert jeder Sprecher immer wieder. Die Änderungen mögen geringfügig sein, und der einzelne bemerkt sie vielleicht nicht, aber ihre Summe reicht aus, in wenigen Generationen eine Sprache sehr merklich zu ändern. Weil der Ausdruck willkürlich ist, kann er sich neuen Bedürfnissen, neuen Inhalten anpassen. Die Bienensprache ist auf die unmittelbaren Bedürfnisse des Lebens, Suche von Nahrung und Wohnung, beschränkt. Das war die Menschensprache gewiß auch einmal, und es gehört noch jetzt durchaus zu ihren Leistungen, sozusagen als Gerät der Verständigung im täglichen Leben zu dienen. Aber dabei ist es nicht geblieben. Die Menschensprache hat den Bereich ihrer Leistungen immer mehr erweitert, bis sie ein Mittel zur Erfassung der Welt und die eigentliche Grundlage der menschlichen Gemeinschaft geworden ist. Das konnte sie nur, weil sie Geschichte hat, und sie hat Geschichte, weil sie ein freies Verhalten ist und nicht ein gebundenes wie die Sprache der Bienen. Die menschliche Sprache ist ein Kulturgut, eine Tatsache des geistigen Lebens, die Bienensprache ist eine biologische Erscheinung.

Z.: Aber die Menschensprache hat doch auch biologische Grundlagen und biologische Wirkungen.

S.: Ohne Zweifel, und darum wird man auch bei den Bienen von Sprache reden dürfen, solange es sich um diese biologischen Zusammenhänge handelt. Wo es dabei auf den Unterschied zwischen Menschen, Insekten oder noch anderen Tieren ankommt, kann man sich mit Beiwörtern oder Zusammensetzungen helfen, wie wir das eben die ganze Zeit schon getan haben. Wo aber von Sprache als geschichtlicher Kraft die Rede ist, da gibt es nach wie vor nur die Menschensprache, und ein Unterscheidungszeichen ist überflüssig.

Z.: Damit kann der Erforscher des tierischen Verhaltens einverstanden sein. Es scheint mir auch angemessener, die besondere Stellung des Menschen in der Freiheit und in der Geschichte zu sehen als in einer besonderen Technik der Kommunikation.

A.: Die Folgen der Freiheit und der Geschichte sind freilich auch, daß die Menschheit nicht eine große Gemeinschaft bildet, sondern in eine beträchtliche Zahl von Gruppen zerfällt, die sich untereinander gar nicht oder nur auf schwierigen Umwegen in menschlicher Weise verständigen können.

S.: Vom Standpunkt der praktischen Lebensbezüge aus ist das gewiß unzweckmäßig. Aber wenn Sie die einzelnen Sprachen als ebensoviele Möglichkeiten, sich die Welt geistig anzueignen, auffassen, wird dieser Reichtum für eine gewisse praktische Unbequemlichkeit vielleicht entschädigen (59).

A.: Dazu müßte man erst einmal wissen, was die einzelnen Sprachen trotz oder gerade wegen ihrer Vereinzelung leisten.

S.: Vorher müssen wir aber noch feststellen, wodurch diese sprachlichen Gruppen eigentlich gebildet werden. Die Erfahrung lehrt, daß eine Gruppe von Menschen die Bereitschaft zu denselben Verhaltensweisen erworben haben muß, sonst kommt ein Gespräch zwischen ihnen nicht zustande. Es ist immer Bereitschaft zu einer großen Menge von Verhaltensweisen, die die Menschen, die miteinander sprechen können, gemein haben. Die Voraussetzung des Gesprächs ist also Sprachgemeinschaft, und das heißt gemeinsamer Besitz an Bereitschaft zu bestimmten Verhaltensweisen, den wir kurz Sprachbesitz nennen können, ohne nun ein Mißverständnis, als handele es sich um den Besitz von Dingen, befürchten zu müssen (60).

P.: Der Sprachbesitz besteht also aus Wörtern?

S.: Besser aus der erlernten Fähigkeit, einen bestimmten Wortschatz sinnvoll zu gebrauchen. Dazu gehört aber noch etwas mehr als die Lautungen nebst zugeordneten Verhaltensweisen. Wörter für sich allein als solche sind weder Reaktionen auf Reize noch ihrerseits Reize für irgendeine Reaktion. Diese Wirkungen haben sie nur im Zusammenhang der Rede, die aber auch nur Rede ist, weil sie Wörter enthält. In der Rede erscheinen die Wörter in bestimmter Anordnung, oder, anders ausgedrückt, die Rede gliedert sich in Wörter, und die möglichen Formen solcher Gliederung gehören auch zum Sprachbesitz. Hierbei ist die Gefahr von Mißverständnissen geringer, denn niemand wird Satzschemata oder Satzbaupläne für «Dinge» halten, die im Gedächtnis bereit liegen. Vielmehr ist es klar, daß es sich um erlernte Weisen handelt, mit Hilfe der zur Verfügung stehenden Wörter mit der Wirklichkeit fertig zu werden.

P.: Demnach ist der Sprachbesitz für das Zustandekommen eines Gesprächs ebenso wichtig wie die Reize, die die Situation bietet?

S.: Er bietet die Grundlage dafür und bestimmt die tatsächliche Auswirkung dieser Reize.

P.: Und offensichtlich laufen Reaktionen, die auf Grund der erworbenen Bereitschaft eintreten, in hohem Grade selbsttätig ab. Die Fälle, in denen eine Reaktion so gehemmt ist, daß ihr Entstehen zum Bewußtsein kommt, sind doch selten und kommen nur unter besonderen, zum Teil pathologischen Bedingungen vor. Eine solche, und noch dazu in früher Kindheit erworbene Bereitschaft ist selbstverständlich für den ganzen Aufbau der Persönlichkeit äußerst wichtig. Sie lenkt ja nicht nur das Verhalten zur sachlichen Umwelt, sondern auch das zu den Mitmenschen. Und wenn eine ganze Gruppe von Menschen in derselben Weise eingestellt ist, so kann das für ihr Verhältnis zueinander grade als Menschen nicht ohne entscheidende Folgen sein.

S.: Die Folgen sind eben das, was wir *Sprachgemeinschaft* (61) nennen. Die Tatsache, daß Menschen dieselbe Sprache reden, bringt sie in eine viel engere Beziehung zueinander, als sie bloß in ihrer Eigenschaft als Menschen hätten. Wie wichtig das ist, sieht man überall alle Tage. Sprachverschiedenheit ist eine viel wirksamere und viel tiefer ins Wesen reichende Schranke zwischen Menschen als politische oder religiöse Überzeugungen. Über diese kann man sich, wenn man nur dieselbe Sprache spricht, wenigstens streiten – eine ausgesprochen menschliche Beziehung. Dagegen sehen sich Menschen, die keine gemeinsame Sprache haben, in ihrem Verkehr auf die Ebene der einfachsten biologischen Beziehungen zurückgeworfen. Gewiß stellt sich auch unter diesen Bedingungen Gemeinschaft her, der Mensch gehört zu den gesellig lebenden Tieren und verfügt über entsprechende Triebe. Aber die Art dieser Gemeinschaft ist ganz offenbar eine völlig andre als die durch Gespräche, und seien es Streitgespräche, hergestellte. Dazu kommt noch etwas anderes. Wenn Menschen in derselben Weise auf Reize der Umwelt ansprechen, wenn sie über dieselben Mittel verfügen, sich mit ihr auseinanderzusetzen, so haben sie offenbar in einem viel ausgeprägteren Sinne eine gemeinsame Umwelt als nur in ihrer Eigenschaft als Lebewesen bestimmter Art. Wenn man diese Tatsache so beschreibt, daß man sagt, sie hätten ein gemeinsames *Weltbild,* so läßt dieser Ausdruck zu wünschen übrig, denn ein Bild ist doch etwas, das man nur anschaut und das unverändert bleibt. Die Sprachgemeinschaft aber besteht gerade im gemeinsamen Handeln in einer Welt, die immer neue Anforderungen stellt (62).

A.: Mir scheint die Rolle, die Sie der Sprachgemeinschaft zuschreiben, stark übertrieben. Gewiß ist sie wichtig wie alle sozialen Gruppierungen. Unter den gesellschaftlichen Bedingtheiten eines Menschen sollten wir nie seine Sprache vergessen. Aber daß sie unter diesen einen ausgezeichneten Platz einnähme, kann ich nicht einsehen. Wir erleben gerade bei uns zu Hause, daß sich Angehörige der verschiedensten Sprachgemeinschaften leicht und schnell in die Gemeinschaft der amerikanischen Sprache hineinfinden, und schon in der nächsten Generation ist jeder Unterschied verschwunden. Es ist genau wie mit den übrigen Lebensgewohnheiten auch, mit den politischen und wirtschaftlichen Anschauungen, die ebenso von der sozialen Gruppe bestimmt werden.

S.: Es ist unbestreitbar, daß ein Mensch im Laufe seines Lebens die Sprachgemeinschaft wechseln kann. Es kommt auch öfters vor, daß jemand oder ganze Gruppen zugleich mehreren Sprachgemeinschaften angehören. Aber für den Aufbau ihrer Persönlichkeit spielt doch die Sprache die entscheidende Rolle, die sie als erste gelernt haben, die Muttersprache (63). Sie haben sie zugleich mit dem Zurechtfinden in der Welt gelernt; die Muttersprache zu lernen und sich in der Welt zurechtfinden, seine Welt zu erwerben, war dasselbe Erlebnis. Alle anderen Sprachen erwirbt ein Mensch auf Grund einer Welt und von einer Welt aus, die er schon hat, die Muttersprache allein erwirbt er mit der Welt zugleich.

Z.: Nicht zu vergessen, auch auf Grund von Fähigkeiten zur Erfassung der Welt, die er vor allem Sprechen hat und die er mit den Tieren teilt. Ich finde, diese wichtige Tatsache des Denkens ohne Sprache, des *unbenannten Denkens* (64), ist bei unseren Überlegungen heute abend zu kurz gekommen.

P.: Das hat seine guten Gründe: es wäre nämlich für sich allein ein mehr als abendfüllendes Thema gewesen und hätte uns weit von den Leistungen der Sprache, die uns doch in erster Linie beschäftigten, weggeführt. Aber zur Frage der Sonderstellung der Muttersprache muß man allerdings sagen, daß wir, wenn wir heute gewohnt sind, entscheidende Ursachen für den Aufbau der seelischen Persönlichkeit in Erlebnissen der frühen Kindheit zu sehen, die Erwerbung der Sprache, und zwar einer bestimmten Sprache, nicht vergessen dürfen. Kein anderes Erlebnis wirkt so stetig und andauernd, kein anderes so nachhaltig ein.

A.: Und doch finden wir in der Geschichte immer wieder, daß Völker ihre Sprache wechseln, diese Menschen also ihre bisherige Sprachgemeinschaft verlassen und sich einer anderen anschließen.

S.: Das ist etwas zu allgemein ausgedrückt. Muttersprache ist ja eine Sprache im Verhältnis zu einem einzelnen Menschen. Wir müssen also fragen: Was erleben die Einzelnen bei Vorgängen, die sich schließlich als Sprachwechsel eines Volkes in der Geschichte darstellen? Der häufigste Fall ist der, daß sich Leute veranlaßt sehen, ihre Sprache zu wechseln in einem Alter, in dem sie noch keine Kinder haben, so daß später für die Kinder die neue Sprache gleich die Muttersprache wird. Es können sich auch eine oder mehrere zweisprachige Generationen dazwischen schieben, während derer die Kinder daheim die eine und draußen eine andere Sprache lernen. Im äußersten Falle werden Kinder, bevor sie sprechen können, von ihren Eltern getrennt und wachsen in einer anderssprachigen Umgebung auf.

A.: Aber jedenfalls ist die Muttersprache nicht notwendig die der Mutter, sondern die, die man als erste im Leben erwirbt?

S.: Wenn man es paradox ausdrücken will, ja. Es ist diejenige besondere Sprache, in der einem Sprache überhaupt verfügbar wird.

A.: Ich sehe ein, daß rein soziologisch und verhaltensmäßig gesehen, die Tatsache Muttersprache ein wichtiger Gegenstand der Forschung sein muß.

S.: Und dabei wollen wir nicht vergessen, daß jede geschichtlich gewordene Sprache Muttersprache ist für die

Gemeinschaft, die sie spricht. Der Anteil, den die einzelnen Sprachen an den Kulturleistungen der Menschheit bisher gehabt haben, mag verschieden sein; aber der Wert für die Menschen, denen sie Muttersprache sind, ist bei allen derselbe.

A.: Aber ist es nicht merkwürdig, daß die Kraft, die die Menschen als erste und ursprünglichste zur geistigen Gemeinschaft zusammenschließt, sie gleichzeitig auch wieder in sich ausschließende Gruppen trennt?

S.: Die Tatsache, daß sich die Menschen ohne Ausnahme auf Sprachgemeinschaften verteilen, ist in der Erfahrung gegeben. Wir verstehen auch, wie es aus der Natur des sprechenden Verhaltens und der Verkehrsbeziehungen unter Menschen dazu kommen muß. Sind wir verpflichtet, eine solche Tatsache nun auch noch teleologisch zu rechtfertigen, ihren Sinn und Wert zu erweisen?

A.: Es handelt sich um eine gesellschaftliche Tatsache, die das Schicksal jedes einzelnen Menschen und der Menschheit im ganzen berührt. Wir wissen, daß solche Tatsachen dem Einfluß des menschlichen Willens unterliegen. Und auch einen Zustand sich selbst überlassen ist eine Willensentscheidung. Müssen wir nicht Wert oder Unwert und Wirkung der Sprachverschiedenheit kennen, um unser Verhalten zu dieser Erscheinung danach einzurichten?

S.: Da haben Sie allerdings recht. Aber bevor wir über Wert und Unwert urteilen können, müssen wir genau wissen, was wir vor uns haben in den Erscheinungen menschliche Sprache und geschichtliche Sprachgemeinschaft. Wir sind noch weit entfernt, die Fülle der Probleme bewältigt zu haben, die uns diese Erscheinungen bieten.

P.: Um so besser für die Sprachwissenschaftler. Und einige Richtpunkte in dem weiten Gebiet haben wir doch heute abend ausgesteckt, die uns vielleicht bei der Zusammenarbeit leiten können. Aber ich glaube, für heute wird es Zeit, daß wir unser Gespräch abbrechen. Wir haben ohnehin unseren liebenswürdigen Gastgeber weit von seinen Bienen fortgelockt.

Z.: Dafür bin ich besonders dankbar. Mir ist wieder einmal die wunderbare Vielfalt in der Welt des Lebendigen deutlich geworden, die besondere Eigenart eines jeden, und der große Zusammenhang des Ganzen. Und am meisten die Eigenart des Menschen. Die Bienen diskutieren über ihre Sprache nicht, dafür sammeln sie den Honig.

A.: Den ihnen die Menschen dann wegnehmen.

Z.: Sic vos non vobis mellificatis apes. Ich wünsche Ihnen allen, meine Herren, eine recht gute Nacht.

DRITTES KAPITEL

GLIEDERUNG

Wenn man eine Umfrage veranstaltete, welche von unseren technischen Erfindungen wohl die erstaunlichste wäre, würden sich von den Laien sicher die meisten für die ferngesteuerten Apparate entscheiden. Da sieht man bei einem Wettbewerb für Flugzeugmodelle so ein Ding in der Luft herumsegeln, und unten steht ein junger Mann mit einem Kasten vor der Brust, an dem er eine Anzahl von Schaltern betätigt. Und jede Schaltung veranlaßt das Modell in der Luft zu einer bestimmten gewünschten Bewegung. Daß es das auch im großen gibt, lesen wir in den Zeitungen. Und der Laie kommt sich demgegenüber vor wie jener Neger, den ein Weißer mit einem Briefe drei Tagereisen weit zu einem andern Weißen schickte und der dann sehr erstaunt war, daß der Empfänger mit einmal Dinge wußte, die nur dem Absender bekannt sein konnten. Er nannte das Zauber – eine Wirkung, die er wohl bemerkte, deren Wieso und Warum er aber nicht begriff. Danach müßten wir, wenn wir ehrlich wären, auch die Fernsteuerung Zauber nennen, denn als Laien wissen wir ja auch nicht, wie das überhaupt möglich ist. Wir tun es nicht, weil wir die feste Überzeugung haben, daß in der Welt alles mit rechten Dingen zugeht und daß wir auch die Fernsteuerung begreifen könnten, wenn sie uns nur einer erklärte und wir die nötige Zeit an das Studium wendeten. Und eigentlich sollten wir das tun, denn es ist doch beschämend, in einer Welt zu leben, von der wir auch solche Zusammenhänge, die von Mitmenschen bestimmt werden, nicht mehr verstehen.

Aber der Mensch staunt immer nur über das Neueste und vergißt dabei, daß er das Gewohnte, über das er sich nicht mehr wundert, ja auch noch längst nicht begriffen hat. Fernsteuerung? Die handhaben die Menschen seit undenklichen Zeiten. Man vergleiche nur: Wenn ich will, daß mir ein Pferd einen Wagen irgend wohin zieht, so muß ich das Pferd zu dem Wagen führen, es dort in die richtige Stellung bringen, anspannen, mich auf das Pferd oder auf den Wagen schwingen und nun das Pferd durch körperliche Einwirkung veranlassen, den Wagen an die gewünschte Stelle zu ziehen. Wenn mir dagegen ein Dienstmann meinen Koffer aus meiner Wohnung zum Bahnhof bringen und dort aufgeben soll, brauche ich mit dem Mann weder in meine Wohnung noch auf den Bahnhof zu gehen; es genügt vollständig, daß ich ihm irgendwo sage, was ich von ihm will – alles andere führt er von selbst nach meinen Wünschen aus. Worin liegt der Unterschied? Nun eben, daß ich dem Dienstmann sagen kann, was ich will, und dem Pferd nicht. Menschen können gegenseitig ihr Verhalten steuern (64b), indem sie miteinander sprechen. Wenn man sich diese Tatsache genauer überlegt, sieht man, daß hier doch noch weit mehr geleistet wird, als bei den ferngesteuerten Raketen. Es werden nicht nur Bewegungen im Raume veranlaßt, sondern der Einfluß erstreckt sich auch auf Stimmung, Gesinnung und Meinung, das heißt auf die Bereitschaft, aus der alles künftige Verhalten hervorgeht. Dementsprechend ist auch die Technik dieser Steuerung unendlich verwickelter als die vermittels elektrischer Wellen. Als Sender und als Empfänger treten Menschen auf, also lebende Wesen, deren Verhalten besonders vielfach bedingt ist. Und diese Menschen begegnen von vornherein nicht als einzelne, sondern im Verbande einer Gemeinschaft, die sich auf den ersten Blick von allen anderen Gemeinschaften lebender Wesen unterscheidet. Sie ist sowohl die Voraussetzung, als auch die Wirkung der unablässig vor sich gehenden gegenseitigen Steuerung, nämlich der Fähigkeit, zu sprechen und zu verstehen. Von den Bedingungen und Kräften dieser Vorgänge Näheres zu erfahren, würde nicht nur eine verständliche Wißbegierde befriedigen, sondern auch das Tor zu weiteren Einsichten in das Wesen und die Geschichte des Menschen öffnen. Freilich ist, genau wie bei der Technik, dieses Wissen nur um den Preis zu erwerben, daß man sich geduldig in die Einzelheiten vertieft.

1. Die Erscheinung Sprache

Dabei handelt es sich noch gar nicht darum, die Rolle der Sprache in der menschlichen Gesellschaft zu bestimmen, sondern um die Frage, wie Sprache eigentlich aussieht und auf welche Weise sie ihre Wirkungen hervorbringt. Nun muß daran erinnert werden, daß das deutsche Wort *Sprache* zwei deutlich unterschiedene Erscheinungen bezeichnet. In einem kurzen Gespräch zwischen zwei Nachbarinnen wird der doppelte Sinn deutlich: A. «Denken Sie nur, der Professor nebenan, der zehn Sprachen spricht, hat vor Schreck plötzlich die Sprache verloren!» – B. «Ach, welche denn?» *Die Sprache verlieren* heißt, «die Fähigkeit zu sprechen» überhaupt einbüßen, *eine Sprache sprechen* dagegen bedeutet, eine bestimmte Sprechweise beherrschen, die man in einer Grammatik und einem Wörterbuch beschreiben kann. Der Unterschied der beiden Artikel ist bezeichnend: man kann nicht *eine Sprache verlieren* – so meint wenigstens der Urheber des Witzes, und er hat für die gewöhnliche Ausdrucksweise recht. Daß es doch gelegentlich vorkommt, daß von mehreren beherrschten Sprachen eine nicht allmählich vergessen wird, sondern plötzlich nicht mehr verfügbar ist, wissen nur wenige Fachleute (65), zu denen er offenbar nicht gehörte. Andrerseits kann man nicht *die Sprache* (überhaupt) *sprechen,* denn, und das ist wichtig, die gibt es gar nicht! Jeder, der spricht, muß eine bestimmte Sprache, eine Sprache unter vielen, sprechen (66). Selbst wenn einmal eine Sprache auf der Erde alle andern verdrängen sollte, so würde sie zwar «die Sprache», nämlich die einzig existierende, aber sie bliebe doch eine bestimmte Sprache im Unterschied von den vielen andern, die vor ihr im Gebrauch waren. Sie hätte einen bestimmten Wortschatz und einen bestimmten grammatischen Bau, den die Kinder lernen müßten, indem sie «sprechen lernen».

Sprache ist also im Deutschen erstens das regelrechte Verbalsubstantivum zu *sprechen* und bezeichnet «die Tatsache, daß man sprechen kann» (*die Sprache verlieren*), «die Art, wie man spricht» (*die Sprache des Siegers, eine energische Sprache*), «den Inbegriff dessen, was mit dem Sprechen zusammenhängt» (*die Erforschung der Sprache*). Zweitens aber bezeichnet *Sprache* die Gesamtheit der Mittel, mit deren Hilfe eine bestimmte Gruppe von Menschen miteinander zu sprechen pflegt (*die deutsche, die französische, die russische Sprache*). Im Französischen hat man für die beiden Begriffe zwei verschiedene Wörter, nämlich *langage* für «Sprechfähigkeit», «Art zu sprechen», und *langue* für eine bestimmte einzelne Sprache (66a). Die Tatsache, daß die ganze Menschheit in viele Gruppen zerfällt, die alle ihre eigene Sprache haben, gehört zu denen, die so bekannt und geläufig sind, daß man vergißt, sich darüber zu wundern. Daß aber die Existenz dieser Sprachgemeinschaften eine gesellschaftliche Tatsache von höchster, mitunter lebensgefährlicher Bedeutung ist, braucht man unserer Generation nicht im einzelnen darzulegen.

Aber was ist denn nun so etwas wie *die deutsche, die französische Sprache* eigentlich? Das ist gar nicht so leicht zu sagen. Gewiß ist es zunächst «die Art, wie die Deutschen, die Franzosen sprechen». Aber wir empfinden sofort, daß mit *deutscher, französischer Sprache* mehr und Bestimmteres gemeint ist. Es ist nicht von der besonderen Sprechweise des einzelnen Deutschen oder Franzosen die Rede, auch nicht von einer Art Durchschnitt der Sprechweise von vielen Millionen, sondern von einer Gesamtheit von Verständigungsmitteln hüben und drüben, die von der «Sprechweise» des Einzelnen oder auch der Gruppe ganz unabhängig sind. Wenn wir ein Inventar dieser Mittel aufnehmen und die Art ihres Zusammenwirkens feststellen wollen, stehen wir vor der Aufgabe der Sprachbeschreibung, zum Schrecken des Laien auch «deskriptive Grammatik» genannt (67).

2. *Die Methoden der Forschung*

Aber hier lauert gleich am Eingang eine Gefahr. Die Mittel, mit denen sich eine Gruppe von Menschen verständigt, sind ja Tätigkeiten. Die Leute sprechen, das heißt, in irgendeiner Lage haben sie das Bedürfnis, mit einem Partner in Verbindung zu treten, und nun bringen sie mit Hilfe ihrer Lippen,

Zunge, Kiefern, Kehlkopf, Lunge, also ihrer Sprechorgane, eine Folge von Lauten hervor (deren Art und Anordnung sich als sehr streng geregelt erweist), und der Partner reagiert in bestimmter Weise darauf. Also alles Bewegung, Leben, Handlung. Wir, die Beobachter, haben mit Tonband und allen möglichen andern Apparaten alle Hände voll zu tun, den flüchtigen Eindruck festzuhalten, denn Ohr und Gedächtnis versagen vor der Fülle kleinster Schattierungen, und wir müssen die Erscheinungen doch in Ruhe betrachten können. Aber nun gibt es zum Festhalten des Gesprochenen die Schrift – und wenn es sie nicht gäbe, hätten sie die Sprachforscher für ihre Zwecke erfinden müssen –, und da hat man nun so ein Gespräch auf dem Papier in Schrift oder Druck aufgezeichnet. Jetzt ist alles bequem greifbar, eine leicht überschaubare Anzahl von Buchstaben, Wörter säuberlich durch Zwischenräume getrennt, die Sätze durch Satzzeichen gegliedert und mit Punkten abgeschlossen, die Reden durch Absätze untergeteilt. Man könnte meinen, man habe Dinge vor sich, die man mit dem Auge zerlegen, mit Bleistift oder gar mit Buntstift in ihrem Bau nachzeichnen könne. Tatsächlich sind Sprachbeschreibungen, «Grammatiken», jahrhundertelang auf diese Weise gemacht worden, und noch heute sieht eine gangbare Grammatik so aus, als sei von Dingen die Rede. Da gibt es Verzeichnisse von Lauten, von Wortformen, von Arten der Satzfügung mit Rezepten zur Anwendung, und schließlich als Ergänzung ein Wörterbuch, ein Verzeichnis sämtlicher Wörter der Sprache. So werden Vorgänge in der Zeit als Dinge im Raum, nämlich auf dem Papier, dargestellt, und man braucht sich nicht zu wundern, wenn bei diesem Verfahren Wichtiges verloren geht, dafür aber eine Menge Scheinprobleme entstehen (68).

Und doch macht uns dieser – gewiß unvermeidliche – Irrweg und Umweg der Sprachbeschreibung auf eine wichtige Tatsache aufmerksam: die Sprechtätigkeit der Menschen verläuft bei aller scheinbaren Freiheit und Zufälligkeit in sehr streng geregelten Bahnen. In bestimmten Lagen sind nur bestimmte Formen der Rede zulässig; gebraucht man andere, so wird man nicht verstanden, falsch verstanden oder mindestens ausgelacht. Was sind das für Formen, und wodurch unterscheiden sie sich?

Nun, in allen uns bekannten menschlichen Sprachen besteht die Sprechtätigkeit darin, daß mit Hilfe der Sprechorgane (Lunge, Kehlkopf, Mund- und Nasenraum, Zunge, Zähne, Lippen) eine Lautung hervorgebracht wird. Damit eine von Menschen hervorgebrachte Lautung als «Sprechen» anerkannt wird, muß sie dazu bestimmt sein, mit einem Gesprächspartner hinsichtlich einer Lage in Verbindung zu treten, also jemandem etwas zu sagen. Und damit ein Gespräch zustande kommt, muß der Partner auf die Äußerung entsprechend reagieren, also sie «verstehen». Die Gestalt der Lautung hängt sowohl von dem Partner ab, zu dem, als auch von der Lage, über die gesprochen wird. Und je nach dieser Gestalt ist wieder die Reaktion des Partners verschieden. Genauere Untersuchung zeigt, daß nicht jeder Unterschied in der Lautung von Teilnehmer und Gegenstand des Gesprächs bestimmt ist oder die Reaktion des Partners verändert. Zum Beispiel ist es für diese Wirkungen gleichgültig, ob der Sprechende heiser ist oder flüstert, ob er müde oder angeregt ist, ob er in etwas höherer oder tieferer Stimmlage spricht. Ja, selbst verschiedene Sprecher, deren Stimmklang doch für jeden erkennbar verschieden ist, bringen in gleichen Lagen Lautungen hervor, die beim Partner die entsprechenden Reaktionen auslösen. Es gibt also Unterschiede der Lautung, die für das Gespräch bedeutsam, und andere, die dafür gleichgültig sind.

Der Gedanke, daß jede sprachliche Äußerung ein Ziel hat, nämlich eine Reaktion des Partners hervorzurufen, ermöglicht es nun, innerhalb der unendlichen Fülle der menschlichen Gespräche eine erste Gliederung, eine oberste Einheit zu erkennen. Es bilden eine Einheit alle die Äußerungen, die dazu dienen, in einer bestimmten Lage eine Reaktion des oder der Partner hervorzurufen. Wenn der Partner absichtlich nicht reagiert, obwohl er gehört und verstanden hat, so ist das natürlich auch eine Art der Reaktion – «keine Antwort ist auch eine Antwort». Diese Einheit nennen wir R e d e, und zwar unabhängig von ihrem

Umfang. Die stunden- oder selbst tagelange Rede eines Anwalts, der einen Angeklagten vor Gericht verteidigt, ist nicht mehr und nicht weniger Rede als das eine Wort *Herein!*, mit dem ich ein Klopfen an der Tür beantworte. In der Lage, daß jemand vor der Tür steht und Einlaß begehrt, genügt eben das eine Wort, das Ziel, ihn hereinzulassen, vollständig zu erreichen. Also ist dieses *Herein!* eine vollständige Rede. Sehr häufig besteht auch eine Rede aus den abwechselnden Äußerungen zweier Sprecher im Zwiegespräch. Auch da ist der Umfang gleichgültig. Es kann sich um eine stundenlange Auseinandersetzung handeln – nur muß Thema und Zweck des Gesprächs gleich bleiben – oder um eine kurze Frage und Antwort wie *Wo willst du hin? Auf den Markt*. Da der Zweck der Verständigung über die gegebene Lage erreicht ist, ist die Rede vollständig.

Die Begriffe «Gespräch» und «Rede» müssen für gewisse Grenzfälle noch etwas erläutert werden. Die Tätigkeit «Sprechen» läßt sich überhaupt nur im Rahmen des Gesprächs bestimmen, d. h. es müssen dazu immer zwei Partner vorhanden sein, die sich über eine Sachlage verständigen. Wie ist es dann aber mit den «Selbstgesprächen»? Man kann doch, laut oder im stillen, mit sich selbst sprechen, sogar mit sich selbst diskutieren. Da fehlt offensichtlich ein Partner. Aber der Ausdruck Selbst g e s p r ä c h weist schon darauf hin, daß diese Lage von den Betroffenen als eine Art Gespräch erlebt wird. Die menschliche Persönlichkeit ist vielschichtig, und der Mensch vermag sich als ein anderer gegenüberzutreten. Wesen und Bedeutung dieser Erscheinung sind nicht Gegenstand der Sprachbetrachtung. Diese findet sie als Tatsache vor und kann ihrerseits Beispiele ihres Auftretens liefern. Daß das Selbstgespräch ein richtiges Gespräch ist, macht uns gerade auf die merkwürdige Tatsache aufmerksam, daß zwei Seelen in unserer Brust wohnen können. Es fehlt ihm weder die sprachliche Form – sonst träte die Frage gar nicht auf – noch die Reaktion des Partners: das Selbstgespräch endet regelmäßig mit einem Entschluß – sei es auch der, sich noch nicht zu entschließen.

Aber die Erscheinung des Selbstgesprächs verhilft uns

noch zu einer andern, sehr wichtigen Erkenntnis. Gewöhnlich werden ja Selbstgespräche nicht laut geführt, auch nicht im Flüstertone, sondern sie verlaufen durchaus nur als inneres Gespräch, als «gedachte» Rede. Dabei haben sie aber – und deshalb beschäftigen sie uns hier – völlig ausgebildete sprachliche Form. Auch wer nicht geradezu ein Selbstgespräch führt, sondern Rede schriftlich niederlegen will, schreibe er nun einen Brief oder ein Buch, muß (oder sollte) seinen Satz fertig haben, bevor er die Feder ansetzt. Der Satz ist, wenn der Mann sein Handwerk versteht, so fertig, daß er sogar seinen Tonfall hören kann, ohne daß der geringste Laut ertönte. Bekanntlich ist dieses innere Formen der Rede mit besonderer Rücksicht auf den Tonfall die eigentliche Arbeit beim Schreiben. Wie aber stimmt das zu der Behauptung von vorhin, daß die Rede Lautung sei? Sie bleibt in vollem Umfange bestehen und muß nur durch die Bemerkung ergänzt werden, daß Lautung nicht immer wahrgenommen werden muß, sondern auch phantasiert werden kann. Wir wollen gleich hinzufügen, daß die Wirkungsweise der Sprache nicht möglich wäre, wenn Lautung nicht auch erinnert werden könnte. «Wahrnehmen», «Phantasieren» und «Erinnern» sind nun Begriffe der Psychologie, in deren Rahmen sie keineswegs selbstverständlich sind, sondern Forschungsaufgaben darstellen. In der Sprachwissenschaft soll mit ihnen auch gar nichts erklärt, sondern bestimmte Erscheinungen sollen in weitere Zusammenhänge eingeordnet werden.

Es war eben schon vom Schreiben die Rede. Das erinnert daran, daß man Gesprochenes schriftlich festhalten kann, daß es geschriebene «Rede», wenn man so sagen darf, gibt. Ist dabei der Tatbestand «Gespräch» noch gegeben? Daß die Lautung hier ein Schriftbild ist, macht nichts aus, denn dieses hat ja nur die Aufgabe, die Vorstellung von Lautungen zu erwecken. Unsere Buchstabenschrift, die sich der sprachlichen Äußerung so genau anschließt, ist nur verständlich über die innere Sprache. Dabei ist anzumerken, daß das stille Lesen eine Errungenschaft der neueren Zeit ist, im ganzen Altertum und Mittelalter hat man stets laut gelesen, auch wenn man für sich allein war. Aber etwas anderes unterscheidet die geschriebene Äußerung von der gesprochenen: sie ist nicht mehr Handlung, sondern Ergebnis einer solchen, Gegenstand. Manche wollen darum geschriebene Texte nicht mehr zur Sprache rechnen, weil sie eben Dinge seien, Sprache aber wesentlich Tätigkeit, Verhalten (69). Aber damit verfängt man sich wohl in der selbstgeschaffenen Definition. Wie will man den geschriebenen Text völlig von der gesprochenen Rede trennen? Es gibt doch Übergänge. Wohin gehören Tonband oder Schallplatte, die ein Gespräch festhalten? Und wie ist es mit Erklärungen, die formuliert und auswendig gelernt werden, bevor man sie abgibt (69a)? Statt hier zu trennen, was so offensichtlich zusammengehört, sollte man lieber daraus lernen, daß es im Flusse der sprachlichen Äußerung gewisse feste Formen gibt, die man festhalten, wiederholen und sogar in dingliche Gestalt überführen kann. Abgesehen nämlich von dieser Frage der Seinsart hat der geschriebene Text alle Eigenschaften der Rede: er wendet sich an einen Partner und spricht zu ihm über etwas, und der Partner reagiert darauf in bestimmter Weise. Daß der geschriebene Text, sei er wissenschaftliche Abhandlung oder lyrisches Gedicht, gelegentlich auf Unverständnis stößt, hat er mit der gesprochenen Rede gemein. Nur der Beobachter hat es schwer, die Reaktion des Angesprochenen festzustellen. Aber für den Beobachter ist die Sprache nun bestimmt nicht da.

Die Rede ist also die oberste Einheit, die wir im unendlichen Gespräch der Menschheit erfassen können. Sie ist einerseits Äußerung, d. h. Lautung bestimmter Form, andererseits Inhalt (70), indem sie mit Rücksicht auf Partner und Sachlage geformt wird und auf ein bestimmtes Verhalten des Partners zielt. Die Einheit der Rede ist äußerlich an der Lautung zu erkennen, meist durch deutliche Pausen am Anfang und am Ende; Beginn und Ende des Sprechens überhaupt bezeichnen natürlich ganz eindeutig Beginn oder Ende einer Rede. Außerdem gibt es gebräuchliche Eröffnungs- und Schlußformeln: mit *Meine Herren! Du, hör mal! Ach, verzeihen Sie...* beginnen Reden, mit *Danke, meine*

Herren, Auf Wiedersehen schließen sie. Natürlich kann der Sprechende auch ausdrücklich sagen, daß er jetzt eine Rede beginnt oder endet. Aber das entscheidende äußere Kennzeichen der Einheit der Rede ist immer die Betonung, der Verlauf des Stimmtons während der Äußerung, einschließlich Sprechtempo und Pausen. Jeder, der mit der betreffenden Sprache vertraut ist, und oft auch einer, dem sie unbekannt ist, hört es einfach am Ton, wenn eine Rede beginnt und endet. Der Tonverlauf ist auch für sich allein imstande, den Inhalt der Rede als ganzes zu bestimmen. Je nach dem Ton kann *Mach nur so weiter!* freundliche Aufmunterung oder ernste Warnung sein, *Das ist ja reizend!* freudige Überraschung oder beißende Kritik ausdrücken.

Wegen dieser unbestreitbaren Tatsache neigen manche Verhaltensforscher dazu, nur die Rede als Ganzes und dann natürlich ihren Tonverlauf zu beachten, Situation und Verhältnis der Partner zueinander genau festzustellen, die Form der Äußerung im einzelnen dagegen für weniger erheblich zu halten (71). Aber erstens beruht ja die Wirkung solcher ironischer Äußerungen gerade auf dem Gegensatz zwischen dem Gesamtsinn innerhalb der Situation und dem unmittelbar naheliegenden wörtlichen Sinn. Dieser kann also nicht gleichgültig sein, sonst gäbe es gar keinen Gegensatz. Und zweitens bestehen ja Gespräche und Reden nicht nur aus Ironie, es gibt sachliche Mitteilungen und eingehende Anweisungen, deren Verständnis von ihrer Gliederung im einzelnen abhängt und bei denen bestimmte örtlich begrenzte Änderungen der Lautgestalt ganz bestimmte abweichende Reaktionen hervorrufen.

Für die Untersuchung des inneren Baus der Rede gibt es nun zwei Wege. Man kann entweder die Lautung ganz für sich allein ins Auge fassen und fragen, welche Form- und Gliederungsmerkmale an ihr zu erkennen sind. Oder man kann bei jeder abweichenden Form der Lautung, die vorkommt, die Veränderung der Reaktionen beobachten, die sie zur Folge hat. Das erste Verfahren haben die Gelehrten, die es ausgebildet haben, Strukturalismus genannt, weil ihre Aufmerksamkeit auf den Bau, die Struktur der Äußerung gerichtet ist. Beim zweiten Verfahren, das ja zwei Erscheinungen in Beziehung bringt, kann man den Nachdruck auf das wechselnde Verhalten legen (Verhaltensforschung, amerikanisch-englisch behaviorism) oder auf die Inhalte, die durch die wechselnden Formen der Lautung ausgedrückt werden (inhaltbezogene Grammatik). Allen drei Verfahren verdanken wir wertvolle Einsichten in die Wirkungsweise der Sprache.

Der Strukturalismus (72) vermeidet es also, bei der Gliederung der Äußerung von ihrem Inhalt, von der Bedeutung der einzelnen Glieder, auszugehen – selbstverständlich nicht, weil er das für unwesentlich hielte, sondern weil er aus methodischen Gründen die Merkmale des Baus der Rede allein an der Lautung ablesen möchte. Das Verfahren ist bei der Erforschung der amerikanischen Indianersprachen entwickelt worden, deren Bau von denen der alten und neuen europäischen Sprachen erheblich abweicht. In so einem Falle ist es wohl möglich, den Sinn einer Rede als ganzer zu ermitteln und diesen Sinn auch in irgendeiner andern Sprache wiederzugeben; es ist aber sehr schwer festzustellen, wie dieser Sinn zustande kommt, wie die einzelnen Glieder der Lautung zum Gesamtsinn beitragen. Dazu muß man eben diese Glieder erst einmal haben, und zwar unabhängig von ihrer Rolle im ganzen, die ja gerade festgestellt werden soll.

Um die Gliederung der Äußerungen in einer gegebenen Sprache zu ermitteln, verfährt man nun folgendermaßen. Man beobachtet, welche Züge der Lautung sich in der Rede wiederholen. Völlig gleich sind sie natürlich nie, es genügt aber, wenn sie für die Sprechenden gleich sind, wie sich an ihrem Verhalten feststellen läßt. Solchen Zügen ordnet man ein Zeichen, z. B. einen Buchstaben, zu und erhält so die «Elemente» der Rede. Man kann dann jedes Stück Rede durch eine Kombination solcher Elemente darstellen. Sodann untersucht man, in welchen verschiedenen Umgebungen die einzelnen Elemente auftreten und welche von ihnen in derselben Umgebung miteinander wechseln können. Auf diese Weise findet man die (von ihrer Umgebung) unabhängigen Elemente, die in einer Sprache vorkommen. Sie heißen Phoneme (Lauteinheiten) (73).

Wenn man nun die Verteilung der Phoneme über lange Strecken der Rede verfolgt, so stellt man fest, daß sie nicht völlig frei wechseln, sondern daß manche Phonemfolgen sehr selten sind, andere aber sehr häufig in derselben Weise auftreten. Daraus ergibt sich eine zweite Art von Elementen, die man als feste Gruppen von Phonemen auffassen kann und die so ausgewählt sind, daß man ihre Verteilung über lange Strecken der Rede leicht feststellen kann. Man nennt sie Morpheme (Gestalteinheiten) (74). Die Morpheme können auch ohne den Weg über die Phoneme unmittelbar abgeleitet werden, nämlich als sich wiederholende Züge der Rede (75).

Wenn man sich die «Elemente», die auf so eigentümliche Weise gewonnen werden, näher ansieht, so bemerkt man, daß sie mit gewissen Begriffen der herkömmlichen Grammatik nahe verwandt sind. Offenbar haben die Phoneme enge sachliche Beziehungen zu den Lauten, und unter den Morphemen finden wir Gebilde, die wir als Suffixe, Präfixe und Flexionsendungen zu bezeichnen gewohnt sind. Warum aber die neue und sehr umständliche Ableitung bekannter Dinge? Das geschieht um der Strenge der Methode willen. Man muß beachten, daß die Phoneme eben nicht als «Laute» bestimmt werden, d. h. als Ergebnisse bestimmter Bewegungen der Sprechorgane oder als bestimmte Gehörseindrücke, sondern als Einheiten innerhalb der Rede. Und die Morpheme sind nicht gekennzeichnet durch ihre Bedeutung oder ihre Funktion, sondern ebenfalls nur als Einheiten in der Rede. Das bietet den Vorteil, daß wir die Elemente der Rede rein aus dieser selbst bestimmen können, ohne Bereiche von außerhalb wie die Bildung der Sprachlaute oder die Wirkung auf den Gesprächspartner heranziehen zu müssen. Wie fruchtbar die strukturalistische Methode sein kann, läßt sich am Beispiel des Morphems zeigen.

Die beschriebene Zerlegung der Rede nach Elementen, also in gleicher Gestalt vorkommenden Stücken der Rede, führt oft auf Wörter, und besonders die unveränderlichen wie *vor, weil, sehr, nun* kommen dabei klar als Einheiten heraus. Aber ebensooft wird das, was wir bekömmlich als Wortform bezeichnen, in seine Bestandteile zerlegt, z. B. *Schön-heit, Ge-fühl, sag-te, ge-sag-t.* Nun sind das zweifellos auch Glieder der Rede, und es steht von vornherein nicht fest, daß das «Wort» überhaupt ein richtig erfaßtes Redeglied ist. Wortzusammensetzung, Wortableitung, Wortbeugung bereiten auch der Schulgrammatik, wenn sie gewissenhaft verfährt, Schwierigkeiten, und gerade diese werden durch das strukturalistische Verfahren hier vermieden. Die gefundenen Glieder sind also nicht dasselbe wie Wörter, sie sind aber auch nicht dasselbe wie «Endungen», «Vor- und Nachsilben» oder «Bildungssilben». Denn die Lautung *sag* in unserem Beispiel ist unzweifelhaft eine Einheit, ohne doch «Wort» oder «Bildungssilbe» zu sein; wir nennen so etwas gewöhnlich «Wurzel», geraten aber in Verlegenheit, wenn wir eine genaue Bestimmung dieses Begriffs geben sollen (76). Da ist es sehr lehrreich zu sehen, daß alle diese herkömmlichen grammatischen Begriffe unter einem gewissen Gesichtswinkel, nämlich als Glieder der Lautung, durchaus auf gleicher Stufe stehen, und das eben ist der Begriff des Morphems.

Nun fragt man weiter nach der Verteilung der Morpheme in der Rede im Verhältnis zueinander. Man bemerkt z. B., daß *sag* zwar vor *te,* aber nicht vor *heit* vorkommt, daß die Gruppe *ge-sag* nur vor *t* erscheint, und so noch eine Unmenge von einzelnen Beobachtungen. Dabei kommen Erscheinungen wie Deklination und Konjugation, wenn es sie in einer Sprache gibt, zutage, aber außerdem die Wortarten wie Verbum, Substantivum, Adjektivum, als mögliche Kombinationen von Morphemen, und zwar hier ohne den lästigen Ausflug in die Seinslehre mit ihren Vorgängen, Gegenständen und Eigenschaften, die dringend in Verdacht stehen, selbst erst aus einem bestimmten Sprachbau abgeleitet zu sein (77). Die Wortarten werden aber nicht nur durch ihre Beugung gesichert – die es ja nicht bei allen Wörtern und in manchen Sprachen überhaupt nicht gibt –, sondern auch durch ihre gegenseitige Stellung. Ein Adjektivum z. B. erscheint nur in bestimmten Stellungen zu einem Substantivum und beide zu einem Verbum, und jede dieser Stellungen kommt nur vor, wenn wieder andere Morpheme in bestimmter Anordnung vorhanden sind. So ist die Anordnung der Einheiten in den deutschen Äußerungen *der Junge war endlich fertig, endlich war der Junge fertig, als der Junge endlich fertig war* durch die Art der ersten Einheit bestimmt, und umgekehrt schließt man Einheiten zu Gruppen zusammen, die an der Spitze solcher Wendungen abwechseln können, ohne daß sich die übrige Anordnung ändert. Statt *der* kann im ersten Beispiel *die* oder *das* oder *unser,* statt *Junge* eine Menge von Substantiven stehen, im zweiten läßt sich *endlich* nicht nur durch andere Adverbien wie *glücklicherweise,* sondern auch durch Folgen wie *am Abend, nach langen Mühen, als es dunkel wurde* ersetzen, und die Stelle des *als* im letzten Beispiel können eine Reihe von andern Konjunktionen einnehmen (78). In Wirklichkeit arbeitet die Methode viel feiner, aber man sieht schon, wie eine Feststellung die andere nach sich zieht und schließlich eine völlige Durchgliederung der Rede zustande kommen kann, ohne daß die Frage nach Bedeutung oder Funktion der einzelnen Glieder aufgeworfen zu werden braucht. Die Vorbedingung für das Verfahren ist, daß alle Anordnungen, die in sämtlichen Reden einer Sprache vorkommen, aufgenommen und verglichen werden. Theoretisch ist das stets möglich, denn die Anzahl dieser Reden ist nicht unendlich. Aber praktisch scheitert das Unternehmen daran, daß der Stoff, den man eigentlich prüfen müßte, eben doch sehr umfangreich und die Vergleichung außerordentlich zeitraubend ist. Man kann das Verfahren dadurch abkürzen, daß man die Angehörigen der betreffenden Sprachgemeinschaft fragt, welche Anordnungen möglich und welche nicht möglich sind. Da alle sprachlichen Formen auf der Gewohnheit beruhen, ist das Sprachgefühl, das Ergebnis der Gewohnheit, ein zuverlässiger Maßstab dafür, was überhaupt in der Sprache vorkommen kann. Gegen tückische Zufälle in der Anordnung und Verteilung der Glieder ist die Methode durch sich selbst freilich nicht geschützt, hier muß im Notfall doch der Sinn zu Hilfe gerufen werden. Aber solche Fälle sind selten.

Die große Strenge der strukturalistischen Methode wird erkauft durch bewußtes Absehen von den Lebensbezügen des Sprechens, sogar von den sprechenden Menschen selbst. Demgegenüber stellt die Verhaltensforschung (79) gerade die Gesprächspartner in den Mittelpunkt ihrer Betrachtung. Sie beobachtet, unter welchen Umständen der Sprechende die Lautung seiner Äußerung in bestimmter Weise ändert und welche Wirkung eine Änderung auf die Reaktion des Partners hat. Wenn etwa mehrere Leute bei Tische sitzen und einer sagt zu einem andern «*Würden Sie so freundlich sein, mir das Brot herüberzureichen*», so erfolgt eine bestimmte Reaktion des Angeredeten: er reicht das Brot. Wenn in der Äußerung aber ohne jede sonstige Änderung die Lautung *brot* durch die Lautung *salz* ersetzt wird, so ändert sich auch die Reaktion in bestimmter Weise: jetzt wird das Salz gereicht. Wie man leicht sieht, erlaubt es diese Methode, als Forschungsmittel auch den Versuch anzuwenden. Der Beobachter selbst kann an Äußerungen Veränderungen der Gestalt vornehmen und aufpassen, wie der Partner darauf reagiert. Das einfache Abfragen, indem man zeigt: «Wie heißt das?» ist im Grunde auch nur eine Beobachtung des Verhaltens. Es erinnert an das Verfahren von Kindern, die sprechen lernen, und in der Tat besteht dieses Lernen in immer neuen Sprechversuchen, deren Erfolg oder Fehlschlag aus dem Verhalten der Partner hervorgeht.

Die Stärke der Verhaltensforschung zeigt sich bei der Untersuchung der Umgangssprache des täglichen Lebens. Kein anderes Verfahren liefert so schnell und zuverlässig die Namen der greifbaren Dinge oder auch die Redeformen für den gesellschaftlichen Verkehr. Viel schwieriger ist ihre Anwendung bei nicht anschaulichen Sachverhalten, wie denn auch den Kindern das Erlernen der dazu gehörigen Sprachformen besonders schwer fällt. Immerhin läßt auch auf diesem Gebiet das Verhalten einiges erkennen. Wenn jemand klagt, *daß es so kalt sei,* und dann die Hoffnung äußert, *die Kälte werde nicht mehr lange dauern,* oder wenn einer erzählt, *er wolle über das Wochenende in den Schwarzwald fahren, die Fahrt daure ja nur drei Stunden,* so läßt sich beobachten, wie die Sprecher sich verhalten, wenn sie einen Satz im weiteren Verlauf der Rede inhaltlich wieder aufnehmen wollen (80). Sie verwenden dazu Umgestaltungen von *kalt* und *fahren,* also Gliedern, die in dem Satze, den sie wieder aufnehmen wollen, eine entscheidende Rolle spielen. Das Verhältnis *kalt – Kälte, fahren – Fahrt* ist daher das Ergebnis einer Reaktion der Sprechenden auf ihre eigene frühere Äußerung, die selbstverständlich ein Stück der Gesamtlage ist. Tatsächlich kann man durch Beobachtung längerer Gespräche oder Reden, auch solcher, die nur geschrieben als Text vorliegen, den Bestand und die Form der sogenannten «Abstrakta» einer Sprache – so heißen technisch Ausdrücke der Art *Kälte* oder *Fahrt* – aufnehmen.

Während die Verhaltensforschung das Verhalten der Sprechenden und ihrer Partner zueinander in einer bestimmten Lage beobachtet und mit der Lautung der Äußerung in Beziehung setzt, faßt die inhaltbezogene Grammatik (81) in erster Linie das Verhältnis der Äußerung zu den Sachverhalten ins Auge. Sie macht zunächst die wichtige Feststellung, daß die Gliederung der Wirklichkeit, wo man eine solche unabhängig von der sprachlichen Erfassung beobachten kann, sehr häufig nicht mit der Gliederung der Äußerung übereinstimmt, die sich darauf bezieht. Die Äußerung ist also nicht einfach eine Abbildung der Wirklichkeit in Lauten. Daß Erscheinungen wie Schall, Wärme, Licht «in Wirklichkeit» alle Schwingungen verschiedener Wellenlänge sind, lernt man schon in der Schule; es ist unsere leiblich-seelische Einrichtung, die sie in so völlig verschiedene Empfindungen übersetzt. Aber auch die Empfindungen gehören noch zur Wirklichkeit, mit der es die Sprechenden zu tun haben. Bilden diese wenigstens die Gliederung der Empfindung genau in der Lautung ihrer Äußerungen ab? Es gibt im Bereiche der Gesichtsempfindung mehrfache Unterschiede, von denen eine Gruppe die der bunten Farben ist. Jeder Mensch ist überzeugt, daß die Eigenschaftswörter, die die Farben bezeichnen (im Deutschen also *rot, gelb, grün, blau*) den tatsächlichen Unterschieden der Farben (besser: der Farbempfindungen) genau entsprechen (82). Zweifel daran können einem schon kommen, wenn man das Sonnenspektrum näher betrachtet. Da gehen ja alle Farbtöne vom tiefsten Rot bis zum äußersten Violett ganz allmählich ineinander über, so daß man beim besten Willen die Grenze zwischen Rot und Gelb, Grün und Blau nicht genau angeben kann. Vielmehr hat man den Eindruck, daß es zwischen den unzweifelhaft roten, gelben, grünen und blauen Stellen Übergangsstreifen gibt, deren Färbung mehr oder weniger aus den Tönungen der beiden benachbarten Farben gemischt ist. Es ist nicht einzusehen, warum die Farbennamen gerade an diesen Stellen des zusammenhängenden Bandes haften und nicht an andern. Oder warum etwa *Grün* eine eigene Farbe ist und nicht als Übergang zwischen Gelb und Blau aufgefaßt wird. Wir waren doch schon als Kinder immer von neuem erstaunt, weil eine gelbe Fläche plötzlich grün wurde, wenn man sie blau anmalte, und umgekehrt. Freilich, solche Änderungsvorschläge zu unserer Farbenauffassung können wir uns denken, aber nicht anschaulich vorstellen. Es scheint ihnen etwas in unserer Empfindung zu widersprechen. Nur ist ein solches Etwas in den Gegebenheiten der Empfindung selbst nicht aufzuweisen. Der Grund liegt vielmehr in der Gliederung unserer Farbennamen. Den Beweis liefert die Vergleichung verschiedener Sprachen. Da gibt es nämlich solche, die nicht nur, wie natürlich, anders lautende Wörter für unser *Rot* und *Gelb* und *Blau* haben, sondern auch das Spektrum anders einteilen, also etwa gerade die Übergangszone zwischen Gelb und Grün mit einem eigenen Namen nennen, nicht aber unser Gelb und Grün. Das tun etwa die Griechen mit ihrem *chlōrós*, so daß wir bei ihnen zu unserer Verwunderung die Farbe der Wiese und die des Honigs mit demselben Wort bezeichnet finden. Besonders deutlich wird der Unterschied z. B., wenn Aristoteles die Farben des Regenbogens – er unterscheidet nur drei – beschreibt (83). Dieses Ergebnis aus der Vergleichung von Sprachen wird nun von einer ganz anderen Seite bestätigt, nämlich vom Nervenarzt. Patienten, die durch Krankheit oder Verletzung eine Störung ihrer sprachlichen Fähigkeit erlitten haben, so daß sie die

Farbennamen nicht mehr sinnvoll anwenden können, obwohl ihre Farbempfindungen völlig normal und ungestört sind, können auch eine Menge ihnen vorgelegter Farbtöne nicht mehr in die gewohnten Gruppen Rot, Gelb, Grün, Blau ordnen, sondern fassen jeden einzelnen als eine Qualität für sich auf (84). Also steckt in unserem Bild der bunten Farbwelt nicht nur ein Empfindungserlebnis, sondern auch eine sprachliche Leistung! Diese Tatsache läßt sich gleich noch weiter erhärten. Empfindungsmäßig ist nämlich unsere Farbwelt in drei Erstreckungen aufgebaut. Neben der Buntheit von Rot bis Violett gibt es die Stufenfolge der Helligkeit von Weiß über Grau bis Schwarz und die Grade der Sättigung von Grau bis bunt. Unsere Farbennamen entwerfen diese drei Erstreckungen alle auf eine Ebene. Nicht nur sind uns *Schwarz, Weiß* und *Grau,* also die Helligkeitswerte, ebensogut Farben wie *Rot* und *Grün,* sondern wir empfinden auch *Braun* und *Lila* durchaus als eigene Farbtöne, obwohl das erste nur ein dunkleres Gelb, das zweite ein helleres Violett ist. Was also unsere Farbadjektiva bezeichnen, das sind weder Wellenlängen noch reine Empfindungsqualitäten, sondern Sprachinhalte. Sprachinhalte werden natürlich von den Sprechenden erlebt, man kann sie subjektiv durch Selbstbeobachtung oder objektiv am Verhalten feststellen, aber das Wesentliche an ihnen ist, daß sie für eine Gemeinschaft gelten und daß diese Geltung von dem augenblicklichen seelischen Zustand des Einzelnen unabhängig ist. Sie finden sich nicht nur bei den Farbwörtern, die als Schulbeispiel dienen, weil sich an ihnen das, worauf es ankommt, kurz und anschaulich zeigen läßt. Wenn man nachforscht, was an botanischen Tatbeständen hinter dem steckt, was im Deutschen *Beere* heißt, so ist man erstaunt, zu sehen, wie weit die sprachinhaltliche Gliederung von der sachlichen der Wirklichkeit abweicht. Sie ist von der menschlichen Auffassung bestimmt, und doch hat kein einzelner Mensch die Macht, das Wort *Beere* nach seinem Gutdünken gültig anzuwenden: es gibt einen «richtigen» Gebrauch, und Abweichungen davon sind «falsch». Die Gültigkeit der Sprachinhalte ist also objektiv (85).

Mit diesen Sprachinhalten setzt nun die inhaltbezogene Grammatik die Lautung der Rede in Beziehung. Sie fragt, welche Inhalte mit einer bestimmten Lautung gemeint sind oder durch sie ausgedrückt werden und wie eine Änderung der Lautung eine Änderung des Inhalts bedingt. Die Schwierigkeit dieser Methode liegt darin, daß Inhalte ja nur sprachlich, als Inhalt eines Ausdrucks, gegeben sein können, so daß zunächst ein unabhängiges Bezugssystem fehlt, wie es die Verhaltensforschung im Verhalten der Gesprächspartner besitzt. Wie diese Schwierigkeit überwunden wird, hat unser Beispiel von den Farbennamen gezeigt. Da wurde nicht nach dem Inhalt z. B. von *Gelb* gefragt, sondern nach der Gliederung des ganzen Feldes der Farbnamen, die gleichzeitig die verschwommene Fülle der Farbempfindungen in scharfen Umrissen gliedert und so erst zu Sprachinhalten macht. Die Inhalte bilden ein Feld, d. h. sie begrenzen sich gegenseitig. Und die untersten und beschränktesten Felder erweisen sich als Glieder von umfassenderen Feldern, und so kann man stufenweise immer weiter, theoretisch bis zur Gesamtheit des Wortschatzes, fortfahren. Aber man sieht, daß sich dieses System, anders als die Ausdrucksgliederung des Strukturalismus, nicht selbst trägt, sondern daß es den Bezug auf die Wirklichkeit braucht. Farben und Farbempfindungen muß es geben, damit sprachliche Form sie zu Inhalten gliedern kann. Aus der sprachlichen Form für sich allein kann der Inhalt nicht gewonnen werden. Und auf der andern Seite setzt der Inhalt die Gemeinschaft der Sprechenden voraus, für die er gilt. Jede Sprachgemeinschaft hat eigene Inhalte, dadurch besteht sie überhaupt. Die richtige, nämlich sprachgemäße Erfassung und Gliederung der Felder ist die eigentliche Kunst bei dieser Methode, die den Vorzug hat, von keiner Seite der sprachlichen Wirklichkeit vorläufig absehen zu müssen (86).

Manche Vertreter der eben umrissenen drei Methoden sind geneigt, die ihre für die allein wissenschaftliche zu halten. Es ist aber klar, daß sie alle ihre Vorzüge und ihre Grenzen haben. Sie gehen alle von gewissen Seiten der Wirklichkeit Gespräch aus, und die Gliederungen, auf die sie führen, stimmen in ihren Grundzügen überein. Das bietet die sehr willkommene Möglichkeit, die Ergebnisse der einen durch die der andern zu kontrollieren. Was wir auf diese Weise von der Gliederung der Rede ermittelt haben (oder ermittelt zu haben glauben), soll nun in Kürze dargestellt werden.

3. Rede, Satz, Wort

Es gibt Reden, die überhaupt keine weitere Gliederung aufweisen. Sie bestehen aus einem einzigen Morphem, werden in ganz eindeutiger Lage geäußert und rufen eine ganz bestimmte Reaktion bei dem Partner hervor. So *Halt! – Herein! – Vorsicht! – Hilfe! – Aus! – Fertig?*, der Chirurg bei der Operation *Schere! – Tupfer! – Nadel!*, der bloße Namensausruf, *famos!* und viele andere täglich gebrauchte Ausdrücke. Sie haben verschiedene Aufgaben, sie fordern auf, sie teilen mit, sie fragen, sie nehmen Stellung, aber immer sagen sie zugleich innerhalb der Situation hinreichend deutlich, wozu aufgefordert, was mitgeteilt, wonach gefragt oder in welchem Sinne Stellung genommen wird. Will der Sprechende etwas anderes sagen, so ändert er die ganze Lautung und ruft damit eine andere Reaktion des Partners hervor.

Wichtig ist nun, daß jede einzelne dieser Lautungen nicht nur in einer bestimmten, sondern in unbestimmt vielen Situationen ihre Dienste tut. Mit *Halt!* bringt man jeden Menschen, ob er geht, reitet oder fährt, zum Anhalten, und es ist dabei auch gleichgültig, aus welchem Grunde man ihn anzuhalten wünscht. Jeder Chirurg kann bei jeder Operation *Tupfer!* verlangen und bekommt natürlich jedesmal andere. Bei jedem Tennisspiel stellen ganz verschiedene Leute (Spieler oder Schiedsrichter oder auch Zuschauer) mit *aus!* fest, wenn ein Ball außerhalb der Linie, ganz gleich wo, den Boden berührt hat. Mit derselben Lautung wird also in verschiedenen Situationen nach Zeit, Raum, beteiligten Personen und Sachen ganz Verschiedenes gemeint, gleich sind dabei nur gewisse mehr oder weniger allgemeine Züge, die in allen ähnlichen Situationen wiederkehren. Der Grad der

Allgemeinheit kann verschieden sein, die Lautung *Tupfer* erfaßt zweifellos mehr und bestimmtere Züge der Situation als *Halt* oder *Fertig,* aber niemals ist die Bestimmtheit so groß, daß sie nur auf eine einzige Situation paßt. Auch Lautungen wie *Karl* oder *Bern,* die immer nur eine bestimmte Person, einen bestimmten Ort meinen, können doch in jeder Rede auftreten, die sich auf eine der unzähligen Situationen bezieht, in denen diese Person oder dieser Ort eine Rolle spielen.

Das ist nun ein absonderliches Ergebnis: die Leistung der Rede und die Leistung der Lautung, aus der sie besteht, sind ganz verschieden. Wir haben Reden, die aus einer einheitlichen Lautung bestehen. Sie beziehen sich auf eine einmalige bestimmte Situation, vielmehr, sie sind unentbehrliche Teile dieser Situation, und abgesehen davon haben sie als Reden überhaupt kein Sein. Die Lautungen aber, aus denen diese Reden bestehen, beziehen sich überhaupt nicht auf die Situationen als solche, sondern auf einen Zug (oder eine Gruppe von Zügen) an ihnen, der anderswo wiederkehrt. Die Rede ist nichts ohne die Lautung, aber sie ist mehr als die Lautung, nämlich eine wirkende Kraft in einer Situation. Die Lautung ist nichts außerhalb der Rede, aber sie ist nicht an eine Rede gebunden, sondern kann dieselbe Aufgabe in vielen Reden erfüllen. Die Rede wird zur Rede erst durch den Ton. Die Lautung dagegen behält ihren Bezeichnungswert auch unter verschiedenen Redetönen. Die Reden *Fertig?* und *Fertig!* sind verschiedener Art, einmal Frage, das anderemal Mitteilung; aber die Lautung *fertig* meint beide Male denselben Zug an der jeweiligen Situation. Wir nennen nun die Lautung, insofern sie sich unabhängig von einer einzelnen Rede auf bestimmte Züge beliebiger Situationen bezieht, Wort. Wir haben hier den Begriff an der Ein-Wort-Rede entwickelt, um von vornherein klarzumachen, daß sich Rede und Wort nicht wie Ganzes und Teil verhalten. Vielmehr sind hier Rede und Wort zwei verschiedene Leistungen derselben Lautung. Beide können nicht voneinander getrennt werden, und beide sind notwendig, damit Sprechen zustande kommt (87).

Diese Erkenntnis muß man festhalten, wenn man ausführlichere Formen der Rede betrachtet. An den meisten Reden lassen sich mehrere Einheiten unterscheiden, von denen viele Wörter in dem eben abgeleiteten Sinne sind. Diese Einheiten kann man nicht immer, aber sehr oft unabhängig voneinander austauschen, wie wir das an dem Beispiel *Bitte, reichen Sie mir das Brot* (oder *das Salz*) früher gesehen haben. In jedem Falle aber sind sie unentbehrlich, damit der Gesamtsinn der Rede zustande kommt. Dieser Sinn, also das Was? der Aufforderung, der Mitteilung, der Frage oder der Stellungnahme, kann aus mehreren einzelnen Zügen des Sachverhalts aufgebaut sein, z. B. *Fünf Kilo Zucker, bitte!, die nächste Straße rechts, nehmen Sie Wein?, ein wundervoller Herbst!* Die Zerlegungen in Einzelzüge sind in der Sache überhaupt nicht begründet. Eine Menge Zucker ist ganz gleichgültig dagegen, in welchem Maß sie, und ob sie überhaupt gemessen wird; *die nächste Straße rechts* kann ebensogut *die übernächste Straße links* sein, wenn der Ort des Gesprächs ein anderer ist, ohne daß sich an der Lage der Straße selbst das mindeste ändert; *nehmen* allein kann man sich nicht einmal vorstellen, es muß stets etwas genommen werden; der Herbst mit bestimmter Wetterlage bleibt derselbe, wie er auch und ob er überhaupt beurteilt wird. Die Zerlegung geschieht nur nach menschlichen Gesichtspunkten und zu menschlichen Zwecken, und diese allein entscheiden auch darüber, ob und wann dabei eine sachlich gegebene Gliederung berücksichtigt wird. Der Sachverhalt ist eine Einheit, die Wörter bezeichnen Züge an ihm und bauen aus ihnen den Sinn der Rede auf, die sich auf ihn bezieht. Diese ursprüngliche Einheit hat nun für die Gliederung der Rede sehr wichtige Folgen. Selbstverständlich muß auch die Rede, die mehrere Wörter enthält, ebenso wie die aus nur einem Wort in einer bestimmten Situation eine bestimmte Aufgabe haben, der Sprechende muß zu bestimmtem Zweck etwas Bestimmtes sagen und der Partner muß ihn verstehen. Daher muß sich die mehrgliedrige Rede zu einer Einheit zusammenschließen, die etwas besagt. Eine bloße Folge von Wörtern, wie sie etwa vorkommt, wenn der Sprechende unterbrochen wird, leistet das noch nicht. *Der nächste Weg von hier zum Bahnhof* bezeichnet einen Sachverhalt sehr genau, aber wenn der Sprechende nicht fortfährt, weiß der Angeredete nicht, was er damit soll. Es kann eine Angabe über den Zeitbedarf für den Weg beabsichtigt sein oder eine Beschreibung des Weges, es könnte aber auch weitergehen *ist schwer zu finden* oder *ist mir selber noch nicht bekannt*. Auf eine unvollständige Äußerung reagiert der Partner entweder gar nicht oder nur mit einer Rückfrage. Ob eine Äußerung vollständig ist oder nicht, hört man unzweideutig am Ton; aber was sie besagt, ist nur aus der Bedeutung der Wörter, die sie enthält, in Verbindung mit der Situation, zu der sie gehört, zu entnehmen (88).

Deshalb ist nun der Sinn einer Rede erst dann zu erfassen, wenn man sie vollständig gehört hat. In unsern Beispielen (S. 111) wüßten die Partner nach den Worten *fünf Kilo...*, *die nächste Straße...*, *nehmen Sie...* nicht einmal, wie sie sich innerlich einzustellen hätten, geschweige denn, daß sie schon vorbereitende Maßnahmen treffen könnten. Dergleichen geschieht auch bei viel umfangreicheren Reden. Jedermann kennt das unangenehme Gefühl der Spannung, wenn man auf den Zug wartet und der Lautsprecher verkündet: *Der Schnellzug nach Karlsruhe, Freiburg, Basel, planmäßige Abfahrt 10.06*, (wenn jetzt bloß nicht kommt *hat voraussichtlich 30 Minuten Verspätung*, aber nein, o Glück, er fährt fort) *fährt gleich auf Gleis 2 ein*. Dabei läßt die Besonderheit der Lage und das langsame Sprechtempo die Offenheit des Redesinns, solange die Äußerung nicht abgeschlossen ist, besonders deutlich ins Bewußtsein treten. Gewöhnlich lassen sich die Redeglieder, bevor die Rede beendet ist, überhaupt nicht sinnvoll verknüpfen. Manchmal aber ist das möglich, und nachher stellt sich heraus, daß es falsch war. Ein ganz alltäglicher Fall ist *Ich schätze diesen Maler – nicht*. Wer da voreilig verknüpft hat, muß völlig umdenken. Oder: *Am andern Morgen um 6 fuhr er* – (wohin wohl? Ach nein:) *aus dem Schlafe*. In einer altgriechischen Erzählung, dem «Wettkampf zwischen Homer und Hesiod» (89), stellt ein Dichter dem andern die Aufgabe, aus völlig widersinnigen Versen, ohne das mindeste daran zu ändern, einen vernünftigen Sinn zu gewinnen, und das gelingt, indem der andere mit passenden Ergänzungen fortfährt. Dieses Gesellschaftsspiel – denn ein solches ist es – beruht eben auf der Eigenschaft der Rede, ihren Sinn erst zu enthüllen, nachdem sie vollständig geäußert ist.

Wodurch wird aber ein solches Vexierspiel überhaupt möglich? Dadurch, daß der Sinn der Rede einheitlich ist und zeitlos, die Rede selbst aber in der Zeit verläuft. Es gibt für eine Äußerung in Lauten keine andere Anordnung als das Nacheinander, also nur eine Erstreckung mit der weiteren Einschränkung, daß sie, genau wie die Zeit selbst, nicht umkehrbar ist. Der Sinn dagegen, mag er sich nun auf Dinge und Geschehnisse in der Zeit beziehen oder nicht, ist selbst zeitlos. Diesen Unterschied der Seinsart zwischen Sinn und Ausdruck überbrückt die Rede – das ist ihre eigentliche Leistung. Während des Verlaufs der Rede ist die Zeit sozusagen aufgehoben, alle Glieder der Rede gelten als gleichzeitig geäußert. Das ist möglich, weil der Mensch früher Gehörtes im Gedächtnis festhalten und mit später Kommendem verknüpfen kann.

Aber diese Voraussetzung bedeutet nun zugleich eine Beschränkung. Die Zeit kann nicht über eine größere Strecke aufgehoben werden, als der Mensch augenblickliche Eindrücke unmittelbar festzuhalten imstande ist. Und es gibt Reden, die längere, manchmal erheblich längere Zeit in Anspruch nehmen; man denke an verwickelte Aufträge, ausführliche Mitteilungen, eingehende Beratungen. Dann muß die Rede in Teile zerlegt werden, die als gleichzeitig aufgefaßt werden können. Diese Stücke der Rede, innerhalb deren die Zeit aufgehoben ist, sind die S ä t z e (90). Wenn der Umfang einer Rede es erlaubt, kann sie ganz als nur ein Satz gestaltet werden. Sonst folgen die Sätze in der Zeit aufeinander. Und das zeigt sich darin, daß niemals ein früherer einen späteren voraussetzen darf, wenn die Rede nicht unverständlich werden soll.

Wie aus der Ableitung hervorgeht, hängt die Aufhebung der Zeit mit der Einheit des erfaßten Sachverhalts unmittelbar zusammen. Eine längere Rede muß das Gebiet, von dem sie handelt, in eine Anzahl überschaubarer Sachverhalte zerlegen. So braucht der Hörer nicht die Fülle der Einzelglieder im Gedächtnis zu behalten, sondern nur wenige geschlossene Einheiten. Diese Einheiten sind auch äußerlich an Stimmführung, Pausen und neuem Einsatz deutlich zu erkennen. Es spiegelt sich also nicht nur die Einheit der Rede, sondern auch ihre wesentliche Gliederung in der Lautung wider. Der Satz ist demnach bestimmt a) der äußeren Form nach durch die Tonbewegung, b) der inneren Form nach durch die Aufhebung der Zeit, und c) der Leistung nach dadurch, daß er etwas besagt.

Das sind theoretische Erkenntnisse, aber sie haben unmittelbar praktische Auswirkungen, auf die hier mit ein paar Worten hingewiesen werden soll. Wer spricht oder schreibt, muß sich darüber klar sein, daß es eine natürliche Grenze für die Länge eines Satzes gibt. Gezogen wird sie durch die Aufnahmefähigkeit des Partners, die natürlich bei jedem Menschen etwas verschieden ist. Man kann das Verständnis durch übersichtliche rhythmische und inhaltliche Gliederung des Satzes unterstützen. Wenn man sich das nicht zutraut, muß man eben kürzere Sätze bauen, muß dann aber aufpassen, daß sie in der richtigen zeitlichen Folge kommen. Daß man nicht zu schnell sprechen darf, lernt man schon in der Grundschule. Manche Redner überanstrengen aber ihre Hörer dadurch, daß sie zu langsam sprechen. Das kommt daher, daß sie die einzelnen Sätze zu langsam äußern, so daß der Hörer gezwungen ist, unverhältnismäßig lange einzelne Stücke im Kopf zu behalten, die noch keinen Sinn ergeben, denn der stellt sich ja erst mit dem Abschluß des Satzes ein. Langsam sprechen heißt, z w i s c h e n den Sätzen genügend lange Pausen machen, damit der Hörer den Sinn des Satzes vollziehen kann und noch Zeit hat, sich auf den folgenden einzustellen.

Wort und Satz sind Redeglieder besonderer Art: man kann sie beide nicht weiter zerlegen. Das bedeutet nicht nur, daß die Teile, die man etwa an ihnen unterscheiden kann, nicht wieder Wörter oder Sätze sind, sondern daß sie überhaupt keine selbständige Existenz haben. Ein beliebiges Bruchstück eines Satzes ist nur eine sinnlose Lautung, aber auch ein wirkliches Satzglied erfüllt seine Aufgabe nur im Verbande des betreffenden Satzes. Die Lautung *keinem Glücklichen* ist ein richtig herausgelöstes Glied des Satzes *Die Uhr schlägt keinem Glücklichen,* aber es kann für sich allein von keinem Menschen geäußert oder verstanden werden. Dasselbe gilt von den abgetrennten Gliedern *die Uhr* und *schlägt.* Selbstverständlich ist es denkbar, daß *keinem Glücklichen* oder *die Uhr* in entsprechenden Situationen vollständige Sätze oder sogar Reden bilden, z. B. *Wem haben die Götter diesen Sieg geschenkt? – Keinem Glücklichen!* oder *Die Uhr!*, wenn jemand im Begriff ist, sie zu verlieren. Aber das sind dann natürlich ganz andere Sätze und nicht die Glieder des Satzes *Die Uhr schlägt keinem Glücklichen.*

Ebenso ist es mit den Wortformen. Die Morpheme, auf die die strukturelle Untersuchung (S. 101) führte, sind ja zu einem großen Teil keine Wörter, sondern Wortglieder, wie die beiden Morpheme von *sag-te.* Innerhalb der Form *sagte* erfüllen sie beide eine wohlumschriebene Aufgabe, sie gehen auch in viele andere Verbindungen ein, aber vereinzelt kommen sie gar nicht vor.

Ja, aber kommen denn Wörter vereinzelt vor? Sind sie nicht nur unselbständige Teile oder auch Glieder des Satzes? Daß eine Rede und also auch ein Satz nur aus einem Wort bestehen kann, haben wir gesehen. Aber darum handelt es sich hier nicht. Hier fragen wir, ob Wörter als Wörter, unabhängig von jeder Rede, existieren können. Die Frage ist für die Gliederung der Rede entscheidend, denn von ihrer Beantwortung hängt es ab, ob die Rede nur eine Erstrekkung hat, oder ob sie durch das Zusammenwirken zweier Klassen von Einheiten, nämlich Satz und Wort, entsteht (91).

Von vornherein ist klar, daß, wenn es ein eigenes Sein des Wortes gibt, dieses anderer Art sein muß als das des Satzes. DE SAUSSURE hat darum den Satz als die Einheit des Gesprächs (parole), das Wort als Einheit des Sprachsystems (langue) bestimmt (92). Nun wissen wir, daß das Gespräch in die Wirklichkeit gehört: es ist das Verhalten bestimmter

Menschen zu bestimmter Zeit an einem bestimmten Orte. Soweit in einem Gespräch Wörter vorkommen, sind sie Stücke der tatsächlichen Lautung, die sich auf bestimmte Züge des vorliegenden Sachverhalts beziehen.

Aber es hat sich gezeigt, daß dies erst ein Teil ihrer Leistung ist. Sie können darüber hinaus dieselben Züge auch in jeder anderen wirklichen Situation, in der sie vorkommen, erfassen. Wie geht das zu? Wir beschreiben zuerst einfach, was wir vorfinden. Die Sachverhalte werden in einzelne Züge zerlegt, aber so, daß diese Züge nicht einmalig, sondern für viele Sachverhalte typisch sind. Diesen Zügen sind bestimmte Lautungen zugeordnet, und diese Zuordnung eben ist das Wort. Vom einzelnen Menschen her sieht das so aus, daß ihm die Zerlegungen, die Züge der Sachverhalte und die zugehörigen Lautungen, also die Wörter, vorgegeben sind. Er kann an ihnen kaum etwas ändern. Er erlebt alle Situationen schon im Hinblick auf die wortmäßige Erfassung. Sowie er irgendwie veranlaßt wird, sich zu einem bestimmten Zuge hinzuwenden, reagiert er mit dem zugehörigen Wort. Vernimmt er umgekehrt das Wort, so reagiert er mit der Hinwendung zu dem bezeichneten Zuge des Sachverhalts.

Aber das Entscheidende ist nun, daß dieser einzelne Mensch gar kein einzelner Mensch ist. Wo die Erscheinung Sprache vorliegt, wo Gespräch möglich ist, befindet sich eine kleinere oder größere Gruppe von Menschen in derselben Lage hinsichtlich Zerlegung der Sachverhalte und Zuordnung von Lautungen. Sie bilden eine S p r a c h g e m e i n s c h a f t und besitzen denselben W o r t s c h a t z. Das Sein der Wörter besteht also darin, daß sie in einer Gemeinschaft gelten, d. h. daß sich die Menschen, die ihr angehören, den Wörtern gegenüber in der beschriebenen Weise verhalten. Dazu müssen diese Menschen freilich durch Gewöhnung eine gewisse Bereitschaft erworben haben, und wer will, mag immerhin die Summe dieser Bereitschaften bei den Mitgliedern der Sprachgemeinschaft die Wirklichkeit eines Wortes nennen. Er muß sich nur darüber klar sein, daß wir von der eigentlichen Beschaffenheit dieser Bereitschaft gar nichts wissen, wir erschließen sie nur aus dem Verhalten der Sprechenden.

Es ist merkwürdig, daß das Wort so häufig mit der Lautung verwechselt wird, die als Teilerscheinung zu ihm gehört. Wenn die Lautung das Wort wäre, brauchte man sich über die Seinsweise der Wörter nicht den Kopf zu zerbrechen. Aber die täglicher Erfahrung zeigt, daß die Menschen nicht auf die Lautung als solche reagieren. Wie könnte sich sonst eine Gemeinschaft mit Hunderten von solchen mehrdeutigen Lautungen wie *zug stock schloß schalter laut mēr* (d. h. *Meer* und *mehr*) *verrechnen aufheben* abfinden! Die Mehrdeutigkeit schadet gar nichts, weil das Wort, das jeweils vorliegt, nicht allein durch die Lautung, sondern durch den Zusammenhang der Rede und der Situation bestimmt wird. Diese zusätzliche Bestimmung bezieht sich auf die inhaltliche Seite des Wortes. So stellt sich die Frage, wie die Zusammenhänge beschaffen sind, aus denen sich der Wortinhalt ergibt.

4. Die Gliederung des Wortschatzes

Denken wir noch einmal an die Reihe unserer Wörter für Farben (S. 105 f.). Wie ist die Gruppe gebaut? Ein Sachgebiet, hier *Farbe,* ist vollständig und lückenlos in Teilgebiete aufgegliedert, die aneinander grenzen, sich aber nirgends überschneiden. Die Mischfarben wie *Gelbgrün* bestätigen das, denn wir könnten von *Gelbgrün* gar nicht sprechen, wenn *Gelb* und *Grün* für uns nicht feste, stets sich selbst gleiche Sachverhalte wären. Wir sagen, daß die Farbwörter feldmäßig gegliedert sind, und sprechen demgemäß von einem Wortfeld oder Bedeutungsfeld (93), in diesem Falle von dem Farbfeld. Ein ähnliches Feld bilden die Grade der Wärmeempfindung *kalt, kühl, lau, warm, heiß.* Niemand kann sagen, bei wieviel Grad Celsius die Grenze zwischen *lau* und *warm* liegt. Das ist nach den Menschen und nach den Umständen verschieden. Aber die Stufenfolge gilt für alle Angehörigen der deutschen Sprachgemeinschaft, und man kann sich mit ihr über die Sache, nämlich die Temperatur des Wassers, verständigen.

Die Wörter, die die Gebiete der Empfindung gliedern, sind Adjektive, weil Sinnesempfindungen sprachlich als «Eigenschaften» an Dingen erfaßt werden. Aber auch die Bezeichnungen der Dinge selbst und überhaupt der gegenständlich aufgefaßten Sachverhalte sind nach Feldern gegliedert. Die *Himmelskörper* sind *Sonne, Mond* und *Sterne* – ohne Rücksicht auf die astronomische Einteilung in Fixsterne, Planeten und Satelliten; die *Jahreszeiten Frühling, Sommer, Herbst* und *Winter,* obwohl die Witterung in unsern Breiten mindestens die Grenzen stark verwischt, manchmal sogar die Jahreszeiten selbst zu vertauschen scheint. Ein besonders lehrreicher Fall ist das Feld der Verwandtschaftsbezeichnungen, weil sich in ihm die verschiedenen sozialen Organisationsformen der Familie sprachlich abbilden und die verhältnismäßige Freiheit gegen die naturgegebenen genealogischen Zusammenhänge deutlich hervortritt (94). Wir verwenden mit Vorliebe solche Felder als Beispiele, bei denen die sprachliche Gliederung von der naturwissenschaftlich-sachlichen abweicht, um eben den sprachlichen Charakter dieser Felder ins Licht zu stellen. Man darf aber nicht meinen, daß solche Abweichungen unbedingt notwendig wären. Namentlich wenn die Sachen ebenso wie ihre Bezeichnungen von Menschen geschaffen sind, also bei allen Geräten, entspricht die Gliederung der sprachlichen Felder genau der technischen Gliederung der Geräte, etwa bei den Teilen eines Wagens oder den Werkzeugen in einer Werkstatt. Wenn wir dagegen das Wortfeld *Landschaft* betrachten, so entsprechen die einzelnen Glieder gewiß den Zügen der Wirklichkeit, es gibt *Berge, Täler, Hänge, Mulden, Schluchten, Sättel, Kämme, Gipfel* und vieles andere; aber daß sie aus der Landschaft herausgehoben und gerade so und nicht anders herausgehoben werden, das ist Menschenwerk, das die Natur in menschliche Umwelt verwandelt. Wenn man versucht, den Inhalt eines dieser Wörter zu bestimmen, merkt man, daß man dazu alle andern braucht, ein sicheres Zeichen für die Zusammengehörigkeit des Feldes (95).

Auch Wörter für Tätigkeiten bestimmen einander im Rahmen eines Feldes, etwa bei der Zubereitung von Speisen *kochen, sieden, dämpfen, braten, rösten, backen,* oder die Fortbewegungsarten der Tiere *laufen, hüpfen, kriechen, klettern, schwimmen, fliegen.*

Sehr anschauliche Felder bilden schließlich die Umstandswörter der Zeit wie *heute, gestern, morgen* oder *jetzt, vorhin, früher, später,* und die Präpositionen *in, auf, an, neben, hinter, vor, über, unter, nach, von, um,* die das Feld der räumlichen Verhältnisse vollständig und eindeutig aufteilen.

Schwieriger und zur Zeit noch umstritten liegen die Dinge auf dem Gebiet des Unanschaulichen, eben weil da die Kontrolle der Anschauung hinsichtlich Vollständigkeit und Lückenlosigkeit – die Kennzeichen des Feldes – fehlt. Aber es kann kein Zweifel sein, daß *Übertretung, Vergehen, Verbrechen* nach der Absicht des Gesetzgebers das Feld des juristisch Strafwürdigen vollständig gliedern sollen (96). Wie bedeutsam nicht nur für die Sprachwissenschaft Untersuchungen auf diesem Gebiete werden können, zeigt die Frage – die hier nur aufgeworfen, nicht beantwortet werden kann –, ob die sittlichen Wertbegriffe wie *gut, edel, anständig, korrekt, schlecht, böse, niederträchtig, gemein* ein Wortfeld bilden und wie dieses gebaut ist. Für eine ältere Stufe des Deutschen hat Jost Trier das Feld *Verstand* eingehend auf seine Gliederung untersucht (97).

Schon die wenigen hier andeutungsweise erwähnten Wortfelder zeigen, daß die Schärfe der Konturen nachläßt, je ausgedehnter das Feld wird. Felder wie *rechts, links* oder *essen, trinken* leuchten auf den ersten Blick ein und bedürfen keiner Ausarbeitung, aber die Namen der Geräte oder der Hantierungen z. B. in einer Küche müssen eingehend erläutert werden, ehe die Feldgliederung klar wird. Darum hat man von Anfang an gefragt, ob denn der ganze Wortschatz einer Sprache ausnahmslos in ein System solcher Felder gegliedert sei, wie es ja allerdings notwendig wäre, wenn die Inhalte sich gegenseitig eindeutig und vollständig bestimmen sollen. Wenn man darüber nachdenkt, fällt einem auf, daß alle diese Wortfelder in einem Punkte übereinstimmen: sie bestehen alle aus Gliedern derselben Wortart. Nun ist der Begriff der Wortart, wie wir sehen werden, heftig umstritten; aber es ist Tatsache, daß alle Versuche, Wortfelder auszuarbeiten, nur Substantive oder nur Adjektive oder nur Verben oder nur Adverbien oder nur Präpositionen nebeneinanderstellen. Das Verfahren hat unzweifelhaft zu Erfolgen geführt und muß daher bis zu einem gewissen Grade berechtigt sein. Aber da es niemals von der Sache her begründet worden ist, weiß man nicht, wo die Grenzen für seine Anwendung liegen. Kennzeichnend ist jedenfalls, daß die Glieder in jedem Felde folgerichtig nebeneinander geordnet werden. Man könnte sie daher parataktische Felder nennen.

Aber ist das die einzige Ordnung, in der Sprachinhalte in der Wirklichkeit begegnen? Offenbar nicht, denn die Rede ist doch ein Geflecht von Wörtern ganz verschiedener Art, die eben in ihrem Zusammenwirken gegenseitig ihren Inhalt bestimmen. Wie einfach und für jedermann verständlich tritt in den beiden Sätzen *Erst die Spanier haben das Pferd in Amerika eingeführt* und *Das Pferd würde ich verkaufen* ein Bedeutungsunterschied zutage, den der Logiker nur umständlich und bloß für Eingeweihte darlegen kann! Dabei haben wir hier zwei aus dem Zusammenhang gerissene Sätze vor uns, die keine Hilfe für das Verständnis aus der Situation erhalten, sondern diese selbst erst aufbauen müssen. Die Klarstellung wird durch die Verbindung der Wörter erreicht: *das Pferd,* das erst die Spanier *in Amerika eingeführt haben,* kann nicht *verkauft werden,* und *das Pferd,* das *verkauft werden* soll, können nicht die Spanier *nach Amerika eingeführt haben.* Ein Verbum wie *verkaufen* kann eben nur Objekte bestimmter Art haben, zu denen der Begriff einer Tierart nicht gehört. Es deuten sich hier inhaltliche Beziehungen von Wörtern zueinander an, die von den parataktischen Wortfeldern nicht erfaßt werden (97a).

Auf diese Art von Beziehungen werden wir aufmerksam, wenn wir fragen: Womit *beißt* man? Natürlich mit den *Zähnen.* Womit *leckt* man? Selbstverständlich mit der *Zunge.* Wer *bellt?* Der *Hund.* Was *fällt* man? *Bäume.* Was ist *blond?* Menschliches *Haar.* Die hier an ein paar Beispielen aufgezeigte Tatsache ist so alltäglich, daß man geneigt ist, sie zu übersehen und vor allem ihre Wichtigkeit zu unterschätzen. Sie besagt also, daß man mit nichts *beißen* kann als mit den *Zähnen,* mit nichts *lecken* als mit der *Zunge,* daß nur der *Hund bellt,* daß man nichts *fällen* kann als *Bäume,* und daß nur das menschliche *Haar blond* sein kann. Die Behauptung, diese Beziehungen seien so ausschließlich wie eben angegeben, muß allerdings etwas erläutert werden. Man wird nämlich einwenden, daß auch eine *Säure beißt,* daß es *beißenden Schmerz* und *beißenden Spott* gibt, daß *Flammen* am Gebälk *lecken,* daß gelegentlich *Feldkanonen bellen,* daß man einen *Speer* und in alten Erzählungen einen *Helden fällen* kann. Vergleicht man die beiden Reihen von Beispielen, so empfindet man sofort einen Unterschied: die erste Reihe ist nüchtern und sachlich, die zweite ausdrucksvoll und malerisch. Bei der ersten kann man nicht anders sagen, bei der zweiten hat man das Gefühl, es müsse doch noch einen anderen, schlichteren Ausdruck für den Sachverhalt geben. Die *Säure* und der *Schmerz beißen* gar nicht wirklich, der Betroffene hat nur die Empfindung, als würde er gebissen. Die *Flammen* können wohl am Gebälk *lecken,* sie haben ja auch *Zungen;* aber nun bemerken wir, daß wir es mit einem Bilde zu tun haben. Die *bellende Feldkanone* stammt aus schwungvoller Kriegsliteratur, in einem dienstlichen Gefechtsbericht würde sie Anstoß erregen. Und den *Speer fällen,* einen *Helden fällen* sind Ausdrücke aus einer vergangenen Zeit, die nur noch in Geschichten aus dieser Zeit fortleben und der lebendigen Sprache gar nicht angehören. Damals hieß *fällen* noch wirklich, wie seine Bildungsweise verrät, «fallen machen» ganz im allgemeinen. Aber heute gibt es das Wort nur in Verbindung mit Bäumen und außerdem in der Fachsprache der Chemie. In allen diesen Wendungen ist also beabsichtigt, nicht einfach zu sagen, was ist, sondern es so zu sagen, daß es Eindruck macht, daß es eine bestimmte Wirkung hervorbringt. Man nennt Wirkungen dieser Art, die durch eine bestimmte Wortwahl oder Satzfügung erzielt werden, stilistische Wirkungen. Die Lehre von den Mitteln zu solchen Wirkungen ist die Stilistik.

Zwei dieser Mittel haben wir in unseren Beispielen vor uns: erstens die Verwendung von veralteten Wörtern oder von Wörtern in veralteter Bedeutung *(fällen)*, und zweitens die Verwendung von Wörtern in anderen Verbindungen als die, zu denen sie «eigentlich» gehören. Man hat die Tatsache, daß Wörter außer in den nächstliegenden sachlichen Verbindungen in anderen gebraucht werden können, wo sie dann eine kräftige, unter Umständen dichterische Wirkung haben, schon im Altertum beobachtet und den «uneigentlichen» Gebrauch eines Wortes «Übertragung» genannt. Das griechische Fremdwort dafür ist Metapher. Im ersten Kapitel (S. 39 ff.) haben wir gesehen, welche Rolle die Metapher bei der Neuentstehung von Benennungen spielt.

Es gibt also für jedes Wort eine eigentliche Verwendung, wo es seine sachliche Bedeutung hat. Die Metapher widerlegt diese Behauptung nicht, sondern unterstreicht sie. Ihr stilistischer Wert beruht gerade darauf, daß die Sprechenden fühlen, hier tritt ein Wort aus fremder Umgebung an die Stelle des Ausdrucks, den man eigentlich erwartet oder der vielleicht bisher in der Sprache fehlte. Das Wort bringt gleichsam die Luft seiner eigentlichen Umgebung mit, und der Gegensatz zwischen diesem Luftzug von außen und der Atmosphäre, in die es hineinkommt, ist die stilistische Wirkung. Eine Metapher ist also die Verwendung eines Wortes außerhalb seines eigentlichen Bereichs mit dem Bewußtsein, daß und woher das Wort übertragen worden ist. Daraus ergibt sich, daß eine Übertragung aufhört eine Übertragung zu sein, wenn dieses Bewußtsein verloren geht. Der Vorgang ist sehr häufig. Geglückte Übertragungen werden von den Sprechenden gern nachgeahmt und immer wieder angewendet. Da geht es mit ihrer wie mit jeder seelischen Wirkung: sie stumpft sich ab, das Bewußtsein der Übertragung schwindet, das übertragene Wort ist zum eigentlichen Ausdruck geworden, die Metapher ist verblaßt. Wer ahnt, daß *bauen* in seiner Verbindung mit *Haus* – heute zweifellos die eigentliche Verwendung – in uralten Zeiten eine Übertragung war? Das Wort bedeutet nämlich ursprünglich «wachsen lassen», und daher konnte man zuerst nur Feldfrüchte *bauen*. Das war gleichbedeutend mit «siedeln», und dazu eben brauchte man das Haus. Für die Gliederung des Wortschatzes in einem gegebenen Zeitpunkt kommt selbstverständlich nur in Betracht, was jetzt und hier gilt, nicht was früher einmal war. Verblaßte Metaphern sind keine mehr (98).

So erweist sich die Tatsache der Übertragung, die zuerst eine Schwierigkeit zu sein schien, im Gegenteil als eine Bestätigung der Erkenntnis, daß jedes Wort in einen ganz bestimmten Bereich gehört. Die Feststellung dieser Bereiche liefert nun ebenfalls eine Gliederung des Wortschatzes. Diese Felder sind so gebaut, daß in einem Tätigkeitswort oder Eigenschaftswort gewisse Seiten des Vorgangs mitgesetzt sind, die eigentlich überflüssigerweise mitunter oder regelmäßig durch ein besonderes Wort ausgedrückt werden. In *beißen* ist *Zahn* als Organ des Beißens schon mitgesetzt, ebenso in *lecken* die *Zunge*. Als Subjekt der Handlung steckt *Hund* in *bellen* schon drin, und als Objekt die *Bäume* in *fällen*. Auch das Eigenschaftswort *blond* setzt die *Haare* mit, auf die es sich bezieht, denn man kann ebensogut sagen *sie war blond* wie *sie hatte blondes Haar*. Nicht immer ist die Beziehung so eindeutig wie in diesen Fällen. In *reiten* ist das Reittier, aber jede Art von Reittier, *Pferd, Esel, Kamel,* mitgesetzt, in *fahren* jede Art von Fahrzeug, *Wagen, Schlitten, Schiff*. Das ist deshalb möglich, weil sich, wie wir gesehen haben, das Wort und so auch die Wortgruppe auf ein Allgemeines beziehen; ihre besondere Erfüllung finden sie erst im Satze. Im Satze ist es dann eindeutig, welches Reittier, welches Fahrzeug im besonderen Falle in *reiten* und *fahren* mitgesetzt sein sollen. Andrerseits können mehrere Seiten des Sachverhalts in einem Worte mitgesetzt sein. Schon bei *fahren* und *reiten* ist das ja der Fall, denn nicht nur *Wagen,* sondern auch *Zugtier* und *Lenker,* nicht nur *Pferd,* sondern auch *Reiter* sind in den Tätigkeitswörtern zusammengefaßt. Aber das geht viel weiter. Wenn es heißt *Morgen backen wir,* so steckt in *backen* nicht nur der *Bäcker* oder die *Bäckerin,* sondern auch der *Teig,* die *Mulde,* der *Ofen* und das *Brot* oder der *Kuchen*. Das heißt: die Namen für alle notwendigen Bestimmungen eines Vorgangs sind entweder eindeutig oder in überschaubarem Maße mehrdeutig in der Benennung des Vorgangs selbst enthalten. Ähnliches findet sich im Verhältnis von Eigenschaftswörtern zu Hauptwörtern. *Schnee* ist *weiß* oder *schmutzig, Laub grün* oder *welk,* im letzten Falle *gelb* oder *braun* oder *rot.* Der mit dem Hauptwort benannte Gegenstand hat unter Umständen sehr mannigfache, aber doch bestimmt begrenzte Eigenschaften an Farbe, Gestalt, Größe usw. Die Wörter für diese Eigenschaften bilden mit dem Hauptwort zusammen auch ein Bedeutungsfeld. Und schließlich kann jeder Vorgang, abgesehen von seinen sachlichen Voraussetzungen, durch eine Reihe von Bestimmungen nach der Art seines Ablaufs beschrieben werden. Sprachlich drückt sich das so aus, daß Tätigkeitswörter durch Umstandswörter bestimmt werden. Auch diese kann man keineswegs willkürlich verwenden. Man kann *sanft streicheln* oder *zärtlich flüstern,* aber weder *sanft essen* noch *zärtlich gehen* – es sei denn in einer Übertragung. Wendungen wie *rauh streicheln* kommen gewiß vor, aber sie haben unverkennbar eine stilistische Wirkung, ein Beweis, daß in *streicheln* eigentlich *sanft* mitgesetzt ist.

Diese Art von inhaltlicher Beziehung zwischen Wörtern ist nun für den Bau der Rede besonders wichtig, weil sie die sinnvolle Verknüpfung der Wörter im Satz ermöglicht. Die völlig eindeutigen Zuordnungen wie die von *Zahn* und *beißen* sind nur äußerste Fälle, an denen uns die Beziehung bewußt wird. Aber in der Tat haben alle Wörter gewissermaßen ein Kraftfeld um sich, in das Wörter nur ganz bestimmter Art eindringen können. Jedes Verbum kann nur einen ganz bestimmten Kreis von Subjekten und, wenn es transitiv ist, von Objekten haben, auch die sonstigen Bestimmungen, mit denen es im Satze zusammentritt, werden durch seinen Inhalt bestimmt. Umgekehrt kann man von jeder Person oder jeder Sache nicht alles mögliche, sondern nur gewisse Dinge aussagen, nur gewisse Handlungen kann man mit oder an ihnen vornehmen. Zu jedem Gegenstand gibt es eine Gruppe von Eigenschaftswörtern, die zu ihm passen, und jedes Eigenschaftswort paßt nur zu bestimmten Gegenständen. Der Kreis dieser Möglichkeiten kann kleiner oder größer sein, von der eindeutigen Zuordnung zur scheinbar unbegrenzten Allgemeinheit, aber grundsätzlich kann man ihn immer angeben, und die großen einsprachigen Wörterbücher tun das auch, weil eben nur so der Inhalt eines Wortes genau bestimmt werden kann. So stellt der Bereich der Wörter, die mit einem gegebenen Wort sinnvoll verknüpft werden können, auch ein Wortfeld dar. Zum Unterschied von den vorhin geschilderten parataktischen kann man Felder dieser Art syntaktische nennen.

Für den unbefangenen Sprecher ist dieses Verhältnis zwischen den Wörtern ganz selbstverständlich, er käme nie auf den Gedanken, daß man in einem Satz die Wörter sinnwidrig zusammenstellen könnte. Tatsächlich werden sie auch gar nicht zusammengestellt, sondern sie gliedern sich aus dem Gesamtsinn der Rede aus. Die einzelnen Züge des Sachverhalts, die durch Wörter vertreten sind, müssen ja zusammenpassen, weil der Sachverhalt, in welcher Seinsweise auch immer, tatsächlich besteht.

Auf diese Weise also erklärt sich die S. 117 erwähnte merkwürdige Erscheinung, daß verschiedene Wörter oder stark abweichende Verwendungen desselben Wortes (die Grenzen sind da fließend) nur ganz ausnahmsweise verwechselt werden, auch wenn sie in der Lautung übereinstimmen. Besonders deutlich wird diese Leistung des Zusammenhangs, wenn mehrere Wörter dieser Art in einem Satz auftreten und sich nun gegenseitig eindeutig bestimmen. Als Beispiel braucht man keine raffinierten Sätze zu ersinnen – so etwas kommt jeden Augenblick in der Alltagsrede vor. Der Satz *Wann geht der Zug?* enthält zwei mehrdeutige Lautungen. Die Lautung *Zug* begegnet auch in Zusammenhängen wie *Die Spitze des Zuges hatte gerade den Marktplatz erreicht. Wir sitzen hier recht im Zuge* und *Der 3. Zug bleibt in Reserve* – also mit sehr verschiedenem Inhalt. Dasselbe gilt für die Lautung *geht* in den Äußerungen *Wie lange geht man zum Bahnhof?* (Man könnte auch fahren); *Geht er nach Tübingen?* (Es ist keine Rede davon, daß der Kollege den Weg nach Tübingen zu Fuß zurücklegen könnte); *Geht die Uhr richtig?* Sowohl für die Lautung *Zug* wie für die Lautung *geht* ließen sich leicht noch weitere abweichende Inhalte nachweisen. Trotz dieser Vieldeutigkeit, und obwohl die Wörter *Zug* und *geht* den gesamten sachlichen Gehalt des Satzes ausmachen, ist die Äußerung *Wann geht der Zug?* völlig eindeutig, und das so entschieden, daß er nicht einmal der Hilfe einer Situation bedarf, sondern uns für sich allein eine bestimmte Situation vor Augen stellt.

Wortinhalte werden also in doppelter Weise feldmäßig festgelegt: durch die syntaktischen und durch die parataktischen Wortfelder. An Stelle der Sätze, mit deren Hilfe wir vorhin einige Verwendungen des Wortes *geht* klar machten, hätten wir auch die entsprechenden parataktischen Felder zu demselben Zwecke verwenden können, indem wir *geht* erst zu *kommt,* dann zu *fährt* und schließlich zu *bleibt* ordneten. Dabei stellt sich nun heraus, wie sich die beiden Arten von Wortfeldern zueinander verhalten: ein parataktisches Feld bilden die Wörter, die an einer bestimmten Stelle eines syntaktischen Feldes austauschbar sind.

Diese Bindungen der Wörter aneinander, die jedes in einen kleineren oder größeren Kreis von möglichen Partnern stellen, kommen nicht erst in der Rede zustande, sondern die Rede muß sich nach ihnen richten. Wenn einmal in einer Situation ein Wort gewählt ist oder sich aufgedrängt hat, dann ist der Sprechende in der Gestaltung der Rede nicht mehr völlig frei, sondern auf gewisse Möglichkeiten in der Wahl der andern Wörter beschränkt. Oder vielmehr, es bieten sich ihm nur feldzugehörige Wörter dar, es fallen ihm gar keine anderen ein. Wo existieren diese Wortfelder? Sicherlich gelten sie in der Gemeinschaft und liegen irgendwie «im» Menschen bereit, denn an seinem sprechenden Verhalten werden sie offenbar. Aber die genaue Weise dieser Existenz zu bestimmen ist eine schwierige Aufgabe der Psychologie und der Soziologie.

Jedenfalls haben sich Wörter als selbständige Glieder der Rede von anderer Seinsart als die Sätze erwiesen. Sie sind Lautungen, die einen Inhalt tragen, der durch das Zueinander der Wörter im Feld bestimmt wird. Lautung und Inhalt gehören unlöslich zusammen. Ein Inhalt, der nicht Inhalt einer Lautung wäre, ist ebensowenig ein Wort wie eine Lautung ohne Bedeutung. Aber da erhebt sich für eine Menge von Sprachen, gerade auch für alle uns geläufigen einschließlich des Deutschen, eine große Schwierigkeit. Ein Wort ist bestimmt als Lautung mit einer gewissen Wirkungsweise, eine Veränderung der Lautung ändert auch die Wirkung. Wie steht es da mit folgenden Fällen: *Gehst du schon? Ich gehe jetzt. Wir gehen schon um zehn. Er ging, ohne sich zu verabschieden. Wann bist du gegangen?* Es ist wohl nicht nötig, die Reihe der möglichen Formen vollständig aufzuzählen. Es sind, wie uns die überlieferte Grammatik sagt, die Formen des Verbums *gehen*. Sie unterscheiden sich mehr oder weniger stark in ihrer Lautgestalt. Darf man dann sagen, diese zehn Lautgestalten seien Formen eines Wortes, oder liegen mindestens zehn (aber sicher mehr) verschiedene Wörter vor? (99)

Die strukturalistische Methode vermeidet die Schwierigkeit, indem sie als Einheiten nicht Wörter, sondern Morpheme ansetzt, also *geh-e, geh-st, geh-t, geh-en* je in zwei Bestandteile zerlegt, von denen einer fest bleibt, während der andere wechselt. Daß *geh* ein Morphem anderer Art ist als *e, st, t, en* läßt sich durch die verschiedenartige Verteilung in der Rede ohne weiteres feststellen; worauf aber die Verschiedenheit beruht, ist mit rein strukturalistischen Mitteln nicht auszumachen. Wenn man *geh* als Träger des Inhalts ansieht, kommt man bei *ging* und *ge-gang-en* auf *g-ng* als Inhaltsträger, ein Gebilde, das doch ganz offensichtlich nur abstrakt für die Betrachtung, aber nicht in der Wirklichkeit existiert.

Wie sieht es denn im Gespräch aus? *Gehst du schon? – Ja, ich muß gehen. Geht ihr auch? – Ist denn sonst schon wer gegangen?* Offensichtlich spricht man hier in allen Sätzen von genau demselben Zug eines Sachverhalts; wäre es nicht derselbe, so verlöre das Gespräch seinen Sinn. Das aber war ja gerade die Leistung des Wortes, sichselbstgleiche Züge an verschiedenen Sachverhalten festzuhalten und zu bezeichnen. Also haben wir hier ein Wort vor uns, das in verschiedenen Gestalten erscheint. In einem Teil der Fälle (*geh-st, geh-t, geh-en*) könnte man auch sagen «mit verschiedenen Begleit-Morphemen», aber das paßt nicht auf *ge-gang-en* und würde noch weniger auf *nehme, nimmst, genommen* passen. Es gibt eben Sprachen, in denen Wörter solche wechselnden Lautungen haben. Das Auftreten der einzelnen Wechselformen richtet sich zwangsläufig nach dem Bau des Satzes: in Verbindung mit *du* muß es *gehst,* mit *ist* muß es *gegangen* heißen, ohne daß der gemeinte Zug des Sachverhalts dadurch anders würde. Wir müssen also die Bestimmung des Wortes etwas erweitern. Nicht immer nur eine, sondern unter Umständen eine ganze Gruppe von Lautungen sind Träger eines Inhalts, vorausgesetzt – und das ist entscheidend! – daß sie in einem ganz bestimmten Austauschverhältnis stehen, so daß man angeben kann, unter welchen Bedingungen die eine oder die andere erscheinen muß. Es bestehen auch keine Bedenken, als Formen «desselben» Wortes auch Wechselformen anzusprechen, die geschichtlich betrachtet wirklich von verschiedenen Wörtern stammen, wie das bei *gehst, geht* einerseits, *ging, gegangen* andrerseits ja tatsächlich der Fall ist. Man spricht dann von einem Ergänzungs- oder Suppletiv-Verhältnis zwischen zwei Wörtern. Also sind auch *bin, ist, sind, war, gewesen, sein* Formen desselben Wortes, obwohl es die Schulgrammatik lehrt und die geschichtliche Grammatik bestreitet. Sprachbeschreibung und Sprachgeschichte sind eben zweierlei. *Ich* und *wir* sind zwei verschiedene Wörter, denn sie meinen verschiedene Sachverhalte, aber *ich, mir, mich* sind Formen desselben Wortes.

Das lautliche Verhältnis der Wechselformen eines Wortes je nach dem Auftreten in der Rede besteht in der Regel darin, daß ein Teil der Lautung (der keine Silbe zu sein und auch nicht zusammenzuhängen braucht) übereinstimmt, der Rest dagegen verschieden ist. Man nennt diese Erscheinung Beugung oder Flexion.

Damit verwandt, aber doch deutlich davon unterschieden, ist das Verfahren, aus einem Wort ein anderes abzuleiten, indem man seine Lautung teilweise ändert. Dabei ändert sich auch der Inhalt, so daß man mit Recht von einem andern Wort spricht. Freilich ist diese Änderung keine vollständige, sondern der sachliche Zusammenhang bleibt zunächst gewahrt, und so gibt es keine scharfe Grenze zwischen Ableitung und Flexion. In manchen Fällen kann man zweifeln, ob man Formen desselben Wortes oder verschiedene Wörter vor sich hat.

So bilden wir etwa zu *fahren* ein Substantivum *Fahrer* mit einer Ableitungssilbe *-er*, mit deren Hilfe wir grundsätzlich von jedem Verbum einen solchen «Täternamen» (lateinisch nomen agentis) ableiten können. Der *Fahrer* ist am Vorgang des *Fahrens* an wichtiger Stelle beteiligt, aber er ist doch als besonderer Gegenstand so deutlich aus dem Gesamtverband herausgehoben, daß die Lautung *Fahrer* einen eigenen Inhalt gewinnt und also im vollen Sinne Wort ist. Andrerseits nennen wir die Tatsache, daß jemand fährt oder gefahren ist, eine *Fahrt*. *Er macht täglich drei Fahrten* sagt dasselbe wie *er fährt täglich dreimal*; *die Fahrt dauert drei Stunden* ist gleich *wenn man fährt, braucht man drei Stunden*. Die Lautung *Fahrt* meint genau denselben Sachverhalt wie *fahren*, nur anderen Satzverbindungen angepaßt. Sie verhält sich also wie *fahrend* oder *gefahren*, und wir werden sie entgegen dem Herkommen unter die Flexionsformen des Verbums *fahren* rechnen. Sie leistet ja auch oft dasselbe wie der Infinitiv des Verbums, den wir doch so wenig von den Flexionsformen trennen, daß wir ihn als «Nennform» sogar an ihre Spitze stellen. Solche Formen wie *Fahrt* und *fahren* nennt man Verbalabstrakta oder Nomina actionis (100). Sie nennen den Vorgang nicht als einen geschehenden, wie das Verbum, sondern als Gegenstand, wie es manchmal für die Rede zweckmäßig ist. Auch ein Abstraktum gibt es grundsätzlich zu jedem Verbum, und man muß es ebenso wie die andern Flexionsformen kennen, wenn man die Sprache korrekt gebrauchen will. Das ist um so notwendiger, als die Abstrakta im Gegensatz zu den Täternamen sehr verschiedenartig gebildet werden: neben *fahren – Fahrt* haben wir *gehen – Gang, reisen – Reise, fliegen – Flug, halten – Halt, steigen – Stieg*.

Nicht nur von Verben kann man solche Substantive ableiten, sondern auch von Adjektiven, wie *Höhe* von *hoch*, *Kälte* von *kalt*, *Schönheit* von *schön*, *Reichtum* von *reich*. Das sind dann Eigenschaftsabstrakta oder Nomina qualitatis.

Folgerichtig müssen wir auch sie als Flexionsformen des Adjektivs ansehen, ebenso wie die Steigerungsformen *schöner*, der *schönste* und die zugehörigen Umstandswörter.

Weiter gibt es Verben, die von Substantiven oder Adjektiven abgeleitet sind, so *hämmern* von *Hammer*, *wässern* von *Wasser*, *mauern* von *Mauer*, *schälen* von *Schale*, *zürnen* von *Zorn*, *säubern* von *sauber*, *reinigen* von *rein*, *kühlen* von *kühl* und *füllen* von *voll*. Man nennt sie denominative Verben. Aber auch Adjektive kann man von Substantiven ableiten: *väterlich* von *Vater*, *kindlich* und *kindisch* von *Kind*, *staatlich* von *Staat*, *städtisch* von *Stadt*, *zornig* von *Zorn*, *mächtig* von *Macht*, *tugendhaft* von *Tugend*, *fruchtbar* von *Frucht*, und schließlich auch von Verben: *fahrbar* von *fahren*, *eßbar* von *essen*, *wirksam* von *wirken*, *folgsam* von *folgen*.

Die Möglichkeiten der Ableitung sind damit keineswegs erschöpft, aber die Beispiele geben schon ein Bild, welche Rolle die Erscheinung im Aufbau des Wortschatzes spielt. Da ist ein Stück eines Sachverhaltes mit einem Worte benannt, als Vorgang (*fahren*) oder als Gerät (*Hammer*) oder als Eigenschaft (*sauber*) oder sonstwie. Und andre Stücke, die zu demselben Sachverhalt gehören oder gehören können, haben nicht eigene, selbständige Namen, sondern bekommen ihre Bezeichnungen von dem schon benannten aus. Unbedingt nötig ist das Verfahren nicht. Der Mann, der ein Pferdefuhrwerk lenkt, heißt *Kutscher* und nicht *Fahrer*, mit dem Hammer braucht man nicht zu *hämmern*, man kann damit auch *schlagen* oder *klopfen*, und *sauber* werden Sachen auch, wenn man sie *putzt* oder *wäscht* oder *abwischt* anstatt sie zu *säubern*. Die Beziehungen zwischen einzelnen Zügen desselben Sachverhalts durch die Lautung noch besonders anzudeuten ist also keine Notwendigkeit, sondern ein Schmuck oder ein Spiel oder eine Bequemlichkeit, auf die viele Sprachen Wert legen, während andere sie verschmähen.

Noch deutlicher wird der Sinn des Verfahrens, wenn wir ein anderes danebenstellen, das mit nahezu denselben Mitteln, nämlich Teilgleichheit der Lautung, dasselbe erreicht: von einem Mittelpunkt aus den ganzen Sachverhalt aufschließt. Dieses Verfahren ist die Wortzusammensetzung (Komposition). Sie ist im Deutschen als Mittel der Wortbildung noch geläufiger als die Ableitung. Die äußeren Formen der Zusammensetzung sind ebenso mannigfaltig wie die der Ableitung, und dasselbe gilt für den Inhalt des zusammengesetzten Wortes im Verhältnis zum Inhalt seiner Glieder.

Eine erste große Gruppe bilden die Zusammensetzungen von Verben mit Umstandswörtern oder Vorsilben, durch die der benannte Vorgang schärfer bestimmt wird. So haben wir zu *fahren abfahren, anfahren, ausfahren, vorfahren, wegfahren, zurückfahren* u. a. Weiter kann ein Verbum als erstes Glied mit einem Substantivum oder Adjektivum als zweitem zusammentreten, also z. B. *Fahrzeug, Fahrstraße, Fahrerlaubnis, Fahrkarte, Fahrgeld; fahrbereit, fahrkundig.* Und schließlich gibt es Zusammensetzungen von Substantiven oder Adjektiven mit Substantiven oder Adjektiven wie *Dienstfahrt, Berufsfahrer, Fahrtenbuch, Fahrtunterbrechung* usw. Wie man sieht, können die Glieder ihrerseits Ableitungen sein. Außerdem werden auch von Zusammensetzungen Ableitungen gebildet, z. B. *Vorfahrt, Abfahrt,* die nun wieder in Zusammensetzungen eingehen können: *Vorfahrtsrecht, Abfahrtszeit.* Bedenkt man nun, daß auch die Zusammensetzungen wieder Glieder von Zusammensetzungen werden können *(Rückfahrkarte, Fahrgelderstattung, Fahrzeugschuppen)*, so erkennt man, welch reiche Mittel der Wortbildung der Bau der deutschen Sprache zur Verfügung stellt, aber auch, wie gefährlich dieser Reichtum in der Hand von Ungeschickten werden kann.

Ableitung und Zusammensetzung lassen sich in ihrer Auswirkung auf den Wortschatz nicht voneinander trennen. Das gemeinsame Ergebnis beider Vorgänge ist, daß es mehr oder weniger umfangreiche Gruppen von Wörtern gibt, die sowohl lautlich als auch inhaltlich teilweise übereinstimmen. Man nennt sie Ableitungsgruppen (101), indem man die Zusammensetzung als eine besondere Art der Ableitung ansieht. Die Frage ist nun, was diese Gruppen für die Gliederung des Wortschatzes bedeuten.

Hier stoßen wir auf sehr lehrreiche Erscheinungen. Es stellt sich nämlich heraus, daß der Wortschatz einer Sprache keine völlig feste Größe ist, sondern ständig Zuwachs erfährt (s. 6. Kap.). Ein erheblicher Teil dieses Zuwachses entfällt auf die Neubildungen durch Ableitung und Zusammensetzung. Nun sind das ja Veränderungen der Sprache, und man könnte sagen, in einer Beschreibung der Gliederung der Rede hätten sie nichts zu suchen. Aber hier ist eine der Stellen, wo die sauberen theoretischen Grenzen von der lebendigen Wirklichkeit überspült werden. Erstens nämlich ist zwar die Bildung der vorhandenen Wörter ein Ereignis der Vergangenheit, vielleicht einer sehr nahen Vergangenheit; aber die Möglichkeit, jeden Augenblick auf bestimmte Weise neue Wörter zu bilden, ist eine gegenwärtige Fähigkeit der Rede, die ihre Gliederung mit bestimmt. Und zweitens wirken Ableitung und Zusammensetzung nicht nur im Augenblick, da sie geschehen, sondern ihre Folgen dauern eine gewisse Zeit an. Die Wörter einer Ableitungsgruppe erinnern aneinander, sie sagen etwas über die Gliederung des Sachverhalts, sie sind mit einem Wort den Sprechenden durchsichtig. Und diese Durchsichtigkeit beeinflußt das Verhalten der Sprechenden, schließlich also der Sprachgemeinschaft, ihnen gegenüber. Welche Folgen das für die Geschichte einer Sprache hat, gehört in ein anderes (das 6.) Kapitel. Für die gegenwärtige Betrachtung ist wichtig, daß die Ableitungsgruppen wirkliche Gliederungen im Wortschatz einer Sprache sind.

Freilich ist dazu gleich eine wichtige Einschränkung zu machen. Jedes Wort entsteht im Zusammenhang der Rede und ist dauernd ihren Einflüssen unterworfen. Dazu gehören in erster Linie die inhaltlichen Beziehungen. Durch sie können die Mitglieder einer Ableitungsgruppe sehr verschiedene Wege geführt werden, so daß sie trotz weitgehender Lautgleichheit einander vollständig fremd werden. Wer denkt bei *Schrank* an *Schranke,* obwohl es sich von der Bildung her gesehen fast um dasselbe Wort handelt, das den Sachverhalt des «Absperrens» meinte. Aber die *Schranke* dient nur dem Absperren und hat gar keine andere Bedeutung, während der *Schrank* in erster Linie ein Behältnis zum Aufbewahren ist. Daß man ihn außerdem noch «absperren» kann, spielt daneben keine Rolle, offenbar weil die Form der beiden Geräte *Schrank* und *Schranke* und die sachlichen Zusammenhänge, in denen sie auftreten, so ganz verschieden sind. Und beim *beschränken* und *einschränken* denkt trotz der anschaulichen Bildung wieder kein Mensch an die *Schranke*. Als die Bahn die Übergänge, die nicht mit *Schranken* ausgerüstet sind, bezeichnen wollte, mußte sie das neue Wort *unbeschrankt* bilden, weil *unbeschränkt* zu den tollsten Mißverständnissen Anlaß gegeben hätte, denn niemand hört in *unbeschränkt* mehr die *Schranke*. So etwas geht mitunter sehr schnell. Der *Winker* am Auto ist wenig mehr als eine Generation alt. Er hieß mit Recht so, weil er den *winkenden* Arm ersetzte. Manchmal *winkt* er heute auch wieder, aber im allgemeinen ist das Ding unbeweglich und zeigt nur die Richtung an. Das hat auf seinen Namen als *Winker* nicht den geringsten Einfluß, bald wird der Ableitungszusammenhang mit *winken* völlig vergessen sein. Allerdings hat mißleiteter Eifer der Ämter den *Fahrtrichtungsanzeiger* geschaffen, aber es ist nicht zu befürchten, daß dieses Ungeheuer je den Sieg über *Winker* davonträgt (101 a).

So sind die Ableitungsgruppen ziemlich flüchtige Gebilde, und wo sie länger zusammenhalten, verdanken sie das nicht ihrer Ableitungsverwandtschaft, sondern dem sachlichen Zusammenhang. *Schließen* und *Schlüssel,* wo die Ableitung vergessen ist, hängen nicht weniger fest zusammen als die lebendige Gruppe *bohren* und *Bohrer,* aber auch nicht fester als das Feld *schneiden* und *Messer*. In der Sprachgeschichte zeigt sich oft die Neigung, ein Wortfeld zur Ableitungsgruppe auszugestalten, aber nicht selten werden auch Ableitungsgruppen gesprengt, indem man einzelne Glieder durch unverwandte Wörter ersetzt. So ist die noch im Englischen erhaltene altgermanische Ableitungsgruppe *to die* und *dead, death* im Hochdeutschen dadurch aufgelöst worden, daß das zugehörige Verbum nun *sterben* heißt, während das Adjektivum *tot* und das Abstraktum *Tod* geblieben sind.

Die Bedeutung der Ableitungsgruppen für Bau und Leistung einer Sprache hat neuerdings mehrfach die Aufmerksamkeit der Forscher beschäftigt. L. Weisgerber (102) hat darauf hingewiesen, daß nicht nur die zusammengesetzten, sondern auch die abgeleiteten Wörter je in zwei Familien gehören, z. B. *grünlich* nicht nur zur Sippe *grün,* sondern auch zur Familie derer auf *-lich,* abgeleitet von Farbadjektiven. Er nennt die so entstehenden Gruppen nach einem Vorschlag H. L. Stoltenbergs Wortstände. Diese haben nun nicht nur geschichtliche Bedeutung für die Entstehung des Wortschatzes, sondern sie erfüllen sehr wichtige Leistungen in der lebendigen Gegenwart der Sprache. Sie erlauben es erstens, die Auffassungsweise eines Sachverhalts (als Gegenstand, Vorgang oder Eigenschaft) zu wechseln, z. B. *reiten Reiter Ritt rittlings*, und zweitens, das Feld der Bedeutungen feiner auszugestalten, z. B. *verständig verständlich verstandesmäßig.* Weisgerber nennt diese Leistungen Fächerung. Umfassende Untersuchungen der Ableitungsgruppen unter diesem fruchtbaren Gesichtspunkt stehen noch aus (102a).

Eine andre Seite derselben Erscheinung hat der russische Forscher W. W. Winogradow (103) ins Auge gefaßt. Er fragt nach den (vom gegenwärtigen Standpunkt aus) einfachen und unabgeleiteten Wörtern, von denen die Entfaltung einer Ableitungsgruppe unmittelbar oder mittelbar ausgeht. Die Gesamtheit dieser Wörter nennt er den Grundwortschatz (russ. *osnovnój slovárnyj fond*) einer Sprache. Der Grundwortschatz ist eine der Tatsachen, die die Eigenart einer Sprache bestimmen. Vollständig durchgeführte Untersuchungen an Sprachen möglichst verschiedenen Baus versprechen daher lehrreiche Ergebnisse.

Bei der Feststellung der Ableitungsgruppen als Gliederungen im Wortschatz einer Sprache muß man darauf achten, daß man das, was gegenwärtig gilt, sauber getrennt hält von dem, was früher einmal gegolten hat. Daß ein Wort von einem anderen abgeleitet ist, ist allerdings eine geschichtliche Tatsache, deren Auswirkungen andauern, solange das Wort überhaupt im Gebrauch bleibt. Aber die Beziehung, die dadurch zwischen zwei Wörtern gestiftet worden ist, erweist sich als viel weniger dauerhaft. Veränderung der Lautgestalt oder Veränderung der Verwendungsweise, meist beides zugleich, bewirken es, daß sich die Wörter voneinander trennen. Für das heutige Deutsch spielt es gar keine Rolle, daß *List* einmal das Abstraktum zu *lehren* war oder daß *häßlich* von *Haß* kommt. Für die Geschichte der Wörter sind solche Feststellungen allerdings wichtig, und es gibt einen besonderen Zweig der geschichtlichen Wortkunde, der sich mit ihnen beschäftigt. Das ist die Etymologie. Aber die Etymologie allein stiftet noch keine wirkliche Beziehung zwischen Wörtern. Diese besteht nur dann, wenn jederzeit im Gespräch frei zwischen den Gliedern der Ableitungsgruppe gewechselt werden kann.

Unter den beiden Gliederungen des Wortschatzes, dem Wortfeld und der Ableitungsgruppe, besteht ein ganz eindeutiges Rangverhältnis. Bei jeder Sprachbeschreibung ebenso wie in der gesamten Sprachgeschichte lehrt die Erfahrung: «Das Gliederungsgesetz des Feldes überdeckt alle Bindungen der Herkunft» (104). Daraus geht hervor, daß der Inhalt für das Wort wesentlicher ist als die Lautung.

5. Die Gliederung des Satzes (105)

Wir haben festgestellt, daß die Leistung der Sprache auf dem Zusammenwirken des Wortschatzes mit der Form des Satzes in der Rede beruht. Die Wörter sind für das Gespräch gegeben und stehen den Sprechenden zur Verfügung. Sie sind in der Sprachgemeinschaft für längere Dauer gültig und inhaltlich bestimmt durch ihre Stelle im Gliederungsgefüge des Wortschatzes. Ebenso vorgegeben für das Gespräch sind die Formen des Satzes, unter denen die Wörter in die Rede eingehen. Auch sie gelten in der Sprachgemeinschaft.

Damit stellt sich die Frage nach der Gliederung des Satzes.

Nicht alle Sätze sind gegliedert in dem Sinne, daß man an ihnen, an ihrer Lautung und ihrem Inhalt, deutlich abgrenzbare Teile mit besonderer Leistung für das Ganze unterscheiden könnte. Wir haben schon (S. 109f.) Reden kennengelernt, die keine innere Gliederung aufwiesen. Bei ihnen reichte eine einheitliche Lautung aus, das Verhalten des Partners zu steuern. Diese Lautung war, wie es die besondere Wirkungsweise des Sprechens verlangt, zugleich ein Wort (S. 110), und natürlich auch ein Satz, denn sie besagt etwas (S. 111 f.) und ist erst in ihrer Ganzheit sinnvoll (S. 112). Wenn man für den «Satz» Mehrgliedrigkeit verlangt – das ist an sich eine Sache der Übereinkunft –, so muß man für diese Gebilde einen besonderen Namen prägen, und dann weiter für sie und die (mehrgliedrigen) Sätze einen gemeinsamen Oberbegriff bilden, weil sie ja innerhalb der Rede dasselbe leisten. Einfacher ist es aber, von «eingliedrigen» und «mehrgliedrigen» Sätzen zu sprechen.

Dabei muß man nun beachten, daß die Eigenschaft «mehrgliedrig» hier dem Satz zukommt und nicht einem beliebigen Ausdruck. Es gibt Ausdrücke, die an sich mehrgliedrig sind und doch nur eingliedrige Sätze darstellen. Auf die Frage *Na, wie war's?* könnte etwa die Antwort lauten: *Schauderhaftes Wetter, aber großartige Stimmung!* Das sind zwei eingliedrige Sätze, obwohl beide Ausdrücke zwei Glieder haben, ein Substantivum und ein Adjektivum, das es bestimmt. Als Sätze zweigliedrig würden die Ausdrücke erst, wenn sie hießen: *Wetter schauderhaft, aber Stimmung großartig!* Der Unterschied ist sachlich geringfügig, aber für die Gliederung der Rede bedeutsam. Derselbe Sachverhalt wird nämlich in beiden Formen in verschiedener Weise erfaßt. In der ersten Fassung wird das Vorliegen eines gekennzeichneten Tatbestandes festgestellt, in der zweiten einer Lage ein Kennzeichen zugesprochen. Das erstemal wird der Sachverhalt, das *schauderhafte Wetter,* die *großartige Stimmung* als fertig vorausgesetzt und nur gesagt, daß er wirklich sei; das zweitemal baut er sich mit dem Satze selbst auf, das *Wetter* und die *Stimmung* bekommen erst im Satz ihre Kennzeichen. Man nennt die erste Ausdrucksweise attributive Fügung, die zweite prädikative. Von einem mehrgliedrigen Satz sprechen wir nur, wenn er prädikativ gefügt ist, weil nur dann die Fügung mit der Setzung zusammenfällt. Der mehrgliedrige Satz ist also zunächst zweigliedrig, seine Form beruht auf der Zuordnung zweier Glieder, die den Satz, die Setzung selbst, zustande bringt. Die beiden Glieder erfüllen für den Sinn des Ganzen verschiedene Aufgaben und tragen daher verschiedene Namen: Subjekt und Prädikat.

Diese beiden Begriffe haben eine lange und mit vielen Problemen belastete Geschichte. Sie sind nämlich von Aristoteles geprägt worden (ihre heutigen Namen sind die lateinischen Übersetzungen seiner griechischen Ausdrücke [106]), als er das Verhältnis der sprachlichen Aussage zum Sein der Dinge untersuchte. Deshalb wurden sie schließlich Fachausdrücke sowohl der Grammatik als auch der Logik. Das ging solange gut, wie die beiden Wissenschaften in enger Fühlung miteinander betrieben wurden, d. h. bis weit ins 19. Jahrhundert hinein. Als aber zuerst die Sprachwissenschaft und bald auch Logik und Ontologie (die Lehre vom Sein) eigene Wege einschlugen, wurde der gemeinsame Besitz von so grundlegenden Begriffen lästig. Aber man stritt sich nun nicht etwa darum, wer sie mit Recht als sein ausschließliches Eigentum in Anspruch nehmen dürfe, sondern man betrachtete sie im Gegenteil auf beiden Seiten als fremdes Gut, das für den eigenen Sachbereich gar nicht passe. So kann man heute erleben, daß der Logiker Subjekt und Prädikat für grammatische Kuckuckseier in der Logik, der Grammatiker aber dieselben Begriffe für logische Kuckuckseier in der Grammatik erklärt.

Geschichtlich gesehen haben in diesem Streit unzweifelhaft die Logiker recht. Die Begriffe Subjekt und Prädikat sind von den Griechen bei der Untersuchung des Satzbaus ihrer Sprache entwickelt worden. Sie gelten also zunächst auch nur für das Griechische und weiter für die Sprachen, deren Bau in bestimmter Hinsicht mit dem des Griechischen übereinstimmt. Wenn man das Vorhandensein der prädikativen Fügungsweise im Gegensatz zur attributiven in einer Sprache nachweisen will, muß man Merkmale der äußeren Form aufzeigen, die der prädikativen Fügung allein und ausschließlich zukommen. Ein solches Merkmal ist nun das Verbum oder Tätigkeitswort in seinen personenbestimmten Formen, das sogenannte finite Verbum. Diese Formen können nichts andres sein als Prädikat und enthalten gleichzeitig einen Hinweis auf ein Subjekt, allerdings nur seiner allgemeinen Art nach, ob es nämlich erste, zweite oder dritte «Person» (Sprechender, Angeredeter oder Besprochenes) ist. Ob und wie dieses Subjekt in demselben Satze noch näher bezeichnet wird, ist gleichgültig. So kann es geschehen, daß die finite Verbalform für sich allein das Gerüst des Satzes (Subjekt und Prädikat) bildet, wenn das Subjekt aus dem Zusammenhang ergänzt werden kann, wie immer im Fall der ersten und zweiten Person, oder unbestimmt bleiben soll oder muß wie in lat. *pluit* «es regnet», ital. *picchia* «es klopft». Die modernen Sprachen, die überhaupt nicht gern eine einzelne Wortform mit allzuviel Aufgaben belasten, ziehen es vor, auch das unbestimmteste Subjekt mit einem Pronomen anzudeuten: wir sagen *ich weiß es* gegen ital. *lo so*, span. *lo sé,* ja sogar *es regnet* und wären arg in Verlegenheit, wenn wir angeben sollten, was denn das *es* sei, das da regnet. Die alte Kraft der finiten Verbalform zeigt sich nur noch in veralteten Wendungen wie *mich hungert, in der Nacht träumte ihm.* Das Französische ist in dieser Entwicklung schon einen Schritt weiter. Es hat zunächst zu allen finiten Verbalformen, deren Subjekt im selben Satze nicht ausdrücklich genannt wird, ein notwendiges Subjektspronomen gefügt. Dann aber haben sich die selbständigen Pronomina ganz anders entwickelt als diese verbundenen, und heute kommen *je tu il ils* überhaupt nur noch in Verbindung mit den entsprechenden Verbalformen vor, während die Pronomina selbst *moi* «ich», *toi* «du», *lui* «er», *eux* «sie» (Mz.) lauten. Die ehemaligen verbundenen Pronomina sind also jetzt notwendige Bestandteile der Verbalform geworden, wenn auch ihre Stellung vor und hinter dem Verbum wechseln kann und oft unbetonte Pronomina oder Partikeln dazwischen treten. Aber im Grunde ist damit die ursprüngliche Leistung der finiten Verbalform wieder erreicht.

Überall also, wo wir finite Verbalformen finden, sind wir sicher, prädikative Satzgliederung vor uns zu haben. Und das ist weit über den Kreis der uns geläufigen Sprachen hinaus der Fall. Ganz in unserer Nähe freilich drohen sie stellenweise zu verschwinden: das Englische hat nur in der dritten Person der Einzahl der Gegenwart eine letzte finite Form erhalten (*he comes* «er kommt», aber *I, you, we, they come*»), und in den gesprochenen Sprachen Skandinaviens wird die Person an der Verbalform nicht mehr bezeichnet.

Auf der andern Seite gibt es nun in vielen Sprachen Formen, die nur als Subjekt vorkommen können. Im Deutschen sind das die Fürwörter *ich du er wir ihr,* die ein altes Erbe darstellen, das auch verwandte Sprachen in größerem oder geringerem Umfange bewahrt haben. Sätze, in denen diese vorkommen, sind in ihrem Bau vollkommen klar und erhellen auch die andern, ebenso gebauten, aber weniger eindeutigen Sätze der betreffenden Sprache. Dazu kommt nun die Übereinstimmung, die zwischen Subjekt und Prädikat hinsichtlich der Person, oft auch hinsichtlich Einzahl und Mehrzahl besteht. Die Zusammengehörigkeit der beiden Satzglieder ist also schon äußerlich zu erkennen. Wenn wir demnach den Satzbau von Sprachen, die über finite Verbalformen verfügen, beschreiben wollen, dann dürfen wir nicht nur, sondern wir müssen als Gerüst des Satzes diese beiden aufeinander bezogenen Satzglieder herausstellen und nach ihrer Leistung unterscheiden. Warum sollen wir sie dann nicht mit den überlieferten Namen Subjekt und Prädikat benennen?

Nun stellt sich natürlich die Frage, ob sich eine entsprechende Gliederung auch in den Sätzen nachweisen läßt, die kein Verbum finitum enthalten. Solche sind freilich in den modernen westeuropäischen Sprachen selten und auf bestimmte Gelegenheiten beschränkt. Vorhin, als wir den Unterschied zwischen attributiver und prädikativer Fügung zeigen wollten, mußten wir für das Deutsche eine ziemlich besondre Wendung aussuchen (*Wetter schauderhaft*). Dagegen gehören z. B. im Russischen solche Sätze (man nennt sie Nominalsätze im Unterschied von den Verbalsätzen) zu den ganz geläufigen Satztypen, z. B. *ja golodin*, «ich hungrig». In noch größerem Umfang stehen Nominalsätze in den semitischen Sprachen gleichberechtigt neben den Verbalsätzen. In den alten Sprachen, Griechisch und Lateinisch, herrscht durchaus der Verbalsatz; aber in Sprichwörtern oder überhaupt allgemein gültigen Aussagen, dazu vielfach in der Umgangssprache, werden Nominalsätze verwendet. Wichtig ist nun, daß in allen diesen Sprachen ein Haupt- oder Eigenschaftswort in prädikativer Fügung von einem in attributiver deutlich zu unterscheiden ist. In lebenden Sprachen genügt dafür schon der Satzton. Vielfach tritt dazu verschiedene Stellung der Wörter, so wenn im Griechischen *ho kalós Alkibiádēs* «der schöne Alkibiades» unterschieden wird von *Alkibiádēs kalós* «Alkibiades ist schön». Das Beispiel zeigt gleichzeitig, daß auch der Gebrauch des Artikels der Unterscheidung dienstbar gemacht werden kann. In den slawischen Sprachen und auch im Deutschen hat das attributive Adjektivum eine andere Form als das prädikative, vgl. *schauderhaftes Wetter* und *Wetter schauderhaft*. Diese und andre Kennzeichen erlauben es nun in manchen Fällen, prädikative Fügung auch in Sätzen von Sprachen nachzuweisen, die überhaupt kein Verbum finitum und also auch keine Verbalsätze haben. So wird im Chinesischen der Unterschied zwischen *hwang ho* «der gelbe Fluß» und *ho hwang* «der Fluß ist gelb» streng durchgeführt. Aus alledem geht hervor, daß man prädikative Gliederung nicht ohne weiteres für alle Sprachen voraussetzen kann, sondern sie für jede einzelne nachweisen muß. Dabei ist festzuhalten, daß die Formen «attributiv» und «prädikativ» wie alle sprachlichen Formen ihre Bedeutung nur durch den Gegensatz erhalten. Wo dieser fehlt, wenn es also etwa in einer Sprache überhaupt keine «Setzung durch Gliederung», sondern nur «Setzung von Gegliedertem» gibt, da kann auch von prädikativer Fügung und von Subjekt und Prädikat nicht die Rede sein (107).

Schon im Griechischen und Lateinischen, erst recht in den romanischen und germanischen Sprachen hat man die Nominalsätze mehr und mehr an den Typus des Verbalsatzes angeglichen, indem man die finiten Formen des Verbums *sein* (*bin bist ist seid sind*) in Verbindung mit einem Substantivum oder Adjektivum als Prädikat verwendete. Das hatte den Vorteil, daß man nun den Unterschied der Personen, der Zeiten und der Aussageweisen (Modi, d. h. Indikativ und Konjunktiv) am Prädikat bezeichnen konnte. In solcher Verwendung nennt man diese Formen des Verbums *sein* «Kopula», was man mit «Satzband» übersetzt hat.

Die Beziehung von Subjekt und Prädikat ist ein rein formales Verhältnis zweier Satzglieder, das sich in bestimmter Weise von anderen solchen Verhältnissen unterscheidet. Es begründet den mehrgliedrigen Satz und ist daher die formale Grundlage für seinen weiteren Ausbau, das heißt weitere Glieder treten als nähere Bestimmungen entweder des Subjekts oder des Prädikats in den Satz ein. Die meisten solchen Verbindungen können ebensogut mit dem Subjekt wie mit dem Prädikat eingegangen werden, und sie sehen auch im eingliedrigen Satz nicht anders aus. Es läuft immer darauf hinaus, daß ein Glied durch ein anderes näher bestimmt wird. Man kann die beiden daran unterscheiden, daß man das bestimmte Glied, den Kern der Gruppe, nicht weglassen kann, ohne die Form des Satzes zu zerstören, während das bestimmende Glied formal entbehrlich und nur für den Inhalt notwendig oder erwünscht ist. In einem Satz wie *Gleich links vom Eingang kommt man in ein ziemlich großes Zimmer mit drei Fenstern nach dem Garten* erweist sich durch diese Probe *links* als Kern der Gruppe vor dem Verb, während sich das ganze Satzstück nach dem Subjekt *man* als ein einziges umfangreiches Glied mit dem Kern *Zimmer* herausstellt. *Links kommt man in ein Zimmer* wäre in der Tat ein formal untadeliger Satz. Auf dieselbe Weise erkennt man, daß von den ganz gleichgebauten Ausdrücken *mit drei Fenstern* und *nach dem Garten* der erste den Kern einer Gruppe bildet, die *Zimmer* näher bestimmt. *In ein Zimmer* selbst ist Bestimmung des Prädikats *kommt*. Man erhält also gewissermaßen vier Rangstufen der Abhängigkeit: 1. *kommt*, 2. *links* und *in ein Zimmer*, 3. *vom Eingang*, *großes* und *mit Fenstern*, 4. *gleich*, *ziemlich*, *drei* und *nach dem Garten*. Wollte jemand *nach dem Garten* unmittelbar als Bestimmung zu *kommt* nehmen (*man kommt nach dem Garten*), so würde er den Satz ganz falsch verstehen, weil er die Reihenfolge der Abhängigkeit nicht beachtet hätte.

Diese «Rang»folge ist aber rein formal, mit der Wichtigkeit der Satzglieder für den Sinn der Rede hat sie gar nichts zu tun. Gerade das eben zerlegte Beispiel kann es zeigen. Das Gerüst aus Subjekt und Prädikat, also die oberste formale Stufe, die schließlich alle weiteren Bestimmungen trägt, *kommt man,* ist sachlich ganz unwichtig. Es dient nur dazu, die räumlichen Bestimmungen, um die es dem Sprechenden zu tun ist, anzuhängen. Eine Bestimmung letzter formaler Rangstufe kann die Pointe des ganzen Satzes enthalten, d. h. den Punkt des Sachverhalts, dessentwegen der Satz geäußert wird. Das ist eine wichtige Beobachtung. Sie zeigt nämlich, daß die sprachliche Gestaltung eines Sachverhalts durch Mittel der Satzgliederung zunächst nach sachlichen Gesichtspunkten erfolgt. Der Sachverhalt wird als ein so und so gebauter aufgefaßt. Erst auf dieser Grundlage wird dann nach der inhaltlichen Bedeutsamkeit, etwa durch Betonung oder Wortstellung unterschieden. Und das ist verständlich. Jeder Zug eines Sachverhalts hat doch seine Bedeutung für den Zusammenhang der Rede nur an seiner tatsächlichen Stelle, also eine Eigenschaft eben als Eigenschaft an einem Ding, eine Ortsangabe als Angabe eines räumlichen Verhältnisses usw. Müßte die Satzgliederung jeder Verlegung der Aufmerksamkeit unmittelbar folgen, so würde sich die verhältnismäßige Festigkeit der gegenständlichen Welt in schillernde Impressionen auflösen – ein Kunstmittel, das in der Dichtung ja tatsächlich angewendet wird.

Der Sprechende ist in der Gestaltung des Satzes in bestimmten Grenzen frei, aber im Gespräch wird er dabei nur selten von bewußter Absicht geleitet. Auch der Angeredete versteht den Satz, wenn er die Sprache beherrscht, nicht nur im allgemeinen, sondern auch in den Einzelheiten seines Baus, ohne daß ihm diese ausdrücklich zum Bewußtsein kommen. Vollkommen deutlich werden sie erst dem wissenschaftlichen Betrachter, aber die Vergleichung der vorkommenden Satzbaupläne und bei lebenden Sprachen auch der Versuch zeigen, daß es sich um eine wirkliche und nicht nur hineingedeutete Gliederung handelt. Als Mittel der Gliederung werden in allen Sprachen benutzt 1. der Satzton,

d. h. Melodie und Rhythmus, Verteilung des Nachdrucks und der Pausen im Satz, 2. die Wortstellung, d.h. die Anordnung der Wörter und Wortgruppen, und 3. Partikeln, d. h. kleine Wörtchen, die zur Hervorhebung oder zur Verbindung einzelner Teile oder auch zur Kennzeichnung des ganzen Satzes dienen.

Von diesen Gliederungsmitteln ist der Satzton das wichtigste, allerdings ist er auch am schwierigsten zu erfassen und darzustellen. Schriftlicher Aufzeichnung entzieht er sich fast ganz, unsere «Satzzeichen» Punkt, Frage- und Ausrufzeichen können nur die allergröbsten Unterschiede andeuten, während Komma, Semikolon, Kolon und Gedankenstrich nur der logischen und kaum der rhythmischen Gliederung dienen. Aber man muß daran denken, wie schon die eine Silbe *sō* je nach dem Ton Gewißheit, Frage, Zweifel, Hohn, Entrüstung und manches andere ausdrücken kann. Im Satz kommt die unterschiedliche Hervorhebung der einzelnen Wörter und die Verteilung der Pausen, vor allem aber die Melodieführung des ganzen Satzes hinzu. Den Verstand sprechen diese Mittel freilich nicht an, wohl aber das Verständnis.

Die Anordnung der Wörter im Satz ist in keiner Sprache der Willkür oder dem Zufall überlassen. Der Bereich der möglichen Stellungen kann kleiner oder größer sein – man unterscheidet danach feste oder freie Wortstellung –, aber es sind immer bestimmte Möglichkeiten, die jede ihre besondere Bedeutung für die Rede haben. Darüber vollzieht sich in jedem Sprechakt eine Entscheidung, wenn auch niemand sagen kann, wie sie zustande kommt. Daß sich prädikative und attributive Fügung durch die Anordnung der Glieder unterscheiden können, haben wir schon gesehen. Weiter wird meistens durch die Stellung angedeutet, welches von zwei Gliedern das bestimmende und welches das bestimmte ist. Manche Sprachen stellen das bestimmende Glied unter allen Umständen vor das bestimmte, andere ebenso regelmäßig dahinter, während viele beide Stellungen verwenden, unter Umständen für verschiedene Arten der Bestimmung. Man sollte meinen, daß die Zusammengehörigkeit zweier Glieder dadurch ausgedrückt würde, daß man sie unmittelbar nebeneinander stellt. Das ist auch in der Tat sehr häufig der Fall. Es gibt aber Sprachen, die gerade sehr eng verbundene Glieder durch andere trennen (sog. Spreiz- oder Klammer-Stellung). Dazu gehört auch das Deutsche, wie man an so geläufigen Fügungen sieht wie *Nun hör doch endlich mit dem Geklimper auf!* oder *Willst du nicht lieber erst morgen fahren?*, wo die am nächsten zusammengehörenden Glieder *hör auf* und *willst fahren* so weit wie möglich getrennt sind. Dadurch wird allerdings die Einheit des Satzes sehr stark betont, aber dieses Ergebnis war keineswegs der Beweggrund für die Entwicklung der Wortstellung, die sich ja ohne bewußte Absicht des Sprechenden vollzogen hat. In der Umgangssprache mit ihren im allgemeinen kurzen Sätzen und der ständigen Kontrolle durch den Rhythmus des Sprechens ist ein solcher Satzbau ungefährlich und bietet große Vorteile. In der Hochsprache dagegen, die an sich das Verhältnis der Gedanken genauer und darum stärker gegliedert ausdrückt, kann Ungeschick oder Unachtsamkeit mit Hilfe des Klammerstils wahre Ungeheuer von Sätzen erzeugen, besonders wenn die Klammer durch Einschaltung von Nebensätzen gewaltsam ausgedehnt wird (107a).

Aber die Anordnung der Glieder dient nicht nur dazu, den inneren Bau des Satzes anzugeben. Oft läßt dieser mehrere Möglichkeiten zu, zwischen denen nach anderen Gesichtspunkten entschieden wird. Wer erzählt, daß er gestern im Museum gewesen ist, kann anfangen *Ich war gestern...* oder *Gestern war ich...* Andere Stellungen wie *ich gestern war* oder *gestern ich war* sind nicht möglich, weil der deutsche Satzbau im Aussagesatz das finite Verbum unbedingt an zweiter Stelle verlangt. Aber was gibt den Ausschlag zwischen den beiden möglichen Stellungen? Nicht der Satzbau, denn das Subjektpronomen, das verbale Prädikat und die adverbiale Zeitbestimmung spielen in beiden Fassungen genau dieselbe Rolle. Sondern die Situation – zu der auch meine Ausdrucksabsicht gehört – entscheidet, ob ich etwas von mir oder etwas über gestern erzählen will. Je nachdem kommt das Subjekt oder die Zeitangabe an den Anfang, die Ausdrucksstelle des Satzes. Ebenso wie hier in die Gesprächssituation kann die Anordnung der Satzglieder den Satz auch in den Zusammenhang der Rede einfügen, wenn diese aus mehreren Sätzen besteht. So erfüllt die Ordnung der Glieder zwei Aufgaben, eine innerhalb des Satzes, eine andere im Ganzen der Rede oder der Situation.

Eine ähnliche doppelte Leistung vollbringen die kleinen Wörtchen, die den Satz gliedern und mit andern Sätzen verbinden. Man nennt sie darum Formwörter oder ganz neutral Partikeln («Teilchen»). Da gibt es solche, die das Verhältnis zwischen zwei Gliedern angeben, als einfaches Nebeneinander wie *und,* als Gegensatz wie *aber,* als gegenseitige Ausschließung wie *oder,* aber auch als Paarung verschiedener Art wie *sowohl – als auch, weder – noch, entweder – oder.* Man sieht, wie hier die Arten der Nebenordnung feiner unterschieden werden können, als es die bloße Anreihung vermöchte. Andere Formwörter bezeichnen die Unterordnung, die Bestimmung eines Gliedes durch ein anderes, in verschiedener Schattierung. Dabei läßt sich im Deutschen die Eigenart der Partikeln deutlich aufweisen. Viele von ihnen sind nämlich ursprünglich Präpositionen, d. h. Wörter, die bestimmte räumliche oder zeitliche Beziehungen zwischen Dingen angeben. Zu Partikeln sind sie dadurch geworden, daß man sie auf ganz unanschauliche Verhältnisse übertragen hat. Man vergleiche *ein Schritt vom Wege* mit *der König von England, die Ursache von dem Unglück,* oder *über den Zaun steigen* mit *über das Wetter reden.* Der Unterschied zwischen der Angabe eines realen Verhältnisses von Dingen und eines grammatischen Verhältnisses von Wörtern ist deutlich. Ebenso wie Satzglieder können Partikeln nun auch Sätze verbinden, nebenordnend wie *und, denn, nun* oder unterordnend wie *als, weil, wenn, daß.* Schließlich finden wir Partikeln, die nicht verknüpfen, sondern einen Satz nach seiner Art kennzeichnen. In Sätzen wie *Du hast wohl geschlafen? Soll ich das etwa glauben? Nimm doch den Hammer! Das ist doch nicht möglich! Wo kommt er denn her? Das ist ja merkwürdig* haben die Wörtchen *wohl, etwa, doch, denn, ja* die Aufgabe, der Frage, dem Ausruf, der Aufforderung oder der Aussage eine bestimmte Färbung zu verleihen, bei der Frage etwa die erwartete Antwort anzudeuten, die Aufforderung oder den Ausruf zu verstärken, Frage oder Aussage als im Gange des Gesprächs begründet erscheinen zu lassen. Die meisten dieser Wörtchen oder, vorsichtiger gesagt, die gleichen Lautgestalten kommen auch in anderer Verwendung, allerdings mit abweichender Betonung, vor. Öfters finden wir auch umfangreichere Wörter wie *allerdings, vielleicht* in der Rolle solcher Partikeln. Überraschend mag es erscheinen, daß auch die Verneinung *nicht* in diese Gruppe gehört. Aber sie kennzeichnet wirklich nur den ganzen Satz, indem sie – in einer Aussage – die Gültigkeit dieser Aussage ablehnt. Und in einer Frage reiht sie sich der Schar der Partikeln ein, die die Antwort vorweg andeuten: *Willst du nicht lieber erst morgen fahren?* Diese völlige Abhängigkeit der Leistung vom Sinn des ganzen Satzes ist geradezu ein Merkmal der Partikeln dieser Art. Alles, was wir hier vom Wesen und Gebrauch der deutschen Partikeln angedeutet haben, findet sich in größerem oder geringerem Umfang in allen Sprachen. Satzton, Wortstellung und Partikeln gehören in der Tat zu den ganz allgemein verbreiteten Mitteln sprachlicher Gestaltung.

Dagegen ist ein anderes Verfahren, Satz- und Redegliederung zu bezeichnen, auf Sprachen bestimmten Baus beschränkt, nämlich auf solche, deren Wortformen veränderlich sind. In diesen erscheinen die Wörter in bestimmten Formen, je nach der Rolle, die sie im Satz spielen. Außerdem können Wörter, die im Satz inhaltlich aufeinander bezogen sind, auch lautlich in Übereinstimmung gebracht werden, sei es, daß ihre Lautgestalt teilweise wirklich gleich wird, sei es, daß sie nur einander entsprechende Form erhalten. Das ist die Erscheinung der Kongruenz, die man in der afrikanischen Sprachwissenschaft auch Konkordanz nennt. Das Verfahren ist nicht nur aus den klassischen Sprachen, sondern auch aus dem Deutschen so bekannt, daß es keiner Beispiele bedarf. Von den modernen Kultursprachen sind es besonders die slawischen, die an ihm festhalten. Aber es handelt sich keineswegs um eine Eigenheit der indogermanischen Sprachen: die semitischen, die finnisch-ugrischen, die altaischen, die Bantusprachen – um nur die bekanntesten zu nennen – und manche andere haben daran teil.

Wenn man die Mittel der Redefügung betrachtet, die überhaupt in den Sprachen der Erde vorkommen, und ihre Verwendung untersucht, dann gewinnt man den Eindruck einer beinah unbeschränkten Mannigfaltigkeit. Aber die sprachliche Wirklichkeit, nämlich das, was an einem bestimmten Orte zu bestimmter Zeit unter bestimmten Menschen gilt, sieht anders aus. Es ist nicht überall und immer alles möglich. Jede Sprachgemeinschaft verfügt nur über bestimmte Weisen der Satzgestaltung ebenso wie sie über einen bestimmten Wortschatz und über bestimmte Mittel zu seiner Erweiterung verfügt. Das bedeutet aber, daß diese Weisen vor jeder konkreten Situation, auf die sie angewendet werden, festliegen: es gibt «Satzbaupläne» vor jeder inhaltlichen Erfüllung. Sie gelten in der Gemeinschaft und treten beim einzelnen Menschen als eingeübte Verhaltensweisen in die Erscheinung.

Die Tatsache, daß sowohl Wörter als auch Satzbaupläne als Bereitschaft zu bestimmtem Verhalten in jeder Sprachgemeinschaft schon vor der Anwendung im Gespräch vorhanden sind, erklärt eine wichtige Erscheinung in der Sprache, auf die wir in den bisherigen Erörterungen wiederholt gestoßen sind: Wörter und Sätze sind ihrem Bau nach von vornherein aufeinander bezogen. Bei den uns geläufigen flektierenden Sprachen sieht man es ja auf den ersten Blick, und in der Geschichte ist es wirklich diese Tatsache gewesen, die der erste Blick auf die Sprache erfaßte.

6. Die Wortarten (108)

Die griechischen Grammatiker haben die Untersuchung der Sprachgestalt damit begonnen, daß sie die Wortformen als «Glieder der Rede», griech. mérē tu lógu, lat. partes orationis zu begreifen suchten. Und im Griechischen ließ sich das weitgehend durchführen: die finiten Verbalformen waren immer Prädikat, der Nominativ konnte nur im Subjekt und eng darauf bezogen im Prädikat auftreten, die übrigen Kasus gaben verschiedene Verhältnisse der Wörter zueinander an – die Formen, unter denen die Wörter auftraten, paßten offenbar an bestimmte Stellen des Satzbauplans. Nun ist es eine Eigenschaft des Wortes, in Kasusformen oder in finiten Verbalformen aufzutreten, andrerseits eine Eigenschaft des Satzes, solchen Formen Platz zu bieten. Dieselbe Gestaltung entfaltet sich einmal im Bereich des Wortes, das anderemal im Bereich des Satzes. Beide Bereiche bedingen einander.

Diese Beobachtung, die man an den flektierenden Sprachen leicht anstellen kann, gilt nun auch für die anderen Sprachtypen. Wo das Wort formal nicht festgelegt, nicht auf eine bestimmte Leistung zugeschnitten ist, sieht auch der Satzbau anders aus, dem nun die Aufgabe zufällt, den Wörtern eine zusätzliche Bestimmtheit zu geben. So gibt im Klassisch-Chinesischen das Wort *šang* nur das allgemeine Raumverhältnis des «Oben» an, aber die Unterschiede, die bei uns durch *oben, oberer, das Obere, hinaufsteigen* schon am Wort bezeichnet werden, drückt erst der Satzbau aus, und zwar tut er das teils durch streng geregelte Wortstellung, teils durch Partikeln und teils mit Hilfe des Tones. Auf der anderen Seite gibt es Sprachen, deren Wörter durch eine Menge von Bildungssilben bis zur äußersten Genauigkeit bestimmt werden können. Dann enthält es schon den Sinn eines ganzen Satzes und diesem bleibt bloß noch die Setzung selbst übrig: wir haben dann den Typus des Ein-Wort-Satzes als normalen Satzbauplan.

Für die flektierenden Sprachen stellt die formale Ausrichtung der Wörter auf den Satz die Frage nach den Wortarten. Sie hat sich aus der Lehre von den «Redeteilen» der griechischen Grammatiker entwickelt. Diese Redeteile sollten, wie der Name sagt, die Bestandstücke, also die Glieder des Satzes sein. Das trifft nun freilich nicht genau zu, denn ein Satzglied kann zwar, muß aber nicht aus einer Wortform bestehen. Fast immer kann an derselben Stelle des Satzes statt einer Wortform auch eine Wortgruppe auftreten, ja es können Satzglieder selbst die Form von prädikativ gestalteten Sätzen annehmen (sog. «Nebensätze»). Es hat aber bis in die Mitte des 18. Jahrhunderts gedauert, ehe man die Begriffe «Wortart» und «Satzglied» trennte. Die Frage ist also nun, wie sich die Wörter als solche, auch wenn man sie unabhängig von einem bestimmten Satz betrachtet, unter grammatischen Gesichtspunkten in Gruppen gliedern. Die überlieferte Liste der Wortarten, die nicht nur der Schulgrammatik, sondern auch vielfach noch den Darstellungen der wissenschaftlichen Grammatik zugrunde liegt, ist im Laufe der Geschichte nach sehr verschiedenen Gesichtspunkten zustande gekommen. Die Merkmale, nach denen Hauptwort (Substantiv), Eigenschaftswort (Adjektiv), Fürwort (Pronomen), Zahlwort (Numerale), Tätigkeits- oder Zeitwort (Verbum), Umstandswort (Adverbium), Verhältniswort (Präposition) und Bindewort (Konjunktion) unterschieden werden, sind teils solche der Form, teils solche der Leistung.

Wenn man von der Form ausgeht, bekommt man in den flektierenden Sprachen drei klare Gruppen: 1. deklinierbare Wörter, also Wörter mit Kasusformen, 2. konjugierbare Wörter, d. h. Wörter mit Personalformen, und 3. unveränderliche Wörter. Die Deklination der Hauptwörter und der Eigenschaftswörter einerseits, der Fürwörter andrerseits ist überall so verschieden, daß man auch die Gruppe der Fürwörter formal rechtfertigen kann. In manchen Sprachen, darunter gerade das Deutsche, aber auch die slawischen Sprachen, hat das Eigenschaftswort eine eigenartige doppelte Deklination, je nachdem, ob es bestimmt oder unbestimmt ist (*der heftige Sturm, ein heftiger Sturm, die heftigen Stürme, heftige Stürme*). Da ergibt sich rein formal die Gruppe der Eigenschaftswörter. Wo es eine solche doppelte Abwandlung nicht gibt, wie in den meisten Sprachen und eben auch im Griechischen und Lateinischen, da werden Substantivum und Adjektivum nicht unterschieden, sondern beide zur Wortart des Nomens zusammengefaßt. Die Menge der unveränderlichen Wörter läßt sich freilich auf diese Weise nicht weiter einteilen, und deswegen führte man hier den Gesichtspunkt der Leistung im Satz ein. Aber nur die Präpositionen sind unter diesem Gesichtspunkt sauber gefaßt worden, während sich in den Gruppen der Adverbien und der Konjunktionen gerade von der Leistung her gesehen sehr Verschiedenartiges zusammengefunden hat. Von den veränderlichen Wörtern läßt sich das Verbum sehr gut nach der Leistung bestimmen, schon schwieriger das Adjektivum und gar nicht das Substantivum, das wir im Satz in den verschiedensten Rollen finden.

Ein anderer Nachteil der so glatt aufgehenden Einteilung nach der grammatischen Form scheint es zu sein, daß sie sich nicht auf alle Sprachen anwenden läßt. Und man wollte nicht die Wortarten dieser oder jener Sprache oder Sprachfamilie, sondern die Wortarten der Sprache überhaupt feststellen. Dazu mußte man nun freilich nicht nur von der Form, sondern auch von der Leistung des Wortes im Satz absehen, denn beide sind von der bestimmten einzelnen Sprache bedingt. Aber die Wörter richten sich ja ihrem Wesen nach auf Wirklichkeit, erfassen und gliedern Wirklichkeit. Kann man sie nicht nach der Art dessen, was sie erfassen, oder nach der Art, wie sie es gliedern, einteilen? Der Gedanke hat in der Sprachforschung eine lange Geschichte. Sprache war Werkzeug der Erkenntnis. Die Arten der Wörter spiegelten den Aufbau der wirklichen Welt wider. Da gab es selbständige Dinge, Substanzen, die wurden von den Substantiven benannt. An ihnen erschienen Eigenschaften, die die Eigenschaftswörter bezeichneten. Die Veränderungen, die Vorgänge in der Welt spiegelten die Verben wider, und die vielen dann noch verbleibenden Wörter drückten Verhältnisse zwischen den Dingen aus. So wurde die Lehre von den Wortarten auf die Ontologie, die Lehre vom Sein, gegründet und mußte dann natürlich auf alle Sprachen passen. Aber solche Verbindungen sind gefährlich, denn beide Wissenschaften, die Ontologie wie die Grammatik, leben ihr eigenes Leben und suchen immer Antwort auf neue Fragen. Die Welt der Dinge, Eigenschaften und Vorgänge gibt es schon lange nicht mehr, ob unsere heutige Welt der Relationen (Beziehungen) dauerhafter sein wird, muß sich noch zeigen. Und die Grammatik? Sie hat sich ihre Wortarten näher angesehen und bemerkt, daß man z. B. *auf die Abfahrt des Zuges warten kann.* Ist diese *Abfahrt* ein Ding, eine Substanz, oder nicht vielmehr ein Vorgang? Und wenn einer *sein väterliches Vermögen durchbringt,* so bezeichnet doch *väterlich* nicht eine Eigenschaft, sondern das Verhältnis des Vermögens zu seinem früheren Besitzer. Und mit den Worten *es glänzt der Saal* läßt Goethe nicht einen Vorgang, sondern eine Eigenschaft jenes geträumten Saales vor unseren Augen erstehen. Also selbst innerhalb des alten Weltbildes stimmen die Wortarten häufig nicht zu den Kategorien des Seins. Aber so leicht geben wir uns nicht geschlagen. Für das Deutsche sind wir ja insgeheim sicher, daß Substantiv, Adjektiv und Verbum wirkliche Arten der Wörter sind, weil sie verschieden flektieren. Und so sagen wir denn: «Gewiß ist *abfahren* ein Vorgang, aber in *Abfahrt* ist dieser Vorgang als Gegenstand erfaßt, *väterlich* faßt die Tatsache, daß das Vermögen vom Vater stammt, als reine Eigenschaft auf, und der prächtig vom südlichen Licht erfüllte Saal wird in Goethes Worten gleichsam tätig.» Sehr schön. Dann hängt es also nicht von der Gestaltung der Wirklichkeit ab, mit welchen Wortarten ein Sachverhalt bezeichnet wird, sondern die Wortarten sind es, die erst die Wirklichkeit zu Gegenständen, Eigenschaften und Vorgängen gestalten. Die Ontologie war wohlberaten, als sie den muttersprachlichen Schleier von der Wirklichkeit hob. Mit der Begründung der Wortarten auf die Seinskategorien ist es also nichts. Die einzige Wortart, die legitim so zustande kommt, ist das Zahlwort, übrigens ein ziemlich spät gebildeter Begriff. Die Zahlen haben wirklich ihre eigene Seinsart (109). Aber wenn wir den ganzen Wortschatz nach diesem Gesichtspunkt aufteilen wollten, etwa alle Wörter, die sich auf Seelisches beziehen, und alle Wörter, die Lebensvorgänge bezeichnen, zusammenfaßten, so ergäbe das anregende Überlegungen, aber für die Frage der Wortarten käme kaum etwas heraus.

Wenn man die Wörter in einer allgemeingültigen Weise gruppieren will, so muß man ihre Leistung rein als Wörter, nicht ihre Rolle im Satz, sei sie nun formal betont oder nicht, zum Maßstab nehmen. Der Leistung nach können wir nun Wörter unterscheiden, die Sachverhalte oder einzelne Züge an Sachverhalten nennen. Wir haben schon gesehen, daß dieses «nennen» sehr viel mehr ist als ein bloßes Versehen mit Kennzeichen. Es erzeugt die Formen der Welt, in der die Sprachgemeinschaft lebt. Man nennt solche Wörter nach dem Vorschlag Karl Bühlers Nennwörter (110). Sie vertreten die Dinge der Welt in der Rede. Dann gibt es Wörter, die zeigen innerhalb einer Lage auf bestimmte Stellen, ohne sie zu nennen. Das sind nicht nur die hinweisenden Fürwörter und Umstandswörter wie *der, dieser, jener, dort, dann,* sondern auch die persönlichen Fürwörter wie *ich* und *du,* die ja auch niemanden nennen, sondern nur seine Stelle im Gespräch anzeigen, und Umstandswörter wie *jetzt, vorhin, heute, morgen, gestern,* die auf eine Stelle der Zeit von einem bestimmten Augenblick aus hinzeigen. Sie alle nennt Bühler darum Zeigwörter. Sie unterscheiden sich grundlegend von den Nennwörtern. Ihre Zahl ist begreiflicherweise viel geringer, dafür wird jedes einzelne viel häufiger gebraucht. Schließlich bleiben noch Lautungen übrig, die sich als ziemlich selbständig und von ihrer lautlichen Umgebung in der Rede unabhängig erweisen, aber ihre Leistung ganz innerhalb der Rede vollbringen, ohne auf die Wirklichkeit oder die Welt unmittelbar bezug zu nehmen. Das sind die Partikeln oder Formwörter, deren Rolle wir schon im Zusammenhang mit der Gliederung des Satzes geschildert haben. Diese drei, Nennwörter, Zeigwörter und Formwörter sind wirkliche Arten von Wörtern als solchen und gelten für alle Sprachen ohne Rücksicht auf ihren Bau.

7. Die Lautung

Wir haben die Mittel und Wege, durch die Menschen ihr Verhalten gegenseitig steuern, zu beschreiben versucht, angefangen von der Zuordnung einer ganzen Rede zu einem Gesamtverhalten bis herunter zu den letzten Gliederungen in Wortschatz und Satzbau, die eine fast unglaubliche Feinsteuerung ermöglichen. Aber noch fehlt ein Blick auf die eigentliche Verwirklichung des Vorgangs, auf die Art und Weise, wie nun das fein durchgegliederte Gebilde Rede vom Sprecher zum Hörer kommt, ohne daß dabei seine Gliederung verwischt wird.

Dabei zeigt sich nun, daß es im Gespräch durchaus mit rechten Dingen zugeht: auch wenn Menschen miteinander in Verbindung treten, führt der Weg über die Sinne und ihre besonderen Leistungen. Unter diesen haben alle Sprachen, von denen wir wissen, das Gehör gewählt, um den Partner anzusprechen. Die Übermittlung der Rede erfolgt daher mit Rücksicht auf den Empfangsapparat des menschlichen Ohrs, d. h. durch Schallwellen, die, wie alle Wellen, fast unbegrenzt abgewandelt werden können. Das Gespräch geht äußerlich so vor sich, daß der eine Schallwellen, Töne und Geräusche, hervorbringt und der andere sie durch das Ohr aufnimmt. Das ist nun keine menschliche Erfindung. In weiten Bezirken des Tierreichs brüllt, brummt, bellt, heult, zwitschert, singt, summt und zirpt es, nicht nur zur eigenen Freude oder Entladung, sondern auch mit der Absicht, von einem Partner gehört zu werden. Unterscheidet sich das menschliche Sprechen in diesem äußerlichen physiologisch-physikalischen Bereich von den Lautäußerungen der Tiere?

Das kann man ja ausprobieren. Man kann versuchen, Tierlaute nachzuahmen, und manchen Leuten gelingt das überraschend gut, bis zur vollkommenen Täuschung, und man kann Tieren menschliche Sprachlaute beibringen, was bei manchen Vögeln ebenfalls täuschend gelingt. Dabei macht man die Erfahrung, daß beide, Mensch und Tier, sich in ihren Lautgewohnheiten erheblich umstellen müssen, um das Kunststück fertig zu kriegen. Es sind ja auch die Organe, mit denen die Laute hervorgebracht und gestaltet werden, ganz verschieden. Dann aber fällt auf, daß die Tierlaute für unsere Begriffe etwas Unbestimmtes haben, daß wir sie mit unserem Gehör nicht eindeutig erfassen. An unserem Ohr kann das nicht liegen, denn die physiologische Leistung des menschlichen Ohres in der Auffassung geringster Lautunterschiede ist verblüffend (111). Der Grund ist vielmehr darin zu suchen, daß die tierischen Laute gewisse Eigenschaften nicht aufweisen, auf die wir zu achten gewohnt sind. Es stellt sich nämlich heraus, daß beim menschlichen Sprechen die Grenzen, zwischen denen ein Laut schwanken darf, um noch als derselbe anerkannt zu werden, sehr eng gezogen sind. Werden sie nach irgendeiner Seite überschritten, so ist nicht nur der alte Laut verschwunden, sondern ein anderer an seine Stelle getreten. Wollen wir ein deutsches *t* hervorbringen, so müssen wir die Zungenspitze an das obere Zahnfleisch legen, einen festen Verschluß bilden und diesen durch den Atemstrom sprengen, ohne daß die Stimmbänder dabei in Schwingung geraten. Nehmen wir statt der Zungenspitze den vorderen Zungenrücken, so entsteht ein *k*, machen wir den Verschluß nicht fest, so daß Luft zwischen Zungenspitze und Zähnen hindurchstreicht, so bekommen wir den Laut des englischen *th*, und versetzen wir vor der Öffnung des Verschlusses die Stimmbänder in Schwingung, so ertönt statt des *t* ein *d*. Also kleine und kleinste Abweichungen bei der Bildung eines Lautes ergeben schon einen anderen Laut. Diese Bestimmtheit der Laute in sich selbst und ihre eindeutigen Beziehungen zu andern Lauten nennt man Artikulation, auf Deutsch Gliederung. Die menschliche Sprache ist artikuliert, die tierischen Laute sind unartikuliert. Auch der Mensch verfügt, als Säugling und in Augenblicken der Erregung oder der Bewußtseinstrübung, über unartikulierte Laute. Aber in seiner Sprache macht er nur von artikulierten Lauten Gebrauch. Die Artikulation ist die Voraussetzung dafür, daß die menschliche Sprache in ihren Lauten (nicht nur in ihren Begriffen) geschrieben werden kann. Eine jener antiken Definitionen, die so naiv klingen und die doch den Nagel auf den Kopf treffen, sagt in der Fassung, die wir in den Etymologiae des Isidorus von Sevilla finden: *Articulata vox est quae scribi potest, inarticulata quae scribi non potest* «artikulierte Stimme ist die, die man schreiben kann, unartikulierte die, die man nicht schreiben kann». Tatsächlich setzt die Lautschrift (nicht die Begriffsschrift) voraus, daß sich der gesamte Lautstrom der Sprache in eine verhältnismäßig kleine Anzahl fest bestimmter, sich selbst gleichbleibender Gebilde gliedern läßt.

Diese Gliederung, und das erweist sie als eigentümlich menschliche Leistung, geht gar nicht von der Lautmasse selbst aus. Zwischen den vielen möglichen Stellungen der Zunge, den verschiedenen Lippenöffnungen, überhaupt den vielen möglichen Einstellungen der Sprechorgane, gibt es unendlich viele Übergänge (112). Die Zunge berührt nie zweimal mit demselben Punkt ihres Rückens denselben Punkt des Gaumens, die Lippen haben nie zweimal genau dieselbe Stellung zueinander, sondern wie bei allen Gebilden und Tätigkeiten des Lebendigen finden sich immer winzige Abweichungen auch dort, wo vom Sprecher die genaue Wiederholung der Bewegung beabsichtig ist. Streng genommen werden also beim Sprechen immer unendlich viele verschiedene Laute hervorgebracht. Aber diese tatsächliche Verschiedenheit wird weder von den Sprechenden noch von den Hörenden berücksichtigt. Solange eine Lautung in gewissen Grenzen um einen Mittelwert schwankt, gilt sie als dieselbe. Wie groß die Breite dieser Schwankungen sein darf, ist in den einzelnen Sprachen und auch für die einzelnen Laute verschieden. An Stelle der unendlich vielen Eigenschaften oder Merkmale, die man an sich an einem tatsächlich gebildeten Laut unterscheiden könnte, werden nur einige wenige ausgewählt, auf die es ankommt. Diese bestimmen für den Sprechenden den Laut. Wird einer von diesen bedeutsamen Zügen verändert, dann haben wir einen anderen Laut vor uns, der eben durch diesen veränderten Zug bestimmt ist. So kommt es bei dem deutschen *t* darauf an, daß die Zungenspitze und nicht der Zungenrücken das Zahnfleisch berührt; aber es kommt nicht darauf an, ob diese Berührung nun wirklich am Zahnfleisch oder an den Zähnen selbst stattfindet. Es kommt darauf an, daß ein vollständiger Verschluß gebildet und dann vom Atem gesprengt wird; es ist aber gleichgültig, wie fest der Verschluß ist, und ob der ganze Atem für die Sprengung verbraucht wird oder ob ein Teil des Atems nach der Sprengung noch nachströmt (113). Die Züge der Lautung, auf die es ankommt, werden von allen Sprechern möglichst genau, mit einer fabelhaften Beachtung selbst geringster Kleinigkeiten, wiedergegeben. Die

Züge, auf die es nicht ankommt, wechseln von Sprecher zu Sprecher, ja bei demselben Sprecher nach Stimmung oder sogar zufällig. Wir haben im Deutschen ein eindrucksvolles Beispiel dafür, wie groß tatsächliche Verschiedenheiten der Lautung sein können, die doch von allen Sprechern als derselbe Laut aufgefaßt und verwendet werden. Der erste Laut von Wörtern wie *Ring* oder *rot* wird von manchen Mundarten und einzelnen Sprechern durch ein Schwirren der Zungenspitze im Atemstrom hervorgebracht, von andern Mundarten dagegen durch ein Zittern des Zäpfchens hinten im Gaumen und von noch anderen schließlich einfach durch das Reibegeräusch des Atems, der zwischen Zungenrücken und Gaumensegel hindurchstreicht. Rein tatsächlich sind das ganz verschiedene Laute, sowohl nach ihrer Hervorbringung als auch nach ihrem Gehörseindruck. Und es gibt Sprachen, die sie auch als verschiedene Laute betrachten und mit verschiedenen Buchstaben schreiben. So unterscheidet z. B. das Arabische das Zungen-*r* (ra) vom stimmhaften Reibegeräusch hinten im Gaumen (ghain). Im Deutschen aber ist der Ort der Erzeugung vollständig Nebensache, es kommt allein darauf an, daß ein schwirrendes Geräusch hervorgebracht wird, sei es an der Zungenspitze oder am Zäpfchen oder irgendwie am Gaumensegel.

Es werden also aus der unendlichen Fülle des tatsächlich in der Lautung Gegebenen einige wenige Züge ausgewählt, auf die es für die Anerkennung eines Lautes als desselben Lautes ankommen soll. Das nennt KARL BÜHLER das «Gesetz der abstraktiven Relevanz», wir können auf Deutsch «Gesetz der bedeutsamen Auswahl» sagen (114). Für was aber ist diese Auswahl bedeutsam? Nicht für den einzelnen Laut, denn so etwas gibt es gar nicht als selbständige Einheit. Wenn wir bisher von Lauten in diesem Sinne gesprochen haben, so war das eine Anpassung an unser Schulwissen. In Wahrheit sind die Laute der menschlichen Sprache nur wirklich als Züge oder Merkmale an der Lautgestalt des Wortes, so wie Flächen, Kanten und Ecken nur wirklich sind als Züge an einem Würfel, losgelöst von diesem aber gar nicht als für sich bestehend gedacht werden können. Für diese Wortgestalt nun ist die Auswahl der Züge bedeutsam, auf die es für die Bestimmung eines Lautes ankommen soll. Die einzelnen Laute, die wir im Gesamtablauf der Lautung herausheben, bestimmen und unterscheiden, mit einem Worte gliedern, sind gleichsam die markanten Punkte der Wortgestalt, an denen sie erkannt und durch die sie von anderen unterschieden wird. Eine Bestimmung eines Lautes, auf die es ankommt, ist stets imstande, für sich allein zwei Wörter oder Wortformen voneinander zu unterscheiden. Und umgekehrt: eine lautliche Bestimmung, die für sich allein zwei Wörter unterscheiden kann, gehört zu denen, auf die es ankommt. So unterscheiden sich im Deutschen *kann* und *Kahn, rette* und *Räte, in* und *ihn, muß* und *Mus, dünne* und *Düne* nur durch die Länge des Selbstlautes, *mehre* und *Möhre, Kiste* und *Küste* nur durch die Rundung des Selbstlautes, *Dorf* und *Torf, Greis* und *Kreis* nur durch den Stimmton oder sein Fehlen in den Anlauten. Also ist Länge und Kürze, Rundung und Nichtrundung von Selbstlauten, Stimmhaftigkeit und Stimmlosigkeit bei Verschlußlauten im Deutschen eine bedeutsame Bestimmung der Laute. Dagegen gibt es in unserer Sprache kein Wortpaar, das nur durch vordere *(ich)* oder hintere *(ach)* Artikulation des Zungen-Gaumen-Reibelauts oder nur durch Zungen-*r* und Zäpfchen-*r* unterschieden wäre. Diese Züge sind also für uns nicht wesentlich. Im Französischen sind nicht nur *boisson* «Getränk» und *poisson* «Fisch» mit stimmhaftem und stimmlosem Verschlußlaut, sondern auch *poisson* «Fisch» und *poison* «Gift» mit stimmlosem und stimmhaftem *s* (115) verschiedene Wörter. Auch Rundung oder Nichtrundung sind wesentliche Merkmale französischer Selbstlaute, nur dadurch unterscheiden sich Wörter wie *dé* «Fingerhut» und *deux* «zwei», *scie* «Säge» und *su* «gewußt».

Die Lautgestalt der Wörter wird also durch eine gewisse Anzahl von Gegensatzpaaren bestimmt, wie lang/kurz, gerundet/ungerundet, stimmhaft/stimmlos, Verschluß/Enge usw. Diese Gegensätze haften an bestimmten Stellen des Wortkörpers, die eben dadurch zu ausgezeichneten Stellen werden. Denn man muß sich darüber klar sein, daß an sich der Lautstrom der Rede keine solchen ausgezeichneten Stellen hat. Wenn man eine Sprachäußerung mechanisch aufzeichnen läßt, etwa von einer Nadel auf berußtes Papier, so kann man an der entstehenden Kurve nicht sehen, wo ein Wort endet, und noch weniger, welche Schwingungen nun ein *t* oder ein *a* darstellen (116). Physikalisch und gehörsmäßig gibt es so etwas wie *t* oder *a* gar nicht als abgegrenzte Einheiten; diese entstehen erst als ausgezeichnete Stellen am Wortkörper durch den Gegensatz zur entsprechenden Stelle eines andern Wortkörpers. Das ist eine außerordentlich wichtige Erkenntnis. Denn das heißt: die Laute der Sprache sind keine physikalischen Erscheinungen, sondern geistige; sie entstehen erst durch die bedeutsame Auswahl, die selbstverständlich eine geistige Handlung ist. Nicht die Laute bilden das Wort, wie der Laie geneigt ist zu glauben, sondern das Wort oder vielmehr die Gesamtheit der Wörter erzeugt die Laute als bestimmte Einheiten. Bis auf diese untersten, scheinbar rein naturhaften Gebilde ist die Sprache Geist. Das unterscheidet den menschlichen Sprachlaut vom tierischen Naturlaut.

Das Wort gliedert sich aber nicht in Laute. Diese sind ja nur Bestimmungen an ihm, nicht wirkliche Glieder. Die wirklichen Glieder des Wortes sind vielmehr die Silben. Die Silbe entsteht durch die Gliederung des Atems innerhalb des Lautstroms (117). Natürlich nicht in dem Sinne, daß man zu jeder Silbe neu Atem holen müßte. Jeder, der singen oder reden lernt, weiß, daß ein Atemzug für mehrere Sätze ausreicht, und die Atemtechnik besteht eben darin, ihn zweckmäßig über diese Strecke zu verteilen. Also ein Wort wird selbstverständlich in einem Atem gesprochen. Aber dieser Atemstrom gliedert sich dadurch, daß innerhalb des Wortes die Sprechorgane Verschlüsse oder Engen bilden und dadurch den Atem für den Augenblick unterbrechen. Durch diese Hindernisse bricht sich der Atem Bahn – die dabei auftretenden Geräusche sind die Lautung des Wortes –, er staut sich also vorher und strömt nachher freier dahin, und das eben ist seine Gliederung. Der Wechsel von Behinderung und Freigabe des Atems macht die Silbe aus. Die bei der Behinderung entstehenden Geräusche sind die Mitlaute (Konsonanten), der Klang, der den freigegebenen Atem begleitet, ist der Selbstlaut (Vokal). Man bezeichnet ihn in diesem Zusammenhang auch als den Silbenträger. Aber die Einheit der Silbe besteht nicht nur darin, daß sie der Lautstrom zwischen zwei größten Behinderungen des Atems ist. Sie tritt auch positiv in Erscheinung, und zwar in Gestalt des Tonverlaufs, der die Silbe begleitet. Der Atem versetzt die Stimmbänder in Schwingung, und der erzeugte Ton ändert sich während der Silbe nach Höhe und Stärke. Das ist der Silbenton oder Silbenakzent. Höhe und Stärke dieses Tones sind grundsätzlich voneinander unabhängig. Die Tonhöhe kann im Verlauf der Silbe ansteigen oder absinken, oder sie kann erst ansteigen und dann noch innerhalb derselben Silbe wieder absinken. Auch noch andere Gestaltungen des Tones sind möglich. Aber auch für den Silbenton gilt das Gesetz der bedeutsamen Auswahl: nicht was tatsächlich erklingt, ist entscheidend, sondern auf die Züge kommt es an, die mit andern ein Gegensatzpaar bilden und dadurch Silbe von Silbe und Wort von Wort unterscheiden. Solche Gegensätze sind steigend/fallend, gleichförmig/umkehrend, gestoßen/geschleift (118). Manche Sprachen machen von diesen Möglichkeiten der Unterscheidung kaum Gebrauch. Zu denen gehört auch das Deutsche. Das heißt aber nicht, daß sie keinen Silbenton hätten – so etwas kommt gar nicht vor –, sondern nur, daß Verschiedenheit des Silbentons nicht ausgenutzt wird, um dadurch allein Wörter zu unterscheiden. Von den uns näher stehenden Sprachen benutzen das Litauische und das Serbokroatische den Silbenton zur Unterscheidung von Wörtern. In großem und für den Sprachbau entscheidendem Maße tun es das Chinesische und überhaupt viele Sprachen Ostasiens, aber auch mehrere Sprachen in Westafrika, besonders die Ewe-Sprache. So stellt im Chinesischen die Silbe ma^1 mit «hohem ebenem» Ton ein Wort für «Mutter» dar, ma^2 mit «hohem steigendem» Ton das Wort «Hanf», ma^3 mit «tiefem steigendem» Ton das Wort «Pferd» und ma^4 mit «fallendem» Ton das Wort «schelten» (119).

Die Einheit des Wortes ist keine lautliche Tatsache mehr. Die genaueste Untersuchung einer Sprachäußerung von außen ist nicht imstande, in ihr Wörter als Einheiten zu unterscheiden. Weder durch den Ton noch durch Pausen heben sich die Wörter aus der Gesamtmasse der Lautung heraus (120). Die Einheit des Wortes besteht vielmehr in seiner Beziehung auf einen Gegenstand oder Sachverhalt außerhalb der Sprache. Das Wort ist eine Lautung, die die Fähigkeit hat, ein Stück Wirklichkeit zu meinen. Wir nennen diese Fähigkeit Bedeutung. Daß aber auch der Lautkörper eines Wortes für die Sprechenden eine Wirklichkeit ist, obwohl er sich äußerlich in der Gesamtlautung der Rede als besondere Einheit nicht bemerklich macht, ergibt sich daraus, daß Wortanlaut und Wortauslaut vielfach anders behandelt werden, sich im Munde der Sprechenden anders entwickeln als dieselben Silben, wenn sie im Innern eines Wortes stehen.

Aber noch in einer anderen, unmittelbareren Weise stellt sich die Einheit des Wortes lautlich dar: durch den Wortton oder Wortakzent. Zunächst einmal schließen sich die Tonverläufe innerhalb der Silben zu einem Tonverlauf innerhalb des Wortes zusammen. Die Silben bestehen nicht für sich, sondern nur als Glieder des Wortes. Infolgedessen sind ihre Töne von vornherein aufeinander und auf das Ganze des Wortes abgestimmt. Außerdem aber sind die Silben als Glieder eines Ganzen untereinander abgestuft. Eine von ihnen ist also ausgezeichnet, und zwar lautlich ausgezeichnet, entweder dadurch, daß ihr Silbenton besonders hoch oder besonders tief liegt, oder daß er besonders stark ist. Diese Erscheinung ist der Wortton. Die ausgezeichnete oder hervorgehobene Silbe ist der Sitz des Akzentes. Wenn die Silbe durch die Tonhöhe hervorgehoben wird, spricht man von «musikalischem Akzent», ist sie durch die Tonstärke ausgezeichnet, so heißt das «Stärkeakzent», auch «dynamischer Akzent». Beide Arten der Hervorhebung treten meist verbunden auf, wobei dann je nachdem die eine oder die andere überwiegen kann. Doch müssen immer beide, auch die weniger hervortretende, ihre Richtigkeit haben, wenn das Wort sicher erkannt werden soll (121).

Es ist eine lange Beschreibung nötig gewesen, um die Wirkungsweise der Sprache und ihre Voraussetzungen anschaulich zu machen. Ein einziger Grundsatz durchwaltet das ganze Gefüge: Unterscheidung und Zuordnung, mit einem Wort Gliederung. Die Gesamtsituation des Gesprächs, die als solche durchaus erhalten bleibt, wird vom Ganzen her bis zu den winzigen Merkmalen, die Äußerungen unterscheiden, durchgegliedert. Das wiederum setzt voraus, daß die gesamte Umwelt des Menschen in ebenso genauer Gliederung erfaßt wird. Diese typisch menschliche Haltung zur Umwelt und die Sprache bedingen sich gegenseitig.

Mit all dem aber haben wir erst den Bau eines Werkzeugs untersucht, jedoch nicht seine Handhabung und nur das Unmittelbarste seiner Leistung. Unsere Aufmerksamkeit muß nun zuerst dem sprechenden Menschen und weiterhin der Auswirkung des Sprechenkönnens auf die menschliche Gemeinschaft gelten.

SPRACHE UND SEELE

«Der Seele Grenzen wirst du nicht entdecken, wenn du auch jeden Weg einschlägst, so tiefen Sinn hat sie» (122). Dies Wort des Herakleitos von Ephesos muß über jeder Betrachtung stehen, die Wesen und Leistung des Seelischen zum Gegenstande hat. Der «tiefe Sinn», das ist das unmittelbare Dasein selbst, das in den seelischen Erlebnissen «zum Bewußtsein» kommt, das ist die Verknüpfung, ja die Wesensgleichheit mit dem eigentlichen Sein des Alls, die die Einzelseele trotz unaufhebbarer Absonderung unverlierbar festhält. Bis zu diesem tiefen Grunde vermag menschliches Wissen so wenig wie menschliches Ahnen zu tauchen, die Möglichkeiten gedanklicher Erfassung versagen hier bis zu einem Grade, daß nicht einmal eine fruchtbare Fragestellung mehr gelingen will.

Dieser Lage eingedenk zu sein, geziemt sich in besonderem Maße bei der Erörterung eines Gegenstandes wie der Sprache, die in ihrem Wesen wie in ihrer Verwirklichung so durchaus im Seelischen gründet. Was auch die Leistungen der Sprache zur Erfassung der sachlichen Wirklichkeit sein mögen, sie vollbringt sie ausgehend von und rückkehrend zu seelischen Erlebnissen. Wo immer wir sprachliche Gestaltung untersuchen, treffen wir auf seelische Vorgänge als ihre unmittelbare Ursache, und an jeder sprachlichen Äußerung ist die Gesamtheit aller seelischen Leistungen beteiligt und in einer eigentümlichen Weise faßbar geworden.

Aber die Erkenntnis von unüberschreitbaren Grenzen unsres Wissens darf nicht zum trägen Verzicht auf Wissen überhaupt führen. Zwischen jenen Grenzen und einem gedankenlosen Hinnehmen der Erscheinungen liegt ein weites Feld von erforschbaren Zusammenhängen, die Einblick in Wesen und Verknüpfung der Vorgänge gewähren und der Oberfläche unserer Erscheinungswelt Tiefe verleihen.

Es hängt mit der besonderen Seinsart des Seelischen zusammen, daß über seine deutlichsten und alltäglichsten Eigenheiten, über Zusammenhang, Ursachen und Wirkungen der seelischen Vorgänge dem Laien viel weniger bekannt ist als über entsprechende Verhältnisse im Aufbau und Verhalten der Stoffe oder über die Vorgänge im lebenden Körper. Seelisches ist zunächst im unmittelbaren Erleben gegeben. Darum ist es nur dem Erlebenden selbst zugänglich, alle anderen können erst mittelbar von ihm Kunde erhalten. Dieser Umstand macht es zu einem höchst schwierigen, ja bedenklichen Gegenstande der Wissenschaft. Alle Wissenschaft beruht doch darauf, daß Erscheinungen sachlich, d.h. möglichst unabhängig von dem jeweiligen Beobachter, festgestellt werden, und daß die Beobachtung jederzeit von anderen nachgeprüft werden kann. Und beide Bedingungen sind seelischen Erlebnissen gegenüber kaum zu erfüllen. Wir werden die Feststellung seelischer Erscheinungen zunächst dem Einzelnen überlassen müssen, der sie bei sich selbst beobachten kann. Aber Selbstbeobachtung ist eine schwierige Kunst, und außerdem verändert die Hinwendung zu unsern seelischen Erlebnissen diese Erlebnisse selbst in einem nicht überschaubaren Grade. Aber darüber hinaus ist unser Dasein überhaupt angelegt und eingeübt auf das Sein in einer Welt, und die Rückwendung auf das eigene Innere ist eine so unnatürliche und abwegige Haltung, daß sie besonderer Schulung bedarf. Diese Schwierigkeiten und das Bedürfnis nach unabhängiger Kontrolle der Beobachtungen haben dazu geführt, den mittelbaren Zugängen zu den seelischen Erscheinungen größeren Wert beizumessen. Man beobachtet das, was man von außen sehen kann, also das Verhalten der Lebewesen und so auch das des Menschen. Das ist die Verhaltensforschung (s.S.104f). Was man auf diese Weise feststellt, läßt sich allerdings jederzeit so nachprüfen, wie es die wissenschaftliche Methode verlangt. Aber gerade wenn es sich um menschliches Verhalten handelt, hat man doch den Eindruck, daß bei diesen Beschreibungen eine sehr wesentliche Seite der Erscheinungen fehlt, nämlich eben unsere eigenen «inneren» Erlebnisse dabei. Das mag in vielen Fällen unerheblich sein, aber gerade für das Verständnis der Sprechvorgänge können wir diese «innere» Seite des Verhaltens nicht entbehren. Nun liefert allerdings gerade das Sprechen einen sehr bemerkenswerten Zugang zu den seelischen

Erlebnissen – es ist auch eine Art des Verhaltens –, aber dabei ist große Vorsicht geboten. Wenn jemand über seine seelischen Erlebnisse berichtet – wer steht uns dafür, daß er sie unvoreingenommen beobachtet, daß er sie richtig in Worte gefaßt hat, daß er sich nicht täuscht oder gar schwindelt? Darum wird man neben dem Inhalt der Aussage ebenso eingehend die Form der sprachlichen Äußerung berücksichtigen. Kommen doch beim Sprechen die gesamten seelischen Vorgänge, ja der Mensch als Ganzheit ins Spiel. Alle menschlichen Anlagen und Kräfte müssen mitwirken, damit der einfachste Sprechakt zustande kommt. Darum sind aber auch in der Gestaltung einer jeden sprachlichen Äußerung alle diese Kräfte in besonderer Weise gegenständlich geworden, das heißt, sie haben sich aus flüchtigen, meist nicht oder kaum wahrnehmbaren Vorgängen zu dauerhaften Gebilden, Worten und Sätzen, verfestigt. So steht die Sprachwissenschaft zur Seelenkunde in einer doppelten Beziehung: sie empfängt nicht nur Licht von ihr, indem die Eigenart seelischer Tätigkeit Gestalt und Wirkung der sprachlichen Gebilde verständlich macht, sondern sie ist auch in der Lage, verborgene und unmittelbar nicht wahrnehmbare seelische Vorgänge an ihren Ergebnissen, eben den sprachlichen Äußerungen, aufzuzeigen.

1. Bewußtsein und Unbewußtes beim Sprechen

Was geschieht eigentlich, wenn wir sprechen? (123) Wir befinden uns in einer Situation, die dadurch ausgezeichnet ist, daß sie einen Partner enthält, von dem wir glauben, daß er für uns durch Sprechen zu erreichen, in irgendeiner Weise zu beeinflussen ist. Gewöhnlich ist der Partner ein Mensch, es kann aber auch ein Tier, etwa ein Hund, oder ein geglaubtes nichtmenschliches Wesen, ja unter Umständen sogar eine Sache sein. Nur eine Bedingung muß es erfüllen: wir müssen es für ansprechbar halten. Bei diesem Partner wollen wir durch Sprechen irgend etwas erreichen, sein Verhalten oder auch nur seine seelischen Erlebnisse beeinflussen. Wie das im einzelnen vor sich geht, haben wir im 3. Kapitel erörtert. Hier kommt es nur darauf an, daß wir beim Sprechen immer eine Absicht haben. Wir wollen etwas und wissen, was wir wollen. Äußerungen in sprachähnlicher Form, von denen wir wissen oder vermuten, daß keine bewußte Absicht dahinter steht, erkennen wir nicht als eigentliches Sprechen an. Man denke nur an Auseinandersetzungen über das «Sprechen» im Schlaf oder das «Sprechen» der Papageien: immer dreht es sich darum, ob sich der «Sprechende» etwas dabei «gedacht» habe oder nicht. Auf der anderen Seite ist es genau so beim Partner, wenn er das Gesprochene versteht. Er weiß zunächst, was man von ihm will, wonach man ihn fragt, was man ihm mitgeteilt hat, und dann erst richtet er sein Verhalten danach – oder auch nicht. Denn daß das antwortende Verhalten dem Inhalt des Gesprochenen nicht eindeutig zugeordnet ist, sondern dem Partner die Wahl bleibt, ob und wie er darauf reagiert, ist gerade der Beweis dafür, daß das «Verstehen» mit dem «Reagieren» nicht zusammenfällt. Man kann eine Aufforderung verstehen und nun gerade nicht befolgen – diese Absicht womöglich noch ausdrücklich erklären –, eine Frage verstehen und die Antwort gerade deshalb verweigern, eine Mitteilung verstehen und sich doch nichts merken lassen. Verstehen heißt also wissen, was gemeint ist, und das Verhalten ist dann erst ein freies Verwerten dieses Wissens. So steht am Anfang und am Ende der Sprechhandlung ein Wissen, ein Bewußtsein: der Sprechende weiß, was er will, und der Partner weiß, was gemeint ist.

Und nun dazwischen? Da liegt eine Reihe von höchst verwickelten Vorgängen, die ein erheblicher Teil von dem sind, womit sich die Sprachwissenschaft beschäftigt. Aber darüber können wir durch Selbstbeobachtung der Gesprächspartner kaum etwas erfahren, für diese verläuft alles ganz ohne ihr Zutun, gewissermaßen von selbst. Da ist der Sprechende, er weiß, was er will, aber wie die Äußerung entsteht, mit der er es zu erreichen hofft, davon merkt er nichts. Wir erinnern uns aus dem 3. Kapitel, welch eine raffinierte Gliederung notwendig ist, um die Wirklichkeit «in das Eigentum des Geistes umzuschaffen», d. h. im Gespräch verfügbar zu machen. Von all dem hat der unbefangen sprechende Mensch selbstverständlich keine Ahnung. Er braucht Wörter, die zu Sätzen gefügt sind. Beide braucht er nicht zu suchen: sie bieten sich ihm «von selbst» dar. Und das ist gut, denn wie sollte er sie suchen? Er kennt sie ja gar nicht abgelöst von der Situation, in der er sie gebraucht. Wir sagen zwar, daß der Sprechende «seine Worte wählt». Aber das stimmt gar nicht. Niemand kann den Wortschatz angeben, über den er im Bedarfsfalle verfügt, und nur mit Mühe und unvollständig bringt er wenigstens die Wörter für ein bestimmtes begrenztes Sachgebiet zusammen. Dabei benutzt er den Kunstgriff, sich im Geiste in den Umgang mit den fraglichen Sachen zu versetzen und nun die verlangten Ausdrücke herauszufischen. Und was den Satzbau anlangt, so wissen heute nur wenige Spezialisten, wie die Sätze einer bestimmten Sprache eigentlich gebaut sind. Und doch verwendet jeder Schuljunge ihre Formen richtig, solange er in seinem eigenen Lebensbereich bleibt. Wie machen die Leute das? Sie suchen eben nicht in ihrem Sprachvorrat nach passenden Ausdrücken und Wendungen – das gäbe Pannen über Pannen –, sondern sie halten sich an das, was sie sagen wollen, und verlassen sich darauf, daß sich das Wie schon von selber regeln wird. Die Anweisung des alten Cato an den Redner: *Rem tene, verba sequentur* «halte dich an die Sache, die Worte stellen sich dann schon ein» gilt in der Tat für jeden, der spricht.

Und beim Verstehen ist es ganz dasselbe. Der Verstehende hört die Äußerung und weiß sofort, was gemeint ist. Es ist keine Rede davon, daß er ihren Sinn bewußt aus den Worten und der Art ihrer Verknüpfung aufbaute, wie wir es bei Schrifttexten von Sprachen machen, die wir noch nicht richtig kennen. Das ist ja im Gespräch gar nicht möglich, weil die Rede verhallt und um so weniger im Gedächtnis haftet, je weniger sie verstanden wurde. Von all der feinen Gliederung, die das Verständnis steuert, kommt dem Verstehenden nichts zum Bewußtsein.

So können wir von all dem, was zwischen der Absicht zu sprechen und dem Verständnis des Gesprochenen liegt, nur erfahren durch Schlüsse aus dem, was man von diesen Vorgängen äußerlich wahrnimmt. Wahrnehmbar ist nun gerade der entscheidende Zug am Aufbau des Gesprächs, die Lautung, die schon als physikalische Erscheinung der Beobachtung zugänglich ist. Ihre Gliederung als Sprechleistung und als Verständigungsgrundlage haben wir schon im 3. Kapitel betrachtet. Von der Lautung aus läßt sich der Weg vom Sprechenden her und zum Partner hin noch ein Stück weit übersehen. Wir können die Artikulationsbewegungen der Sprechorgane sehen und messen, und der Physiologe untersucht, wie diese Muskelbewegungen durch bestimmte Nerven gesteuert werden, die vom Gehirn ausgehen und von dorther erregt werden. Auf der andern Seite läßt sich die Einwirkung der Schallwellen auf das Ohr, die Erregung der Hörnerven und die Fortleitung dieser Erregung ins Gehirn beobachten. Von allen diesen Vorgängen kommt dem Sprechenden nur die bloße Tatsache, daß er seine Sprechorgane bewegt, dem Partner, daß er Sprache hört, zum Bewußtsein. Die Einzelheiten von dem, was geschieht, lassen sich nur sehr schwer bewußt machen, und gar nicht während des wirklichen Gesprächs.

Soweit man also den Sprechvorgang anatomisch-physiologisch verfolgen kann, beginnt er in der Großhirnrinde; und wenn man ebenso den Voraussetzungen des Verstehens nachgeht, so führt dieser Weg auch zur Großhirnrinde. Daß sich beide Tätigkeiten, Sprechen und Verstehen, schließlich im selben Organ abspielen, ist wohl begreiflich. Es ist ja dasselbe Gebilde, eben die Lautung, das von dem Sprechenden erzeugt und vom Verstehenden ausgewertet wird, und zwar so, daß die ursprüngliche Absicht dabei zur Geltung kommt. Da außerdem die Rollen des Sprechenden und des Verstehenden im Gespräch zwischen den Partnern wechseln, sieht man leicht ein, daß bei beiden Sende- und Empfangsapparat eng miteinander gekoppelt sind. Weiter stimmt nun dazu, daß am Anfang und am Ende der ganzen Kette beim Sprecher und bei seinem Partner unzweifelhaft Bewußtseinserlebnisse stehen. Denn es ist eine der sichersten Erkenntnisse auf diesem schlüpfrigen Gebiet, daß die Großhirnrinde etwas mit den Bewußtseinserlebnissen zu tun hat. Wenn die Tätigkeit der Großhirnrinde auf natürlichem oder künstlichem Wege ausgeschaltet wird, hören die Bewußtseinserlebnisse unfehlbar auf. Und wenn man diese Tätigkeit irgendwie beeinflußt, so verändern sich die Erlebnisse, wie jedermann durch eine Tasse Mokka oder eine Flasche Wein auf die angenehmste Weise nachprüfen kann. Wie dieser Zusammenhang zwischen physiologischen Vorgängen und seelischen Erlebnissen zu denken ist, weiß bekanntlich kein Mensch. Daher ist auch der Sprachwissenschaftler nicht verpflichtet, etwas davon zu wissen. Wohl aber hat er auf seinem Gebiete, der Sprache, eine Reihe von sehr bemerkenswerten Erscheinungen anzubieten, die geeignet sind, diesen Zusammenhang etwas näher zu beleuchten.

Da ist zuerst einmal die Art, wie die Lautung auf der einen Seite mit der Absicht des Sprechenden, auf der andern mit dem Verstehen seines Partners verbunden ist. Wenn die Sache genau klappt – begreiflicherweise gibt es sehr verschiedene Grade der Genauigkeit –, dann versteht der eine Partner in allen Einzelheiten, was der andere meint. Wie das durch die Gliederung der Lautung möglich ist, haben wir im vorigen Kapitel gesehen. Aber die Voraussetzung dafür ist doch, daß beide Partner an der Gliederung, am Wortschatz und am Satzbau, in derselben Weise Anteil haben. Und diesen Anteil haben sie sich nicht selbst gewählt oder geschaffen, sondern er ist ihnen durch die Sprachgemeinschaft vorgegeben. Das heißt: sie haben ihn alle beide einmal lernen müssen. Was sie dabei im einzelnen lernen mußten, beobachten wir an Kindern, die sprechen lernen. Da handelt es sich erstens darum, bestimmte Lautungen mit Dingen und Sachverhalten aller Art als ihren Namen zu verknüpfen. Daß dabei die Gegenstände schon in bestimmter Weise abgegrenzt und gruppiert werden, so daß man eigentlich von «Inhalten» sprechen müßte, mit denen die Lautungen verknüpft werden, spielt in diesem Zusammenhang keine Rolle. Zweitens müssen die Formen eingeübt werden, mit denen man sich auf die vorkommenden Lebenslagen bezieht. Schon die Erwerbung des unentbehrlichen Grundbestands dauert mehrere Jahre, und bei Leuten, die geistig lebendig bleiben, setzt sich das Erlernen der Muttersprache das ganze Leben hindurch fort. Der ganze Vorgang setzt eine wohlbekannte, aber sehr merkwürdige Eigenschaft nicht nur des Menschen, sondern auch der Tiere voraus, nämlich das Gedächtnis.

Was ist Gedächtnis? Jeder kennt es aus eigenster Erfahrung, aber niemand vermag zu sagen, was da eigentlich vor sich geht. Was wir erleben, ist folgendes: Bewußtseinserlebnisse irgendwelcher Art kommen nach kürzerer oder längerer Zeit noch einmal vor, aber in der Weise abgewandelt, daß sie als schon einmal dagewesen, als Wiederholungen erscheinen. Dabei werden sie von normalen Menschen von gleichzeitigen Umweltseindrücken zweifelfrei unterschieden. Solche Erlebnisse heißen Erinnerungen. Für ihr Erscheinen verwenden wir eine Reihe von Ausdrücken wie «ins Bewußtsein treten», «auftauchen», «aufsteigen», «sich erneuern», die eine Beschreibung des Vorganges vortäuschen, aber in Wirklichkeit bloße Bilder sind. Wir können mit gutem Gewissen nur sagen, daß die Erinnerungen manchmal unter bestimmten Bedingungen, manchmal anscheinend ohne solche, plötzlich da sind. Von diesen Bedingungen kennen wir die wichtigste: das Auftreten bestimmter Bewußtseinserlebnisse, seien es selbst Erinnerungen oder frische Erlebnisse, hat das Auftreten bestimmter Erinnerungen zur Folge. Wir sagen dann, es «ruft sie hervor», «weckt sie», «zieht sie nach sich». Offensichtlich sind das wieder bildliche Ausdrücke. Unser Wille, unsere Hinwendung spielt dabei oft eine fördernde Rolle, wir besinnen uns absichtlich auf etwas, und die Erinnerung ist, unserm Willen gehorsam, plötzlich da. Oft ist es aber gerade nicht so, sondern die Erinnerung erscheint erst, wenn wir unsere Aufmerksamkeit ganz wo anders hin gelenkt haben, der vergessene und vergeblich gesuchte Name fällt uns ein, nachdem wir es längst aufgegeben haben, ihn «heraufzuholen». Und dann gibt es Erinnerungen, die ganz ohne, ja gegen unsern Willen erscheinen.

Den Vorgang, daß ein bestimmtes Bewußtseinserlebnis

eine bestimmte Erinnerung zur Folge hat, bezeichnen wir als Verknüpfung zwischen den beiden Erlebnissen oder mit dem Fachausdruck als Assoziation. Wir kommen auch noch einen Schritt weiter und können feststellen, unter welchen Bedingungen eine solche Verknüpfung zustande kommt. Sie kommt erstens zustande, wenn die beiden Erlebnisse bei ihrem Auftreten gleichzeitig im Bewußtsein gewesen sind (Berührungsassoziation), und zweitens, wenn sie in irgendeinem Punkte einander gleich sind, irgendeinen Zug gemeinsam haben (Ähnlichkeitsassoziation). Ein Beispiel für den ersten Fall: Ich habe im Februar 1915 als Soldat in Polen oft an dunklen Abenden Wasser aus dem Ziehbrunnen geholt. Bei der Rückkehr kam mir aus den Schornsteinen der Unterstände der Geruch von verbranntem Holz entgegen. Wenn ich jetzt nach mehr als vierzig Jahren verbranntes Holz rieche, steht die Situation von damals in voller Lebendigkeit vor mir. Die Rolle, die dabei der Geruch spielt, ist bedeutsam. Er ist oft das hervorrufende Erlebnis, ohne daß er als solches beachtet wird. Und ein Beispiel für Ähnlichkeitsassoziation: jedesmal, wenn ich durch die kleine Haltestelle Fleckertshöhe der Hunsrückbahn fahre, muß ich an die westnorwegische Hafenstadt Flekkefjord und alles, was ich dort erlebt habe, denken. Man sieht, wie äußerlich eine Ähnlichkeit sein kann, ohne ihre Wirksamkeit einzubüßen. Übrigens ist auch der Gegensatz eine Art der Ähnlichkeit: ein bitterkalter Januartag kann die Erinnerung an einen glühend heißen Hundstag wecken.

Die Verknüpfung von Bewußtseinserlebnissen machen wir uns beim Lernen zunutze, indem wir solche Verknüpfungen willkürlich schaffen. Die Fähigkeit, Verknüpfungen zwischen Bewußtseinserlebnissen zu stiften, heißt Merkfähigkeit. Die Fähigkeit, sie aufrechtzuerhalten und bei Bedarf wirksam werden zu lassen, ist das Gedächtnis.

Man sieht, daß der gesamte Sprachbesitz eine Gedächtnisleistung ist. Zwischen den Lautgebilden, den Artikulationsbewegungen und den Sachverhalten oder vielmehr unsern Eindrücken von den Sachverhalten bestehen Verknüpfungen, vermöge deren sie einander hervorrufen. Wenn wir einen Gegenstand sehen, fällt uns sofort sein Name ein, wenn wir ein Wort hören, steht die zugehörige Sache vor unserm Bewußtsein.

Aber damit haben wir die Leistung des Gedächtnisses bloß beschrieben, noch keineswegs verstanden. Was ist das für eine «Verknüpfung», die verschiedene Bewußtseinserlebnisse so in Beziehung setzt, daß eines zur Ursache für das Auftreten des andern werden kann, und die sich über eine Zeit weg erhält, in der keines von beiden Bewußtseinserlebnis ist? Ein seelisches Erlebnis ist doch als solches nichts als ein Vorgang, und wenn es abgelaufen ist, bleibt von ihm nichts, was noch seelisches Erlebnis wäre, sonst wäre es eben nicht vorbei. Und doch muß es noch irgendwie «existieren», denn es kann sich wiederholen, und es kann mit andren, die auf dieselbe Weise «existieren», in einer Verknüpfung von Ursache und Wirkung stehen. Man darf sich durch die alltägliche Geläufigkeit dieser Vorgänge nicht darüber täuschen lassen, wie tief rätselhaft sie im Grunde sind. Und gerade der Sprachwissenschaftler hat Ursache, sich darüber den Kopf zu zerbrechen, denn zu seinem Gegenstand gehört ja die gewaltigste Leistung des Gedächtnisses, die der Mensch – jeder Mensch! – in seinem ganzen Leben vollbringt.

Wenn ein Vorgang Nachwirkungen hat, so muß er irgendwo Spuren hinterlassen. Irgendwo – d. h. in unserem Falle außerhalb des Bewußtseins, das doch nur ein Inbegriff von Erlebnissen ist. Man hat also an physiologische Wirkungen im Gehirn gedacht, die durch die Erregungen der Sinnesnerven hervorgebracht werden. Einzelne Zellen oder Zellgruppen sollen dadurch so verändert sein, daß sie bei einem entsprechenden Anstoß die ursprüngliche Erregung wiederholen. Derartige Veränderungen, die man nur vermutet, aber nicht nachweisen kann, nennt man «Engramme» oder «Remanenzen», was weiter nichts als «Eindrücke» und «Rückstände» bedeutet.

Daß das Gehirn irgend etwas mit dem Gedächtnis zu tun hat, ist sicher. Wer einmal eine Gehirnerschütterung gehabt hat, kennt das unheimliche Gefühl, wenn die Erinnerung versagt. Wochentag und Stundenplan, ja der Unfall selbst sind wie ausgelöscht, so, als wären sie nie erlebt worden. Im Laufe von ein paar Tagen oder Wochen stellt sich dann alles wieder her. Solche Wirkungen hat also eine rein mechanische Erschütterung des Gehirns.

Man muß sich freilich darüber klar sein, daß es sich bei solchen Gedankengängen nur um ein Denkmodell handelt, das seine Brauchbarkeit für das Verständnis der tatsächlichen Erscheinungen erst erweisen muß. Es empfiehlt sich daher, dem ganzen Kreis dieser Fragen vorerst einen möglichst neutralen Namen zu geben, und so nennt man den ganzen Bezirk, in dem sich Vorgänge abspielen, die Bewußtseinserlebnissen ähneln und Bewußtseinserlebnisse beeinflussen, ohne solche zu sein, das Unbewußte oder die unbewußte Seelentätigkeit. Dabei sind wir uns ehrlicherweise darüber einig, daß wir von der Seinsart dieses «Unbewußten» nicht die geringste Ahnung haben. Nur zweierlei steht fest: erstens gibt es diesen Bezirk, und zweitens steht er mit dem Bewußtsein im engsten Zusammenhang. Der Name läßt sich daher rechtfertigen, er darf nur nicht zu mythologischen Zwecken mißbraucht werden.

Und nun kommt die Sprachwissenschaft und macht sich anheischig, die Vorgänge im Unbewußten zwar nicht aufzuhellen, aber etwas näher zu beschreiben. Sie kann das, weil solche Vorgänge in der sprachlichen Äußerung dauernde und greifbare Gestalt gewinnen, die es möglich macht, sie gründlicher zu untersuchen als die flüchtigen Erlebnisse selbst, denen sie ihre Gestalt verdanken (124).

Wir gehen aus von ganz alltäglichen, sehr unfeierlichen und auf den ersten Blick gar nicht geheimnisvollen Erscheinungen. Da fragt ein Kollege, der sich über eine Maßnahme ärgert: *Wer hat das veranordnet?* und wiederholt die Form auf mein geheucheltes Nichtverstehen noch zweimal. Jeder weiß aus eigener Erfahrung, wie so etwas zustande kommt. Er hätte sagen können: *Wer hat das angeordnet?* oder *Wer hat das veranlaßt?*, und die beiden gleichbedeutenden Wörter sind ihm durcheinandergeraten. Ein Vereinsvorsitzender fand einen Vorfall *beschämenswert*, eine Kreuzung aus *beschämend* und *beklagenswert*. Das kann einem auch mit Satzfügungen geschehen. In einer wissenschaftlichen Zeitschrift lese ich einen Nachruf, der beginnt: *Kurz vor Vollendung seines 80. Geburtstags ist N. N. am ... gestorben.* Der Verfasser hat mindestens zwei, der Herausgeber eine Korrektur gelesen, aber die Vermischung liegt offenbar so nahe, daß sie den Fehler gar nicht bemerkt haben. Fast gleichzeitig steht in einer Tageszeitung: *Bürgermeister H. vollendet morgen seinen 70. Geburtstag.* Die widersinnige Mischung aus *vollendet sein 70. Lebensjahr* und *feiert seinen 70. Geburtstag* ist also auf dem besten Wege, sich einzubürgern. In einem bekannten Falle aus einem Klassiker hat es hundert Jahre gedauert, ehe man den Fehler überhaupt bemerkt hat. Lessing schreibt in «Emilia Galotti» *nicht ohne Mißfallen,* wo er meint *nicht ohne Wohlgefallen* oder *nicht mit Mißfallen.* Der preußische Minister, der aus *meines Erachtens* und *meiner Meinung nach* die Wendung *meines Erachtens nach* zusammenbraute, befindet sich also in guter Gesellschaft. Die beiden Zurufe *Paß auf!* und *Gib acht!* vermischen sich zu dem sinnlosen *Paß acht!* Wir brauchen nicht mehr Beispiele (125). Jeder erinnert sich an ähnliche Fälle, und wenn man einmal darauf aufmerksam geworden ist, verfolgen sie einen geradezu auf Schritt und Tritt. Fragt man die Urheber – man tue es aber lieber nicht, die Menschen nehmen es merkwürdigerweise gewöhnlich übel –, so stellt sich meistens heraus, daß sie sich gar nicht bewußt sind, etwas Falsches oder auch nur Ungewöhnliches gesagt zu haben. Oft glauben sie, sie hätten eine der beiden zur Wahl stehenden richtigen Formen angewendet.

Soweit der Tatbestand. Was lehrt er uns über die seelischen Bedingungen des Sprechens? Zunächst, daß eine gegebene Lage im Sprechenden zwei Äußerungen zugleich hervorrufen kann. Zweitens, daß sich die Entscheidung zwischen ihnen in der Regel nicht im Bewußtsein des Sprechenden, sondern «irgendwo» anders, also im Unbewußten, vollzieht. Und drittens, daß manchmal das Sprechen beginnt, ehe die Entscheidung getroffen ist, so daß beide möglichen Äußerungen teilweise und durcheinander verwirklicht werden. Man nennt den Vorgang und sein Ergebnis Mischung oder Kontamination.

Das ist nun höchst bedeutsam. Wenn sich nämlich zwei Formulierungen desselben Gedankens in der beobachteten Weise mischen können, müssen sie sich, schon bevor die Bewegungsnerven der Sprechorgane erregt werden, in einem Zustand befinden, der die sprachliche Form in allen Einzelheiten abbildet oder eigentlich vorbildet. Das ist die sogenannte «Innere Sprache» (126). Dieser Zustand fällt aber in den Bereich des Unbewußten. Jede Untersuchung dieses Gebietes muß also berücksichtigen, daß es so beschaffen ist, daß formulierte sprachliche Äußerungen darin existieren können. Wie das möglich ist und wie man sich das überhaupt zu denken hat, das sind freilich noch unbeantwortete Fragen. Aber so viel ist klar, daß es sich nicht um rein mechanische Vorgänge handeln kann, denn die Mischung der beiden Formulierungen oder vielmehr ihre Eingliederung ineinander erfolgt grammatisch durchaus sinnvoll. Es entsteht nicht ein Salat von Silben oder Lauten, sondern richtige Sätze aus richtigen Wörtern. Das Ergebnis kann widersinnig sein, wie in dem Beispiel aus «Emilia Galotti», aber es ist nie unsinnig, so daß es überhaupt keine Meinung mehr hätte. Das beweist, daß der Vorgang vom seelischen Mittelpunkt aus (zentral) gesteuert wird.

Und dafür, daß die sprachliche Form bis in die Gestaltung der einzelnen Silbe hinein vom Mittelpunkt her bestimmt wird, gibt es noch andere, sehr bemerkenwerte Beweise. Die Tatsachen sind wieder ganz unscheinbar. Die *Vogesen* haben bekanntlich den deutschen Namen *Wasgau,* und die lateinische Form *mons Vosegus* sowie die französische *Vosges,* die daraus herstammt, zeigen, daß die Folge *s–g* die ursprüngliche ist. In dem Fremdwort *Vogesen* sind also die beiden Mitlaute umgestellt worden. Das ist ein beim Sprechen sehr häufiger Vorgang, man kann ihn auch an den Scherzen von Fischers Fritz und dem Kottbuser Postkutscher beobachten. Was liegt ihm aber zugrunde? Nun, zunächst eine einfache Vorausnahme, ein späterer Laut wird zu früh gebildet, und natürlich muß der Laut, der eigentlich an diese Stelle gehört, nun ausfallen. Aber jetzt kommt das Wesentliche. Der verdrängte oder übergangene Laut verschwindet nicht spurlos, sondern bleibt irgendwie erhalten und macht sich später in der Gestalt des Wortes auch äußerlich wieder geltend, und zwar bemerkenswerterweise gerade an der Stelle, die durch die Vorausnahme des zu früh gebildeten Lautes gewissermaßen frei geworden ist. Das ist das innere Getriebe der Erscheinung, die man rein äußerlich Umstellung nennt. Der Vorgang wird im Bewußtsein nicht bemerkt; er spielt sich also wieder in dem dunklen Gebiet des Unbewußten ab. Auf dieser seelischen Anlage beruht der Reiz des Schüttelreims, der ihr entgegenkommt. Solche Umstellungen finden wir nicht nur bei Lauten, sondern auch bei Wörtern. Satzschlüsse wie *was er... zu denken gebraucht* statt *zu brauchen gedenkt* hören wir in jeder freien Rede. Und zwar gerade am Satzschluß, weil der Gedanke dem Ende zueilt und daher Vorausnahmen hier besonders häufig sind. Und wieder beobachten wir, wie sich die sinnlos vertauschten Wörter sinnvoll in die grammatische Form des Satzes einfügen.

Die Verdrängung eines Gliedes der Rede, das sich im weiteren Verlauf wieder geltend macht, braucht nicht durch Vorausnahme eines anderen zu erfolgen. Auch wenn es auf irgendeine andere Weise verdrängt wird, bleibt es im Unbewußten als Bestandteil des Ganzen erhalten und wird an passender Stelle – man beachte an passender Stelle – eingefügt. Von einem Schauspieler erzählt man sich folgende belehrende Panne. Er hatte im «Faust» in der Szene Auerbachs Keller die Verse zu sprechen: *Ein echter deutscher Mann mag keinen Franzen leiden, doch ihre Weine trinkt er gern.* Dabei versprach er sich und setzte an die Stelle der ungewöhnlichen Form *Franzen,* die Goethe gebraucht, die geläufige *Franzosen.* Aber das hatte zur Folge, daß sich das verdrängte Wort *Franzen* später wieder Bahn brach, und er zur Erheiterung der Zuschauer fortfuhr: *doch Franzbranntwein, den trinkt er gern* – auch dieses Ergebnis widersinnig, aber nicht unsinnig. Ein sehr aufschlußreiches Beispiel dieser Art berichtet Rudolf Meringer. Jemand erzählte entrüstet von Vorgängen, die ihm als *Schweinereien* erschienen. Da ihm dieses

Wort als zu grob widerstrebte, vermied er es und wollte bloß sagen: *dabei sind Dinge zum Vorschein gekommen, die...* Aber die verdrängten *Schweinereien* machten sich an passender Stelle geltend, und so versprach er sich und sagte: *dabei sind Dinge zum Vorschwein gekommen, die...* Fälle von solchen Entgleisungen sind ebenfalls sehr häufig und lassen manchmal tief blicken. Es ist aber klar, daß sie sich nur aus einer Steuerung vom Mittelpunkt her verstehen lassen.

2. *Das Sprechen und die Zeit*

Die letzten Beispiele haben in besonders anschaulicher Weise das Zusammenwirken der zwei Reihen von Erscheinungen gezeigt, von denen wir gewohnt sind, die eine als seelische zu erleben, die andere als physiologische zu beobachten. Der Zusammenhang zwischen beiden ist für uns deshalb so rätselhaft, weil sie vom Standpunkt unserer Erfahrung ganz verschiedenen Seinsweisen anzugehören scheinen. Physiologische Erscheinungen gehören zur äußeren Welt, d. h. wir ordnen sie nach Raum und Zeit und verknüpfen sie nach dem Gesetz von Ursache und Wirkung. Ganz anders sieht die seelische Erfahrung aus. Alle unsere Bewußtseinserlebnisse erscheinen uns nacheinander als ein Früher und Später oder als gleichzeitig, aber nicht als nebeneinander, über- und untereinander oder vor- und hintereinander. Das heißt, daß wir sie nur unter der Anschauungsform der Zeit, aber nicht unter der des Raumes erleben. Die erlebte Zeit hat zwei wesentliche Eigenschaften: sie hat nur eine Erstreckung, und sie verläuft nur in der einen Richtung von der Gegenwart in die Zukunft, und diese Richtung kann nicht umgekehrt werden. So ist unser Seelenleben ein beständiger, unaufhaltsamer, in einer Richtung fließender Strom von Erlebnissen.

Aber das ist nur die eine Seite. So deutlich wir das unaufhaltsame Fließen unserer Bewußtseinsinhalte erleben, ebenso deutlich empfinden wir, daß damit unsere seelische Lage in jedem Augenblick noch nicht vollständig beschrieben ist, daß ein sehr wesentlicher Gesichtspunkt fehlt. Wir erleben nämlich in jedem Augenblick, daß das Vergangene nicht abgetan und daß das Bevorstehende keineswegs bloß ein Nichtvorhandenes ist. Vielmehr wirkt das Vergangene in den gegenwärtigen Zustand nach, und das Zukünftige wird in ihm vorausgenommen. So ist die seelische Gegenwart eine Zusammenfassung des schon Gelebten und des noch zu Lebenden, so sehr, daß man übertreibend hat sagen können, daß der Mensch mehr in seiner Vergangenheit und in seiner Zukunft als in seiner Gegenwart lebe. Aber erst diese Eigenschaft unsres Bewußtseins ermöglicht ein wirkliches Leben. Der ausdehnungslose gegenwärtige Augenblick wäre ohne Sinn und Bedeutung, wenn er nicht mit Früherem und Späterem im Bewußtsein verknüpft wäre. Der leichte Schmerz, den die Nadel des Impfarztes verursacht, wird überhaupt nur dadurch zu so etwas wie einem Erlebnis, daß er während der Vorbereitungen immer wieder vorausgenommen und nachher immer wieder erinnert wird. Und der Bohrer des Zahnarztes ist nicht deshalb furchtbar, weil er im Augenblick weh tut – das ist ja schon überstanden –, sondern weil er im nächsten Augenblick noch viel weher tun kann, wie uns die Erinnerung an das letzte Mal bereits fühlen läßt. So ist die Zeit, die einzige Form, in der uns unsere Bewußtseinserlebnisse erscheinen, in eben diesen Erlebnissen auch wieder aufgehoben, indem Vergangenheit und Zukunft durch Nachwirkung und Vorausnahme ständig vergegenwärtigt werden.

Von Vorausnahme und Nachwirkung wird nun auch die Gestalt der sprachlichen Äußerung bestimmt. Der Vorgang ist normal und findet immer statt, er fällt uns aber besonders auf, wenn er zu Störungen führt. Warum ist es so ungemein schwer, ja ohne gründliche Übung unmöglich, Sätze fehlerfrei zu sprechen wie die bekannten Scherze: *Fischers Fritz frißt frische Fische* oder *Der Kottbuser Postkutscher putzt den Kottbuser Postkutschkasten?* Weil die Artikulationsbewegungen der Sprechwerkzeuge, die rasch hintereinander zum Teil gleich, zum Teil genau umgekehrt verlaufen (*fr–ts/fr–st, k–tp/p–tk*), einander stören, so daß man sich trotz aller Mühe, es richtig zu machen, fortgesetzt «verspricht». Wir stoßen hier auf den Sonderfall einer allgemeinen seelischen

Erscheinung: gleiche oder stark ähnliche Bewegungen oder Eindrücke hemmen einander, weil sie Neigung haben, miteinander zu verschmelzen. Was wir hier an Zunge und Lippen erleben, das erlebt der Klavierpieler bei Fingerübungen, der Tänzer an seinen Beinen. Ebenso geht es mit sinnlichen Eindrücken. Es ist bekanntlich viel schwerer, vier Millimeterstriche auf einem Zollstock richtig abzulesen, als vier Äpfel auf einem Teller als vier zu erfassen.

Wo liegt nun die Ursache dieser Hemmung? Das Zustandekommen einer sprachlichen Äußerung ist, wie wir wissen, ein verwickelter Vorgang. Das hörbare Lautgebilde wird zunächst durch das Zusammenwirken zahlreicher Muskeln erzeugt. Die Muskeln werden durch Bewegungsnerven angeregt, die diese Erregung ihrerseits vom Gehirn her empfangen und weiterleiten. Nun bedürfen offenbar Muskeln sowohl als Nerven nach einer Erregung einer bestimmten Zeit, um wieder in den Zustand des Gleichgewichts zurückzukehren. Tritt vorher eine weitere Erregung ein, so wird die Auswirkung eine andere, als wenn sie den Muskel oder den Nerv im Ruhezustand betroffen hätte. Das kann die Störung nachfolgender Artikulationen durch vorhergehende erklären. Aber es werden ja auch, wie ein Versuch mit den angeführten Scherzaufgaben zeigt, frühere Artikulationen durch folgende gestört. Diese Störung kann nicht auf körperlichen Bedingungen beruhen, denn ein Reiz kann nicht wirken, bevor er wirklich geworden ist. Nerven und Muskeln können ja nicht ahnen, was noch kommen soll, so daß sie dadurch in ihrer Tätigkeit gestört werden könnten. Nur das seelische Geschehen ist imstande, Künftiges schon gegenwärtig zu haben, und so werden wir die Ursache dieser Störung im seelischen Vorgang suchen müssen. Aber ebenso wie die Vorausnahmen werden auch die Nachwirkungen nicht nur physiologisch, vom Körperlichen her, sondern auch seelisch bedingt sein. Dafür sprechen erstens die Gleichheit der Auswirkungen beider Vorgänge und zweitens die ganz besonderen Gestaltungen der Laute, die die Störungen veranlassen. Was sich da stört, sind nicht einzelne Bewegungen, sondern sinnvolle Bewegungsverbände als Ganzes. Es ist nicht ein bloßes Ausgleiten der Zunge – das es auch gibt –, sondern die Beeinträchtigung eines Gebildes durch ein anderes Gebilde. Diese Gebilde aber sind nicht Angelegenheiten der Muskeln und Nerven, sondern der Seele (127).

Man darf nun nicht glauben, daß sich diese Eigentümlichkeit der seelischen Vorgänge nur bei so raffiniert gehäuften Schwierigkeiten wie den angeführten Scherzen geltend macht. Sie kommt vielmehr bei jeder sprachlichen Äußerung ins Spiel. Zwei gleiche Silben hintereinander verschmelzen ohne Willen, ja ohne Wissen des Sprechenden in eine. Jeder empfindet die Hemmungen, die es ihm bereitet, und die vermehrte Aufmerksamkeit, die es ihn kostet, wenn er Wörter wie *unumgänglich, eineiig, er erinnerte sich, zuzugeben, blendenden* richtig aussprechen will. Ich entsinne mich eines alten Lehrers, der zum Ergötzen seiner Schüler die Form *sichereren,* die in der Tat meist als *sicheren* geäußert und verstanden wurde, mit der Betonung *sicherēren* zu diktieren pflegte. Man nennt diese Erscheinung Silbenschichtung oder mit dem Fremdwort Haplologie, das schnurrigerweise selbst Gelegenheit für sie bietet. Sie führt nicht nur zu augenblicklichem Versprechen, sondern beeinflußt geradezu die Sprachgestalt. Wir bilden die weibliche Form zu *Lehrer, Schneider, Tänzer* als *Lehrerin, Schneiderin, Tänzerin,* aber zu *Zauberer* heißt sie *Zauberin,* nicht *Zaubererin.* Eine Ableitung von *rauben* ist *Räuberei,* von *hehlen Hehlerei,* von *jagen Jägerei,* aber von *wildern* heißt dieselbe Ableitung *Wilderei,* obwohl man **Wildererei* erwarten sollte. Daß diese Bildungen vom Gewöhnlichen abweichen, merkt man erst, wenn man darauf hingewiesen wird, so selbstverständlich kommen sie einem vor. Ein Vers von Goethe lautet:

Mit jedem Schritt wird weiter
Die rasche Lebensbahn,
Und heiter, immer heiter
Steigt unser Blick hinan.

Es ist klar, daß die Steigerungsform *heiterer* gemeint ist. Aber Goethe hat sie selbstverständlich nicht dem Reime zuliebe so umgestaltet, sondern weil er in diesem Zusammenhang wirklich so sprach. Auf der Silbenschichtung beruht die Wirkung des Scherzes *in Ulm, um Ulm und um Ulm herum.*

Nicht nur ganze Silben, schon einzelne Laute hemmen einander so, daß einer von beiden beseitigt oder wenigstens verändert wird. Man spricht, wenn man nicht ausdrücklich darauf achtet, statt *Garderobe* und *Parterre* gewöhnlich *Gaderobe* und *Paterre* (128). Da hemmt also ein Laut, der erst später gebildet werden soll, einen gleichartigen, der ihm zeitlich vorangeht. Für den umgekehrten Fall, daß der vorangehende Laut den folgenden beeinflußt, können wir ein Beispiel aus dem Lateinischen heranziehen. Dort heißt das Eigenschaftswort zu *annus* «Jahr» *annalis* «jährlich», und Jahrbücher nennt man noch heute *Annalen.* Aber von *saeculum* «Jahrhundert» heißt das Eigenschaftswort *saecularis,* und so sprechen wir jetzt von *Säkularfeier* und *säkularen Ereignissen,* das sind solche, die nur alle hundert Jahre vorkommen. Die Ableitungssilbe hat hier *r* statt *l,* weil das Grundwort schon ein *l* enthält und ein zweites *l* so dicht darauf unbequem zu sprechen wäre. Man nennt diese in allen Sprachen außerordentlich häufige Erscheinung mit dem Fachwort Dissimilation «Verunähnlichung» (129).

Sie ist keineswegs auf das Gebiet des Lautlichen beschränkt. Es widerstrebt uns auch, dasselbe Wort oder denselben Wortstamm kurz hintereinander zu gebrauchen. Man sagt nicht *das Leben, das er lebte,* sondern *das er führte,* und *eine Sprache reden* statt *eine Sprache sprechen* ziehen selbst Leute vor, die niemals sagen würden *deutsch* oder *französisch reden. Einen Weg bahnen* ist ganz geläufig, aber *eine Bahn bahnen* ungebräuchlich, man sagt dann *Bahn machen* oder *eine Bahn* (durch den Schnee) *schaufeln.*

Doch diese Scheu vor der Wiederkehr des gleichen hat ihre Kehrseite. Wenn nämlich das gleiche nicht so bald, sondern nach einer gewissen Zeit wiederkehrt, so wirkt es ausgesprochen angenehm. Darauf beruht der Reiz des Endreims und des Stabreims. Wie weit der Abstand zwischen diesen Reimen sein muß, damit sie sich nicht stören, ist eine Frage des Geschmacks und darum von Volk zu Volk und selbst von Mensch zu Mensch verschieden. Die altgermanische

Dichtung besetzte von vier Hebungen eines Verses höchstens drei mit Silben des gleichen Anlauts, z. B. (aus dem Hildebrandslied): *garutun iro gudhamun gurtun sih iro suert ana* «bereiteten ihre Kampfhemden, gürteten ihre Schwerter um». Der notwendige Abstand war dadurch gesichert, daß die Hebungen des Verses ja nie zu dicht aufeinander folgen können. Die altrömische Dichtung dagegen, die dasselbe Kunstmittel verwendet, war weniger empfindlich und darum weniger vorsichtig. Der Dichter Ennius hat sich eine Grabschrift verfaßt – das näher liegende Wort *gedichtet* widerstrebt mir hier wegen des vorausgehenden *Dichter!* –, die lautet:

Nemo me dacrumis decoret nec funera fletu
Faxit. Cur? Volito vivos per ora virum.

«Niemand soll mich mit Tränen ehren noch mit Weinen meine Bestattung begehen. Warum? Ich schwebe lebendig auf den Lippen der Männer.» Da hat er von vierzehn Wörtern acht durch Stabreim gebunden, davon zweimal zwei und einmal drei, die unmittelbar aufeinander folgen. Unserm Geschmack entspricht das nicht.

Der Endreim ist ausgesprochen schön, wenn er die Enden zweier nicht zu kurzer Verse bindet; der Reim zweier benachbarter Wörter, der sogenannte Schlagreim, wie *leise Weise,* ist mit Vorsicht zu verwenden. Rilke benutzt ihn einmal sehr wirkungsvoll in dem Gedicht «Der Panther»:

Sein Blick ist vom Vorübergehn der Stäbe
So müd geworden, daß er nichts mehr hält.
Ihm ist, als ob es tausend Stäbe gäbe
Und hinter tausend Stäben keine Welt.

Der Schlagreim *Stäbe gäbe* erweckt in Verbindung mit der Wortwiederholung *tausend Stäbe* sehr deutlich das quälende Gefühl, das man erlebt, wenn man beständig an einem Gitter entlang geht und hindurchsieht. Der geniale Griff des Dichters beruht darauf, daß es dieselbe Eigenschaft unsres Bewußtseins ist, die das Unlustgefühl beim Durchblicken durch die Gitterstäbe und beim Vernehmen der sprachlichen Wiederholungen veranlaßt.

Wenn die einzelnen Laute eines Wortes einander nicht so ähnlich sind, daß sie sich gegenseitig bei ihrer Erzeugung stören, können sich Vorausnahme und Nachwirkung auf andere Weise geltend machen. Zur Bildung eines jeden Lautes sind eine Reihe von Bewegungen verschiedener Sprechwerkzeuge nötig. Da ist es nun außerordentlich häufig, daß eine oder mehrere dieser Bewegungen vorausgenommen werden, d. h. früher ausgeführt, als es eigentlich beabsichtigt war, so daß sie nun erfolgen, während die andern beteiligten Muskelgruppen noch mit der Bildung des vorhergehenden Lautes beschäftigt sind. Die Folge ist, daß dieser Laut nun Züge annimmt, die den folgenden gehören, er wird ihnen also in gewisser Hinsicht ähnlich. Man nennt diese Erscheinung darum Angleichung oder lateinisch Assimilation. Sie ist etwas ganz Alltägliches. Normalerweise sagt man zwar *in Düsseldorf*, aber *im Bonn* und *ing Köln*. Das auslautende *n* des Verhältniswortes wird dadurch verändert, daß bei *im Bonn* die Lippen etwas zu früh aufeinandergepreßt werden, wie es für die Bildung des *b* nachher nötig ist, und bei *ing Köln* die Zunge verfrüht gegen den harten Gaumen gedrückt wird, wo sie erst bei der Bildung des *k* hingehört. Infolgedessen bekommen wir Nasenlaute, die den ihnen folgenden Verschlußlauten teilweise ähnlich sind. Oder die Mund- und Zungenstellung für einen Selbstlaut wird schon während der Bildung des vorhergehenden Mitlauts soweit als möglich eingenommen. Man beobachte einmal an sich selbst die Anlaute von *Kind, Kalb, Kuh*. Man wird drei Arten von *k* finden, die sich durch die Zungenstellung unterscheiden und in dieser Hinsicht jeweilen dem folgenden Selbstlaut *i a u* ähnlich sind.

Dasselbe geschieht infolge von Nachwirkung. Da bleiben einzelne Muskelgruppen zu lange in der Lage, die sie bei der Bildung eines vorhergehenden Lautes eingenommen haben, und nun werden folgende Laute den vorhergehenden ähnlich. Den Zungen-Gaumen-Reibelaut, den wir *ch* schreiben, bilden wir hinten am Gaumen, wenn ein *a o* oder *u* vorhergeht («ach-Laut»), weil bei diesen Selbstlauten die Zunge zurückgezogen ist, dagegen vorn am Gaumen nach *i e ä ö ü* («ich-Laut»), weil in diesen Fällen die Zunge vorn im Munde gehoben wird.

Die Beispiele sind gewählt, weil die Erscheinungen hier auffallen. Die Ursachen aber, Vorausnahme und Nachwirkung, machen sich bei jeder Äußerung und dauernd geltend, so daß unsere geläufigen Wortformen schon unter ihrer Einwirkung zustandekommen. Diese Formen sind schon in sich selbst ausgeglichen in dem Sinne, daß sie die Ergebnisse der Vorausnahme- und Nachwirkungsvorgänge enthalten. Dadurch wird die lautliche Einheit des Wortes hergestellt. Es gibt Sprachen, z. B. das Türkische oder das Ungarische, die in ihren Anforderungen an die Einheit so weit gehen, daß in einer Wortform entweder nur Selbstlaute vorkommen dürfen, die vorn im Munde gebildet werden (*i e ö ü*), oder solche, die hinten gebildet werden (*a o u*).

Die Erscheinung der Angleichung zeigt sich auch in der Satzgestaltung. Wenn wir in nachlässiger Sprechweise sagen *wennst du denkst* oder *obst du willst,* so wird die Personalendung des Tätigkeitswortes vorausgenommen und schon an das Bindewort angehängt. Solche Übereinstimmungen zwischen Wörtern desselben Satzes, die zusammengehören, sind aber in vielen Sprachen vorgeschrieben, so wenn man im Lateinischen sagen muß *bonus filius* «ein guter Sohn», *bona filia* «eine gute Tochter», *bonum plaustrum* «ein guter Wagen». Man nennt diese Übereinstimmung mit einem Fachwort Kongruenz. Sie braucht sich nicht gerade am Ende eines Wortes zu zeigen. In den Sprachen der Bantu in Mittel- und Südafrika müssen zusammengehörige Wörter desselben Satzes mit derselben Vorsilbe beginnen (130). Bedeutsam ist nun, daß es sich nicht immer um Angleichung der Lautgestalt handelt. Der Lateiner sagt nicht nur *bonus filius,* sondern auch *bonus vir* «ein guter Mann», *bona mater* «eine gute Mutter», *bonum carmen* «ein gutes Gedicht». So unterscheiden auch wir *ein guter Mann, eine gute Frau, ein gutes Kind* mit verschiedenem Ausgang des Eigenschaftswortes. An was dieses aber angeglichen ist, das ist nicht die Lautform des Hauptwortes, sondern dessen Zugehörigkeit zu einer der drei Klassen von Hauptwörtern, die wir «männlich», «weiblich» und «sächlich» nennen. Welche Bewandtnis es auch mit diesen Klassen haben mag, die Zugehörigkeit zu ihnen ist jedenfalls keine Angelegenheit der Lautung, sondern eine solche der Bedeutung. Die Angleichung wird also nicht erst bei der lautlichen Verwirklichung, sondern schon in der seelischen Gestaltung der Rede vollzogen. Notwendig und selbstverständlich ist die Angleichung übrigens nicht, wie u. a. das Englische beweist, das das Eigenschaftswort stets unverändert läßt.

Noch deutlicher wird der seelische Ursprung der Angleichung, die man in diesem Zusammenhang Attraktion «Anziehung» nennt, wenn die verschiedenen Kasus des Hauptworts oder die Zeitformen und Aussageweisen des Tätigkeitswortes wider den Sinn des Satzes einander angeglichen werden. Wir sagen heute fast immer *in einer Zeit wie der heutigen*. Das galt in meiner Kindheit noch als falsch, es mußte heißen *wie die heutige* (nämlich *ist*). Fontane z. B. schreibt nie anders. Der Dativ von *einer Zeit* wirkt aber so stark nach, daß sich die Angleichung des Satzgliedes mit *wie* vollständig durchgesetzt hat. Gelegentlich kommen noch stärkere Stücke vor. Ein bekanntes altes Trinklied fängt an: *Den liebsten Buhlen, den ich han, der liegt beim Wirt im Keller*. Das Auffallendste dabei ist, daß der falsche Akkusativ *den liebsten Buhlen*, in dem der Kasus des unmittelbar folgenden Fürwortes vorausgenommen ist, einem so wenig auffällt, daß man gewöhnlich darüber hinweghört. Die Kasus sind offenbar Formen der Gegenstandserfassung, und es wird dem Bewußtsein schwer, in kurzer Frist bei demselben Gegenstand zwischen ihnen zu wechseln. Merkwürdig ist auch die Abwandlung von zusammengesetzten Hauptwörtern wie *der Alte-Herren-Verband*. Davon heißt der Genitiv nämlich *des Alten-Herren-Verbandes* – eigentlich völlig unberechtigt, denn *alte* ist gar nicht Beifügung zu *Herren-Verband*, sondern Bestandteil der Zusammensetzung. Aber ich habe *des Alte-Herren-Verbandes* nie gehört oder gelesen, obwohl es bei sorgfältigen Schriftstellern vorkommen mag. Etwas Ähnliches findet sich im Französischen. Da gibt es ein Eigenschaftswort *tout-puissant* «allmächtig», eigentlich «alles könnend». *Tout* ist also Objekt zu *puissant* und sollte als solches bei Veränderungen des ganzen Wortes unverändert bleiben. Aber trotzdem heißt die weibliche Form *toute-puissante*, sinnlos, aber für das Gefühl befriedigend. Dieses Gefühl beruht eben auf der Vorausnahme der weiblichen Form, die für das Bewußtsein etwas Zwingendes hat (131).

Die Zeitform des Tätigkeitswortes wird einem anderen angeglichen in Fällen wie *Er bestieg den Berg, der zweihundert Meter hoch war, um Ausschau zu halten.* Der Berg wird seine Höhe kaum verändert haben, ist also auch heute noch zweihundert Meter hoch. Aber die Vergangenheitsform des Tätigkeitswortes im Hauptsatz wirkt auf das des Nebensatzes nach. Dasselbe zeigt sich bei Aussageweisen: *Wenn ich gewußt hätte, was mir bevorstände, hätte ich mich nicht darauf eingelassen.* Dem Sprecher hat wirklich etwas Unangenehmes bevorgestanden, er hätte also die Wirklichkeitsform gebrauchen sollen, die Möglichkeitsform in dem Was-Satze beruht nur auf Angleichung an die übergeordnete Bedingungsperiode, die in diesem Falle mit der doppelten Kraft der Nachwirkung und der Vorausnahme zugleich einwirkt.

Es sind einzelne, wenn auch häufige Erscheinungen, an denen wir Nachwirkung und Vorausnahme in der Gestaltung der Rede aufzeigen konnten, weil sie aus dem Rahmen des Üblichen oder sachlich zu Erwartenden fielen. Wir dürfen aber nicht vergessen, daß auch schon die normale Wortgestalt und der normale Satzbau unter der Einwirkung dieser Kräfte zustande gekommen sind. Ja, ohne sie wäre die Einheit des Wortes und des Satzes gar nicht möglich. Wort und Satz werden in zeitlicher Folge geäußert und verstanden. Wir haben aber im dritten Kapitel (S. 112ff.) gesehen, daß sie erst sinnvoll werden, wenn auch ihr letztes Glied vorliegt, ohne daß die früheren in Vergessenheit geraten sind. Jetzt verstehen wir diese Merkwürdigkeit aus der Eigenart unsres Seelenlebens, die Zeit durch Vorausnahme und Nachwirkung in sich aufzuheben. Die Beobachtung dieser Eigenart an sprachlichen Gebilden ist nun aus zwei Gründen sehr wichtig. Erstens nämlich erlauben diese Gebilde, die Lautungen sind und als solche festgehalten werden können, eingehende objektive Untersuchungen der Ergebnisse solcher Vorausnahmen in einer beliebig großen Anzahl von Fällen. Zweitens aber zeigt sich die Vorausnahme schon auf einer Stufe der Sprechhandlung, die noch durchaus in den Bereich des «Unbewußten» fällt. Es ist die Stufe der «inneren Sprache», die allen Erregungen der Bewegungsnerven vorausliegt und die Art dieser Erregungen erst bestimmt. Das bedeutet aber, daß sich hier im «Unbewußten» Vorgänge in einer Weise abspielen, wie sie uns zwar bei den seelischen Erlebnissen ganz geläufig, im physiologischen Bereich aber unbekannt ist. Daher wird eine Theorie, die zur Erklärung dieses Teils des gesamten Ablaufs nur physiologische Vorgänge im Gehirn einsetzt, den Erscheinungen nicht gerecht.

3. Leib und Seele beim Sprechen

Aber da meldet sich sogleich die andre Seite zum Wort und stellt fest, daß der Einfluß der physiologischen Vorgänge im Gehirn auch auf die Einzelheiten der Sprechtätigkeit denn doch nicht zu verkennen ist. Am deutlichsten wird dieser Einfluß, wenn krankhafte Vorgänge in bestimmten Teilen des Gehirns zu ganz bestimmten Störungen des Sprechens führen. Man benutzt solche Störungen sogar, um daraus auf die Stelle von Verletzungen oder Erkrankungen im Gehirn zu schließen. Wo man die Diagnose später durch den Augenschein nachprüfen konnte, hat sie sich sehr häufig bestätigt. Wenn gelegentlich Irrtümer vorkommen, so ist das angesichts der verwickelten Verhältnisse, die sowohl bei der Sprechtätigkeit als auch bei der Funktion des Gehirns vorliegen, nicht zu verwundern. Bemerkenswert ist, daß sich auf diese Weise herausgestellt hat, daß nicht nur die Hirnrinde, sondern das ganze Gehirn am Sprechen und Verstehen beteiligt ist.

Störungen der Sprechtätigkeit können an allen Punkten der verwickelten Anlage auftreten, die unser Sprechen ermöglicht.

Es gibt, wie allbekannt, Störungen im Sprechen, die einfach auf Mißbildungen der Sprechorgane beruhen. Eine Hasenscharte, ein Wolfsrachen, das Fehlen des Gebisses oder selbst einzelner Vorderzähne verändern den Klang der Sprache und die Bildung einzelner Laute, ja machen es unmöglich, gewisse Laute überhaupt zu erzeugen. Solche Mißbildungen sind nicht immer angeboren oder durch Unfall entstanden, sie werden oft auch von den Menschen absichtlich gesetzt. Es gibt Völker, die zum Schmuck dicke Holzpflöcke in die Lippen klemmen und diese so unförmig ausdehnen. Andere schlagen schon den Kindern die vorderen Schneidezähne aus. Solche Gebräuche haben selbstverständlich Einfluß auf die Lautung der betreffenden Sprachen.

Weiter haben wir Störungen, dadurch bedingt, daß die am Sprechen beteiligten Nerven fehlerhaft arbeiten. Es braucht sich dabei gar nicht um krankhafte Veränderungen zu handeln. Schon wenn, wie wir sagen, eine Bewegung falsch eingeübt ist, liegt die Ursache in falscher Bahnung des Reizwegs in den Nerven. Daraus entstehen dann Sprechunarten wie Lispeln, Näseln, Einsetzen des Stimmtons an der falschen oder sein Fehlen an der richtigen Stelle. Allerdings erhebt sich schon bei diesen anscheinend äußerlichen Fällen die Frage, inwieweit an ihnen auch die Zentrale, das Gehirn, beteiligt ist, inwieweit also die Fehlleistung schon auf unrichtiger Steuerung der zentralen Reize beruht. Sicher ist das der Fall beim Stottern oder Stammeln. Die Schwierigkeit, mit Sprechen zu beginnen, die Unfähigkeit, über bestimmte Silben hinwegzukommen, die ungewollte Wiederholung derselben Silben haben ihre Wurzel sicherlich im Großhirn und können darum auch nicht durch Übung, sondern nur durch eine tief eingreifende seelenärztliche Behandlung beseitigt werden.

Überhaupt wird, je genauer man die eigentlichen Ursachen der Sprachstörungen untersucht, die entscheidende Rolle des Gehirns auch in den Außenbezirken immer klarer. Am Gehirn haben wir zunächst zwei Gebiete zu unterscheiden, ein äußeres, das bei Öffnung des Schädels zuerst sichtbar wird und durch eine starke Faltung an der Oberfläche auffällt, das G r o ß h i r n, und ein inneres, das die

Fortsetzung des Rückenmarkes darstellt und gewissermaßen den inneren Kern des Großhirns bildet, das Stammhirn. Dieses Stammhirn ist entwicklungsgeschichtlich älter als das Großhirn. Das heißt, bei der Entwicklung der Tierarten wurde zunächst das Stammhirn gebildet und erst später das Großhirn, so daß es niedere Tiere gibt, die wohl ein Stammhirn haben, aber kein Großhirn. Nun ist es außerordentlich bemerkenswert, daß auch Störungen im Stammhirn auf die Sprechtätigkeit Einfluß haben, und die Art dieses Einflusses ist sehr aufschlußreich.

Eine bestimmte Erkrankung des Stammhirns, die sogenannte Parkinsonsche Krankheit, hat die Wirkung, daß der Kranke die Fähigkeit verliert, sein Sprechen rhythmisch und melodisch zu gestalten. Er spricht dann so eintönig und gleichmäßig, daß man ihn kaum verstehen kann. Darin zeigt sich, daß Rhythmus und Melodie die wichtigsten Mittel zur Gliederung der sprachlichen Äußerung sind. Aber dies war nicht ihre ursprüngliche Leistung. Die Fähigkeit, Rhythmus und Melodie zu empfinden und selbst zum Ausdruck zu bringen, findet sich in der Tierreihe weit unterhalb des Menschen, nicht nur, wie bekannt, bei Pferden, Hunden, Bären und bei Vögeln, sondern auch bei Schlangen und Fischen, ja bei Insekten. Dieser Tatsache entspricht es, daß die Fähigkeit an die Tätigkeit des Stammhirns geknüpft ist. Nun können bei den Tieren Rhythmus und Melodie selbstverständlich nicht dazu dienen, sprachliche Äußerungen zu gliedern, die es bei ihnen gar nicht gibt. Sie dienen vielmehr dazu, die allgemeine Stimmung des Tieres kundzugeben, wie wir am deutlichsten am Gesang der Vögel beobachten können. Und diese Leistung der Kundgabe haben sie auch in der menschlichen Rede beibehalten. Der Ton einer Äußerung ist oft viel wichtiger und folgenreicher als ihr Inhalt. Man kann *bitte, ganz wie Sie wünschen* in einem Tone sagen, daß es die Wirkung einer Kriegserklärung hat. Dieser «Ton», der ganz wörtlich auch als Klang der Stimme zu verstehen ist und von dem Melodie und Rhythmus nur die in der Sprache faßbaren Erscheinungsformen sind, ist es, der ganz unmittelbare seelische Beziehungen zwischen den Gesprächspartnern herstellt, die mit dem Inhalt des Gesprochenen unter Umständen gar nichts zu tun haben. Der Partner versteht dabei nicht einen Sachverhalt, sondern er wird in eine Stimmung oder Erregung versetzt. Wir befinden uns hier jenseits der Grenzen des eigentlich sprachlichen Geschehens in urtümlichen Schichten der Beziehungen zwischen Lebendigem.

Wenn nun aber diese selben urtümlichen Mittel, Stimmklang, Rhythmus und Melodie, auch die Leistung übernommen haben, die Rede zu gliedern und gerade in ihren letzten gedanklichen Feinheiten zu gestalten, so ist das wieder ein Beleg dafür, wie alle menschlichen Fähigkeiten, uralte und ganz junge, primitive und hochdifferenzierte, im Sprechen zusammenwirken, und zwar so, daß gerade das Ursprünglichste zum Träger des höchsten Gedanklichen wird.

Stimmklang, Rhythmus und Melodie der Rede sind einerseits mit den gesamten Bewegungen und den Muskeleinstellungen des ganzen Körpers aufs engste verbunden und von ihnen abhängig, sie drücken aber andrerseits gedankliche Zusammenhänge mit einer Feinheit und Schärfe aus, die kein anderes Mittel sprachlicher Darstellung erreicht. Auf diese Weise entsteht eine Verbindung zwischen der körperlichen Gesamthaltung und dem letzten Sinn einer Rede, die die Rede als Erzeugnis und Vertretung der menschlichen Persönlichkeit als ganzer erweist. EDUARD SIEVERS hat diese Zusammenhänge im einzelnen untersucht und ist zu ganz erstaunlichen Ergebnissen gelangt. Schallanalyse nannte er diesen von ihm neubegründeten Zweig der Sprachwissenschaft (132).

Es ist natürlich hier nicht möglich, eine Darstellung des Verfahrens und der Ergebnisse der Schallanalyse zu geben, denn dazu muß man in erster Linie selbst hören und sehen, sie gehört also zu den seltenen und kostbaren Dingen, die sich auf keine Weise durch Bücher übermitteln lassen. Aber die Folgerungen, die sich aus den gewonnenen Einsichten für das Wesen der Sprache ergeben, müssen an dieser Stelle Platz finden.

Zunächst ein einfacher Versuch, den jeder leicht und mit sicherem Erfolg selbst anstellen kann und der den Einfluß von Muskeleinstellungen auf die Lautgestalt der Rede zeigt. Jeder Mensch verfügt über zwei Stimmlagen, eine höhere und eine tiefere, zwischen denen er wechseln kann und, meistens ohne sich dessen bewußt zu sein, nach dem Sinn seiner Rede wechselt. Dabei werden die beiden Lagen häufig benutzt, um entgegengesetzte Gedanken als solche voneinander abzuheben. Welche Stimmlage für gewöhnlich gebraucht wird, ist bei den einzelnen Menschen verschieden; es ist also willkürlich, wenn man mit Sievers die höhere Stimmlage als «Normalstimme», die tiefere als« Umlegstimme» bezeichnet. Nehmen wir nun einen Text wie Schillers «Eleusisches Fest» und lesen die erste Strophe:

Windet zum Kranze die goldenen Ähren,
Flechtet auch blaue Cyanen hinein!
Freude soll jedes Auge verklären,
Denn die Königin ziehet ein,
Die Bezähmerin wilder Sitten,
Die den Menschen zum Menschen gesellt
Und in friedliche feste Hütten
Wandelte das bewegliche Zelt.

Dieses Stück wird jeder ganz von selbst mit Normalstimme, also in der höheren Stimmlage, lesen. Im folgenden aber wird jeder unwillkürlich in die tiefere Lage übergehen:

Scheu in des Gebirges Klüften
Barg der Troglodyte sich;
Der Nomade ließ die Triften
Wüste liegen, wo er strich;
Mit dem Wurfspieß, mit dem Bogen
Schritt der Jäger durch das Land.
Weh dem Fremdling, den die Wogen
Warfen an den Unglücksstrand!

Versucht man die Stimmlagen zu vertauschen, also den ersten Teil der Strophe mit der tieferen, den zweiten mit der höheren zu lesen, so treten zunächst Hemmungen der stimmlichen Äußerungen auf, die Stimme versagt, entgleist in abnorm hohe oder tiefe Töne oder schnappt über. Außerdem hat man das deutliche Gefühl einer Anstrengung in der Kehle. Überwindet man aber diese Hindernisse, so bemerkt man mit unwilligem Erstaunen, daß jetzt die schönen Verse einen entschieden komischen Eindruck machen, der auf dem Gegensatz zwischen Gedanken und Stimmklang beruht.

Den meisten wird es aber gar nicht gelingen, die Teile der Strophe mit falschem Stimmklang zu lesen. Der Einfluß, den der vom Dichter gestaltete Text ausübt, ist so stark, daß er die richtige, d. h. vom Dichter gewollte Stimmlage erzwingt. Dieser Einfluß geht natürlich von der lautlichen Gestalt des Textes aus. Wir können aber dieser Suggestion künstlich entgegenwirken, und zwar bemerkenswerterweise auf dem Wege über Muskeleinstellungen. Wir nehmen ein Stück Holz von der Form eines spitzen Kegels, etwa so lang und so dick wie ein großer Federhalter, und halten es so in der rechten Hand, als ob wir mit der Spitze schreiben wollten. In dieser Haltung wird alle Sprechtätigkeit mit Normalstimme erfolgen, auch der zweite Teil von Schillers Strophe wird jetzt ohne weiteres mit Normalstimme gelesen, allerdings mit den vorhin angegebenen Folgen. Kippt man nun das dicke Ende des Holzstücks nach vorn, indem man einfach die Finger stärker krümmt, ohne im übrigen loszulassen, so geht man sofort zur Umlegstimme über; man kann jetzt auch den ersten Teil der Strophe in dieser Stimmlage lesen. Durch einfachen Wechsel der Handhaltung kann man mitten im Satz die Stimmlage beliebig oft wechseln. Der Versuch gelingt nach meinen Erfahrungen immer. Die Wirkung erklärt sich daraus, daß die Einstellung aller Muskeln des Körpers dauernd miteinander im Zusammenhang steht und daß eine Änderung der Einstellung an einer Stelle sofort Änderungen an anderer Stelle nach sich zieht. So verursacht eine Änderung der Handhaltung mittelbar eine Änderung der Einstellung der Muskeln des Kehlkopfes und so eine Veränderung des Stimmklangs. Merkwürdig ist nun, daß sich eine bestimmte Muskeleinstellung auch mittelbar erzielen läßt durch Gehörseindrücke – wir haben gesehen, daß der Text eines Gedichtes eine bestimmte Stimmlage erzwang, die wir auf eine bestimmte Einstellung der Kehlkopfmuskeln zurückführen konnten – und sogar durch Gesichtseindrücke. Es gelang Sievers, die mannigfaltigsten

Wirkungen auf den Klang der Stimme durch den bloßen Anblick von verschieden gebogenen Messingdrähten hervorzurufen. Deshalb ist die verschiedene Gestalt des Holzstücks an seinen beiden Enden für unseren Versuch nicht gleichgültig. Die unmittelbare Wirkung dieser Gesichtseindrücke geht auf Muskeleinstellungen und erst über diese auf Klangveränderungen.

Jede sprachliche Äußerung erfordert nun einen ganz bestimmten Stimmklang. Bei einem schriftlich vorliegenden Text kann man ihn durch Probieren finden, indem man sich entweder der Suggestion des Textes willenlos überläßt oder die erwähnten künstlichen Mittel anwendet. Hat man die richtige Einstellung gefunden, so gibt sich das dadurch zu erkennen, daß die Stimme ungehemmt und ohne Anstrengung den Text sinnvoll wiedergibt.

Auf das «sinnvoll» ist besonderer Nachdruck zu legen. Es zeigt sich nämlich, daß die verschiedenen Schattierungen des Stimmklangs mit dem Sinn der Äußerung eng zusammenhängen. Man merkt ja, wenn ein Kind vorliest, schon an der Betonung, ob es das Gelesene versteht oder nicht. Richtiges Verständnis bringt von selbst die richtige Betonung hervor und umgekehrt. Die Schallanalyse ist nichts als die in alle Einzelheiten vorgetriebene wissenschaftliche Zerlegung dieser alltäglichen Erfahrung.

Für uns aber ist hier wichtig, daß bei allem Sprechen Sinn, Klang und die Einstellung des gesamten Körpers, nicht nur der Sprechorgane, eine unauflösliche Einheit bilden und daß die seelische Seite dieser Einheit mit der Tätigkeit des urtümlichen Stammhirns verknüpft ist.

Ganz anderer Art sind die Sprachstörungen, die in Erkrankungen des Großhirns und insbesondere der Großhirnrinde ihre Ursache haben. Da zeigt sich nämlich, daß die Fähigkeit zu sprechen bei einem Kranken nicht nur vollständig ausfallen kann, sondern daß in sehr vielen Fällen nur Teile der gesamten Leistung geschädigt werden. Dadurch kann man unter Umständen erkennen, durch welche verhältnismäßig selbständigen einzelnen Leistungen die Fähigkeiten des Sprechens und des Verstehens zustande kommen, weil die eine ausfallen kann, während die andre bestehen bleibt. Manchmal ergeben sich dabei sehr überraschende Einblicke (133).

So ist man leicht geneigt, die Verbindung zwischen einer Lautung und ihrer Bedeutung als gedächtnismäßige Verknüpfung aufzufassen, so wie sie etwa gestiftet wird, wenn man Vokabeln einer fremden Sprache lernt. Aber nun stellt sich heraus, daß es krankhafte Störungen gibt, bei denen der Kranke große Schwierigkeiten hat, die passenden Wörter zu finden, ja in den schweren Fällen überhaupt nicht mehr sprechen kann, während er das, was man ihm sagt, im allgemeinen noch versteht. Dabei sind die sonstigen Bewegungen von Zunge, Lippen usw. in keiner Weise gehemmt. Umgekehrt gibt es Fälle, in denen geläufige Wörter der Muttersprache oder muttersprachliche Rede als Ganzes nicht verstanden werden, obwohl der Gehörsinn völlig unversehrt ist. Aber der Kranke ist imstande, von sich aus verständlich zu sprechen. Man nennt diese Krankheitsbilder medizinisch Aphasie («Sprachlosigkeit») und unterscheidet die motorische Aphasie oder Wortstummheit, bei der die Kranken nicht sprechen können, von der sensorischen Aphasie oder Worttaubheit, bei der sie Gesprochenes nicht verstehen. Aus diesen Tatsachen ergibt sich, daß die Beziehung zwischen Wort und Sache bei den Sprechenden nicht einfach Verknüpfung einer Lautung mit einer Vorstellung ist. Denn eine solche könnte nur entweder bestehen oder nicht bestehen, und wenn sie nicht besteht, hört eben Sprechen und Verstehen zugleich auf. Vielmehr ist das «Wort» in der Seele des Sprechenden offenbar kein Ding, sondern eine Fähigkeit, nämlich die Fähigkeit, unter bestimmten Umständen eine Reihe verwickelter Verrichtungen auszuführen. Beim Sprechen wird aus einer Fülle von Möglichkeiten eine ganz bestimmte verwirklicht, indem die Bewegungsnerven der Sprechorgane in sehr vielfacher Weise erregt werden. Beim Verstehen muß die wahrgenommene Lautung erst in bestimmter Weise bearbeitet werden, ehe sie als «Wort» auf uns wirken kann.

Das Krankheitsbild der Aphasie in ihren beiden Formen

enthüllte aber auch einen sehr bemerkenswerten Zusammenhang. Daß die Ursache der Krankheit Schädigungen des Gehirns sind, war von Anfang an offenkundig. Aber im Jahre 1861 gelang dem französischen Psychiater P. Broca die Entdeckung, daß fast immer, wenn ein Kranker unfähig war, Worte zu finden, eine bestimmte Stelle im Gehirn, nämlich die dritte untere Stirnwindung der linken Hirnhälfte, eine örtliche Schädigung zeigte (134). Einige Jahre später stellte C. Wernicke etwas ganz Entsprechendes bei den Kranken, die Wörter nicht mehr verstehen können, fest: eine Schädigung der oberen Schläfenwindung der linken Hirnhälfte (135). Es ist verständlich, daß man auf Grund dieser Entdeckungen zuerst meinte, man könne für jede der vielen einzelnen Leistungen, durch die das Sprechen zustande kommt, eine Stelle im Gehirn bestimmen, in der sie ihren «Sitz» hätte (Lokalisationslehre). Weitere Beobachtungen und Überlegungen haben aber dieses allzu einfache Bild erheblich umgestaltet.

Man muß sich einmal überlegen, was denn eigentlich beobachtet ist. Wenn bestimmte Stellen im Gehirn geschädigt sind, hören bestimmte Leistungen (Sprechen oder Verstehen) auf. Aber glücklicherweise nicht für immer. In sehr vielen Fällen stellen sich die ausgefallenen Fähigkeiten wieder her. Das kann nicht dadurch geschehen, daß die Verletzung des Gehirns ausheilt, denn Verletzungen des Gehirns heilen nicht. Sondern es gelingt durch längere beharrliche Übung, allmählich die Fähigkeit zum Sprechen oder zum Verstehen wieder zu erwerben. Aber – und das ist wichtig – das geht nun nicht so vor sich, als müßte der Kranke ganz von neuem wie als Kind sprechen lernen. Vielmehr wird ihm durch die Übung sein Sprachbesitz, das was er früher gekonnt hat, wieder verfügbar. Dieser war also durch die Schädigung nicht vernichtet, er konnte nur nicht genutzt werden. Der Sprachbesitz ist eben keine Sammlung von Dingen, die im Gehirn irgendwo gestapelt wären, sondern die eingeübte Fähigkeit und Bereitschaft, auf bestimmte Reize in bestimmter Weise zu reagieren. Aber die Vielfalt und Wendigkeit dieser Reaktionen macht es fast unmöglich, sich auch nur in Form eines Modells ein anschauliches Bild von dem zu machen, was da vor sich geht. Nur daß es sich um Vorgänge in der Großhirnrinde dabei handelt, wird durch die Auswirkung von Schädigungen bewiesen. Sie machen es anscheinend zunächst unmöglich, gewisse Leistungen sinnvoll zusammenzuordnen. Dabei macht man die Beobachtung, daß Leistungen im gewohnten Zusammenhang gegen Störungen widerstandsfähiger sind als solche, die man künstlich herausgelöst hat. Ein Kranker erklärt etwa, wenn man ihn auffordert, das Wort *nein* nachzusprechen: *Nein, das kann ich nicht.*

Daß das Auftauchen der richtigen Wörter beim Sprechen, von dem wir normalerweise gar nichts merken, durchaus nicht selbstverständlich ist, sondern wirksam gesteuert werden muß, sehen wir an der im täglichen Leben so häufigen Fehlleistung der Wortverwechslung. Wenn sie als Symptom krankhafter Störungen auftritt, wird sie unter dem medizinischen Fachnamen Paraphasie inbegriffen. Dafür, daß das richtige Wort mit einem andern verwechselt wird, sind im allgemeinen zwei Umstände verantwortlich: es muß ein Wort, nämlich das falsche, aus irgendeinem Grunde eine besondere Durchschlagskraft entwickeln, und es muß die Steuerung der Wortwahl irgendwie gestört sein. So fragte ein zehnjähriger Junge, nachdem er zum ersten Mal in seinem Leben einen Zirkus gesehen hatte, abends stark ermüdet: *Mutter, wo ist denn der Löwe?,* meinte aber den Vorleger vor der Badewanne. Warum sich das Wort *Löwe* hier vordrängen konnte, ist klar, ebenso, daß die Ermüdung die Steuerung beeinträchtigt hatte. In ganz anderer Umgebung: Ein Gelehrter hält einen Vortrag über gewisse mathematische Lehren bei Aristoteles, und dabei bezeichnet er, ohne den Fehler zu bemerken, den Speusippos bei einer gelegentlichen Erwähnung als *Neffen des Aristoteles,* während der Onkel in Wirklichkeit Platon war. *Aristoteles* war eben das Thema des Vortrags und der Name war immer wieder genannt worden; die Aufmerksamkeit war ganz auf den Gedankengang des frei gehaltenen Vortrags gesammelt, so daß in nebensächlichen Dingen die Steuerung gelegentlich versagte. Erst recht kommt so etwas begreiflicherweise im Traume vor. So träumte mir einmal, ich nähme an einer Feierlichkeit teil, und eine Stimme gab bekannt: *Wir schreiten jetzt zur Verteilung der Pillen.* Was aber vor sich ging und was ich auch nach der Ankündigung erwartet hatte, war keine *Verteilung von Pillen,* sondern eine *Verleihung von Orden!* Ich hatte also im Traume gleich zwei Wortpaare verwechselt. Die Ursache ließ sich noch feststellen. Am Tage vorher war die Rede davon gewesen, daß die Beamten früher sehr viel geringere Gehälter bezogen hätten, und ich hatte dazu bemerkt, daß sie dafür durch Titel und Orden entschädigt worden seien. Dabei war mir der Gedanke durch den Kopf gegangen: *Damit wurde ihnen die Pille* (des kümmerlichen Gehaltes) *verzuckert;* ich hatte ihn aber als zu banal unterdrückt. Gerade eine solche Unterdrückung verleiht nun erfahrungsgemäß einem Bewußtseinserlebnis die Kraft, im Traum wieder aufzutauchen. Der unterdrückte Satz machte sich geltend und setzte sein Stichwort an die Stelle des eigentlich gemeinten. Und das ist überhaupt kennzeichnend für Paraphasie: die Wortwahl wird nicht mehr vom Sinn des Ganzen her bestimmt, sondern von zufälligen Verknüpfungen. Gehäuftes Auftreten von Wortverwechslungen ist ein Anzeichen für krankhafte Vorgänge im Gehirn. In Ibsens «Gespenster» deutet der Dichter den Ausbruch einer Paralyse durch eine Paraphasie an. Oswald beobachtet den Sonnenaufgang, spürt den Ausbruch der Krankheit und will von seiner Mutter das für diesen Zweck bereitgehaltene Gift verlangen. Er sagt aber: *Mutter, gib mir die Sonne!* und wiederholt das falsche Wort noch mehrere Male. Oft ist sich der Kranke bewußt, daß er ein falsches Wort gebraucht, kann es aber nicht vermeiden, weil es sich ihm unwiderstehlich aufdrängt. In anderen Fällen fehlt dieses Bewußtsein, der Kranke ist überzeugt, daß das gebrauchte Wort der richtige Name für die Sache ist. Da ist also nur die Gesamtmeinung erhalten, die einzelnen Wörter können nicht mehr richtig beurteilt werden.

Es ist ein Unterschied, ob ein Wort zur Bezeichnung eines Sachverhalts beim Sprechen nicht gefunden wird oder ob ein gehörtes Wort nicht verstanden wird. Im ersten Falle ist der Inhalt des Wortes vorhanden, und es fehlt die Bezeichnung oder die richtige Bezeichnung; im zweiten Falle fehlt der zur Lautung gehörige Inhalt, wenn nicht etwa schon die Auffassung der Lautform zentral gestört ist. Wie eng das Verständnis der Wörter mit dem Besitz der entsprechenden Inhalte zusammenhängt, zeigt der Fall eines Hirnverletzten aus dem ersten Weltkriege, der von GELB und GOLDSTEIN in Frankfurt untersucht worden ist (136). Der Kranke hatte das Verständnis für einen eng umgrenzten Bereich von Wörtern verloren, nämlich für die Namen der Farben. Das heißt, er konnte Wörter wie *blau, grün* ohne weiteres nachsprechen, verband aber damit keinen Sinn; sie waren ihm wie Wörter einer unbekannten Sprache. Der Arzt nennt ein solches Leiden eine Amnesie (Gedächtnisschwund). Die Folgen dieser Farbennamen-Amnesie für das geistige Leben des Kranken waren sehr bemerkenswert. Er konnte nämlich die Farben in allen Schattierungen, z. B. an Wollfäden, die man ihm vorlegte, sehr wohl unterscheiden, er konnte auch angeben, daß ein bestimmter Faden die Farbe des Briefkastens oder des Lampenschirms habe, aber er war nicht imstande, die verschiedenen Schattierungen von Blau oder die verschiedenen Schattierungen von Rot zusammenzuordnen. Stellte man ihm diese Aufgabe, so erklärte er, die Farben seien ja alle verschieden. Das heißt, mit dem Verständnis der Wörter *blau, rot* usw. waren auch die entsprechenden Inhalte ausgefallen, und nun konnte der Sachverhalt der Farbenmannigfaltigkeit nicht mehr gegliedert werden.

Ganz unabhängig von den Störungen, die Ausfälle im Finden und in der Verwendung von Wörtern zur Folge haben, gibt es solche, die die Fähigkeit beeinträchtigen oder aufheben, Sätze zu fügen. Man nennt sie agrammatische Störungen (137). Die Kranken äußern alle Wörter, die zu der beabsichtigten Sprechleistung gehören, aber ohne jede Ordnung und ohne die Form, die sie in einem sinnvollen Satze haben müßten. Die beiden Grundeinheiten, auf die die Gliederung der Rede führt (S. 110ff), sind also auch im wirklichen seelischen Vollzug zu trennen.

Man darf nun freilich nicht erwarten, daß die Ausfallserscheinungen bei Gehirnerkrankungen uns ein genaues Bild vom seelischen Aufbau der sprachlichen Leistungen bieten. Eine Störung oder gar eine Zerstörung nimmt natürlich eben als solche keine Rücksicht auf den Aufbau dessen, was sie stört. Ferner aber setzen bei jeder Störung sofort eine Menge Tätigkeiten ein, die den Ausfall auf Umwegen gutzumachen suchen. Dadurch wird der ganze Vorgang so stark verändert, daß wir aus dem seelischen Verhalten eines Sprachgestörten nicht ohne weiteres auf die normalen Vorgänge beim Sprechen schließen dürfen. Aber soviel können wir mit Sicherheit sagen, daß Sprechen nur möglich ist, wenn bestimmte Teile der Großhirnrinde und die von ihnen ausgehenden Nervenbahnen arbeitsfähig sind. Man kann sich das Zusammenwirken der leiblichen und der seelischen Seite der menschlichen Persönlichkeit beim Sprechvorgang nicht eng genug denken.

4. Die Einheit der Persönlichkeit und der Aufbau der sprachlichen Gebilde

Es ist eine wesenhafte Eigenart unsres Bewußtseins, daß alle seine Erlebnisse, alle seine Gefühle, Strebungen, Vorstellungen je meine Erlebnisse, meine Gefühle, Strebungen, Vorstellungen sind. Wie der Geschmack des Salzes, so drückt das ein alter indischer Philosoph aus, die ganze Speise auch in ihren kleinsten Teilen durchzieht, so durchzieht der Geschmack des Ichs alle Erlebnisse unsres Bewußtseins. In jedem seelischen Erlebnis ist also die ganze Persönlichkeit gegenwärtig. Es gibt keine Vorstellung, die nicht Gefühl und Willen; kein Gefühl, das nicht Strebung und Vorstellung; keinen Willensakt, der nicht Vorstellung und Gefühl enthielte. Was immer in der Seele geschieht, ist auf die Mittelpunktseinheit des Ich bezogen und so mit allem andern verknüpft, was in demselben Bewußtsein erlebt wird.

Die Beziehung eines einzelnen auf ein übergeordnetes Ganzes nennen wir seinen S i n n, und wir können demnach sagen, daß es im Bewußtsein schlechterdings nichts Sinnloses gibt. Die Psychologen haben sich die größte Mühe gegeben, zu Versuchszwecken dem Bewußtsein ihrer Versuchspersonen völlig sinnloses Material, Buchstaben, Laute, Silben, Kleckse darzubieten. Es war ganz vergeblich. Das aufnehmende Bewußtsein gestaltete sogleich das dargebotene Material zu sinnvollen Gebilden, faßte die Buchstaben, Laute, Silben als Bruchstücke von Wörtern und Sätzen, die Kleckse als Bilder (138). Auch im täglichen Leben erfahren wir Ähnliches. Die Stöße der Räder des Eisenbahnzuges auf den Schienen folgen, wenn die Geschwindigkeit dieselbe bleibt, durchaus gleichmäßig aufeinander, sowohl nach Zeit als auch nach Stärke. Trotzdem hören wir, die wir im Wagen sitzen, alle möglichen Rhythmen in diese Stöße hinein. Dasselbe begegnet uns bei den gleichmäßigen Schlägen eines Metronoms. Ein solcher Rhythmus ist eben sinnvoll: die einzelnen Stöße oder Schläge sind nicht mehr gleichwertig, sondern es gibt hervorgehobene und untergeordnete, und eine Anzahl schließen sich zu einer höheren Einheit zusammen. Mit einem Worte: die Reihe der gleichmäßigen Stöße oder Schläge wird im aufnehmenden Bewußtsein gegliedert.

Man nennt ein solches gegliedertes Gebilde im Gegensatz zu einer Reihe ungegliederter Elemente eine Gestalt (139). Eine Gestalt hat drei wesentliche Eigenschaften, an denen man sie als solche erkennen kann. Erstens ist sie als Ganzes mehr als die Summe ihrer Teile. Eine Melodie z. B. ist mehr als die Gesamtheit ihrer einzelnen Töne, denn man kann, wenn man die Melodie höher oder tiefer nimmt, jeden einzelnen Ton verändern, und es bleibt doch dieselbe Melodie. Und ein Haus ist selbstverständlich mehr als die Anhäufung von Bruchsteinen, Ziegeln, Dachziegeln, Eisenträgern, Balken, Brettern, Glas, Mörtel usw. Die Eigenschaften, vermöge deren eine Gestalt mehr ist als die Summe ihrer Teile, nennt man Gestaltcharaktere.

Zweitens sind die Teile einer Gestalt Glieder, d. h. selbst Gestalten. Die Teile des Hauses, Fundament, Dach, aber auch Fenster, Türen, Treppen sind selbst gegliederte Gebilde, die ihren Sinn vom Hause her empfangen. Ein lebender Körper besteht aus «Organen», das sind selbst Gestalten, wie Arm und Bein, Magen, Herz oder Leber, die offensichtlich in sich sinnvoll gegliederte Gebilde sind.

Und drittens durchdringen die Glieder einer Gestalt einander in der Weise, daß jedes an wesentlichen Eigenschaften der andern teilhat. Wenn man z. B. die beiden hier gezeichneten Striche betrachtet

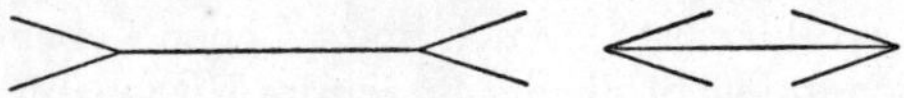

und fragt, welcher von beiden der längere ist, so wird man keinen Augenblick zögern, den linken zu nennen. In Wirklichkeit sind beide gleich lang, aber der linke erscheint länger, weil er teilhat an der Richtung der angesetzten Striche, die nach außen weisen und ihn gleichsam in die Länge ziehen. Der rechte Strich dagegen wird durch die nach innen zeigenden Ansätze, deren Richtungssinn er aufnimmt, gewissermaßen zusammengedrückt. In ähnlicher Weise werden die beiden gleichlaufenden Striche

durch die sie kreuzenden an ihren oberen Enden auseinandergedrängt. Die Täuschung ist so zwingend, daß sie nicht etwa verschwindet, wenn man über den wahren Sachverhalt aufgeklärt wird. Auch wer weiß und sich überzeugt hat, daß das erste Paar Striche gleich lang, das zweite gleichlaufend ist, sieht im ersten Falle den linken Strich als den längeren, im zweiten zwei Striche, die nach oben auseinanderlaufen.

Die Glieder einer Gestalt empfangen ihren Sinn vom Ganzen her. Dafür können wir auf ein ganz alltägliches Beispiel verweisen. Bei den einfachen Schreibmaschinen dient für den Buchstaben *l* und die Ziffer *1* dieselbe Type. Trotzdem entsteht nie der geringste Zweifel, daß man im Zusammenhang etwa des Wortes *lang* ein *l*, im Verband der Ziffer *10* eine *1* vor sich hat. Die meisten Menschen sind sehr erstaunt, wenn man sie darauf aufmerksam macht, daß es sich in beiden Fällen um genau dieselbe Type handelt.

Schon an diesem knappen Umriß des Begriffs der Gestalt erkennt man, daß sich in den Gestalten der wesentliche Aufbau unsres Seelenlebens widerspiegelt. Wie alle unsere Bewußtseinserlebnisse vom Ganzen der Persönlichkeit durchstrahlt und gebildet sind, so die Glieder der Gestalt von ihrer Ganzheit. Und wie kein seelisches Gebilde für sich allein besteht, sondern alle einander durchdringen und eins die Färbung des anderen annimmt, so verhalten sich die Glieder einer Gestalt zu einander. So wird es schließlich verständlich, daß die Gebilde des Bewußtseins ausnahmslos selbst Gestaltcharakter haben.

Gebilde des Bewußtseins sind nun aber auch alle sprachlichen Äußerungen. Daher können wir an allen sprachlichen Gebilden, wie wir sie im dritten Kapitel vorgeführt haben, die Merkmale der Gestalt aufzeigen. Wie sich die Silben eines Wortes durchdringen und eine die Lautfärbung der anderen annimmt, haben wir im zweiten Abschnitt dieses Kapitels gesehen. Die einzelnen Silben eines Wortes sind aber auch selbst gestaltet, ihre Lautung weist eine durchgehende und deutliche Gliederung auf. Der wichtigste Gestaltcharakter der Silbe ist der Silbenton.

Weiter bedarf es kaum der Erwähnung, daß das Wort mehr ist als die Summe seiner Silben. Man kann die Bedeutung eines Wortes nicht aus der Bedeutung seiner Silben zusammensetzen. Diese haben gar keine selbständige Bedeutung, sondern vertreten höchstens – und auch das nur in einigen Sprachtypen – einzelne Züge der Wortbedeutung. So ist die Bedeutung ein Gestaltcharakter des Wortes. Ein anderer ist der Wortton, der das Wort lautlich zur Einheit zusammenrafft, den Silben ihren Rang im Wortganzen anweist und entscheidend ist für die Bedeutung des Wortes.

Was nun den Satz betrifft (140), so lernen wir schon in der

Grundschule, daß alle Satzglieder nach der Rolle gestaltet werden, die sie im Satz spielen. Man sieht es jedem Satzglied an, ob es Subjekt, Prädikat, Objekt oder was sonst ist. Das gilt auch für die zahlreichen Sprachen, die ihre Wörter stets unverändert lassen und nicht für verschiedene Rollen im Satz verschiedene Wortformen verwenden. In diesen Sprachen wird vom Ganzen des Satzes her die Anordnung der Wörter im Satz bestimmt. Jedes Satzglied enthält nun gewissermaßen den ganzen Satz unter einem bestimmten Gesichtspunkt. In einer Äußerung wie *Den Hammer!* ist der Satz *Gib mir den Hammer!* so vollständig enthalten, daß die andern Satzglieder meistens gar nicht ausgesprochen werden. Wie die einzelnen Satzglieder einander beeinflussen und durchdringen, haben wir auch schon im zweiten Abschnitt dieses Kapitels gesehen. Und schließlich ist es ohne viele Worte klar, daß der Sinn des Satzes nicht einfach die Summe der Bedeutungen der Wörter ist, die er enthält. Die Sätze *Kommst du?* und *Du kommst* bestehen aus denselben Wörtern und haben doch sehr verschiedenen Sinn. Die Wortstellung, die hier den Unterschied bedingt, kann sich aber nicht am einzelnen Wort, sondern nur im Ganzen des Satzes geltend machen. Aber der Sinn des Satzes kann auch ganz allein durch den Satzton verändert werden. Der Satz *Du gehst nach Hause* kann je nach dem Tone, in dem er gesprochen wird, Frage, Ausruf, Befehl oder Aussage sein. In der Schrift deuten wir diese für den Sinn wesentlichen Unterschiede des Satztons durch die Satzzeichen ? ! . an, wobei wir für Ausruf und Befehl auf dasselbe Zeichen ! angewiesen sind, obgleich der Tonverlauf in beiden Satzarten ganz anders ist. Sinn, Wortstellung und Satzton sind demnach Gestaltcharaktere des Satzes.

So haben alle sprachlichen Gebilde als Erzeugnisse unserer Seele das Gepräge der Gestalt. Aber sie werden nicht nur als Gestalten erzeugt, sie werden auch als Gestalten aufgenommen, wenn eine sprachliche Äußerung von jemand verstanden wird. Da ist es nun merkwürdig, daß die Äußerung zwar ihrem allgemeinen Sinn nach so aufgefaßt wird, wie sie gemeint ist, daß aber die Gliederung im einzelnen vom verstehenden Bewußtsein neu vollzogen werden muß. Dabei weicht sie oft von der ab, die der Sprechende beabsichtigt hatte. Und es kann vorkommen, daß der Verstehende die Lautmasse des Satzes anders auf die einzelnen Wörter verteilt als der Sprechende gemeint hatte. Der *Naschmarkt* in Leipzig hat mit *naschen* nichts zu tun, sondern ist ursprünglich ein *Aschmarkt* gewesen, wo *Äsche*, das sind Töpfe, verkauft wurden. In Verbindungen wie *nach'n Aschmarkt* wurde beim Hören *nach'n Naschmarkt* gegliedert und so ein Wort anderen Sinnes verstanden. Bei Kindern kann man Derartiges alle Tage beobachten. Einem achtjährigen Jungen sprach seine Mutter von *Wollfusseln*, die sie ihm abbürsten wollte. Darauf fragte er: «Mutter, was sind *Usseln?*» Er hatte also das ihm unbekannte Wort gegliedert als *Wolf-Usseln*. Da es ein Wort **Usseln* nicht gibt, muß er als Vorbild ein anderes gehabt haben, bei dem beide Bestandteile auch in der Umgliederung sinnvoll waren. Das war offenbar das Wort *Wollflocken*, das er, ohne daß es jemandem aufgefallen wäre, als *Wolf-Locken* verstanden hatte.

Auch die Satzfügung wird von solchen Umgliederungen betroffen. Unsere Präposition *während* ist ursprünglich das Partizipium der Gegenwart des Tätigkeitswortes *währen* «dauern». Verbindungen wie *währendes Sommers* «solange der Sommer dauerte» wurden umgegliedert zu *während des Sommers* mit Präposition und davon abhängigem Hauptwort im Genitiv.

Alle diese Neugliederungen sind Deutungen von im Augenblick nicht verständlichen Lautgebilden. Solche Deutungen treten aber auch ohne Neugliederung ein, wenn ein unverständliches Wort dargeboten wird. Denn, wie wir schon festgestellt haben, Sinnloses nimmt das Bewußtsein nicht auf. Bekannt ist, daß die *Sündflut* eigentlich eine *Sintflut*, eine «große Flut», ist. Das Wort *sint* «groß, gewaltig» war außer Gebrauch gekommen und wurde daher nicht mehr verstanden. Die Folge war die Umdeutung der großen Flut in eine Flut zur Strafe für die Sünden der Menschheit. Auch hier bietet die Sprache der Kinder, denen ja viele Wörter ihrer Muttersprache noch unbekannt sind, hübsche Beispiele. Ein kleines Mädchen sprach von *rädlichen Jungen* und meinte damit Jungen, die sich auf dem Platz vor dem Hause mit Radfahren vergnügten. Es stellte sich heraus, daß das scheinbar neue Wort das Wort *redlich* aus dem Weihnachtsliede (*die redlichen Hirten knien betend davor*) war, das sie also zu «radfahrend» umgedeutet hatte!

Nicht nur Kinder, sondern die Sprachgemeinschaft überhaupt eignet sich fremdes Gut durch Deutung an. Man spricht dann von Eindeutung. Früher sagte man «Volksetymologie», wobei man die «falsche» Etymologie des «Volkes» der «richtigen» der Gelehrten gegenüberstellte. Aber die Eindeutung ist sehr viel mehr als eine falsche Etymologie. Der vollkommenste Fall einer Eindeutung, der mir bekannt ist, findet sich im Deutschen. Es ist das Wort *Hängematte*. Wüßten wir nichts von der Geschichte dieses Wortes, so wäre der scharfsinnigste Sprachforscher nicht imstande, es als Fremdwort zu erkennen. Die Hängematte ist doch wirklich, besonders wenn sie aus Segeltuch besteht, eine Matte, die man aufhängt. In Wirklichkeit liegt aber das Indianerwort *hamaq* «Bett» zugrunde, das noch in englisch *hammock* zu erkennen ist und das durch niederländische Seeleute ins Deutsche kam. Die Eindeutung ist dabei durch lautliche Vorgänge vorbereitet und unterstützt worden. Der Gaumenlaut vom Ende des Wortes wurde vorausgenommen und verwandelte den Lippennasenlaut *m* in den Gaumennasenlaut *ng*. Am Wortende wurde dann nicht noch einmal ein Gaumenlaut, sondern ein Zahnverschlußlaut gebildet, so daß schon rein lautlich ein Gebilde wie *hängmat* zustande kam, das dann der Eindeutung den Weg wies. – Ebenfalls niederdeutschen Seeleuten verdanken wir die Eindeutung des Wortes *Meerkatze*. Das ist das indische *markata* «Affe», das der Seemann als *Mar-Katte* «Sumpfkatze» verstand. Die Oberdeutschen, bei denen *Meer* nicht ein Binnengewässer, wie im Niederdeutschen, sondern den Ozean bezeichnet, haben dann noch einmal zu «überseeischer Katze» umgedeutet und das Wort gleichzeitig in die entsprechende oberdeutsche Lautform umgesetzt.

Man sieht, die Eindeutung ist die Aneignung fremden

Sprachguts, indem es vom Ganzen der eigenen Sprache her mit Sinn erfüllt wird. Es behält nur seinen Sachgehalt (z. B. «Bett, das man an Stricken aufhängt», «Affe aus überseeischen Ländern»), Lautung und Bedeutung werden der eigenen Sprache angepaßt, aber nicht jede einzeln für sich, sondern beide zugleich und in enger Fühlung miteinander. Die Leistung der Sprache im Falle *Hängematte* ist schlechthin vollkommen sowohl nach der Seite des Lautes als auch nach der der Bedeutung und erst recht hinsichtlich der Zuordnung der beiden Seiten zueinander. Sie ist geeignet, einsichtig zu machen, was Gestaltung des einzelnen vom Ganzen her heißt.

In der Tat ist die Gesamtheit aller seelischen Leistungen an der Verwirklichung der Sprache auf allen ihren Stufen beteiligt. Es gibt in der Sprache keine Lautung, die nicht einen Inhalt hätte, d. h. mit dem gesamten Wortschatz der Sprache im Gedächtnis des Sprechenden verknüpft wäre, und einen Sachgehalt, d. h. auf einen Sachverhalt draußen hinwiese. Wie eng die Beziehung zwischen Laut einerseits, Inhalt und Sachgehalt andrerseits ist, ersieht man daraus, daß selbst ein Denken, das gar nicht zur Mitteilung bestimmt, bei dem ein wirkliches Sprechen nicht beabsichtigt ist, von Sprechbewegungen begleitet zu sein pflegt, wenn sie auch äußerlich meist nicht sichtbar und hörbar werden.

So bestimmt naturgemäß der auszudrückende Sinn die Lautung. Aber auch umgekehrt: welche der Wörter, die imstande sind, einen bestimmten Sachverhalt zu meinen, man auswählt, hängt auch davon ab, welche Lautungen dem jeweiligen Ausdrucksbedürfnis entsprechen. Es gibt schallstarke und schallarme, eindringliche und zurückhaltende, dazu alle Arten der Lautmalerei und der Lautsymbolik. Auf der anderen Seite ist aber die Wahl der Wörter auch wieder vom Satzbauplan abhängig. Dieser wirkt ein erstens durch seinen Tonverlauf, der etwa an einer bestimmten Stelle ein einsilbiges oder ein vielsilbiges Wort verlangen kann, und zweitens durch seinen Bau, der entscheidet, von welchem Wort der Gedanke ausgeht und welche Züge des Sachverhalts die Hauptsache, welche Nebenumstände werden sollen.

Freilich, auch hier gilt das Umgekehrte. Der Satzbauplan bestimmt nicht nur die Wahl der Wörter, er wird auch von den Wörtern, die der Sachverhalt erfordert, bestimmt. Ein sehr umfangreiches Wort z. B. strebt aus rhythmischen Gründen an das Ende des Satzes. Wenn es aber ein Tätigkeitswort ist, läßt sich das im Deutschen im Hauptsatz schlecht machen, weil das Tätigkeitswort da an die zweite Stelle gehört. Wohl aber geht es im Nebensatz, wo das Tätigkeitswort ans Ende rückt. Also wird man unter Umständen nicht sagen: *Dadurch vervielfältigten sich die Schwierigkeiten,* sondern, um *vervielfältigten* an den Schluß zu bekommen, etwa: *Es ist klar, daß sich dadurch die Schwierigkeiten vervielfältigten.* Es wird hier deutlich, wie eng die Wortwahl mit Rhythmus und Melodie des Satzes zusammenhängt. Rhythmus und Melodie aber haben schon für sich Ausdruckswert, und ein bestimmtes Satzschema wird oft nur deshalb gewählt, weil es einen bestimmten Tonverlauf ermöglicht oder erfordert, der dem Ausdrucksbedürfnis des Sprechenden entgegenkommt. Und schließlich ist es selbstverständlich, daß das Schema eines Satzes davon abhängt, was gesagt werden soll, also vom Sinn des Satzes. Diese Bestimmungen, Tonverlauf, Wortwahl und Sinn, wirken nun von Anfang an miteinander und beeinflussen sich gegenseitig. Die Auswahl zwischen den vielfältigen Möglichkeiten ihres Zusammenwirkens wird getroffen im Unbewußten und in Bruchteilen einer Sekunde, so daß man staunen muß über die Leistung der Seele, die sie in jedem Menschen täglich vielfach vollbringt.

Die einzelnen Stufen des Vorgangs der Satzbildung kann man erst genauer beobachten, wenn sie infolge irgendwelcher Umstände (Schwierigkeit des Satzes, Ermüdung des Sprechenden, krankhafte Sprachstörung) erschwert ist und daher wesentlich langsamer als gewöhnlich vonstatten geht. Da stellt sich denn heraus, daß am Anfang die Absicht auf den Gesamtsinn des zu Sagenden steht. Dieser entfaltet sich dann zu einem Satzschema, das vor allem durch den Tonverlauf im Bewußtsein gegeben ist, aber auch schon die Gliederung in Subjekt und Prädikat enthält. Die Wörter dagegen, die verwendet werden sollen, sind noch nicht gegenwärtig, sondern werden nur durch ihre allgemeinen Sachgehalte vertreten. Erst auf einer dritten Stufe vollzieht sich die Wortwahl. Das kann man schon im täglichen Leben beobachten, wenn es nämlich vorkommt, daß ein Sprecher für einen angefangenen Satz an einer bestimmten Stelle entweder überhaupt kein Wort oder wenigstens kein genau passendes findet. Fast gleichzeitig mit der Wortwahl werden die beabsichtigten Wörter artikuliert. Manchmal setzt die Artikulation, also das Aussprechen, zu früh ein, bevor die Wahl abgeschlossen ist, und die Folge sind die schon erwähnten Wortmischungen.

Schließlich dürfen wir nicht vergessen, daß auch der Sinn des zu Sagenden nicht vor allem Sprechen endgültig feststeht. Er wird erst im Sprechen selbst vollständig ausformuliert. Die Wortwahl färbt die Meinung, das ist eine tägliche Erfahrung. Und die Gliederung des Satzes entscheidet über Hauptsache und Nebenumstände. Und schließlich hängt der Sinn des Ganzen noch einmal von der Lautgestalt, insbesondere vom Tonverlauf ab. So wirken selbst beim Zustandekommen des Satzsinnes alle Stufen sprachlicher Verwirklichung zusammen.

Es war notwendig, diese innere Einheit der sprachlichen Gestaltung mit der Gesamtheit der seelischen Leistungen besonders zu betonen, gerade im Rahmen einer Betrachtung, die gezwungen ist, den verwickelten Aufbau der Sprache auseinanderzunehmen und die einzelnen Teile vorzuführen. Darüber darf die Einheit und das Zusammenwirken nie aus den Augen verloren werden.

5. Seele und Welt

Der Gott, der mir im Busen wohnt,
Kann tief mein Innerstes erregen;
Der über allen meinen Kräften thront,
Er kann nach außen nichts bewegen.

Was Faust in diesen Versen ausspricht, ist die Erfahrung von der Abgeschlossenheit aller Bewußtseinserlebnisse gegen das «Außen», gegen das, was nicht Bewußtsein ist, ob es gleich im Bewußtsein erscheint. Das gilt in gleicher Weise für das Verhältnis zu fremden Bewußtseinen wie zur gegenständlichen Außenwelt. Daß aber diese Erfahrung bei Faust den Ton der Klage annimmt, weist darauf hin, daß trotzdem eine notwendige Beziehung der Seele zur Außenwelt besteht, daß die Schranke zwischen Bewußtsein und Welt durchbrochen werden muß, wenn Leben im vollen Sinne, wenn Verwirklichung des Geistes möglich sein soll.

Und diese Beziehung nach außen ist im tiefsten Wesen unsrer Seele angelegt. Es gibt kein seelisches Erlebnis, das nicht in irgendeiner Weise nach außen wiese. Bei allen Vorstellungen, seien sie nun Wahrnehmungen, Erinnerungen oder Phantasien, ist uns das selbstverständlich. Wir nehmen immer etwas wahr, erinnern uns an etwas, was nicht die Vorstellung selbst ist, sondern worauf sie sich bezieht. Mögen auch die entsprechenden Nervenerregungen in den Nerven selbst ihren Ursprung haben, mag überhaupt kein äußerer Grund für sie vorhanden sein, trotzdem werden die entstehenden Bewußtseinserlebnisse unweigerlich nach außen verlegt. Wenn uns die Ohren klingen, so hören wir Töne von außen, wenn wir auch noch so genau wissen, daß die Ursache in unserm Ohr selbst liegt. So werden häufig Sinneserlebnisse, die durch Vorgänge im Innern unsres Organismus entstehen, irrtümlich auf äußere Eindrücke bezogen, und es entsteht eine sogenannte Halluzination, d. h. ein Phantasiebild wird für eine Wahrnehmung gehalten. Etwas ganz Ähnliches geschieht im Traume, der uns in eine Außenwelt versetzt, deren ganzer Seinsgrund in unserm Innern liegt. Diese Erscheinungen sind so geläufig, daß der Hinweis genügt.

Ebenfalls nur zu erinnern braucht man an die Tatsache, daß unser Wille und unsere Wünsche sich stets auf etwas richten, was verwirklicht werden soll. Einen Willen, der nicht etwas wollte, einen Wunsch, der nicht etwas wünschte, gibt es nicht. Wenn wir sagen, daß einer nicht weiß, was er will, so meinen wir nicht, daß sein Wille keinen Inhalt habe, sondern daß er zwischen verschiedenen Inhalten schwankt.

Aber dasselbe gilt auch für Stimmungen und Gefühle. Hierbei werden Ursachen und Anlässe unwillkürlich draußen gesucht, wenn auch die Erfahrung immer wieder das Gegenteil lehrt. Jeder, der sich selbst einigermaßen kennt, weiß, daß unsere Stimmungen aus der Gesamtverfassung unsres Wesens erwachsen, daß sie davon abhängen, ob wir gesund, satt, ausgeschlafen und leistungsfähig sind oder das Gegenteil. Und trotzdem führen wir Verstimmung auf Ärger im Beruf oder in der Familie, auf eine Rundfunknachricht, einen abgelehnten Antrag, eine Zugverspätung, schlechtes Wetter zurück, während wir doch täglich erfahren, daß dieselbe «Ursache» auf unsere Stimmung am Abend ganz anders wirkt als am Morgen, vor dem Essen als nach dem Essen, draußen im kalten Wind als in der warmen Stube. Ja selbst Empfindungen, die so ausgesprochen nur den Organismus selbst angehen wie Hunger und Durst, haben ihre Beziehung nach außen. Freilich nicht in dem Sinne, daß ihre Ursache nach außen verlegt wird, sondern so, daß sie zwingend etwas aus der Außenwelt zu ihrer Befriedigung verlangen. Das ist keine Verstandeserwägung, sondern ein unmittelbarer seelischer Trieb, wie das Verhalten aller, auch der niedersten Tiere zeigt.

Man nennt diese Richtung aller seelischen Erlebnisse auf das Gegenständliche ihre Intention und die entsprechende Eigenschaft ihre Intentionalität (gegenständliche Gerichtetheit) (141).

Es ist nun leicht zu sehen, daß die Eigenschaft unsres Bewußtseins, alle seine Erlebnisse auf Gegenstände zu beziehen, den wesentlichsten Zug der Sprache bedingt. Wir haben schon im zweiten Kapitel festgestellt, daß sich zwei Menschen verständigen durch die Sprache vermittels der Beziehung auf eine gemeinsame Außenwelt. Und wirklich kann die Sprache nur von Äußerem reden. Wo sie Inneres meint, muß sie es gleichsam in Äußeres übersetzen. Schon die Rede von «innen» und «außen», wenn wir Seele und Welt meinen, ist ja eine Übersetzung. In Wirklichkeit ist das Verhältnis von Seele und Welt gar kein räumliches. Aber die Sprache übersetzt alle unanschaulichen Verhältnisse ins

Räumliche. Und zwar tut das nicht eine oder eine Gruppe von Sprachen, sondern alle ohne Ausnahme. Diese Eigentümlichkeit gehört zu den unveränderlichen Zügen («Invarianten») der menschlichen Sprache. Da werden Zeitverhältnisse räumlich ausgedrückt: *vor* und *nach Weihnachten, innerhalb eines Zeitraums von zwei Jahren.* Bei seelischen Vorgängen sprechen wir nicht nur von *außen* und *innen,* sondern auch von *über* und *unter der Schwelle des Bewußtseins*, vom *Unterbewußten,* vom *Vordergrunde* und *Hintergrunde,* von *Tiefen* und *Schichten* der Seele. Überhaupt dient der Raum als Modell für alle unanschaulichen Verhältnisse: *neben der Arbeit erteilte er Unterricht, größer als der Ehrgeiz war die Liebe, hinter dieser Maßnahme stand die Absicht* – es ist überflüssig, die Beispiele zu häufen, die man in beliebiger Anzahl aus jedem Stück geschriebener oder gesprochener Rede sammeln kann. Ihre Bedeutung bekommt die Erscheinung von ihrer ganz allgemeinen Verbreitung und von der Rolle, die sie in der Geschichte der Sprachen spielt. Man kann sie nicht nur am Gebrauche der Präpositionen, die ursprünglich alle Räumliches bezeichnen, sondern auch an Tätigkeits- und an Eigenschaftswörtern aufzeigen.

Aber die Sprache ist noch in einem viel weiteren und tieferen Sinne nach außen gerichtet. Jede sprachliche Äußerung hat die Fähigkeit und die Aufgabe, ein Stück Wirklichkeit, einen Sachverhalt der Außenwelt zu meinen. Das ist das Wesen der Sprache überhaupt. Ein Kind hat sich der Sprache in dem Augenblick bemächtigt, in dem ihm diese ihre Leistung klar wird. Und dabei kann ihm niemand helfen. Denn alle Hilfe würde schon Verständigung, d. h. Gebrauch der Sprache, voraussetzen. Das Erlebnis der Bedeutung, die Erkenntnis, daß Wörter und Reden eine Meinung haben, muß jeder Mensch für sich neu erwerben. Und da ist es bemerkenswert, aus welchem Lebensbezirk heraus diese Erwerbung geschieht. Es ist, wie jede Beobachtung an Kindern lehrt, nicht der Bezirk des Verstandes, der Einsicht, sondern der Bereich des Willens, der die Äußerungen mit Bedeutung lädt. Der Wille, in die Wirklichkeit einzugreifen, schafft dem Satze seine Meinung. Der Wille, sich eines

Dinges zu bemächtigen, verleiht ihm seinen Namen. Was das Kind mit seinen ersten Worten tut und tun will, ist, Macht über die Dinge der Welt durch die geformte Gebärde des Wortes zu gewinnen. Das Erlebnis der Bedeutung entspringt, mit einem Worte, aus dem Gebiete der Magie, des Zaubers, der ein menschliches Urerlebnis ist.

Vermöge dieses ihres Ursprungs ist die Sprache wesentlich Beschwörung. Mit der Rede etwas meinen ist nur eine Abschwächung dieser beschwörenden Absicht. Und ist diese beschwörende Kraft der Sprache nicht noch allenthalben auch für uns spürbar? Scheuen wir uns nicht, unheilbedeutende Worte auszusprechen? Sprechen wir nicht vom *Ableben,* vom *Hinscheiden* statt vom *Sterben?* Vom *Heimgang* statt vom *Tode?* Und umgeben wir nicht auf der anderen Seite Geburt und Kind mit der Schutzmauer verhüllender Bezeichnungen? *Es kommt etwas Kleines* statt *Es wird ein Kind geboren?* Keine Höhe der Bildung, keine Aufklärung des Verstandes kann uns die Scheu vor der beschwörenden Kraft des Wortes nehmen, die wir eben durch solche verhüllenden Bezeichnungen abschirmen wollen. Das sind nicht Reste einer urtümlichen, zum Verschwinden verurteilten Geistigkeit, sondern Urtatsachen menschlichen Seelenlebens, die gelten werden, solange es Menschen und menschliche Rede gibt. Und die beschwörende Macht der Rede ist nicht nur ein Glaube, sondern, wir erleben es immer wieder, zu Heil und Unheil eine Wirklichkeit.

Damit schließt sich der Ring, der Seele und Welt durch die Sprache zur Einheit zusammenspannt. Wie in der Sprache die ganze Seele verwirklicht ist, so ist in ihr auch die ganze Welt beschworen. Die Seele hat Macht über die Welt gewonnen als Sprache.

FÜNFTES KAPITEL

DIE SRACHGEMEINSCHAFT

«Es hatte aber alle Welt einerlei Zunge und Sprache. Da sie nun zogen gen Morgen, fanden sie ein ebenes Land im Lande Sinear und wohnten daselbst. Und sie sprachen untereinander: Wohlauf, laßt uns Ziegel streichen und brennen! Und nahmen Ziegel zu Stein und Erdharz zu Kalk und sprachen: Wohlauf, laßt uns eine Stadt und einen Turm bauen, des Spitze bis an den Himmel reiche, daß wir uns einen Namen machen! Denn wir werden sonst zerstreut in alle Länder. Da fuhr der Herr hernieder, daß er sähe die Stadt und den Turm, die die Menschenkinder bauten. Und der Herr sprach: Siehe, es ist einerlei Volk und einerlei Sprache unter ihnen allen und haben das angefangen zu tun; sie werden nicht ablassen von allem, was sie sich vorgenommen haben zu tun. Wohlauf, lasset uns herniederfahren und ihre Sprache daselbst verwirren, daß keiner des anderen Sprache verstehe! Also zerstreute sie der Herr von dort in alle Länder, daß sie mußten aufhören, die Stadt zu bauen. Daher heißt ihr Name Babel, daß der Herr daselbst verwirrt hatte aller Länder Sprache und sie zerstreut von dort in alle Länder» (142).

Im Bewußtsein ihrer Stärke hat sich die Menschheit erhoben, um ein frevelhaftes, himmelstürmendes Unternehmen ins Werk zu setzen. Das Bewußtsein ihrer Stärke aber schöpft sie aus dem Umstand, daß alle Menschen dieselbe Sprache reden. Und als die Gottheit den Übermut der Menschen zerbrechen will, da bedarf sie nicht des Blitzes und überhaupt nicht der Gewalt, es genügt, daß die Sprache der Menschen verwirrt, daß die Einheit der Sprache aufgehoben wird, und der Turm, dessen Spitze in den Himmel ragen sollte, bleibt als Ruine, als Schandmal menschlicher Ohnmacht, stehen. Eindringlicher, als es hier geschieht, kann man die Bedeutung der Sprachgemeinschaft für menschliche Gemeinschaftsleistungen nicht schildern. Wäre die Menschheit wirklich einig, so wäre ihre Macht so groß, daß sie zu frevelhafter Überhebung verführen könnte. Aber einig im Sinne gemeinsamer Werke könnte die Menschheit nur sein, wenn sie dieselbe Sprache redete. Es ist ein Fluch, der sie getroffen hat, daß sie unzählige verschiedene Sprachen spricht und eben darum ohnmächtig ist.

Wenn wir ganz nüchtern und verstandesmäßig über die Rolle der Sprachgemeinschaft in der menschlichen Kultur nachdenken, müssen wir der biblischen Erzählung unbedingt recht geben. Die Sprachgemeinschaft ist die erste Voraussetzung dafür, daß menschliche Gemeinschaftsleistungen, d. h. aber Kultur, überhaupt möglich sind. Wo immer wir also Kulturleistungen treffen, finden wir als ihre Voraussetzung die Sprache, d. h. aber die Gemeinschaft der Sprechenden.

Aber in Wirklichkeit finden wir eben nicht «die» Sprache und «die» Gemeinschaft der Sprechenden, sondern wir finden Sprachen und Sprachgemeinschaften in der Mehrzahl. Jeder Mensch, der sprechen kann, spricht eine bestimmte Sprache von den vielen, die es gibt; er gehört einer bestimmten Sprachgemeinschaft an. Die gesamte Menschheit gliedert sich ohne Rest in Sprachgemeinschaften. Zu welcher von diesen ein Mensch gehört, richtet sich nach der Sprache oder den Sprachen, die er beherrscht. Es können also im Laufe seines Lebens verschiedene, und es können sogar mehrere gleichzeitig sein. Aber eine von diesen nimmt bei allen Menschen eine besondere Stellung ein: das ist die, die er in seinem Leben zuerst gelernt hat, seine Muttersprache (143). Alles, was die Sprache für den Menschen leistet, oder was der Mensch mit Hilfe der Sprache leistet, hat er an dieser einen Sprache zuerst erfahren. Was er auch an Sprachen später dazulernt, lernt er von einem Zustand aus, in dem er Sprache schon besitzt. Die Muttersprache allein hat ihn aus einem noch sprachlosen zu einem sprechenden Wesen gemacht. Darum dauern ihre Wirkungen fort, selbst wenn ein Mensch im Laufe seines Lebens seine Muttersprache vergißt. Aber das sind alles Sonderfälle, die die Tatsache nicht verschleiern dürfen, daß die überwiegende Mehrheit aller Menschen zeit ihres Lebens nur einer Sprachgemeinschaft, eben der ihrer Muttersprache, angehört.

Gerade den Umstand nun, daß es viele verschiedene

Sprachgemeinschaften gibt, und daß infolgedessen der sprachliche Verkehr zwischen Menschen auf Hindernisse stößt, sucht der Mythos vom Turmbau zu Babel zu erklären.

Die Vielheit der Sprachgemeinschaften ist eine geschichtliche Tatsache, ihr Nebeneinander und ihre Wechselwirkungen sind geschichtliche Kräfte. Es ist also wichtig, zu wissen, welcher Art die Gemeinschaft ist, die Sprache stiftet, und welche Bedeutung sie für die Menschen hat, die ihr angehören.

Die Bedeutung der Sprachgemeinschaft ist der Laie geneigt hauptsächlich von der technischen Seite zu sehen, mit der er gewöhnlich in Berührung kommt, wenn ihn das Schicksal in ein fremdes Land verschlägt oder fremde Völker in seine Heimat eindringen. Da werden einem jeden die Schwierigkeiten der Verständigung klar und die Mühe, die es kostet, sie zu überwinden. Das geschieht bekanntlich in der Weise, daß der eine die Sprache des anderen mehr oder weniger vollkommen lernt und daß man an wichtigen Punkten Fachleute einsetzt, die beide Sprachen beherrschen, d. h. beiden Sprachgemeinschaften angehören. Die Sprachgemeinschaft ist also nicht so völlig abgeschlossen, daß nicht ein Außenstehender, wenn auch mit Anstrengung, den Zugang finden könnte.

Aber die Verständigung über den äußeren Ablauf des Lebens, die die Sprachgemeinschaft reibungslos ermöglicht, ist nur eine ihrer Leistungen, und nicht die wichtigste. Wenn Sprachgemeinschaft nichts weiter wäre als ein technisches Mittel für den täglichen Verkehr, dann wäre es nicht so schwierig, eine fremde Sprache gründlich zu lernen und wirklich zu beherrschen. Die Schwierigkeit beruht darauf, daß die fremde Gemeinschaft nicht bloß andere sprachliche Zeichen, sondern eine andere Denk- und Anschauungsweise besitzt, daß sie die Welt anders auffaßt und gliedert, daß sie ihr mit anderem Gefühl und anderem Willen gegenübertritt. Das also ist der tiefere Sinn der Sprachgemeinschaft: ein gemeinsames Bild der Welt, eine gemeinsame Stellung zur Welt zu haben. Wir haben schon im dritten Kapitel gesehen, daß selbst Tatbestände, die scheinbar gegenständlich so fest liegen wie die Reihe der Farben, sehr verschieden gegliedert werden können. Ein anderes lehrreiches Beispiel abweichender Gliederung in kulturell sehr nahestehenden Sprachen bieten die Bezeichnungen der verschiedenen Arten der Uhren im Deutschen und im Französischen. Im Deutschen haben wir *Taschenuhr, Wanduhr, Turmuhr, Sonnenuhr, Wasseruhr, Sanduhr,* d. h. alle Geräte zum Messen der Zeit werden zunächst unter dem Namen *Uhr* zusammengefaßt und dann nach ihrer Gestalt und ihrer Arbeitsweise durch einen besonderen Zusatz unterschieden. Das Französische dagegen legt bei diesen Geräten, mit denen man täglich umgeht, mehr Gewicht auf die Verschiedenheit der äußeren Gestalt als auf die Einheit der Leistung und nennt sie demnach (in derselben Reihenfolge) *montre, pendule, horloge, cadran, clepsydre, sablier.* Die deutschen Wörter sind also zweigliedrig und sagen etwas über die Art der betreffenden Uhr aus, die französischen nennen einfach einen Gegenstand, ohne ihn näher zu beschreiben oder irgendwo einzuordnen. Nur *sablier* enthält einen Hinweis auf *sable* «Sand», aber ohne die Angabe, daß der Sand zum Messen der Zeit dient. Sachlich spielen die verschiedenen Uhren natürlich bei den Franzosen genau dieselbe Rolle wie bei den Deutschen, aber die sprachliche Erfassung ist in beiden Sprachgemeinschaften nicht nur lautlich, sondern auch inhaltlich verschieden.

Wenn solche Unterschiede schon bei greifbaren Gegenständen auftreten, wieviel mehr erst bei denen, in denen sich die Ergebnisse menschlichen Denkens niederschlagen, wie Freiheit, Güte, Recht, überhaupt alle Wertbegriffe im weitesten Sinne. Und weiter handelt es sich nicht nur um die verstandesmäßig gliedernde Auffassung von Sachverhalten, sondern noch mehr um die Stellungnahme zu ihnen in Gefühl und Willen. Wenn die Deutschen von *allgemeiner Wehrpflicht* sprechen, die Angelsachsen dagegen von *compulsory military service* «zwangsweiser Militärdienst», so drückt sich darin eine sehr entschiedene, aber entgegengesetzte Stellungnahme zu derselben Einrichtung aus. Aber weil diese Stellungnahme sprachlich fest geworden ist, wird sie nun auch mit der Sprache unvermerkt von Geschlecht zu Geschlecht überliefert und gilt für die Sprechenden genau so selbstverständlich wie die Gliederung der Farbenreihe. Wie schwer unter diesen Umständen eine echte Verständigung zwischen den Völkern ist, müssen wir immer wieder erleben. Auf dem gemeinsamen Besitz einer zahllosen Menge solcher Auffassungen und Wertungen beruht nun die Sprachgemeinschaft. Gerade weil die Übereinstimmung als selbstverständlich empfunden und gar nicht als etwas Besonderes erlebt wird, bindet sie die Angehörigen der Sprachgemeinschaft viel fester zusammen als es ein ausdrückliches Bekenntnis zu irgendeiner Lehre tun kann.

Aber wenn wir nun versuchen, das Wesen der Sprachgemeinschaft möglichst tief zu erfassen, werden wir gewahr, daß sie keineswegs einfach, sondern ein vielfach und verschiedenartig gegliedertes Gebilde ist.

Man braucht nicht nach Sibirien oder Ägypten verschlagen zu werden, um das Gefühl der Fremdheit im sprachlichen Verkehr zu erleben; ein Tagesausflug zu Rade vom Heimatort aus tut dieselben Dienste. Obgleich in den Orten, die wir da erreichen, eine Verständigung noch ohne weiteres gegeben ist, klingt die Sprache der Leute doch schon anders, sie haben andere Ausdrücke für die alltäglichsten Dinge – den *Tiegel* nennen sie *Schaffen* und den *Quark Matte* – (144), und vor allem, man fällt selber als «fremd» auf. «Sie sind auch kein Hiesiger», sagt einem die Wirtin im Gasthaus, kaum daß man den Mund aufgetan hat. Und dehnen wir unsern Ausflug auf ein paar Tage aus, so wird diese Fremdheit immer stärker, bis schließlich auch die Verständigung aufhört, sobald die Leute sprechen, wie ihnen der Schnabel gewachsen ist. Und doch sind wir noch mitten im deutschen Sprachgebiet, die Leute, denen wir begegnen, gehören unzweifelhaft zur deutschen Sprachgemeinschaft. In welcher Richtung von unserm Heimatort aus wir den Versuch auch anstellen, das Ergebnis ist immer dasselbe. Anscheinend hängt die Verschiedenheit der Sprechweise nur von der räumlichen Entfernung von unserer Heimat ab. Eine solche, nur örtlich bedingte Gliederung der Sprachgemeinschaft nennen wir die Gliederung in Mundarten oder Dialekte.

Solange wir im deutschen Sprachgebiet bleiben, haben wir ein Mittel, die Schwierigkeit der Verständigung zu überwinden, die aus der Verschiedenheit der Mundart erwächst. Die Leute an dem fremden Ort haben nämlich genau wie wir selbst in der Schule eine Form des Deutschen gelernt, die der Absicht nach überall gleich sein soll und es wirklich auch bis zu einem hohen Grade ist. Und viele Familien und Schichten des Volkes bedienen sich dieser Form überhaupt in ihrer Rede, so daß es für ihre Angehörigen kaum Verständigungsschwierigkeiten innerhalb des Sprachgebiets gibt, solange sie ihren Verkehr auf gleichgeartete Schichten beschränken. Diese Sprachform, die den Mundarten gegenübersteht, nennen wir Gemeinsprache.

Aber um in eine fremde sprachliche Umgebung zu kommen, hätten wir auch ganz zu Hause bleiben können und nur einmal eine andere Gesellschaft aufzusuchen brauchen als die, die unsern täglichen Umgang bildet. So etwas erlebt der Beamte, der sich an einen Stammtisch von Handwerksmeistern setzt, oder der Arbeiter, der unter Studenten gerät. Sie erfahren, daß die Leute, mit denen sie zusammengekommen sind, eine andere Sprechweise haben als sie selbst und daß sie von ihnen als nicht zugehörig empfunden und bemerkt werden. Die verschiedenen Schichten des Volkes sprechen also auch an demselben Orte verschieden.

Einer andern, sehr merkwürdigen Form der Sprache können wir ebenfalls am Stammtisch begegnen, wenn wir da etwa eine Runde von Jägern treffen. Bekannt ist, daß die Jäger für das Wild, seine Körperteile und sein Verhalten ihre besonderen Ausdrücke haben, deren Unkenntnis oder falsche Anwendung ihren unwilligen Hohn erregt. Jeder weiß, was ihm geschieht, wenn er in einer Gesellschaft von Jägern von den *Ohren* des Hasen oder dem *Schwanz* des Fuchses spricht oder erzählt, er habe ein Reh *grasen* sehen. Denn der Hase hat *Löffel,* der Fuchs eine *Lunte* und das Reh *äst.* Und wenn man statt dieser besonderen Wörter die gewöhnlichen gebraucht, so empfindet das der Jäger als Verstoß gegen die gute Sitte, ganz anders als der Fachmann, der es selbstverständlich findet, daß ein Laie seine Fachausdrücke nicht kennt. Aber auf den Jäger wirkt der Gebrauch der unrichtigen Sprache so, als ob sich ein Fremder in einen Kreis eindrängen wollte, in den er nicht gehört. Die Jägersprache ist also die besondere Sprache eines geschlossenen Kreises, durch deren Gebrauch man die Zugehörigkeit zu diesem Kreise beweist. Solche besonderen Sprachen gibt es noch mehr, wir können sie an den eben erwähnten Merkmalen (geschlossener Kreis, Sprache als Ausweis der Zugehörigkeit) erkennen. Eine davon haben alle sicher einmal beherrscht: die besondere Sprache der Schuljungen, die sogenannte Pennälersprache. An ihr können wir gleich noch eine Beobachtung machen. Sie dient nämlich unter anderem dazu, den Sinn des Gesprochenen Erwachsenen gegenüber zu verbergen. Weitere solche besonderen Sprachen finden wir unter den Soldaten und den Seeleuten, früher auch unter den Studenten, also überall da, wo eine Gruppe von Menschen eine besondere Gemeinschaft bildet. Wir nennen diese Formen der Sprache Sondersprache. Praktisch besonders wichtig ist die Sondersprache der Verbrecher, das sogenannte Rotwelsch oder (auf Französisch) Argot, das eine regelrechte Geheimsprache darstellt. Es wird deshalb von Kriminalisten studiert, und es gibt Wörterbücher dieser Sondersprache in den verschiedenen Sprachgebieten (vgl. Anm. 160). Auch der Sondersprache stellen wir die Gemeinsprache als ihren Gegensatz zur Seite.

Man sieht, wie die Sonderformen innerhalb einer Sprachgemeinschaft zustandekommen: es gibt viele Gruppen von Menschen, die aus den verschiedensten Gründen unter sich in engster Berührung leben und daher auch gemeinsame Gewohnheiten des Sprechens entwickeln. Solche Gründe können sein örtliche Nachbarschaft (Mundarten), gesellschaftliche Stellung (Sprache sozialer Schichten) oder Gemeinsamkeit besonderer Lebensbedingungen (Sondersprache). Aber immer sind es Beziehungen der Menschen, die die Gruppe schaffen, in der dann die Sonderform der Sprache entsteht.

Damit ist aber die Mannigfaltigkeit der Sprachformen innerhalb derselben Sprachgemeinschaft noch nicht erschöpft.

Ein sehr wesentlicher Unterschied begegnet uns, wenn wir einmal auf unser eigenes Sprechen bei verschiedenen Gelegenheiten achten. Da besprechen wir sonntags früh beim Kaffee im Familienkreise den Inhalt einer Eingabe, die wir an eine der unzähligen Behörden, die über uns herrschen, machen wollen. Und nachher setzen wir uns an den Schreibtisch und schreiben die Eingabe wirklich. Aber bei derselben Sache ist die Sprache am Familientisch und auf dem Papier völlig verschieden nach Wortwahl und Satzfügung, ja auch nach der Lautgebung, wenn wir die Eingabe laut lesen. Oder wir erzählen Erinnerungen an einen Kollegen, der sein 25-jähriges Jubiläum im Betriebe feiert. Und nachher trifft uns das Los, demselben Kollegen in der Betriebsversammlung mit einigen passenden Worten zu gratulieren. Da sprechen wir abermals ganz verschieden über denselben Gegenstand. Wir nennen die Sprechweise am Kaffeetisch und im Kreise der Kollegen Alltagssprache, die in der Eingabe und in der Betriebsversammlung Hochsprache. Und das Merkwürdige ist, daß fast alle von uns beide Sprachformen beherrschen und an der richtigen Stelle verwenden. Der Unterschied hängt also nicht von den Personen der Sprecher ab, sondern vom Zweck des Sprechens und von der Lage, in der gesprochen wird.

Und einen solchen Einfluß sachlicher Bedingungen auf die Form der Sprache finden wir noch an einer andern Stelle.

Wenn wir etwa in eine Gesellschaft von Ärzten oder von Juristen oder von Fußballspielern geraten und die Leute beginnen von ihrem Beruf oder ihrem Interessengebiet untereinander zu sprechen, so hört unser Verständnis sehr bald auf. Wir verstehen einfach die entscheidenden Wörter nicht mehr. Jeder Beruf, jeder Interessenkreis hat seine Fachausdrücke und seine besonderen Wendungen, die man gelernt haben muß und die der Außenstehende, der Laie, darum nicht kennt. Es gibt also eine Menge von Fachsprachen, von denen auch wir eine oder mehrere, je nach unserm Beruf, neben unserer Gemeinsprache beherrschen. Im Unterschied von der Sondersprache ist aber die Fachsprache von der Sache her und nicht von einem Personenkreise bestimmt.

Dieser vorläufige Überblick hat gezeigt, daß die Sprachgemeinschaft nicht einheitlich, sondern vielfach gegliedert ist, eine Gemeinschaft aus Gemeinschaften (145). Der Sprachraum hat mehrere Erstreckungen: Mundarten, Sprachen der gesellschaftlichen Schichten, Sondersprachen, deren Sprecher alle grundsätzlich an einer übergreifenden Gemeinsprache teilhaben. Dazu gibt es den wichtigen Gegensatz von Alltagssprache und Hochsprache und schließlich die unzähligen Fachsprachen. Aber alle ruhen auf einer Grundlage von gemeinsamem Sprachbesitz, stellen sich als Abwandlungen derselben Sprache dar. Ihre Eigenarten und ihr Verhältnis zueinander wollen wir jetzt näher betrachten.

1. Der räumliche Bereich der Sprache

Daß jedes größere Sprachgebiet wie z. B. das deutsche örtlich in Mundarten gegliedert ist, fällt auch dem Laien ins Ohr, sobald er mit Landsleuten aus entfernteren Gegenden seines Vaterlandes in Berührung kommt. Was er freilich Dialekt zu nennen pflegt, ist gewöhnlich nur die mundartliche Färbung der allgemeinen deutschen Sprache, die man überall in der Schule lernt. Wollten die betreffenden Landsleute, der Oberbayer, der Badener, der Mecklenburger, der Kölner, wirklich ihre Heimatmundart mit ihm sprechen, so würde er sie überhaupt nicht verstehen. Diese echten Dialekte aber sind wohlumschriebene Abarten des Deutschen, die auf den ersten Blick zu erkennen und zu unterscheiden sind. Sie bilden engere Sprachgemeinschaften, so ausgeprägt, daß eine unmittelbare Verständigung zwischen ihnen ausgeschlossen ist. Jeder dieser Dialekte ist sowohl ein- als auch ausschließend im Verhältnis zu den anderen, ebenso wie das Deutsche als Ganzes zu den fremden Sprachen.

Wenn wir aber nun nach den Grenzen dieser engeren Gemeinschaften fragen, stoßen wir auf die merkwürdige Tatsache, daß solche Grenzen in der Wirklichkeit, im Gelände, nicht zu finden sind. Wenn wir zum Beispiel von Thüringen nach Oberbayern wandern, kommen wir durch drei Dialektgebiete, die sich in ihren reinen Formen scharf voneinander abheben: das thüringische, das fränkische und das bayrische. Aber nirgends auf unserer Wanderung kommen wir in ein Dorf, das sich mit seinen Nachbardörfern nicht verständigen könnte oder sich auch nur in seiner Sprechweise für uns merklich von ihnen unterschiede. Trotzdem merken wir in Nürnberg, daß man dort ganz erheblich anders spricht als in Erfurt, und in München, daß wir uns wieder in einer ganz anderen Sprachgemeinschaft befinden. Offenbar haben sich kleine Unterschiede, die einzeln an Ort und Stelle unserer Aufmerksamkeit entgangen sind, auf größere Entfernung so gehäuft, daß sich schließlich völlig abweichende Sprechweisen ergeben haben. Es sieht so aus, als ob sich ein gleichmäßiges Netz kleiner sprachlicher Verschiedenheiten über das Land breitete, die je in einer bestimmten Entfernung eine deutlich merkbare Größe gewännen. Dann könnte man aber fragen, ob es nicht willkürlich ist, bestimmte Orte als Dialektmuster herauszuheben und Mundarten zwischen ihnen als «Übergänge» zu bezeichnen. Warum betrachten wir gerade die Sprache der Gegend von Erfurt und der Gegend von Nürnberg als reine Dialekte und die von Hildburghausen oder Schmalkalden als Übergang zwischen ihnen? Könnten wir nicht ebensogut Hildburghausen und Treuchtlingen als feste Punkte nehmen und die Mundart von Nürnberg als Übergang zwischen ihnen ansehen? Wenn das stimmte, dann wäre unsere ganze Einteilung der deutschen Dialekte nur eine Übereinkunft und könnte ebensogut durch ein ganz anderes Bild ersetzt werden, je nachdem, wie man die festen Punkte wählt.

Um diese für die gesamte Gliederung eines Sprachraums wichtige Frage zu beantworten, ist man sehr in die Einzelheiten gegangen und hat die Sprechweisen Zug für Zug und Dorf für Dorf miteinander verglichen. Dazu braucht man natürlich einen gemeinsamen Maßstab, auf den man sie alle beziehen kann. Als solchen kann man entweder einen der in Frage kommenden Dialekte selber wählen, also z. B. sagen: wo man in Thüringen *heeß* spricht, sagt man in Bayern *hoaß,* oder man bezieht sie alle auf das normale Deutsch, das man in der Schule lernt, also: für normales *heiß* sagt man in Thüringen *heeß*, in Bayern *hoaß*, oder, schließlich, man geht von einem früheren Sprachzustand aus, von dem man annimmt, daß die heutigen Mundartunterschiede noch nicht vorhanden waren, und sagt: althochdeutsches *heiß* lautet heute thüringisch *heeß*, bayrisch *hoaß*. Dieses letzte Verfahren ist aus Gründen, die uns im nächsten Kapitel beschäftigen werden, in der Wissenschaft das übliche. Nun macht man eine Liste sämtlicher oder wenigstens der wichtigsten Abweichungen, die sich überhaupt zwischen zwei Mundarten zeigen, und stellt im Gelände von Dorf zu Dorf fest, wie sich die Sprechweisen diesen Abweichungen gegenüber verhalten. Das Ergebnis trägt man auf Kartenblätter ein. Natürlich braucht man für jede einzelne Erscheinung ein besonderes Blatt. Dann zieht man eine Linie zwischen den Punkten, die die eine, und denen, die die andere Form aufweisen, also z. B. zwischen denen, wo man *ich*, und denen, wo man *ik* sagt. Diese Linien nennt man Isoglossen, «Linien gleicher Sprechweisen», so wie man die Linien gleicher Barometerstände Isobaren und die gleicher Thermometerstände Isothermen nennt. Schließlich legt man die einzelnen Kartenblätter, etwa in Form von Pausen, übereinander und bekommt so ein Bild von der wirklichen Verteilung der Spracherscheinungen in einem bestimmten Gebiet. Das ist das sprachgeographische Verfahren, wie es heute auf alle Sprachgebiete angewendet wird und das schon zu den wichtigsten Einsichten geführt hat (146). Selbstverständlich bestehen die Unterschiede zwischen zwei Mundarten nicht nur in der Lautung, sondern auch in der Formenbildung (so lautet die Mehrzahl *Kinder* z. B. in Bern *Chind*), in der Wortwahl (wo die Thüringer *Ferd* sagen, sagen die Bayern *Roß*) und in der Satzfügung (*Ich hätte dich fragen sollen* gegen *Ich hätte dich sollen fragen*). Vielleicht der wichtigste Unterschied allerdings läßt sich auf der Karte kaum darstellen: das ist der Unterschied in der allgemeinen Tongebung, den man gemeinhin «Akzent» nennt. An ihm erkennen wir den Bayern, den Rheinländer, den Obersachsen, auch wenn er sonst ein vollkommen einwandfreies Normaldeutsch spricht. Diese Tongebung besteht in einer Menge von Einzelzügen wie Tonhöhe, Tonbewegung, Tempo, Nachdruck usw., die noch längst nicht alle erforscht sind. Auch sie ändern sich allmählich von Ort zu Ort, so daß man in Franken manchmal ans Bayrische, manchmal ans Thüringische erinnert wird.

Auch abgesehen von der Tongebung läßt sich die mundartliche Gliederung eines Sprachgebietes nicht völlig genau auf Karten darstellen. Es gibt nämlich Orte, an denen zwei oder mehr verschiedene Ausdrucksweisen zugleich üblich sind. Diese Tatsache läßt sich auf der Karte noch andeuten, nicht aber die nähere Verteilung. Manchmal ist es so, daß die älteren Leute die eine Form gebrauchen, die jüngeren die andere. Oder daß die Einheimischen eine andere sprechen als aus der Nachbarschaft Zugewanderte, z. B. Arbeiter in einer neu errichteten Fabrik. Oder daß Männer, die auswärts auf Arbeit gehen, eine andere Form mitbringen und auch zu Hause gebrauchen, als sie im Orte sonst üblich ist. In solchen Fällen muß das Kartenblatt durch eine Einzeldarstellung ergänzt werden (147).

Eine sprachgeographische Karte eines Dialektgebietes ergibt nun folgendes Bild. Die einzelnen Spracherscheinungen sind grundsätzlich unabhängig voneinander, das heißt, jede hat ihre eigene Verbreitung, die sich mit der einer anderen nicht zu decken braucht. Das stellt sich auf der Karte so dar, daß die Isoglossen scheinbar ganz beliebig das Sprachgebiet durchschneiden. Wenn wir z. B. auf einer Dialektkarte von Thüringen die Grenzen der Gebiete vergleichen, in denen man *ech* sagt statt *ich; mech, dech, sech* statt *mich, dich, sich,* so stellen wir fest, daß sie nicht zusammenfallen. Nicht überall, wo man *ech* sagt, sagt man auch *mech, dech, sech.* So heißt es in Eckartsberga *ech*, aber *mich*, *dich* und *sich*, also drei verschiedene Gestalten derselben ursprünglichen Lautung (148). Es ist auch nicht notwendig, daß Leute, die *ich* sagen, nun auch *machen* sagen. In Düsseldorf sagt man z. B. *ich make.* Und umgekehrt sagen die Berliner *ik mache.*

Wenn man aber nun sämtliche sprachlichen Verschiedenheiten eines bestimmten Gebiets oder wenigstens möglichst viele davon auf der Karte eingezeichnet hat, so erkennt man doch eine gewisse Regel ihrer Verteilung. Zwar hat jede Isoglosse ihren eigenen Verlauf, aber die Mehrzahl folgt einer gewissen allgemeinen Richtung und durchzieht ungefähr dieselbe Gegend wie die andern. Auf der Karte erscheinen also mehr oder weniger breite Linienbündel und dazwischen größere oder kleinere Gebiete, die nur von einzelnen Linien durchzogen werden. Dieses Bild, das jedem, der ein sprachgeographisches Kartenblatt betrachtet, auf den ersten Blick in die Augen springt, gibt die Antwort auf die Frage nach der Begrenzung der Dialekte. Es gibt sogenannte Kerngebiete, innerhalb deren die Sprechweise im allgemeinen einheitlich ist, und Rand- oder Übergangsgebiete, in denen sie von Ort zu Ort rasch wechselt. In diesen Übergangsgebieten finden sich oft auch Formen, die sich als Kreuzung aus den Formen darstellen, wie sie in den benachbarten Kerngebieten gebräuchlich sind. So hat bekanntlich die Kartoffel in den Mundarten die verschiedensten Namen. In vielen Gegenden heißt sie *Erdapfel*. Wo ein solches Gebiet an eines grenzt, wo man *Kartoffel* sagt, entsteht unter Umständen ein Wort *Ertoffel* wie in Brandenburg. Wo sich aber *Erdapfel* und *Grundbirne* treffen, gibt es *Erdbirnen*. Die Ausgußmündung eines Gefäßes heißt in Westthüringen teils *Schnepfe*, teils *Ziepf*. Auf der Grenze beider Gebiete entsteht die Form *Schniepf* (149). Die Ursache ist, daß in solchen Gebieten die Leute beide Formen kennen und gebrauchen, so daß die seelischen Bedingungen für eine Vermischung (vgl. S. 172ff.) gegeben sind.

Wie nun diese Verteilung der sprachlichen Eigentümlichkeiten im Lande zustande gekommen ist, das wird uns im nächsten Kapitel beschäftigen. Hier entnehmen wir dem Kartenbild nur die Tatsache, daß es wirklich eine engere Gemeinschaft der Mundart gibt und daß diese engeren Gemeinschaften durch Übergänge miteinander verbunden sind. Es zeigt uns also gegenständlich die Gemeinschaft aus Gemeinschaften in örtlicher Hinsicht.

Trotz aller Übergänge ist es freilich den Angehörigen der Kerngebiete ebensowenig wie denen der verschiedenen Randgebiete möglich, sich untereinander zu verständigen, wenn sich jeder seiner heimischen Mundart bedient. Dazu brauchen sie vielmehr eine gemeinsame, die Mundarten übergreifende Sprachform, oder eine weitere, über die Mundart hinausgehende Sprachgemeinschaft kommt eben nicht zustande. Eine solche gemeinsame Sprache, die die verschiedenen Mundarten zu höherer Einheit verbindet, ist die Gemeinsprache.

Eine Gemeinsprache beruht in den meisten Fällen auf einer bestimmten Mundart, die von den andern Mundartgebieten als allgemeines Verständigungsmittel neben der heimatlichen Sprechweise angenommen wird. Die Gründe dafür, daß so etwas überhaupt geschieht, sind in erster Linie die Bedürfnisse des Verkehrs und der Verwaltung, dann aber auch der Literatur und der Wissenschaft, deren Wirkungsbereich über die engen Grenzen eines Dialektgebiets hinausgehen soll. Welche besondere Mundart aber nun die Grundlage für die Gemeinsprache abgibt, dafür sind wesentlich zwei Gesichtspunkte maßgebend, nämlich erstens politische Führung des betreffenden Dialektgebiets und zweitens kulturelles Ansehen einer Mundart. Beide Gründe können selbstverständlich zusammentreffen. Gleich die beiden Gemeinsprachen des Altertums liefern uns Beispiele für die beiden Fälle. Das Latein, die Gemeinsprache im römischen Reich, besonders in seiner westlichen Hälfte, ist ursprünglich nichts anderes als die Sprache der Stadt Rom, weil von Rom aus das Reich geschaffen worden war und die politische Führung jahrhundertelang bei Rom geblieben ist. Die Gemeinsprache im Reiche Alexanders des Großen und seiner Nachfolgestaaten dagegen beruhte auf der Sprache von Athen, obwohl die politische Rolle von Athen zur Zeit dieser Reichsbildungen längst ausgespielt war. Aber die Sprache von Athen hatte durch die überragenden Leistungen der athenischen Dichter, Redner und Wissenschaftler ein derartiges Ansehen als Kulturmacht gewonnen, daß kein politisches Übergewicht dagegen aufkam und selbst die siegreiche Weltmacht Makedonien darauf verzichtete, ihre Sprache gegen die der unterworfenen Provinzstadt durchzusetzen.

Bei den Völkern der Neuzeit haben politische Führung und kulturelles Ansehen bei der Annahme einer Gemeinsprache oft in derselben Richtung gewirkt. So ist die Grundlage für die französische Gemeinsprache – man kann sagen selbstverständlich – der Dialekt von Paris. Ebenso hat London die englische und die Provinz Holland mit den Städten Amsterdam und Leiden die niederländische Gemeinsprache geschaffen. Der politischen Führung verdankt der Dialekt Kastiliens seinen Rang als Gemeinsprache Spaniens und der Dialekt von Moskau den als russische Gemeinsprache. Dagegen fehlte eine eindeutige politische Führung in Italien und in Deutschland. In Italien setzte sich der Dialekt der Toskana als Gemeinsprache durch wegen der Kulturleistungen der Dichter und Denker von Florenz, insbesondere der mächtigen Gestalt Dantes. Selbst die Stadt Rom hat ihre ursprüngliche Mundart zugunsten des Toskanischen aufgegeben. In Deutschland hat sich – und das ist sehr bemerkenswert – die Gemeinsprache gerade während des politischen Zerfalls seit dem 16. Jahrhundert durchgesetzt. Sie ruht auf ostmitteldeutscher Grundlage, wo sie zunächst als Hilfsmittel für die Verwaltung in den größeren Staaten der Luxemburger und der Wettiner in den Kanzleien von Prag und von Meißen ausgebildet wurde. Ihre Durchschlagskraft hat sie dann dadurch bekommen, daß Luther sie als Sprache seiner Bibelübersetzung annahm (150).

Damit eine Sprache Gemeinsprache wird, muß sie von den Angehörigen anderer Dialektgebiete erlernt werden. Diese machen sich sie Mühe natürlich nur, wenn sie dabei ihren Vorteil finden. Der Hauptvorteil besteht darin, daß der einzelne mit Hilfe der Gemeinsprache in der Lage ist, mit einem viel größeren Kreis von Menschen als nur seinen Heimatgenossen in unmittelbaren sprachlichen Verkehr zu treten. Dieser Vorteil macht sich allerdings erst geltend, wenn die Gemeinsprache schon für ein ausgedehntes Gebiet Geltung gewonnen hat. Gleich von Anfang an wirken dagegen die Vorteile, die man durch geläufige Kenntnis der Sprache der Verwaltung und durch Beherrschung der Sprache der führenden Wissenschaft und Literatur erwirbt. In der neueren Zeit sind sehr wirksame Mittel zur Durchsetzung einer Gemeinsprache gegeben in der allgemeinen Schulpflicht und der allgemeinen Wehrpflicht.

Die Bedürfnisse, die eine Gemeinsprache befriedigen soll, machen sich auch schon auf engerem Raum geltend. Deshalb bilden sich Mundarten überörtlichen Charakters dort aus, wo ein stärkerer Verkehr über ein weiteres Gebiet hin herrscht. Namentlich größere Städte, die ja Verkehrsmittelpunkte sind, wirken ausgleichend auf die Mundarten der Landschaft, die von ihnen abhängt. Ebenso begünstigen landschaftliche Staatsbildungen eine Vereinheitlichung der Mundarten des Staatsgebiets. Das sind Ansätze zur Bildung einer Gemeinsprache, sie bleiben aber noch bestehen, auch nachdem eine wirkliche Gemeinsprache für das ganze Staatsgebiet gilt. Sie bilden einen Übergang zwischen dieser und den örtlichen Mundarten. Im Deutschen verwendet man für diese Mittelstufen zwischen Mundart und Gemeinsprache den Ausdruck Umgangssprache (151).

Die Sprachform, die sich als Gemeinsprache durchsetzt, ist nicht einfach die zugrunde liegende Mundart in ihrer ursprünglichen Gestalt. Man erkennt das sofort, wenn man die deutsche Gemeinsprache mit den Dialekten Obersachsens und Ostthüringens oder die italienische Gemeinsprache mit der Mundart von Florenz vergleicht. Vielmehr streift die Mundart, wenn sie zur Gemeinsprache wird, ihre auffallendsten Sonderheiten in Lautgebung und Wortschatz ab und nimmt dafür allgemein verbreitete Züge aus andern Mundarten auf. Der größere Reichtum und damit die größere Ausdrucksfähigkeit der Gemeinsprache gegenüber den Mundarten beruht zum Teil auf dieser Möglichkeit, jederzeit aus allen Mundarten Sprachgut zu schöpfen.

Die Verbreitung einer Gemeinsprache deckt sich häufig, aber nicht immer, mit den Grenzen eines Staates. Gleich die antiken Gemeinsprachen liefern dafür einen Beleg. Das Lateinische hat sich als Gemeinsprache nur im Westen des Römischen Reiches, in Spanien, Gallien, Italien, Nordafrika und den Donauländern wirklich durchgesetzt, während im Osten das Griechische Gemeinsprache blieb. Diese Rolle hatte es schon vor der römischen Eroberung gespielt, und zwar nicht in einem Staate, sondern in sämtlichen großen und kleinen Staaten, die aus dem Reiche Alexanders des Großen hervorgegangen waren, also in Makedonien, Kleinasien, Syrien, Ägypten und natürlich in Griechenland selbst. Daß mehrere unabhängige Staaten dieselbe Gemeinsprache haben, ist auch in unserer Zeit häufig. Der wichtigste Fall ist die Übereinstimmung der Gemeinsprache im Britischen Reich und in den Vereinigten Staaten, demnächst die Herrschaft der spanischen Gemeinsprache in den neunzehn Staaten Mittel- und Südamerikas außer Brasilien. Brasilien selbst teilt seine Gemeinsprache mit Portugal. Nicht ohne Bedeutung ist es aber auch, daß die zehn unabhängigen arabischen Staaten dieselbe Gemeinsprache besitzen, deren Gebiet sich darüber hinaus noch auf Algier erstreckt. In Europa gehen ebenfalls die Gemeinsprachen mehrfach über die Staatengrenzen hinaus: die französische Gemeinsprache dient als solche auch in Belgien und in der Westschweiz sowie in einem Teil von Kanada, die italienische auch im Tessin, die deutsche in Österreich und im größten Teile der Schweiz.

Das Verhältnis von Gemeinsprache und Mundarten ist zunächst so, daß sie beide nebeneinander bestehen und sich gegenseitig befruchten und anregen. Die Mundarten gewinnen von der Gemeinsprache einen ausgedehnteren Wortschatz und größere Mannigfaltigkeit der Satzfügung, die Gemeinsprache erhält durch Austausch mit den Mundarten Farbe, Anschaulichkeit und Lebensnähe. Aber diese Beziehungen sind für beide Teile nicht ohne Gefahr. Schöpft die Gemeinsprache zu stark und zu wahllos aus dem Borne der jeweiligen Mundarten, so büßt sie ihre Einheitlichkeit ein und damit die Möglichkeit, ihre Rolle als Gemeinsprache zu spielen. Noch gefährlicher ist es für die Mundart, allzustarke Anleihen bei der Gemeinsprache zu machen. Sie hört dann nämlich auf, Mundart zu sein, wird zu einer unvollkommenen örtlichen Abart der Gemeinsprache (Umgangssprache!) und verschwindet schließlich ganz. Tatsächlich ist dies das Schicksal sehr vieler Mundarten bis auf den heutigen Tag gewesen. Die altgriechischen Dialekte sind mit einer

Ausnahme alle von der sogenannten Koinḗ (d.h. eben «Gemeinsprache») verdrängt worden. Die Mundarten Frankreichs kämpfen einen hoffnungslosen Kampf gegen das Übergewicht der Gemeinsprache, und selbst in Deutschland und in Italien weichen die Dialekte vor der Gemeinsprache mehr und mehr zurück. Der Grund für diese Entwicklung ist klar: angesichts der großen Vorteile, die der Besitz der Gemeinsprache bietet, neigt die menschliche Bequemlichkeit dazu, statt der doppelten Belastung durch Mundart und Gemeinsprache nur eine von beiden beizubehalten, und dann natürlich die Gemeinsprache. Unterstützt wird dieses Bestreben durch das politische und kulturelle Ansehen der Gemeinsprache, vermöge dessen sie als «feiner» gilt als der Dialekt, dessen man sich als niedrigerer Sprache schämt.

Dieser Vorgang wird nun besonders wichtig in den sprachgeschichtlich bedeutsamen Fällen, wo als Gemeinsprache nicht einer der Dialekte des Sprachgebiets selbst, sondern eine ganz fremde Sprache dient. Die griechische Koinḗ war Gemeinsprache nicht nur für das griechische Sprachgebiet, sondern auch für die fremden Sprachen in Kleinasien, Syrien und Ägypten sowie in Teilen der Balkanhalbinsel. Und das Lateinische herrschte als Gemeinsprache nicht nur in Mittelitalien, sondern auch in den keltischen Sprachgebieten Oberitaliens, Galliens, West- und Süddeutschlands. Das Arabische wurde die Gemeinsprache für die Berberdialekte Nordafrikas und für die Negersprachen des Sudans. Das Englische ist die Gemeinsprache auch in Wales und in Irland, wo von Haus aus keltische Sprachen gesprochen werden. Und das Dänische ist, wegen der jahrhundertelangen politischen Herrschaft, die Gemeinsprache von Norwegen bis heute. Die Bestrebungen, die dänische «Reichssprache» in Norwegen durch eine einheimische, auf den westlichen Dialekten beruhende Gemeinsprache zu ersetzen, die man «Landsmål» (Landessprache) genannt hat, haben sich bisher nicht durchsetzen können. – Die nordgroßrussische Gemeinsprache beansprucht diese Rolle nicht nur für das großrussische, sondern auch für das ukrainische und das weißrussische Sprachgebiet und setzt diesen Anspruch, allerdings mit staatlichem Zwang, weitgehend durch. Außerdem aber ist sie Gemeinsprache für eine Menge kleiner und kleinster fremder Sprachgemeinschaften auf dem Boden des Riesenreiches. Besonders bemerkenswert sind die Verhältnisse in Indien. Dort gibt es eine größere Anzahl selbständiger Sprachen, die im wesentlichen zwei Verwandtschaftsgruppen angehören, der arischen im Norden und der dravidischen im Süden. Die Angehörigen dieser verschiedenen Sprachen können sich nicht miteinander verständigen. Als gemeinsame Verkehrssprache gibt es eine Sprachform, die auf einer Sprache des mittleren Nordindiens, der Hindi, beruht. Diese ist aus Anlaß der persischen Eroberung am Ausgang des Mittelalters sehr stark mit persischem Sprachgut durchsetzt worden und heißt in dieser Form Hindustani oder Urdu. Ihre Geltung verdankt sie ausschließlich der politischen Herrschaft der persischen Eroberer, der Moghul-Kaiser, in deren Amtsstuben sie auch entstanden ist. Während die mohammedanische Bevölkerung die Urdu als Gemeinsprache anerkannte, waren die Hindu bestrebt, sie von ihren fremden, persischen und arabischen, Bestandteilen zu reinigen. Zum Ersatz griffen sie, soweit Neubildungen nicht ausreichten, auf altindisches Sprachgut zurück. So entstand eine zweite, von der Urdu sehr merklich verschiedene Form der Gemeinsprache. Als dann 1947 die Trennung der beiden Staaten Indien und Pakistan im wesentlichen nach religiösen Gesichtspunkten stattfand, erhob Indien die umgestaltete Hindi, Pakistan die alte Urdu zur amtlichen Gemeinsprache. Aus praktischen Gründen hat man allerdings für eine Übergangszeit das Englische als Gemeinsprache im amtlichen und erst recht im privaten Gebrauch beibehalten. Der Vorteil, den der Anschluß an diese Sprachgemeinschaft für alle außerindischen Beziehungen bietet, ist ja nicht zu übersehen.

In solchen Fällen spricht man nun statt von Gemeinsprachen besser von internationalen Verkehrssprachen. Die internationalen Verkehrssprachen dienen dem Zweck, die Hindernisse, die die Verschiedenheit der Sprachen dem Verkehr entgegenstellt, auf einem größeren Gebiete zu beseitigen. Sie haben also in erster Linie praktisch-wirtschaftliche Aufgaben, können aber mit der Zeit auch geistig-kulturelle übernehmen. Außerdem sind sie regelmäßig von der Diplomatie benutzt worden. Die Eigenschaften, die eine Sprache zur internationalen Verkehrssprache machen, sind dieselben, die auch eine Mundart zur Gemeinsprache erheben: politische Überlegenheit, kulturelles Ansehen und weiter Geltungsbereich. Dagegen spielt Leichtigkeit und Schwierigkeit der Erlernung erfahrungsgemäß keine Rolle.

Die älteste internationale Verkehrssprache, von der wir wissen, war die babylonische, die im zweiten Jahrtausend v. Chr. in ganz Vorderasien und bis nach Ägypten hin die Sprache des Handels und der Diplomatie gewesen ist, auch noch zu einer Zeit, als Babylon schon zu einer politischen Macht zweiten Ranges geworden war. Sie wurde abgelöst vom Aramäischen, einer semitischen Sprache, die in Syrien zu Hause war, aber auch in Mesopotamien und Kleinasien verstanden wurde. Weit umfassendere Geltung gewann seit Alexander dem Großen das Griechische, das nicht nur in den makedonischen Teilreichen, sondern im Osten bis nach Indien hin, im Westen auch in Italien, Gallien und Spanien als Verkehrssprache diente. Für die Levante behielt es diese Rolle auch nach dem Sturz des byzantinischen Reiches bis auf den heutigen Tag, also mehr als zwei Jahrtausende. Seine Wettbewerber waren zuerst im Westen das Lateinische seit dem zweiten Jahrhundert v. Chr., dann im Osten das Arabische seit dem siebenten Jahrhundert n. Chr. Das Lateinische hat bekanntlich in Europa die Rolle der internationalen Verkehrssprache das ganze Mittelalter hindurch gespielt, als es längst kein Römisches Reich mehr gab, und als Diplomatensprache war es bis zum Westfälischen Frieden im Gebrauch. Das Arabische verbreitete sich im Zuge der mohammedanischen Eroberung über ganz Vorderasien, Nord- und Ostafrika, einen Teil Vorder- und selbst Hinterindiens. Als internationale Verkehrssprache in diesen Gebieten dient es bis zum heutigen Tage. Im Fernen Osten hat es einen Wettbewerber im Chinesischen, das nicht nur in China, sondern auch in ganz Mittelasien und in Hinterindien die internationale Verkehrssprache ist.

In Europa trat schon im Mittelalter das Französische als internationale Verkehrssprache mit dem Lateinischen in Wettbewerb. Es war bis in die neueste Zeit die Sprache der Gesellschaft und der Diplomatie bis nach Rußland und dem Balkan. Im 16. und 17. Jahrhundert wurde es vom Spanischen zeitweilig zurückgedrängt, aber dieses hat seine Rolle als internationale Verkehrssprache nur in Amerika, nicht aber in Europa behaupten können. Alle internationalen Verkehrssprachen überflügelt seit dem 18. Jahrhundert das Englische, das überall auf der Welt gesprochen und verstanden wird und Nordamerika, Südafrika und Australien völlig beherrscht. Es hat heute überhaupt nur zwei ernsthafte Nebenbuhler, die aber beide nur auf beschränktem, wenn auch weitem Raum Geltung haben: das Chinesische in ganz Ostasien und das Russische in Osteuropa und Nordasien.

Die sprachliche Entwicklung scheint so in neuester Zeit gleichlaufend mit der politischen dahin zu gehen, daß es immer weniger internationale Verkehrssprachen gibt, deren Geltungsbereich aber dafür immer größer wird. Das führt natürlich auf die Frage, ob nicht schließlich nur eine einzige übrig bleiben wird, mit der man dann wirklich durch die ganze Welt käme. Die Vorteile eines solchen Zustands lägen auf der Hand: neben der einheimischen brauchte überall nur eine einzige fremde Sprache gelernt zu werden, die aber dann so beträchtliche Vorteile böte, daß man die Mühe nicht nur bestimmten Schichten, sondern allen Menschen zumuten könnte. Der Gedanke liegt nun nahe, diese erwünschte Entwicklung durch internationale Beschlüsse zu beschleunigen. Aber dazu wäre notwendig, daß man sich über die Sprache einig würde, die man als internationale Verkehrssprache wählen will. Ernsthaft vorgeschlagen hat man von lebenden Sprachen außer Englisch Französisch wegen seines kulturellen Ansehens und Spanisch wegen seiner Schönheit und seiner weiten Verbreitung. Aber die jüngsten Ereignisse haben es klar gemacht, daß von den lebenden

Sprachen nur das Englische in Betracht kommen kann, bei dem die drei Beweggründe für die Annahme internationaler Verkehrssprachen, politische Führung, kulturelles Ansehen und weite Verbreitung gemeinsam wirken.

Freilich gibt es noch ein anderes Hindernis für einen solchen Beschluß als die Qual der Wahl, nämlich die nationale Eifersucht. Man befürchtet, daß das Volk, dessen Sprache als internationale Verkehrssprache gewählt würde, dadurch einen zu großen wirtschaftlichen und selbst politischen Vorteil gewänne. Könnten doch seine Angehörigen alle Vorteile einer Weltsprache genießen, ohne dazu eine fremde Sprache lernen zu müssen! Aber das ist ein Beweggrund, der vielleicht für die Beschlüsse einer Regierung oder eines Parlaments in Betracht kommt, aber nicht für das Verhalten des einzelnen Menschen. Dieser lernt doch nicht z. B. Englisch, weil er die Engländer oder die Amerikaner liebt und ihnen einen Vorteil verschaffen möchte, sondern weil es für ihn sehr vorteilhaft ist, Englisch zu können. Dieser Gedanke an den eigenen Vorteil war der Anlaß für die Verbreitung aller internationalen Verkehrssprachen, die es bisher gegeben hat, und von ihm wird es vermutlich auch abhängen, ob eine von ihnen und gegebenenfalls welche zur alleingültigen erhoben wird.

Unter diesem Gesichtspunkt muß man auch die Vorschläge beurteilen, die man gemacht hat, um die Annahme einer lebenden Sprache als internationale Verkehrssprache zu umgehen.

So hat man vorgeschlagen, eine tote, d. h. schon lange aus dem allgemeinen Gebrauch gekommene Kultursprache zur internationalen Verkehrssprache zu erheben. Als solche käme nur die lateinische in Betracht. Ihr kulturelles Ansehen ist freilich überragend, besonders da sie auch die Sprache der katholischen Kirche ist. Aber ihre Verbreitung ist gegenwärtig sehr gering, denn wieviel Leute auf der Welt können heute wirklich lateinisch sprechen? Solange aber nicht sehr viele Menschen überall die Sprache beherrschen, hat man ja nichts davon, wenn man sie lernt. Man müßte den Völkern zumuten, eine große Mühe auf sich zu nehmen für einen Vorteil, der in unbestimmter Zukunft liegt. Und wer steht uns dafür, daß das Lateinische nicht von andern Glaubensgemeinschaften gerade deswegen abgelehnt würde, weil es die Sprache der katholischen Kirche ist?

Aber die große praktische Schwierigkeit, die der Annahme einer allgemeinen internationalen Verkehrssprache entgegensteht, liegt ganz wo anders. Der Sinn der Sache ist doch, daß möglichst breite Schichten aller Völker an dieser Sprache und damit auch an den Vorteilen, die sie bietet, teilhaben. Nicht nur der Gelehrte, der Ingenieur, der Großkaufmann, sondern auch der Monteur, der Bergmann, die Hausgehilfin, der Landarbeiter sollen mit ihrer Hilfe überall in der Welt ihr Brot finden können. Wenn man das anstrebt, stößt man auf das Hindernis, daß es bekanntlich sehr schwer ist, eine fremde Sprache zur Muttersprache hinzuzulernen, wenn man über die Jahre der frühen Kindheit hinaus ist. Dieser Umstand macht sich sehr entschieden geltend, sobald man es nicht nur mit Leuten zu tun hat, die schon im Hinblick auf Sprachbegabung ausgesucht sind und außerdem in ihrer Jugend die nötige Zeit übrig haben, wie die Schüler der höheren Schulen. Eine wichtige Eigenschaft der internationalen Verkehrssprache müßte also sein, daß sie möglichst leicht zu lernen ist. Bisher hat allerdings, wie erwähnt, dieser Gesichtspunkt bei der Verbreitung einer internationalen Verkehrssprache keine Rolle gespielt, aber bisher sind die Leute auch noch nie gefragt worden, welche von mehreren Sprachen sie als internationale Verkehrssprache haben wollten; es stand immer nur eine zur Verfügung.

Aber wonach richtet es sich denn nun, ob eine Sprache leicht oder schwer zu lernen ist? Damit wird genau genommen nach der Psychologie der Spracherlernung gefragt, und wir wären in Verlegenheit, wenn wir darauf eine glatte Antwort geben sollten. In den Auseinandersetzungen über die Wahl einer internationalen Verkehrssprache wurde es freilich zunächst nicht so genau genommen. Man erinnerte sich einfach seiner Schulzeit und daß damals die Schreckgespenster die Paradigmen und die Vokabeln, also die Formenlehre und der Wortschatz, gewesen waren. Also bestrebte man sich, die Formenlehre zu vereinfachen und den Wortschatz so zu gestalten, daß man ihn leicht behalten konnte.

In diesem Sinne hat der italienische Mathematiker G. PEANO (seit 1903) das Lateinische umgestaltet, um es als internationale Verkehrssprache brauchbar zu machen. Dabei folgte er den Fingerzeigen, die ihm die geschichtliche Entwicklung der romanischen Sprachen gab. Er ging aber weit darüber hinaus und beseitigte jede Flexion einschließlich der Bezeichnung des grammatischen Geschlechts vollständig. Die lateinischen Wörter erscheinen in ihrer Stammform und bleiben in jeder Lage unverändert. Ihre Beziehungen werden durch die Wortstellung oder durch Partikeln angegeben. Das ist ein Sprachbau etwa wie der des Chinesischen, der Peano auch zum Vorbild gedient hat. Für den Wortschatz läßt Peano alle lateinischen Wörter zu, die in mehreren romanischen Sprachen erhalten geblieben sind, außerdem die lateinischen Lehnwörter in nichtromanischen Sprachen, von denen es namentlich im Englischen sehr viele gibt. Auf diese Weise wird erreicht, daß einem beim Lernen dieser Sprache, die ihr Erfinder erst «Latino sine flexione» und später «Interlingua» nannte, die meisten Wörter schon bekannt und also leicht zu merken sind – vorausgesetzt freilich, daß man entweder Lateinisch kann oder eine romanische Sprache spricht oder mit den Fremdwörtern in seiner Muttersprache gut vertraut ist.

Ganz anders muß ein solcher Versuch aussehen, wenn man von einer lebenden Sprache ausgeht. Der englische Logiker C. K. OGDEN machte 1930 einen Vorschlag, der dem Englischen den Aufstieg zum Rang der internationalen Verkehrssprache erleichtern sollte (152). Sein Ehrgeiz dabei war, grammatisch einwandfreies Englisch zu behalten und die Sprache doch für den Fremden zu vereinfachen. Das Englische hat nur noch wenige grammatische Formen, die man dem Gedächtnis wohl zumuten kann. So behält Ogden die sieben Formen des Verbums *to be* «sein» und die paar unregelmäßigen Mehrzahlbildungen, die noch gebräuchlich sind. Aber dann bleibt noch eine harte Nuß für den Fremden: die Vergangenheitsformen der vielen starken Verba, die alle unregelmäßig sind und daher einzeln gelernt werden müssen. Die Beseitigung dieser Schwierigkeit ist das eigentliche Patent von Ogdens (von ihm so genannten) «Basic English» («British-American Scientific International Commercial English» – britisch-amerikanisches wissenschaftliches, internationales, geschäftliches Englisch. Das Wort *basic* bedeutet aber im Englischen zugleich «grundlegend»). Er schafft die Verben zum größten Teil völlig ab und behält nur 18 davon, deren Vergangenheitsformen gelernt werden müssen. Sie sind so gewählt, daß sich mit ihrer Hilfe alle übrigen Verben umschreiben lassen. Man soll also z. B. sagen *eine Frage stellen* (*to put a question*) statt *fragen* (*to ask*), *den Versuch machen* (*to make an attempt*) statt *versuchen* (*to try*), *Geld geben* (*to give money*) statt *kaufen* (*to buy*). Die Hauptschwierigkeit der englischen Formenlehre ist damit tatsächlich umgangen, aber wenn Ogden meinte, auch den Wortschatz dadurch vermindert zu haben, so irrte er sich: die Umschreibungen dürfen, wenn es Englisch bleiben soll, nicht willkürlich gewählt werden, und so muß man sie doch einzeln lernen. Aber abgesehen davon stellte Ogden einen Grundwortschatz des Englischen auf, der für alle praktischen Bedürfnisse genügen sollte und – wenn man jedes Wort in allen seinen Verwendungen nur einmal zählt – nur 850 Wörter umfaßt. Die Kunst freilich, die Situationen des Lebens und seine Gedanken darüber in diese 850 Wörter zu pressen, muß nicht nur der Fremde, sondern auch der Engländer lernen (152a).

Neben diesen Versuchen, eine geschichtliche tote oder lebende Sprache durch Anpassung zur internationalen Verkehrssprache tauglich zu machen, gibt es nun den im Ansatz ganz anderen Weg, eine neue Sprache unabhängig von den geschichtlich gewordenen zu planen. Das Schicksal dieser Bestrebungen bildet ein höchst reizvolles Kapitel der Kulturgeschichte (153), aber im gegenwärtigen Zusammenhang würde es uns zu weit vom Wege verlocken. Die Sprachplanung, die viel älter ist als Peanos Interlingua, ging nämlich ursprünglich nicht nur vom Bedürfnis des internationalen Verkehrs aus, sondern sie war in erster Linie

Sprachkritik. Die Philosophen mußten feststellen, daß alle Sprachen, die sie kannten oder kennen lernten, unlogisch, unregelmäßig und verschwenderisch im Gebrauch ihrer Mittel waren. Man konnte sie also weder brauchen, um Erkenntnisse zu gewinnen – wie das schon Platon im «Kratylos» ausgeführt hatte –, noch waren sie geeignet, anderweitig gewonnene Erkenntnisse unmißverständlich darzustellen. Man kam also – theoretisch schon Descartes – auf den Gedanken, eine «philosophische» Sprache zu schaffen, die logisch, regelmäßig und sparsam in ihren Mitteln wäre. Wenn sie den allgemeingültigen Gesetzen des Denkens folgte, mußte sie zudem allgemein verständlich sein und konnte so das Lateinische als Gelehrtensprache ersetzen.

Die Ausführung solcher Pläne mußte mitten hinein führen in die Probleme nicht nur des Denkens und der Erkenntnis, sondern darüber hinaus auch des Aufbaus und der Gliederung des Seins selbst. Zudem stellte sich nun erst die Frage nach der wirklichen Leistungsfähigkeit der Sprache. Diese Auseinandersetzung dauert heute noch an, hat sich aber mehr auf das Gebiet der Logik und der Theorie der Zeichen verlagert, so daß sie hier nicht weiter verfolgt werden kann.

Einigen Einfluß auf die Angelegenheit der internationalen Verkehrssprache haben die Gesichtspunkte der logischen Richtigkeit, der Regelmäßigkeit und der Sparsamkeit aber doch gewonnen. Sie wurden nämlich von den Erfindern von Plansprachen berücksichtigt, weil diese glaubten, ihre Sprachen dadurch auch leicht erlernbar zu machen. Der erste Versuch dieser Art, der einen starken, zeitweise sogar sehr starken Widerhall in weiteren Kreisen fand, muß nur noch ehrenhalber erwähnt werden. Es ist das Volapük («Weltsprache» aus engl. *world speak*) des badischen Pfarrers SCHLEYER (1880). Die Sprache enthielt noch überflüssig viel Flexion und war auch deswegen schlecht zu lernen, weil die ganz zweckmäßig aus lebenden Sprachen entnommenen Wörter so stark verändert waren, daß man sie nicht mehr erkennen konnte. Das hatte Schleyer getan, um Schwierigkeiten der Aussprache möglichst für alle Menschen zu beseitigen – ein richtiger Gedanke, der nur leider mit einem andern ebenso wichtigen in Widerstreit geriet. In ähnliche Lagen sind Plansprachen sehr häufig gekommen.

Der Siegeszug des Volapük kam zu einem raschen Ende, als sich herausstellte (1889), daß die Sprache doch nicht ohne weiteres zur mündlichen Verständigung zwischen Angehörigen verschiedener Sprachgemeinschaften taugte. Aber kurz vorher (1887) hatte der polnische Arzt Dr. ZAMENHOF den Plan für eine internationale Verkehrssprache vorgelegt, die man nach dem Pseudonym, das er gewählt hatte, Esperanto («Hoffnungsvoll») nannte. Für die Frage, die uns hier beschäftigt, hat Esperanto eine besondere Bedeutung: es ist die einzige unter allen Plansprachen, die die Sprache (wenn auch nicht die ausschließliche) einer größeren Gemeinschaft geworden ist. Sie dient im Kreise ihrer Anhänger seit über einem halben Jahrhundert im schriftlichen und mündlichen Gebrauch als internationale Verkehrssprache, und keine andere ist je der amtlichen Anerkennung oder sogar Einführung so nahe gekommen wie sie.

Zamenhof verzichtet nicht gänzlich auf Flexion. Er behält die Bezeichnung der Zahl, der Zeitstufen und der Wortarten durch lautliche Veränderungen bei und hat sogar eine besondere Form des Akkusativs, um eine gewisse Freiheit der Wortstellung möglich zu machen. Den Grundwortschatz nimmt er aus den europäischen Sprachen, wobei er großen Wert auf verhältnismäßige Beteiligung der romanischen und der germanischen Sprachen legt. Die Hauptsache ist aber, daß dieser Grundwortschatz klein gehalten werden kann, weil von jedem dieser Wörter alle erforderlichen oder wünschenswerten Ableitungen gebildet werden können. Zu diesem Zwecke stehen 6 Vorsilben und 22 Nachsilben mit genau festgelegter Bedeutung zur Verfügung. Außerdem kann man zusammengesetzte Wörter bilden, und schließlich ist es sehr leicht, von einer Wortart zur andern überzugehen, indem man einfach den auslautenden Vokal ändert. Wenn man das ausprobiert, kann einem vor der Fülle der Möglichkeiten angst und bange werden. Esperanto wäre in Gefahr, für viele Begriffe mehrere ganz verschiedene Wörter nebeneinander zu besitzen, wenn es nicht über eine straffe Organisation verfügte, die über die Aufnahme eines neugebildeten Wortes in den anerkannten Wortschatz entscheidet. Praktisch läuft das darauf hinaus, daß man eben die anerkannten Wörter für eine Sache lernen muß und ihre durchsichtige Bildung nur als Gedächtnishilfe verwertet. Man könnte es dem gewöhnlichen Sprachbenutzer auch gar nicht zumuten, alle Erscheinungen in ihre (mitunter recht willkürlich gewählten) begrifflichen Bestandteile zu zerlegen. Aber gerade diese Möglichkeit zu einer fast unbeschränkten Wortbildung, die vom Standpunkt der Zweckmäßigkeit aus so bedenklich ist, verhilft dem Esperanto zu einem ganz unbeabsichtigten und unerwarteten Liebhaberwert: Esperanto ist eine Sprache zum Basteln. Hier tritt eine Seite im Verhältnis des Menschen zur Sprache hervor, die gerade der Sprachwissenschaftler am wenigsten übersehen darf. Hat sie doch gewiß bei der Wahl seiner Forschungsaufgabe bewußt oder unbewußt eine Rolle gespielt.

Überraschend aber ist es nun, in der weiteren Entwicklung zu sehen, wie stark das Gefühl die Schicksale der Plansprachen, die doch rein verstandesmäßigen Erwägungen ihr Dasein verdanken, beeinflußt. Zu Beginn unseres Jahrhunderts bildete sich ein «Ausschuß für die Annahme einer internationalen Hilfssprache», der aus hervorragenden Gelehrten verschiedener Länder – darunter auch ein Sprachwissenschaftler – bestand. Er prüfte verschiedene Vorschläge und entschied sich schließlich 1907 für einen Entwurf, der unter dem Stichwort I d o eingereicht war und, wie sich herausstellte, von dem Franzosen L. de Beaufort, einem Führer der Esperanto-Bewegung in Frankreich, stammte. Und nun traten in der Plansprachenbewegung sofort die Erscheinungen einer regelrechten «Glaubensspaltung» auf. Esperanto oder Ido? war nicht eine Frage der Zweckmäßigkeit, sondern eine Sache des Charakters, der Treue, der Moral. Und mit diesem Unterton wird die Auseinandersetzung bis heute geführt – denn selbstverständlich gelang es den «Rechtgläubigen» nicht, die «Ketzerei» aus der Welt zu schaffen. Ido vereinfacht die Formenlehre des Esperanto etwas und verstärkt den Anteil der romanischen Wörter im Grundwortschatz, dagegen verdoppelt es die Zahl der Vor- und Nachsilben, mit deren Hilfe neue Wörter gebildet werden können.

Die sachliche Frage, um die der Streit ging, war die, ob man die vorgeschlagene Welthilfssprache vor ihrer allgemeinen Einführung noch verändern dürfte. Daß man sie nicht mehr grundsätzlich verändern kann, nachdem sie einmal eingeführt ist, versteht sich von selbst. Aber die Esperantisten waren und sind der Meinung, man dürfe an so einer Plansprache nicht immerzu herumbessern, sonst würde sie nämlich nie eingeführt. Aber auf der andern Seite hat man durch theoretische Forschung und durch praktische Erprobung seit einem halben Jahrhundert viel dazugelernt. Und sollte nicht eine Plansprache um so lieber und leichter angenommen werden, je besser sie ist? Jedenfalls hat man das Spiel des Sprachenbastelns unverdrossen weiter fortgesetzt. In den Vereinigten Staaten wurde die International Auxiliary Language Association («Gesellschaft für die internationale Hilfssprache» IALA) gegründet, die mit einem Stab von Mitarbeitern Vorschläge prüft, Gutachten einholt und Erfahrungen sammelt.

Dabei müssen nun grundsätzliche Fragen gestellt werden. Soll man dem logischen Ideal eines Verständigungsmittels nachstreben oder soll man den Leuten das Lernen möglichst leicht machen? Beides zugleich geht eben nicht. Und auf wen soll man dabei Rücksicht nehmen, auf alle Menschen oder nur auf die mit europäischen oder gar nur westeuropäischen Sprachgewohnheiten? Die Sache betrifft hauptsächlich den Wortschatz, aber es handelt sich dabei keineswegs nur um die Wahl der Wort-Lautungen, sondern um die viel tiefer dringende Frage, wie sich das Wort zum Satz verhält, welche Leistungen es im Satz übernehmen kann. Durch bittere Erfahrungen belehrt, hat man sich jetzt fast allgemein für das «naturalistische Prinzip» entschieden, d. h. die Plansprache soll sich möglichst eng an das Muster geschichtlicher, und dann natürlich westeuropäischer Sprachen halten.

Am weitesten in dieser Richtung geht ein Vorschlag des

Baltendeutschen O. Wahl, den er zuerst Occidental, später Interlingue (nicht zu verwechseln mit Peanos Interlingua!) nannte. Er stellte den Wortschatz seiner Sprache ganz aus Wörtern zusammen, die den westeuropäischen Sprachen gemeinsam sind. Dieser gemeinsame westeuropäische Wortschatz besteht aus lateinischen Lehnwörtern, aus romanischen Entlehnungen in die germanischen Sprachen, besonders ins Englische, und aus Neubildungen auf lateinischer und griechischer Grundlage. Freilich gilt die Gemeinsamkeit fast nur fürs Auge und nicht fürs Ohr. Das Schriftbild des englischen *nature* wird der Franzose ohne weiteres mit seinem *nature* oder der Deutsche mit *Natur* verbinden, aber vor der zugehörigen Lautung *nētscher* werden sie ratlos stehen. Also muß man doch lernen, nämlich die einheitliche Aussprache der bekannten Wörter. Auf völlig regelmäßige Gesetze der Wortableitung muß man auch verzichten, weil es sich ja um geschichtlich entstandene Wörter mit allen Spuren dieser Herkunft handelt. Aber soviel wird immerhin erreicht, daß jeder Westeuropäer ohne weiteres eine Seite in Occidental verstehen kann, vorausgesetzt freilich, daß er entweder Lateinisch versteht, oder eine romanische Sprache beherrscht, oder mit sämtlichen Fremdwörtern in seiner Muttersprache gut Bescheid weiß. Der Grundsatz Wahls für die Zusammensetzung des Wortschatzes hat sich ziemlich allgemein durchgesetzt. Die gegenwärtigen Vorschläge für Plansprachen sehen sich alle sehr ähnlich und bestehen aus romanischen Wörtern, die unverändert bleiben. Damit ist allerdings der Grundsatz, daß die Plansprache keiner Sprachgemeinschaft besondere Vorteile bieten solle – an dem auch heute noch theoretisch überall festgehalten wird – praktisch aufgegeben. Damit entfällt aber einer der Gründe, die Plansprache einer geschichtlichen Sprache vorzuziehen.

Ein anderer, sehr wesentlicher Grund ist der, daß man die Plansprache viel leichter lernen könne als irgendeine geschichtliche und daß sie darum einem sehr viel größeren Kreis von Menschen als zweite Sprache neben der Muttersprache zugemutet werden dürfe. Ausprobiert hat man das

Lernen von Plansprachen an einer großen Zahl von Menschen nur für Esperanto und Ido, die sich im Grundsätzlichen nicht unterscheiden. Und die Versicherung, daß es viel weniger Zeit und Mühe koste, eine dieser Sprachen zu lernen als sonst eine fremde, ist durchaus glaubwürdig. Denn Esperanto lernen ist ein Sport, den man aus Liebhaberei und mit Begeisterung treibt. Da spürt man keine Mühe und zählt man keine Stunden. Unter solchen Bedingungen fällt einem freilich jede Sprache leicht. Aber Esperanto als Pflichtfach in den Schulen, wohl gar in den Volksschulen, würde wohl bald das traurige Schicksal der Fremdsprachen erleiden, die in den Schulen gelernt werden müssen.

Das führt nun auf die letzte Frage, die mit der Plansprache als internationaler Verkehrssprache zusammenhängt. Sie ist rein praktisch, aber Fragen der Sprachgemeinschaft, die uns hier beschäftigt, haben eben auch eine sehr wichtige praktische Seite. Es handelt sich um die allgemeine Einführung einer solchen Sprache. Ist es wahrscheinlich, daß ein solcher Beschluß der Staaten der Erde zustandekommt? Man darf nicht vergessen, daß die Aufnahme eines neuen Pflichtfaches in die Schulen viel Geld kostet. Für die höheren Schulen stellt sich außerdem die Frage, welche von den bisher gelehrten Sprachen denn künftig wegfallen soll. Die Regierungen und auch die Steuerzahler werden wissen wollen, was sie für diese Ausgaben und diesen Verzicht als Gegenwert bekommen. Nun bietet eine internationale Verkehrssprache in der Tat beträchtliche Vorteile, sonst hätten sich nicht im Lauf der Geschichte solche Sprachen ganz ohne Zwang immer wieder durchgesetzt. Der entscheidende Vorteil dabei ist, daß dem einzelnen ein viel größeres Sprachgebiet als bisher für seine Betätigung erschlossen wird. Bei der Plansprache ist das offenbar nicht der Fall, sondern es wird erst für künftige Jahrzehnte erwartet. Die heutige Generation müßte die Opfer für die kommende bringen.

Ein anderer Gesichtspunkt ist aber auf die Dauer noch wichtiger. Die geschichtlichen Sprachen, mit denen in der gegenwärtigen Lage die Plansprache in Wettbewerb treten müßte, also etwa Englisch, Spanisch, Französisch, eröffnen nicht nur den Zugang zu einer größeren Sprachgemeinschaft, sondern zu einer eigenen geistigen Welt. Wer diese Sprachen lernt, erwirbt außer dem wirtschaftlichen Vorteil einen Anteil an dem Kulturerbe eines großen Volkes. Das ist es, was das kulturelle Ansehen einer Sprache ausmacht und in der Vergangenheit so oft die Wahl internationaler Verkehrssprachen bestimmt hat. Es ist selbstverständlich, daß die Plansprache etwas Derartiges im besten Falle erst in Jahrhunderten zu bieten hätte. Aus diesen Gründen ist es unwahrscheinlich, daß sich die Staaten jemals auf eine Plansprache als internationale Verkehrssprache einigen.

2. *Die gesellschaftliche Gliederung der Sprachgemeinschaft*

Daß sich die menschliche Gesellschaft in Klassen gliedert, mag der Philosoph bedauern und der Staatsmann zu ändern streben – die Wissenschaft von der Gesellschaft muß die Tatsache zur Kenntnis nehmen und sich über ihre Ursachen und ihre Auswirkungen klar werden. Die Sprachwissenschaft hat besonderen Anlaß dazu, denn eine wichtige Gliederung der Sprachgemeinschaft hängt unmittelbar mit dem Vorhandensein gesellschaftlicher Klassen zusammen.

Die Klassenscheidung stellt sich äußerlich dar als ein Unterschied in der wirtschaftlichen Lage. Es gibt in der Gesellschaft eine Schicht von Menschen, die den ganzen Tag hart arbeiten müssen, um ihren Lebensunterhalt zu verdienen, und es gibt eine andere Schicht, die «Zeit hat», d. h. die nur einen Teil ihrer Zeit zur Gewinnung ihres Lebensunterhalts aufwenden muß und sich außerdem Maß und Art ihrer Arbeit wählen kann. Die Zugehörigkeit zu einer dieser Klassen wird in erster Linie bestimmt durch die Geburt. Aus der einen oder der anderen Schicht zu stammen gibt eine Anwartschaft darauf, auch in ihr zu bleiben. Allerdings nur eine Anwartschaft. Denn zwischen den Klassen findet ein beständiger Austausch statt. Einzelne steigen auf, andere steigen ab. Die Gründe liegen zunächst in der persönlichen Veranlagung. Hohe geistige Begabung, große Geschicklichkeit, Tatkraft, Beharrlichkeit, Fleiß können den Weg in die obere Klasse bahnen, Dummheit und Faulheit führen auf die Dauer zu einem Absinken in die untere Schicht. Es gibt gesellschaftliche Einrichtungen, die einen solchen Austausch erschweren oder verhindern sollen, aber alle Vorkehrungen dieser Art lassen sich mit Glück, Gunst und Bedenkenlosigkeit umgehen, und umgekehrt vermögen alle diese Kräfte entschiedene Unfähigkeit auf die Dauer nicht auszugleichen. Denn neben der persönlichen Veranlagung muß man Glück und Gunst als weitere Kräfte in Rechnung stellen, die beitragen, die Klassenschranken zu durchbrechen.

Der für die Kultur wichtige Unterschied in der Lage der Klassen ist nun nicht der unterschiedliche Besitz an Geld und damit die verschiedene Lebenshaltung, sondern der Besitz an Zeit und damit die Voraussetzung zum Erwerb geistiger Bildung. Selbstverständlich hängt die Fähigkeit, sich zu bilden, von der Begabung und den entsprechenden Charaktereigenschaften, wie Fleiß, Beharrlichkeit und Selbstzucht, ab; aber alle diese können nichts helfen, wenn einfach die Zeit fehlt. Und umgekehrt läßt sich, wenn reichlich Zeit vorhanden ist, auch bei mittlerer Begabung ohne besonders große Tatkraft mit durchschnittlichem Fleiß eine gediegene Bildung erwerben.

Und der Besitz oder Nichtbesitz echter Bildung – die natürlich nicht mit dem Besuch einer höheren Schule zu verwechseln ist – ist nun für die kulturelle Leistung und das gesellschaftliche Leben eines Menschen schlechthin entscheidend. Entscheidend ist er vor allem auch für die Form der Sprache. Alles, was echte Bildung der Persönlichkeit verleiht, nämlich weiter Gesichtskreis, verfeinerter Geschmack und Selbstbeherrschung, findet seinen Ausdruck in der Sprache. Die Lautgebung der Gebildeten ist sorgfältig artikuliert, erstens weil es besser klingt, und zweitens weil die Gefühle so beherrscht werden, daß sie nicht mit der Zunge durchgehen. Der Ton der Rede ist gemäßigt und wohl abgestuft, Extreme in Tonhöhe und Tonstärke werden vermieden. Der Wortschatz ist umfangreich und verfügt namentlich über eine Menge von Wörtern zur Bezeichnung unanschaulicher Begriffe. Deswegen steht für jeden Sachverhalt das richtige Wort zur Verfügung. Wegen der Kenntnis fremder Sprachen neigt die Sprache der Gebildeten zur Verwendung von Fremdwörtern und sonstigen Entlehnungen, soweit es nicht der gute Geschmack verhindert. Aber das Lehngut kommt dem Bedürfnis nach genauer Schattierung entgegen. Die Satzfügung schließlich arbeitet stark mit Über- und Unterordnung und sucht verwickelte Gedanken möglichst getreu sprachlich abzubilden.

Demgegenüber ist die Sprache der Unterschicht weit einfacher, aber auch lebhafter, anschaulicher und ausdrucksvoller. Die Artikulation wird bald infolge von Erregung, bald aus Bequemlichkeit undeutlich, in der Tongebung werden ohne Rücksicht auf den Wohlklang die Extreme bevorzugt, schrilles Kreischen und dumpfes Grollen dem Ausdruck dienstbar gemacht. Der Wortschatz, im allgemeinen arm und einförmig, ist doch reich an Kraftausdrücken. Hier begegnen auch malerische Wendungen. Die Bezeichnung der Sachverhalte ist ungenau, das Verständnis wird dem Zusammenhang überlassen. Ähnlich klingende Wörter, durchaus nicht nur Fremdwörter oder Abstrakta, werden sorglos verwechselt, wie *scheinbar* und *anscheinend, voraussichtlich* und *vermutlich*. Der Satzbau ist einfach, aber auch einförmig. Verwickeltere Sätze werden nicht nur nicht verwendet, sondern auch nicht verstanden. Die Unterschiede in der Sprechweise zwischen Ober- und Unterschicht sind so groß, daß eine Verständigung nur dadurch möglich wird, daß sich der Gebildete der Sprache der Unterschicht in gewissem Maße anpaßt, seine Sätze einfacher baut, Fremdwörter und Abstrakta möglichst vermeidet, überhaupt auf größere Mannigfaltigkeit im Ausdruck verzichtet (153a).

Es wäre falsch, den Unterschied zwischen der Sprache von Ober- und Unterschicht mit dem von Gemeinsprache und Mundart gleichzusetzen. Zwar wird sich der Gebildete aus leicht begreiflichen Gründen gern der Gemeinsprache bedienen, während der Ungebildete auf ihren Gebrauch in den meisten Fällen verzichten kann. Aber dort, wo auch die Oberschicht Mundart spricht, wie in der Schweiz und in manchen Gegenden von Niederdeutschland, oder wo auch die Unterschicht die Gemeinsprache gebraucht, wie in den größeren Städten des östlichen Mitteldeutschland, macht sich auch innerhalb der Mundart und innerhalb der Gemeinsprache der Unterschied zwischen der Sprechweise der Gebildeten und der der Ungebildeten deutlich bemerkbar.

Dieser Unterschied ist also, wie wir gesehen haben, eine Folge der verschiedenen gesellschaftlichen Lage der beiden Klassen. Er wird aber nun seinerseits ein Kennzeichen der Zugehörigkeit zu einer von ihnen. Überall wird von dem aufsteigenden Angehörigen der Unterklasse verlangt, daß er sich sprachlich der Oberklasse anpaßt. In England, wo die Kluft zwischen Gebildeten und Ungebildeten viel tiefer ist als auf deutschem Sprachgebiet, macht «grobe» Aussprache gesellschaftlich unmöglich. Namentlich die richtige Setzung der *h,* die die Unterklasse überhaupt nicht spricht und die sie infolgedessen an die falsche Stelle setzt, wenn sie versucht, sich der Sprechweise der Oberklasse anzupassen, ist ein regelrechter Prüfstein für die Klassenzugehörigkeit eines Menschen. Ein weiteres Kennzeichen ist die Beherrschung der vielsilbigen romanischen Wörter, während der Ungebildete hauptsächlich über die meist einsilbigen Wörter germanischen Ursprungs verfügt.

Es kann nun ein Gebot der Schicklichkeit werden, daß sich die Angehörigen der Unterklasse im Verkehr mit denen der Oberklasse an deren Sprechweise halten. Schon in Deutschland gilt es an manchen Orten als unschicklich, einen Fremden höheren Standes in der Mundart anzureden. Das kann aber viel weiter gehen. Auf Java gibt es mehrere verschiedene Sprachformen des Javanischen, die sich nach Klassen unterscheiden. Da ist zunächst Ngoko, die Sprache des niederen Volkes, die eigentliche Muttersprache des Javaners, die er als Kind lernt. Aber auch der Höherstehende gebraucht sie, wenn er sich an Tieferstehende wendet. Daher ist sie auch die Sprache der Gesetze und Verordnungen. Sonst aber hat die Oberschicht ihre eigene Sprachform, das Kromo, deren Wortschatz zum Teil aus Ngoko-Wörtern besteht, die in ihrer Form etwas verändert sind, zum Teil aber auch aus ganz abweichenden Wörtern. Zur Bildung der grammatischen Formen werden andere Silben verwendet als im Ngoko. Diese Sprachform wird nun nicht allein im Verkehr der Oberschicht untereinander gesprochen, sondern auch die Angehörigen der Unterschicht müssen sie gebrauchen, wenn sie sich an die Oberschicht wenden. Ferner ist sie die Sprache der Briefe und der Literatur. Das mittlere Bürgertum spricht eine Sprachform, die aus Ngoko- und Kromo-Bestandteilen gemischt ist und Madjo heißt. Es gibt dann noch Formen, die nur Fürsten unter sich gebrauchen, und andere, die der Untertan dem Fürsten gegenüber anwenden muß (154). So weit geht ja nun die Klassenunterscheidung in der Sprache nur selten, aber das Beispiel zeigt gerade in seiner Steigerung, welche gesellschaftlichen Verhältnisse hier vorliegen.

Daß die Oberschicht mit der Unterschicht nur in deren Sprache verkehrt, weil die Sprache der Oberschicht für zu gut gilt, als daß man sie an das niedere Volk verschwendete, kommt auch sonst vor. So sprach in Ostpreußen der litauische Bauer mit seinem Gesinde nur Plattdeutsch, das Litauische gebrauchte er im Verkehr mit seiner Familie (155).

Eine bestimmte Sprechweise als Merkmal der Zugehörigkeit zu einer bestimmten Schicht verbindet die Sprache der gesellschaftlichen Klassen mit der Erscheinung der Sondersprachen, die ja ebenfalls Merkmal der Zugehörigkeit zu einem bestimmten geschlossenen Kreise sind. Aber die Absonderung ist bei diesen viel mehr nach innen in den Kreis gewendet, sie schließt fester zusammen und entschiedener aus.

Die Eigenart der Sondersprache gegenüber allen anderen Sprechweisen beruht auf dem abweichenden Gebrauch, den sie von den Wörtern macht. Überall sonst soll das Wort klären, deuten, verfügbar machen; in der Sondersprache hat es die Aufgabe zu verhüllen, abzuschirmen, zu entfernen. Sondersprache besteht geradezu darin, daß der eigentliche Name einer Sache vermieden wird. Der Jäger spricht nicht von den *Ohren* eines Tieres, sondern von den *Löffeln* des Hasen, den *Lauschern* des Rehs, dem *Behang* des Hundes;

nicht vom *Schwanz*, sondern von der *Rute* beim Hund, der *Lunte* beim Fuchs, der *Blume* beim Hasen. Das *Lager* des Hasen heißt *Sasse*, die *Höhle* des Fuchses *Bau*. Der Fuchs *läuft* nicht, er *schnürt*, das verwundete Reh *legt sich* nicht, es *tut sich nieder*. Es werden also nicht nur die geläufigen Wörter der Gemeinsprache vermieden, sondern es wird auch bei jedem Tier ein besonderer Ausdruck für dieselbe Sache verwendet. Und der Gebrauch dieser Ausdrücke ist verpflichtend, keiner darf sich zur Gemeinschaft der Jäger rechnen, der sie nicht richtig anzuwenden versteht. Ein Verstoß gegen den Sprachgebrauch würde zum Ausschluß des Sünders von der Jagd führen (156).

Eine andere Eigentümlichkeit fällt an der Sondersprache der Soldaten auf. Hier sind die Ausdrücke, die die gewöhnlichen Wörter der Gemeinsprache ersetzen, besonders derb und anschaulich und haben meistens eine herabziehende Bedeutung, und zwar merkwürdigerweise gerade dann, wenn es sich um ernste und hohe Dinge handelt, wie Leben und Tod, Sieg und Niederlage, die Waffen des Soldaten oder auch das Pferd, seinen so hochgeachteten Kameraden. Das Gewehr hieß im 19. Jahrhundert *Schießprügel* und *Kuhfuß*, heute *Flinte*, nach einer sehr unvollkommenen Vorform des modernen Gewehrs. *Flinte* nennt aber auch der Artillerist sein Geschütz. Das Maschinengewehr ist die *Spritze*. Schon alt ist der Ausdruck *blaue Bohnen* für Kugeln. Gefahr heißt *dicke Luft*, fliehen ist *abhauen, türmen* oder *stiften gehen*. Mit dem Maschinengewehr schießen hieß bei den Fliegern *rotzen*, abstürzen *abtrudeln* oder *abmontieren*. Das Pferd heißt *Gaul, Schinder* oder *Zosse* (157). Die Beispiele kann heute jeder aus eigener Erfahrung beliebig vermehren. Diese Eigenart der Sondersprache der Soldaten läßt sich zu allen Zeiten und bei allen Völkern feststellen (158). Die bedrohliche Nähe der letzten Dinge soll durch diese Art der Verhüllung wohl etwas gemildert, eine Wand scheinbarer Geringschätzung zwischen ihnen und dem Menschen errichtet werden.

Für die Sondersprachen der Seeleute und die der Schüler und Studenten (159) gelten dieselben Beobachtungen, die wir an denen der Jäger und der Soldaten gemacht haben.

Die Sondersprache der Verbrecher, das Rotwelsch (160), steigert nur die Verhüllung bis zur regelrechten Geheimsprache, sonst ist die Art der Verhüllung ganz dieselbe wie bei den Soldaten.

Eine sehr merkwürdige Art von Sondersprache ist die, die sich auf die Dinge des Geschlechtslebens bezieht. Der Geschlechtsakt und die Geschlechtsorgane sowie alles, was damit zusammenhängt, haben eine Fülle von verhüllenden Namen, die alle einen derben und herabziehenden Charakter haben, ganz wie die Sondersprache der Soldaten. Daß es sich bei dieser Sprache der Erotik oder des Geschlechtslebens um echte Sondersprache handelt, ergibt sich aus dieser Eigenart ohne weiteres. Auffallend ist nur, daß dieser Sondersprache keine Sondergemeinschaft entspricht, sondern jeder Angehörige der Sprachgemeinschaft über sie verfügt und sie nur in ihrer Sonderart bestimmt wird durch das Sachgebiet, auf das sie sich bezieht. Aber bei näherer Betrachtung stellt sich doch heraus, daß wir als Träger der erotischen Sondersprache eine Gemeinschaft finden, nämlich die Gemeinschaft der geschlechtlich aktiven Männer im Gegensatz einerseits zu den Frauen und andrerseits zu den noch unerwachsenen Knaben. Beiden Gruppen gegenüber wirkt die erotische Sondersprache ausschließend, sie dürfen sie nicht kennen, geschweige denn gebrauchen. In unsern Kulturzuständen ist das gerade noch erkennbar, aber unter ursprünglichen gesellschaftlichen Verhältnissen wird es völlig deutlich. Da bilden die erwachsenen jungen Männer eines Stammes einen Bund, den von der Völkerkunde sogenannten Männerbund, der die Dinge des Geschlechtslebens als sein Bundesgeheimnis hütet und durch die Sondersprache schützt.

Und von dieser gesellschaftlichen Einrichtung aus lassen sich nun auch die andern Formen der Sondersprache, die wir bei uns kennengelernt haben, tiefer verstehen. Diese erwachsenen jungen Männer des Stammes sind nämlich in ausgesprochenem Sinne Jäger – sie pflegen auf wochenlange Jagdunternehmungen zu ziehen –, und selbstverständlich sind sie auch die Krieger, die in jedem Augenblick zum Einsatz bereit sein müssen. Sie sind aber auch Lernende, denn nicht nur die Geheimnisse des Geschlechtslebens, sondern auch Religion, Verfassung und Recht werden im Rahmen des Männerbundes den herangewachsenen Knaben überliefert und im Bunde vor profanen Blicken gehütet. Das ist der eine Zweck der Sondersprache. Der andere aber ist, einen Abstand zu schaffen zwischen sich und den heiligen und gefährlichen Dingen, mit denen man umgehen darf und muß. Besonders auf der Jagd hängt der Erfolg davon ab, daß das Geheimnis gewahrt wird auch den Jagdtieren gegenüber. Daher die verhüllenden Bezeichnungen für alle Körperteile und alle Lebensäußerungen der Tiere, und zwar besonders für jede einzelne Tierart.

So erweisen sich die verschiedenen Sondersprachen, die wir in unsern modernen Sprachgemeinschaften beobachten, als abgeschwächte und vereinzelte Spiegelungen einer ursprünglichen einheitlichen Sondersprache, der Sprache des Männerbundes. Nirgends besser als bei dieser Gelegenheit kann man erkennen, wie uralt die gesellschaftlichen Zustände sind, die die Gliederung der Sprachgemeinschaft widerspiegelt. Denn die Sprache des Männerbundes, deren Eigentümlichkeiten wir noch in unsern Tagen im lebendigen Gebrauch erforschen können, stammt zweifellos schon aus der älteren Steinzeit und zeigt uns seelische und gesellschaftliche Antriebe aus dieser fernen Urzeit wirksam bis auf den heutigen Tag (161).

3. Alltagssprache und Hochsprache

Als um das Jahr 1890 die naturalistische Bewegung in der Literatur die Forderung erhob, es sollte die dichterische Darstellung der Menschen und ihres Verhaltens bis in alle Einzelheiten ein getreues Abbild der Wirklichkeit sein, da erwies es sich als besonders schwierig, im Drama und im Roman die Sprechweise des täglichen Lebens genau wiederzugeben. Bei einer ganzen Reihe von Versuchen mußte man feststellen, daß die Sprache der Personen immer noch stellenweise nach Literatur, wenn nicht gar nach Papier klang.

Und selbst bei Dichtwerken, die damals als gelungen galten, klingt uns heute die Sprache der Unterhaltung nicht ganz echt. Und das ist verständlich: Dichtung und Sprache des täglichen Umgangs schließen einander eigentlich aus. In der Dichtung darf kein Wort fallen, das nicht in irgendeiner Weise tiefer bedeutsam ist. Der Alltagssprache ist es gerade eigen, daß sie über die gegebene Lage nicht hinauszielt. Die Schwierigkeit, Alltagssprache gewissermaßen zu photographieren, ist so groß, daß sich die Sprachwissenschaft der Bandaufnahme bedient, wenn sie ein Stück Alltagssprache zu Zwecken der Untersuchung festlegen will. Und dabei muß man doch noch darauf achten, daß die Sprechenden von der Aufnahme nichts merken und dadurch ihre Unbefangenheit verlieren. Denn die geringste Hinwendung auf das eigene Sprechen verändert schon seine Eigenart und streift die Unmittelbarkeit der Alltagssprache ab.

Die Alltagssprache (162) ist also, wie ihr Name sagt, diejenige Sprachform, die im alltäglichen Umgang der Menschen untereinander angewendet wird. Sie ist gewissermaßen ein Gerät, eines unter vielen, das dazu hilft, den Ablauf des täglichen Lebens zu erleichtern oder zu ermöglichen. In diesem Zusammenhang erfüllt sie nun zwei Aufgaben. Erstens dient sie der unmittelbaren Verständigung in praktischen Lebenslagen. Dabei braucht sie nur die Gegebenheiten der Lage an bestimmten Stellen zu ergänzen. Man denke sich zwei Leute, die beschäftigt sind, ein Bild aufzuhängen. Der eine steht auf der Leiter, der andere unten. Der oben äußert seine Aufforderungen: *n Hammer! n stärkern Nagel!* oder Fragen: *so recht?,* der unten seine Antworten: *n bißchen tiefer! noch ne Idee links! gut!* Die Sätze sind also auf die knappste Form gebracht und sprechen nur das Notwendigste aus. Außerhalb der gegebenen Lage würde man das Gespräch nicht verstehen. Dafür ist es aber auch gar nicht bestimmt. Solche Gespräche machen weiter starken Gebrauch von Zeigwörtern und unterstützen das Verständnis durch Gebärden. Weil der Zusammenhang für das Verständnis entscheidet, braucht die Wortwahl nicht sehr genau und die Bezeichnung der Gegenstände nicht sehr ausführlich zu sein.

Zweitens aber dient die Alltagssprache noch einem ganz anderen Zwecke. Der Mensch hat gerade im täglichen Leben ein starkes Bedürfnis, sein Gemüt zu erleichtern, seinem Ärger, seiner Freude Luft zu machen oder sich einfach auszusprechen. Dabei kommt es also auf den sachlichen Inhalt seiner Äußerungen gar nicht an, Hauptsache ist, daß sie geeignet sind, seine Erregung abzuleiten. Daher ist diese Sprache gekennzeichnet durch Kraftausdrücke, die sich manchmal immer mehr steigern, durch Übertreibungen – *ich habs schon tausendmal gesagt!* – und durch Wiederholungen, die natürlich sachlich überflüssig sind, aber der Entladung der Gefühle trefflich dienen. Genauigkeit der Wortwahl und der Satzfügung ist in keiner Weise erforderlich. Dagegen braucht man gern malerisch anschauliche Wendungen wie: *Der Magen hängt mir schon in den Kniekehlen; Ich weiß nicht mehr, wo mir der Kopf steht.* Kraftausdrücke, Übertreibungen, malerische Wendungen nützen sich durch die häufige Wiederholung schnell ab und müssen daher fortgesetzt erneuert werden. Es ist überhaupt bezeichnend, daß selbst die kräftigsten und anschaulichsten Ausdrücke durch Nachahmung sehr rasch Schablone werden.

Der starken Gefühlsspannung vor der Entladung entspricht auf der andern Seite ein völliges Sichgehenlassen, während dessen die Rede gewissermaßen automatisch weiter geht, ohne daß etwas gesagt werden soll. Infolgedessen werden Flickwörter und stehende Redensarten gebraucht, die manchmal ganz sonderbar aus dem Kanzleistil oder aus der Sprache der Wissenschaft entlehnt sind: *Das Geld als solches langt natürlich nicht; Das laß ich mir an und für sich gefallen. An und für sich* ist ein philosophischer Fachausdruck Hegels!

Die beiden Aufgaben, denen die Alltagssprache dient, führen, wie man sieht, mehrfach zu denselben Formen: einfachste Satzbildung, die nur das Wesentliche ausspricht, und nachlässige Wortwahl, da es auf Genauigkeit entweder nicht ankommt oder die Lage die notwendigen Ergänzungen liefert. Diese Übereinstimmungen erlauben es, von einer einheitlichen Sprachform, eben der Alltagssprache, zu reden.

Bei der Beobachtung der alltäglichen Rede stößt man auf

eine merkwürdige Erscheinung. Da legen die Sprechenden offenbar Wert darauf, gerade nicht die alltäglichen Wörter und Wendungen zu gebrauchen, sondern sich ungewöhnlich, gesucht, parodistisch scherzhaft und oft geradezu absichtlich albern auszudrücken. Das sind die Ausdrücke und Redensarten wie *einen auf die Palme bringen* statt *ärgern, einem ins Kreuz springen* oder *aufs Dach steigen* oder *einen aus den Lumpen schütteln* statt *Vorwürfe machen, einen auf Touren bringen* statt *antreiben, du bist wohl vom wilden Affen gebissen* oder *mit dem Klammersack gepudert* statt *du bist wohl verrückt, kaltlächelnd* statt *ohne weiteres, leise weinend* statt *enttäuscht*. Wir sind so sehr an solche Ausdrucksweisen gewöhnt, daß wir sie überhören, aber wenn man darauf achtet, ist man erstaunt, wie häufig sie sind. Die merkwürdige Erscheinung, die für das Verhältnis des Menschen zu seiner Sprache kennzeichnend ist, hat man noch nicht zum Gegenstand einer besonderen Untersuchung gemacht; darum hat sie auch noch keinen anerkannten Namen. Nur für das englische Sprachgebiet haben sie Schriftsteller und Soziologen entdeckt und nennen sie Slang. Der Ausdruck bezeichnet eigentlich den Gebrauch niederer und saloper Sprechweise in guter Gesellschaft, trifft also nur einen Teil der Erscheinung, wird aber auch im Englischen in dem hier vorgeschlagenen Sinne erweitert (163).

Der Slang wird meistens als eine Art der Sondersprache betrachtet. In der Tat verwenden ihn junge Leute mit besonderer Vorliebe, und seine verschiedenen Formen kennzeichnen engere Gruppen innerhalb einer Gesellschaftsschicht (was die Engländer *a set* nennen). Auch die Vermeidung des eigentlichen Ausdrucks erinnert an die Sondersprache. Aber sie dient im Slang doch einem ganz andren Zweck: nicht weil er zu unmittelbar und darum gefährlich, sondern weil er abgenutzt und langweilig ist, wird der eigentliche Ausdruck vermieden. Und er wird ersetzt durch eine Fülle von Umschreibungen, in deren malerischer, anschaulicher oder einfach auffallender Ausgestaltung man sich gegenseitig überbietet. Sehr lehrreich ist die Art, wie der Slang mit den Kraftausdrücken der Alltagssprache verfährt: durch groteske Ausmalung einer phantastischen Situation versetzt er sie ins Unwirkliche und nimmt ihnen dadurch ihre Schärfe. *Du bist verrückt* ist Kraftwort für *dein Vorschlag scheint mir unzweckmäßig,* aber *du bist wohl vom wilden Affen gebissen* lenkt ab von der groben Kritik am Angeredeten auf die stilistischen Kunststücke des Sprechenden. Der Slang entschärft den Ernst der Wirklichkeit, er ist gesellschaftliches Spiel. Damit spielt er eine ganz andre soziale Rolle als die Sondersprache. Wenn er in den einzelnen Verkehrskreisen verschieden ist, so teilt er diese Eigenschaft mit der Alltagssprache überhaupt. Aber seine Anwendung bleibt immer ins Belieben des Sprechenden gestellt, sehr im Gegensatz zur Sondersprache, deren Gebrauch Voraussetzung ist für die Zugehörigkeit. Selbstverständlich gibt es gesellschaftliche Situationen, wo der Slang, eben als Spiel und scherzhafter Übermut, nicht zulässig ist. So erweist sich also der Slang doch als eine Erscheinung innerhalb der Alltagssprache, nämlich als der Versuch, das Alltägliche und Langweilige an ihr zu überwinden.

Der Alltagssprache entgegengesetzt ist nun eine Form der Sprache, bei der diese durchaus selbständig und selbstgenügsam, ohne Mithilfe einer vorgegebenen Lage, einen Sachverhalt erfassen und übermitteln soll. Eine solche Form braucht man erstens, wenn man schriftliche Aufzeichnungen machen will, denn diese sollen ja gerade von der bestimmten Lage unabhängig sein. Man hat diese Sprachform daher häufig Schriftsprache genannt. Aber das ist zu eng. Denn die schriftliche Aufzeichnung ist nicht die einzige und nicht einmal die ursprüngliche Verwendung dieser Sprachform. Man wendet sie vielmehr überhaupt an, wenn man etwas abseits der alltäglichen Praxis des Lebens ausdrücken will, also jedenfalls in der Dichtung und überhaupt in der Literatur. So heißt sie auch Literatursprache. Aber es gibt Verwendungen der Sprachform, die auch nicht Literatur sind. So wird eine Gerichtsverhandlung von allen Beteiligten, Richtern, Rechtsbeiständen, Parteien, Zeugen, soweit sie dazu in der Lage sind, Sachverständigen, in dieser Sprachform geführt, wo man doch kaum von Literatur reden kann. Und selbst innerhalb der Familie wird man sich bei ernsten Auseinandersetzungen ihrer bedienen. Der beste Name für sie dürfte deshalb Hochsprache sein, weil sie eine Sprachform ist, die Zwecken dient, die höher sind als die Aufgaben des alltäglichen Lebens.

Die Form der Hochsprache wird dadurch bestimmt, daß sie nicht auf die Mithilfe einer Lage für das Verständnis rechnen kann, sondern ganz auf die eigenen Hilfsmittel angewiesen ist. Daher besitzt sie in erster Linie einen genauen und vielgestaltigen Satzbau, der nicht nur die Schattierungen des Gedankens wiedergeben soll, sondern auch geeignet sein muß, Sachverhalte eindeutig und doch knapp zu beschreiben und zu unterscheiden. Ferner bedarf sie eines reichen und wohlgegliederten Wortschatzes, denn sie muß das, was die Umgangssprache nur zeigt, ausdrücklich nennen können. Die Hochsprache sagt also sehr viel mehr als die Umgangssprache, und aus diesem Grunde ist sie die gegebene Sprachform der Dichtung. Und schließlich verlangt die Hochsprache eine sehr viel sorgfältigere Aussprache als die Umgangssprache, erstens, weil sie deutlicher sein muß, und zweitens, weil sie Wert darauf legt, schön zu klingen.

Die Verwendung von Hochsprache und Alltagssprache hängt nun nicht, wie bei den Sprachen der gesellschaftlichen Klassen, von der Person des Sprechers ab, sondern vom Zweck des Sprechens und von der Lage, in der gesprochen wird. Es sind durchaus dieselben Menschen, die sowohl über die Alltagssprache als auch über die Hochsprache verfügen. Es ist eine der merkwürdigsten Erscheinungen im Leben der Sprache, mit welcher Sicherheit die Unterscheidung von Hochsprache und Alltagssprache von allen Sprechenden beobachtet wird. Gewiß kommt es vor, daß ein ganz Ungebildeter über die Hochsprache überhaupt nicht verfügt. Aber das ist nur ein kleiner Teil der Sprachgemeinschaft. Dagegen gibt es kein Mitglied der Sprachgemeinschaft, das sich nicht im täglichen Leben der Alltagssprache bediente. Falsche Anwendung der beiden Sprachformen fällt jedem sofort auf. Alltagssprache dort, wo Hochsprache am Platze ist, wirkt im höchsten Grade anstößig. Nur ganz vorsichtig darf man, wenn man seines Geschmacks sicher ist, die Hochsprache gelegentlich mit einer alltagssprachlichen Wendung würzen. Als Student im ersten Semester hörte ich einen Kanzelredner sagen: *Gar manchem, den ich so reden höre, möchte ich sagen: Gehe hin und baue Kartoffeln, damit nützest du der Menschheit unendlich viel mehr als mit deinem Jekohle.* Der alltagssprachliche Ausdruck *Gekohle* war absichtlich gewählt und wurde auch noch in alltagssprachlicher Lautgebung geäußert. Die gesamte Umgebung war in gewähltester Hochsprache gehalten. Die Wirkung war sehr stark, aber viele Leute haben damals (1913) an der Wendung Anstoß genommen.

Andrerseits wirkt Hochsprache an Stelle der Alltagssprache ausgesprochen lächerlich. Es ist eine billige Wirkung, in Lustspielen oder Romanen einen gelehrten Pedanten in alltagssprachlicher Situation Hochsprache reden zu lassen. Im Leben kommt so etwas kaum vor. Im Familienleben kann der plötzliche Gebrauch der Hochsprache an Stelle der Alltagssprache ein Sturmzeichen sein. Er deutet eben eine veränderte, ernstere Lage an.

Man darf also den Unterschied von Hochsprache und Alltagssprache keinesfalls gleichsetzen dem von Sprache der Gebildeten und der Ungebildeten. Denn es ist ein Ausnahmefall, wenn jemand außer der Sprache seiner Klasse auch noch die einer andern beherrscht, und jedenfalls wird er im gewöhnlichen Leben nicht zwischen ihnen wechseln. Aber auch mit dem Unterschied von Mundart und Gemeinsprache deckt sich der von Alltagssprache und Hochsprache nicht. Es gibt innerhalb der Mundart eine Hochsprache – schon die Mundartdichtung beweist es. Aber man kann in der Mundart auch predigen und wissenschaftliche Vorlesungen halten. Andrerseits hat die Gemeinsprache neben der hochsprachlichen auch eine alltagssprachliche Form, die namentlich dort ganz unentbehrlich ist, wo die Mundart im täglichen Leben nicht mehr gesprochen wird. Daß es in manchen Gegenden die Verteilung mundartliche Alltagssprache – gemeinsprachliche Hochsprache gibt, soll damit nicht bestritten werden.

Für ein größeres Gebiet dient im allgemeinen als Hochsprache die entsprechende Form der Gemeinsprache. Aber von dieser Regel gibt es bemerkenswerte Ausnahmen. So haben wir in Indien als Gemeinsprache und internationale Verkehrssprache, wie erwähnt, die Hindustani, als Hochsprache aber dient das Sanskrit, eine erstarrte und grammatisch genau festgelegte Form der alten arisch-indischen Sprache. Sanskrit ist vor allem die Sprache der Wissenschaft und war lange Zeit die der höheren Literatur. In neuerer Zeit wurden sowohl Hindustani als auch Sanskrit mehr und mehr vom Englischen zurückgedrängt, das sich anschickte, die Rolle der internationalen Verkehrssprache und der Hochsprache für den indischen Subkontinent zugleich zu übernehmen. Inwieweit sich diese Entwicklung infolge der Befreiung Indiens ändern wird, bleibt abzuwarten.

Ziemlich verwickelt liegen die Dinge in Griechenland. Da gibt es über den Dialekten eine gesprochene Gemeinsprache, die auf der Grundlage der südlichen Dialekte ruht. Diese Gemeinsprache, Dimotiki oder Volkssprache genannt, dient auch teilweise als Hochsprache. Ein Teil der Literatur und sogar wissenschaftliche Werke werden in ihr abgefaßt. Diese ihre Rolle wird aber heftig bestritten. Denn seit dem Altertum besteht eine besondere Hochsprache, die eine Fortbildung der alten griechischen Gemeinsprache ist. Sie steht dem Altgriechischen viel näher als die Volkssprache und heißt in ihrer heutigen Form Katharéwusa oder Reinsprache. Sie ist die eigentliche Hochsprache für Kirche, Wissenschaft, öffentliches Leben und höhere Literatur. Die Sprachenfrage und man kann sagen der Sprachenkampf in Griechenland dreht sich nun darum, ob die Reinsprache diese ihre Aufgabe unangefochten behalten oder ob sie ganz oder teilweise und gegebenenfalls in welchem Umfang durch die Volkssprache, selbstverständlich in ihrer gemeinsprachlichen Form, ersetzt werden soll.

Sehr häufig ist der Fall, daß eine Sprachgemeinschaft mehrere Hochsprachen benutzt, je nach dem Lebensgebiet, für das sie gelten, also z. B. eine als Kirchensprache, eine andere als Sprache der Wissenschaft, eine dritte als Sprache der Literatur. So hatte man in Deutschland im 17. und auch noch im 18. Jahrhundert Lateinisch als Sprache der Wissenschaft, Französisch als Sprache der Gesellschaft und Deutsch als Sprache der Literatur. Die Japaner, die natürlich ihre eigene japanische Hochsprache haben, benutzen dennoch als Sprache der Wissenschaft das Englische.

Für die Geschichte der Sprachen und der Kultur aber herhervorragend wichtig sind die besonderen Hochsprachen der Kirchen. Die römisch-katholische Kirche hat das Lateinische festgehalten als Sprache nicht nur des Gottesdienstes, sondern aller kirchlichen Angelegenheiten wie der Verwaltung und des kirchlichen Rechts. Die griechisch-katholische Kirche in Rußland, Jugoslawien und Bulgarien benutzt eine alte Form des Bulgarischen, das eben deshalb so genannte Kirchenslawische, als Sprache des Gottesdienstes. Ebenso werden in Abessinien in der Kirche nicht die lebenden Mundarten des Landes verwendet, sondern das Äthiopische, eine alte und nirgends mehr gesprochene Form dieses Zweigs der semitischen Sprachen. Eine ähnliche Rolle spielt seit zweitausend Jahren im jüdischen Gottesdienst das Hebräische, das im täglichen Leben seit dieser Zeit nicht mehr gesprochen wurde, bevor es neuerdings in Palästina künstlich wieder belebt worden war. Und die gottesdienstliche Sprache der Mohammedaner ist die Sprache des Korans, das klassische Arabisch, das von den lebenden arabischen Mundarten beträchtlich abweicht. Zudem sprechen Millionen von Anhängern des Islams überhaupt keinen arabischen Dialekt. Auch die Buddhisten haben ihre besondere heilige Sprache, das Pali, einen mittelindischen Dialekt, der auf Ceylon, in Hinterindien und in Birma im Gottesdienst und für die religiöse Literatur verwendet wird. Die Volkssprachen in diesen Gebieten sind völlig andere.

Eine auf bestimmte Zwecke beschränkte Abart der Hochsprache stellen die Sprechweisen dar, die Fachleute für die Verständigung auf ihrem Sondergebiet ausgebildet haben, weil dabei ganz besondere Leistungen von der Sprache verlangt werden. Man nennt die Gesamtheit solcher Sprachmittel F a c h s p r a c h e.

Die Eigenart der Fachsprachen besteht vor allem in ihrem Wortschatz. Mit einer Genauigkeit und einer Beachtung auch der geringsten Einzelheiten, die weit über alles hinausgehen, was die Gemeinsprache leisten kann, werden die Gegenstände, Verhältnisse und Vorgänge eines bestimmten Sachgebiets bezeichnet. Die Sprache der Ärzte hat eigene Namen für jeden einzelnen Knochen des menschlichen Gerippes, für jeden Nerv, für jeden Muskel. Die Sprache der Juristen (164) nennt jedes Rechtsgeschäft, jedes Rechtsverhältnis und jede einzelne Stufe eines Rechtsverfahrens. Dabei muß sie Dinge unterscheiden, von deren Unterschieden der Laie nichts ahnt, wie *Eigentum,* als die unbeschränkte rechtliche Verfügungsgewalt über eine Sache, und *Besitz,* als die tatsächliche Herrschaft über eine Sache; oder beim Kauf ein *dingliches* Rechtsgeschäft (den Übergang des Eigentums) und ein *schuldrechtliches* oder obligatorisches (die Verpflichtung zur Zahlung des Kaufpreises). Wieviel einzelne Sachverhalte z. B. die Sprachwissenschaft unterscheiden muß, davon geben die Darlegungen dieses Buches nur einen schwachen Begriff. Jede Technik und jedes Handwerk haben ihre Fachsprache, in der jedes Werkzeug und seine Teile, jedes Material, seine Eigenschaften und Zustände, jedes Verfahren und seine Stufen genau bezeichnet werden. Um welche Menge von Ausdrücken es sich dabei handelt, davon weiß der Radiobastler zu erzählen. Aber auch ein altehrwürdiger Beruf wie der des Bauern verfügt über eine große Menge von Fachausdrücken für die einzelnen Tätigkeiten, die Zustände des Bodens und der Pflanzen, das Leben und das Verhalten der Tiere.

Ein so gewaltiger und stets zunehmender Bedarf an Namen kann selbstverständlich von der Gemeinsprache, die ja andere Aufgaben hat, nicht befriedigt werden. Daher ergänzt sich die Fachsprache durch Neubildungen und Entlehnungen. Das Verfahren zur Neubildung von Wörtern ist ein wesentlicher Bestandteil jeder Fachsprache. Unsere abendländischen Fachsprachen benutzen zur Neuschöpfung von Wörtern vielfach Sprachstoff aus dem Griechischen und dem Lateinischen, weil diese Sprachen über bequemere Möglichkeiten zu Ableitungen aller Art verfügen als die modernen. Es entstehen dadurch Wörter, die nie griechisch oder lateinisch gewesen sind, aber im Verband einer modernen Sprache durchaus den Eindruck von Fremdwörtern machen. Entstehung und Geltung solcher Bildungen beruhen auf Verabredung. Von da aus ist es nur noch ein Schritt zur Ausbildung einer Fachsprache rein aus verabredeten Bestandteilen, wie sie sich die moderne Chemie in so vollendeter Weise geschaffen hat. Solche wissenschaftlichen Fachsprachen haben gleichzeitig den Vorteil, international gültig zu sein. Sie müssen es auch sein, denn die Wissenschaft ist nicht durch staatliche oder völkische Grenzen beschränkt. Man darf deshalb bezweifeln, ob es zweckmäßig ist, eine bereits bestehende internationale Fachsprache durch Übersetzung in nationale aufzuspalten, wie man es in Deutschland mit der Fachsprache der Grammatik getan hat. International ist verständlicherweise auch die Fachsprache der modernen Technik (165). Dagegen haben die alten Handwerke und die ländlichen Berufe jeweils ihre nationalen Fachsprachen, die oft nicht einmal auf der betreffenden Gemeinsprache, sondern auf den einzelnen Mundarten beruhen (166).

4. Die Einheit der Sprachgemeinschaft

Bei der starken und vielfältigen Gliederung des Sprachraums erhebt sich die Frage, wie trotzdem die Sprachgemeinschaft als Gemeinschaft der Sprache bestehen kann. Das wird gesichert erstens dadurch, daß zwischen den einzelnen Formen und Ausprägungen der Sprache überall Übergänge bestehen. Von den Übergängen zwischen den Mundarten eines Gebietes mußte schon die Rede sein, weil diese zum Wesen der örtlichen Gliederung der Sprachgemeinschaft überhaupt gehören. Aber es leuchtete ein, daß es auch für die Einheit der gesamten Sprachgemeinschaft wesentlich ist, wenn von einem Ende des Sprachgebiets bis zum andern nirgends eine Grenze besteht, über die hinüber sich unmittelbare Nachbarn nicht verständigen könnten. Außerdem gibt es nun an allen Orten Übergänge zwischen der jeweiligen Mundart und der Gemeinsprache. Sie finden sich vor allem in den größeren Städten und in den mittleren Schichten der Bevölkerung. Sie sind dadurch gekennzeichnet, daß besonders auffallende Eigenheiten der Mundart in Lautgebung und Wortschatz vermieden und durch die entsprechenden Züge der Gemeinsprache ersetzt werden. Sehr geläufige und weniger auffällige mundartliche Erscheinungen bleiben dagegen erhalten. Weiteren Kreisen sind derartige Sprechweisen aus Fritz Reuters «Ut mine Stromtid» bekannt, wo dieses «Missingsch», wie sie dort genannt werden, in Inspektor Bräsig einen unvergeßlichen Vertreter gefunden hat. Das Verhältnis zwischen mundartlichen und gemeinsprachlichen Zügen ist natürlich unzähliger Abwandlungen fähig, nicht nur nach der Person des Sprechers, sondern auch nach Zweck und Gelegenheit des Sprechens (167).

In ganz ähnlicher Weise finden wir mannigfache Übergänge zwischen der Sprache der Ober- und der Unterschicht, wie es denn auch Stufen und Grade der Bildung gibt, von denen sie abhängen. Das Madjo des javanischen Bürgertums ist nur ein Beispiel unter vielen; wir können in unserer täglichen Umgebung jederzeit weitere beobachten.

Übergänge zwischen Hochsprache und Alltagssprache hängen nicht so sehr von der Person des Sprechers ab, als vielmehr vom Zweck des Gesprochenen und der Gelegenheit, bei der man spricht. Ein ernstes Gespräch im Familienkreise wird immer noch eine andere sprachliche Form haben, wird mehr alltagssprachliche Züge aufweisen als eine öffentliche Ansprache, und auch die Ansprache wird sich verschieden gestalten in der Sitzung eines Vereins und in der einer parlamentarischen Körperschaft. Die reinste Hochsprache begegnet in der Predigt und im wissenschaftlichen Vortrag.

Eine zweite große Klammer, die die Einheit der Sprachgemeinschaft wahrt, ist die Tatsache, daß fast alle ihre Mitglieder mehrere Sprachformen nebeneinander beherrschen und beherrschen müssen. Unter unsern gesellschaftlichen Verhältnissen, bei der allgemeinen Schulpflicht und dem dichten Verkehrsnetz spricht fast jeder außer seiner Mundart auch die Gemeinsprache. Aber auch unter einfacheren Bedingungen veranlassen die Bedürfnisse des Verkehrs eine allgemeinere Kenntnis der Gemeinsprache, sonst würde sich eine solche gar nicht ausgebildet haben. Daß ferner dieselben Menschen über Alltagssprache und Hochsprache nach Bedarf verfügen, gehört überhaupt zum Begriff dieser Sprachformen. Wo aber Mundart und Gemeinsprache nebeneinander geläufig sind, kann der einzelne sogar zwei Formen der Gemeinsprache und zwei Formen der Mundart nebeneinander beherrschen. Solche Verhältnisse finden wir zum Beispiel in der Schweiz und in Teilen von Norddeutschland. Dazu kommt nun drittens, daß fast alle Angehörigen der Sprachgemeinschaft mindestens eine Fachsprache besitzen, nämlich diejenige ihres Berufs. Die meisten kennen daneben noch andere, etwa die einer Liebhaberei, des Sportes, einer bekannten Technik oder des Militärs. Und schließlich haben auch die meisten an einer der vielen Formen der Sondersprache teil. Namentlich wird es wenig Männer geben, denen die Sprache der Erotik fremd ist. So stellt sich heraus, daß derselbe Angehörige der Sprachgemeinschaft sechs und mehr ihrer besonderen Sprechweisen in seinem Sprachbesitz hat.

Die Gliederung der Sprachgemeinschaft bedeutet also nicht den Zerfall in Sondergemeinschaften, seien diese nun wirtschaftlich oder wie immer sonst bestimmt. Eine solche Auffassung, daß nämlich die Sprache ein Erzeugnis der einzelnen Klassen der Gesellschaft sei, ist noch bis vor wenigen Jahren in der russischen Sprachwissenschaft vertreten worden. Schließlich hat sich aber die Erfahrung durchgesetzt, daß der überwiegende Sprachbesitz alle Glieder der Gemeinschaft verbindet, während die trennenden Erscheinungen durchaus in der Minderheit sind. Damit hängt die Beobachtung zusammen, auf die Stalin in seiner bekannten Veröffentlichung (168) mit Recht Wert legt, daß sich die Sonderformen der Sprache, mit einziger Ausnahme der geographisch bedingten Dialekte, niemals zu eigenen voll entwickelten Sprachen ausbilden können. Dazu gehört eben die

Fähigkeit, alle Leistungen der Sprache für die Gemeinschaft zu vollbringen, und die besitzen die Sonderformen nicht, sondern nur die Sprache der ganzen Gemeinschaft.

5. Sprachlicher Austausch

Die verschiedenen Sprechweisen einer Sprachgemeinschaft liegen natürlich im Gedächtnis der Sprechenden nicht luftdicht abgeschlossen nebeneinander, sondern die einzelnen Möglichkeiten des Ausdrucks bieten sich gleichzeitig dar, wenn sie auch in der Theorie verschiedenen Sprachformen angehören. Die Folge sind Mischungen, das heißt Entlehnungen aus einer in die andere. Da die Unterschiede der einzelnen Sprachformen neben der Lautgebung wesentlich auf Unterschieden des Wortschatzes beruhen, machen sich auch ihre Berührungen hauptsächlich in der Form von Wortentlehnungen fühlbar. Dabei sind diejenigen mit reicherem Wortschatz im allgemeinen die Gebenden. Es entlehnt also die Mundart aus der Gemeinsprache, die Sprache der Unterschicht aus der der Oberschicht, die Alltagssprache aus der Hochsprache. Der umgekehrte Vorgang ist seltener, aber durchaus nicht ohne Bedeutung. So ist unser Wort *Lehm* eine Entlehnung aus einer mittel- oder niederdeutschen Mundart; in der Lautform, die sonst für die Gemeinsprache maßgebend ist, müßte es *Leim* heißen – und in Bayern heißt es auch so. Auch *Schuppen* weicht von der sonst üblichen gemeinsprachlichen Lautgebung ab, die das alemannische *Schopf* zeigt; in dieser Form muß das Wort also auch entlehnt sein. Zu allen Zeiten hat die Gemeinsprache ihren Wortschatz aus den Mundarten ergänzt, so daß mitunter verschiedene mundartliche Formen desselben Wortes in der Gemeinsprache als verschiedene Wörter leben. Bekannte Fälle dieser Art sind *Rabe* neben *Rappe, Knabe* neben *Knappe*. Wie man sieht, benutzt die Gemeinsprache diese Doppelheit dazu, Bedeutungen zu unterscheiden.

Eine besonders bemerkenswerte Gruppe stellen die Entlehnungen der Gemeinsprache aus den Fachsprachen und aus der Sondersprache dar. Sie sind außerordentlich zahlreich

(s. S. 47f). Wir begegnen im gegenwärtigen Deutsch in der Gemeinsprache Wörtern wie *Kontakt*, *schalten*, *einschalten*, *ausschalten*, *Spannung*, *Kurzschluß*, *positiver* und *negativer Pol*, die offensichtlich aus der Sprache der Elektrotechnik stammen. *Angriff*, *Rückzug*, *Umgehung*, *Front*, *Flanke*, *Schwerpunkt*, *Kapitulation* sind militärische Fachausdrücke. Älter sind *Finte*, *Parade*, die der Fachsprache der Fechtkunst entstammen. Manche solche Entlehnungen leben noch in der Gemeinsprache, während die betreffende Fachsprache, der sie ursprünglich angehörten, gar nicht mehr besteht. So war *Nachdruck* (den man einer Sache gibt) ein taktischer Fachausdruck der schweizerischen Infanterie des 15. und 16. Jahrhunderts. Das Wort bedeutete zunächst den Druck, den die hinteren Glieder des Gewalthaufens auf die vorderen ausübten, um sie in den Stand zu setzen, den Feind über den Haufen zu rennen. Es gibt ganz geläufige Wörter der Gemeinsprache, denen man es nicht mehr ansieht, daß sie ursprünglich aus einer Fachsprache kommen. So sind *Ding* und *Sache* Fachwörter der Rechtssprache gewesen: *Ding* bedeutete die Gerichtsversammlung, *Sache* die gerichtliche Untersuchung.

Nicht weniger ergiebig als Quelle von Entlehnungen ist die Sondersprache. Selbst die Sprache der Verbrecher hat zahlreiche geliefert: *meckern*, *Kluft*, *Pleite*, *tippeln* stammen daher. Aber die meisten gehören der erotischen Sondersprache an, wie *Maus*, *poussieren*, *nachsteigen*, *anhauen*, *sich einen anlachen*. Wenn man einen Jungen *Stift* oder *Stöpsel* nennt oder von einem *Ladenschwengel* spricht, so denkt niemand mehr daran, daß man sondersprachliche Wörter gebraucht, die den Jungen nach dem Körperteil bezeichneten, der ihn von den Mädchen unterschied. Auch aus der Sondersprache leben Wörter in der Gemeinsprache noch fort, wenn der betreffende Zweig der Sondersprache längst außer Gebrauch gekommen ist. So sind uns ganz geläufig Wörter aus der Sondersprache der deutschen Mystiker des 14. Jahrhunderts, wie *Einfluß*, *einleuchten*, *Grund*.

Wenn nun Dialekte und Gemeinsprache, oder die Sprachen der Klassen, oder Alltagssprache und Hochsprache nicht Formen derselben Sprache, sondern verschiedenen Ursprungs sind, dann wirkt sich die unvermeidliche Zweisprachigkeit genau so aus und veranlaßt zahlreiche Entlehnungen. Daher haben wir die vielen lateinischen Lehnwörter in allen abendländischen Sprachen, die französischen im Deutschen und Englischen. Eigenartig ist die Rolle der lateinischen Entlehnungen in den romanischen Sprachen. Diese sind ja selbst fortentwickelte Dialekte der lateinischen Volkssprache. Wie wir im nächsten Kapitel sehen werden, hat sich in ihnen die Gestalt der lateinischen Wörter in mannigfacher Weise verändert. Lehnwörter aber, die in den letzten Jahrhunderten unmittelbar aus der lateinischen Hochsprache übernommen worden sind, haben natürlich die alte lateinische Wortgestalt im wesentlichen behalten und sind daran als Fremdlinge kenntlich. Man nennt sie dann «gelehrte Wörter» (mots savants) oder «Buchwörter» im Gegensatz zu den «volkstümlichen» (mots populaires). Diese Bezeichnungen beziehen sich aber nur auf die Herkunft, nicht auf die heutige Verwendung. Häufig findet man dasselbe lateinische Wort einmal in volkstümlicher Überlieferung und einmal als gelehrte Entlehnung nebeneinander, natürlich mit verschiedener Bedeutung. So ist im Französischen *table* «Tisch» das lateinische *tabula* als Lehnwort, die volkstümliche Entwicklung lautet *tôle* und bedeutet «Blech». *Captif* «gefangen» ist neu entlehnt aus lateinisch *captivus,* aber *chétif* «kümmerlich» ist dasselbe Wort, wie es sich in der volkstümlichen Überlieferung gestaltet hat. Ebenso ist *fragile* «zerbrechlich» in eigentlicher Bedeutung gelehrtes Wort, das lateinische *fragilis,* aber in übertragener Bedeutung hat das Wort volkstümliche Lautgestalt und heißt *frêle* «zart, gebrechlich».

In manchen Fällen ist die Zahl der Entlehnungen so groß, daß sie dem einheimischen Sprachgut gleichkommen oder es übertreffen. Sie beschränken sich auch nicht nur auf den Wortschatz, sondern umfassen ebenso Mittel der Wortbildung und der Satzbaus. Dann entstehen Sprachen, die wir als Mischsprachen bezeichnen. Sprachmischung ist also nur ein besonders hoher Gehalt an Lehngut. Die geschichtlich wichtigste Mischsprache ist das Englische. Die germanischen Bewohner Englands stammten aus dem westlichen Norddeutschland und sprachen demgemäß einen westgermanischen Dialekt, das Angelsächsische. Im Jahre 1066 wurde die britische Insel von den Normannen erobert. Diese waren von Hause aus Norweger, hatten sich aber seit mehr als anderthalb Jahrhunderten in Frankreich, in der Normandie, angesiedelt und sprachen nun einen französischen Dialekt. In dem Staatswesen, das aus der Eroberung entstand, waren das Angelsächsische und das (französische) Anglonormannische zunächst Sprachen zweier Klassen. Im Laufe von einigen Jahrhunderten glichen sie sich in der Richtung aus, daß das Angelsächsische durch sehr zahlreiche Entlehnungen aus dem Anglonormannischen zu einer Mischsprache wurde, dem Mittelenglischen, aus dem das heutige Englisch hervorgegangen ist. Der gemischte Charakter des englischen Wortschatzes zeigt sich sehr eigenartig darin, daß manchmal das Hauptwort germanischen, das zugehörige Eigenschaftswort aber französischen Ursprungs ist. So heißt der «König» *king,* aber «königlich» ist *royal,* das «Haus» ist *house,* aber «häuslich» ist *domestic.* Schnurrig ist, daß lebende Haustiere einen germanischen Namen führen, dieselben Tiere aber in der Bratpfanne einen französischen. Das «Schwein» heißt *pig,* der «Schweinebraten» aber *pork,* der «Ochse» *ox,* der «Rinderbraten» dagegen *beef,* das «Schaf» *sheep,* der «Hammelbraten» *mutton.* Das erklärt sich natürlich daraus, daß der angelsächsische Bauer mit der Zucht und Haltung der Tiere zu tun hatte, während sich der anglonormannische Baron für sie mehr in gebratenem Zustand interessierte. Die Verteilung ist einer der Beweise dafür, daß wir es hier ursprünglich mit Sprachen von Klassen zu tun haben.

Ganz ähnlich wie das Englische aus germanischen und französischen Bestandteilen gemischt ist, stellt das Neupersische eine Mischung aus iranischem und arabischem Sprachgut dar. Die Ursache ist die Eroberung Irans durch die Araber, die die Aufnahme von vielen arabischen Wörtern ins Iranische veranlaßte. Ein Beispiel dafür ist der Name des berühmten Diamanten *Kohinur.* Er bedeutet «Berg des Lichts» und besteht aus iranisch *kūh* «Berg» und arabisch *nūr* «Licht», die auf iranische Weise durch die Partikel *i* verbunden sind.

Einen äußersten Fall von Überfremdung einer Sprache durch Lehngut haben wir im Albanesischen. Ursprünglich eine selbständige indogermanische Sprache, hat dieses seit dem Altertum so viele lateinische Lehnwörter aufgenommen, daß sein Wortschatz heute zum größeren Teil aus lateinischem Gut besteht. Trotzdem unterscheidet sich die Sprache unverkennbar von den romanischen Sprachen, den echten Töchtern des Lateinischen (169).

Bei dem Vorgang der Entlehnung lassen sich mehrere Arten unterscheiden. Meist wird das fremde Wort einfach herübergenommen, und zwar entweder in der fremden Lautform, wie *Bureau* aus dem Französischen, oder mehr oder weniger der heimischen Lautung angepaßt wie *Bankrott* aus italienisch *banca rotta* «zerbrochene Bank» oder *Kaffer* aus arabisch *kafir* «Ungläubiger». Geht mit vollständiger lautlicher Angleichung an den einheimischen Bestand auch eine Deutung zusammen, dann haben wir den schon besprochenen Fall der Eindeutung (S. 204f.) vor uns wie bei *Hängematte* aus englisch *hammock*.

Aber die Übernahme eines fremden Wortes ist nicht die einzige Art der Entlehnung. Eine andere, ebenfalls sehr häufige, besteht darin, daß ein fremdes Wort in seinen einzelnen Bestandteilen aus heimischem Sprachgut nachgebildet, gewissermaßen stückweise übersetzt wird. So hat man im Deutschen das französische *exposition* (selbst ein gelehrtes Wort) mit *Ausstellung* wiedergegeben, weil lateinisch *ex* «aus» und *positio* «Stellung» bedeutet. Da so ein Wort keine fremde oder auch nur nicht geläufige Lautung enthält, entgeht dem Laien, daß er eine Entlehnung vor sich hat. Aber ein deutsches Wort *Ausstellung* (seit Goethe im Gebrauch) gab es nicht, bevor man französisch *exposition* übersetzte, der Begriff wurde vielmehr mit *Schau* bezeichnet. Der lateinische Ausdruck *exculpare* aus der Sprache des Rechts wurde nachgebildet als *entschuldigen*, denn lateinisch *culpa* heißt «Schuld». Diese Nachbildung diente gleichzeitig für *excusare*, das einen ähnlichen Sachgehalt hatte. Man nennt solche Nachbildungen Lehnübersetzungen. Sie sind sehr viel häufiger, als man zunächst glaubt, und treten zu allen Zeiten in der Geschichte einer Sprache auf. Schon in althochdeutscher Zeit, im 11. Jahrhundert, wurde der lateinische Begriff der Kirchensprache *conscientia* von NOTKER dem Deutschen von St. Gallen durch *gewizeni* nachgebildet, indem er lateinisch *con-* «mit» durch althochdeutsches *ge-* (heute ebenfalls *ge-*) wiedergab und für den zweiten Teil *-scientia* von lateinisch *scire* «wissen» eine Ableitung von *wizzan* «wissen» bildete. Wie fest diese Lehnübersetzung *Gewissen* in der deutschen Sprache Wurzel geschlagen hat, ist bekannt. Übrigens ist das lateinische Wort *conscientia* in derselben Weise einem griechischen nachgebildet. In einer anderen, nicht religiösen, sondern wissenschaftlichen Verwendung wurde dann *conscientia* im 18. Jahrhundert noch einmal lehnübersetzt von dem Philosophen WOLFF als *Bewußtsein,* eine Bildung, die ebenfalls volles Bürgerrecht erhalten hat. Auch ganze Redensarten werden so nachgebildet. Das österreichische *Das steht nicht dafür* «es lohnt sich nicht» ist ein Abklatsch des tschechischen *nestoj za to* (170). Und die französische Wendung *au courant* «in der Strömung» wurde im Deutschen durch das unverständliche *auf dem laufenden* abgebildet.

Eine dritte Art der Entlehnung ist die Ausweitung des Geltungsbereichs eines einheimischen Wortes nach dem Vorbild eines fremden, dessen Anwendung ursprünglich nur teilweise mit der des heimischen übereinstimmte. So entsprach das deutsche *lesen* dem lateinischen *legere* zunächst nur in der Bedeutung von «sammeln, auflesen», also Holz oder Ähren *lesen.* Weil aber *legere* außerdem Buchstaben oder Schrift *lesen* bedeutete, wurde auch das deutsche Wort für diesen Begriff verwendet. Man nennt so etwas eine Bedeutungsentlehnung. Auch dieses Verfahren ist sehr häufig (171).

In der Sprache des Apostels Paulus hatte griechisch *oikodomeĩn* «bauen» einen besonderen religiösen Sinn: «die Gemeinschaft der Gläubigen aufbauen». Ins Lateinische wurde das Wort nicht selbst entlehnt, sondern man verwendete das lateinische, das im gewöhnlichen Leben dem griechischen *oikodomeĩn* entsprach, nämlich *aedificare* «bauen». Und genau so verfuhr später das Deutsche; es gebrauchte sein Wort *erbauen* nun auch im religiösen Sinne des Apostels. Der Unterschied, den wir jetzt zwischen *bauen* und *erbauen* machen, ist erst später eingetreten.

Wie sich zahlenmäßig Lehnwörter, Lehnübersetzungen und Bedeutungsentlehnungen zu dem echt einheimischen Sprachgut in einer Sprache verhalten, ist noch in keinem Falle genau festgestellt worden. Es ist auch gar nicht leicht, Lehnübersetzungen und Bedeutungsentlehnungen zu erkennen. Aber eine Untersuchung des Tatbestands für die Sprachen eines Kulturkreises wie des abendländischen würde über ihre Verflechtung und ihre gemeinsame Geistigkeit wichtige Aufschlüsse geben (172).

Es werden aber nicht nur Wörter entlehnt, sondern auch Bildungsweisen. Das geht so vor sich, daß zunächst eine Anzahl Wörter dieser bestimmten Bildungsweise – es brauchen nur wenige zu sein – aus der fremden Sprache übernommen werden. Man hat z. B. französische Wörter wie *tornoier* und *logier* als Fachausdrücke des Rittertums in der Form *turnieren* und *loschieren* entlehnt, danach aber auch *halbieren* (zunächst von der Tracht, die das französische *mipartir* kennzeichnet) (172a) und *hofieren* gebildet. Weiter entstanden dann *hausieren*, *buchstabieren* und viele andere mit derselben Endung. Auf dieselbe Weise ist die Bildung der Täternamen auf *-er*, die heute die einzig lebendige ist, aus dem Lateinischen ins Deutsche gekommen. Die lateinische Endung lautete *-arius*. Zuerst wurden die Berufsbezeichnungen *molinarius* «Müller» und *tolonarius* «Zöllner» entlehnt und erscheinen als althochdeutsch *mulināri* und *zolonāri*. Danach wurde dann ein *redināri* «Redner» von *redina* «Rede» und mittelhochdeutsch *gartenære* «Gärtner» von *garten* abgeleitet. Auch das bloße *-arius* dient im Gotischen schon zur Ableitung einheimischer Wörter wie *laisareis* «Lehrer» (173).

Schließlich werden auch Satzfügungen entlehnt, indem man sie mit den Mitteln der eigenen Sprache nachbildet. So ist der sogenannte relative Anschluß im Deutschen (*die Sache scheiterte, was zu erwarten war*) eine Nachahmung der entsprechenden lateinischen Fügung. Aber dies ist ein Gebiet, auf dem sich der fremde Einfluß von der bodenständigen Entwicklung schwer trennen läßt.

SECHSTES KAPITEL

SPRACHWANDEL

1. Die Feststellung des Sprachwandels

In ANDERSENS Märchen «Die Galoschen des Glücks» geschieht es einem Lobredner vergangener Zeit, daß er versehentlich die wunderbaren Gummischuhe anzieht, die die Kraft haben, dem Inhaber jeden Wunsch zu erfüllen. Auch ihm erfüllt sich ein oft geäußerter Wunsch, nämlich im Mittelalter zu leben – und es gibt eine bittere Enttäuschung. Denn es stellt sich heraus, daß die Lebensverhältnisse in Kopenhagen im Mittelalter wesentlich einfacher und unbequemer sind als im 19. Jahrhundert. Aber eine sehr erhebliche Unbequemlichkeit, die der Mann bei seiner Reise in die Vergangenheit erleben würde, deutet der Dichter nur eben an: der Kopenhagener des 19. Jahrhunderts hätte in seiner Heimatstadt im Mittelalter keinen Menschen verstanden und wäre von niemand verstanden worden.

Wieso können wir das behaupten? Nun, wir haben schriftliche Aufzeichnungen aller Art aus vergangenen Jahrhunderten, die zum Beispiel für das Deutsche und das Englische um mehr als tausend Jahre zurückreichen. Für das Griechische sind es jetzt mehr als dreitausend Jahre. Und da können wir die Probe machen, daß wir etwa ein Gedicht Walthers von der Vogelweide zur Hälfte gar nicht und zur andern Hälfte falsch verstehen. Und Texte aus dem 9. Jahrhundert wie die Evangelienharmonie in Versen Otfrids von Weißenburg sind für uns wie Denkmäler einer fremden Sprache. Und noch weniger versteht der heutige Grieche, wenn er es nicht in der Schule gelernt hat, von der Sprache Platons oder Homers.

Allerdings müssen wir beim Lesen von alten Texten in Rechnung stellen, daß ein Teil der Schwierigkeiten für das Verständnis von der ungewohnten Rechtschreibung kommt. Deshalb machen z. B. Originalausgaben der Schriften Luthers und seiner Zeitgenossen auf den ersten Blick einen so fremdartigen Eindruck, der beim Vorlesen größtenteils verschwindet. So kann ungewohnte Schreibung eine vertraute Lautung verdecken. Aber der umgekehrte Fall ist noch häufiger: daß nämlich ein gewohntes Schriftbild die gewohnte Lautung vortäuscht, während in Wirklichkeit eine ganz andere dahintersteckt. Wenn im Nibelungenlied das Wort *Liebe* vorkommt, so sieht das aus, als habe sich bis heute nichts daran geändert. Es wurde aber damals in der ersten Silbe wirklich mit *i-e,* also mit einem Diphthongen, gesprochen, wie es die Schweizer in ihrem Dialekt noch heute tun, während wir ja abweichend von der Schreibung ein langes *i,* also *Libe,* sprechen.

Damit sind wir nun glücklich in ein Gestrüpp von Vorfragen geraten, durch das wir uns durcharbeiten müssen, ehe wir auch nur an die reinen Tatsachen der Veränderung der Sprachen im Laufe der Zeit herankommen. Wie die Leute vor unseren Lebzeiten gesprochen haben, können wir offenbar nur aus ihren schriftlichen Aufzeichnungen erfahren, der Laut ihrer Stimmen ist unwiederbringlich verklungen. Spätere Geschlechter von Sprachforschern werden es in dieser Hinsicht allerdings besser haben als wir, denn in allen Kulturländern gibt es jetzt große Archive von Schallplatten, die Texte aller möglichen Sprachen und Dialekte enthalten. Und diese Schallplatten sind wesentlich haltbarer als Bücher, selbst als Pergament. So wird man später die Entwicklung der Sprachen vom 20. Jahrhundert an sehr viel genauer beschreiben können als die vor dieser Zeit. Aber was vor dem 20. Jahrhundert liegt, und das ist für uns heute die ganze Vergangenheit, muß mit Hilfe der Deutung von schriftlichen Aufzeichnungen zurückgewonnen werden.

Schriftliche Aufzeichnungen müssen gedeutet werden. Darunter kann man zweierlei verstehen: nämlich erstens die Erfassung des sachlichen Inhalts der Aufzeichnung und zweitens die Erfassung ihrer sprachlichen Form. Es gibt Aufzeichnungen, die nur einen sachlichen Inhalt ohne irgendeine sprachliche Formulierung vermitteln wollen, wie Bilderschriften von Indianern oder Eskimos, aber auch bei uns Hinweisschilder, die etwa auf einen Bahnübergang durch das Bild einer Lokomotive aufmerksam machen. Der Verzicht auf die sprachliche Form hat den Vorteil, daß die Aufzeichnung von jedermann verstanden werden kann, ganz gleich, welcher Sprachgemeinschaft er angehört, und selbst dann, wenn er gar nicht lesen kann. Wenn wir aber gerade die Sprachform vergangener Zeiten feststellen wollen, kommt natürlich nur die weitaus überwiegende Menge von Aufzeichnungen in Betracht, die nicht unmittelbar Sachverhalte, sondern zunächst Rede wiedergeben. Die Deutung solcher Aufzeichnungen nennt man «lesen». Unsere erste Aufgabe ist also, Aufzeichnungen aus vergangener Zeit zu lesen. Das ist nun nicht so einfach, selbst wenn wir die Schriftzeichen, in denen die Aufzeichnung abgefaßt ist, kennen. Oder wer kann, ohne es besonders gelernt zu haben, einen englischen Text lesen, obwohl dieser in dem uns geläufigen Alphabet geschrieben ist? Und warum kann man es nicht? Weil wir nicht von vornherein wissen, welche Laute durch die Buchstabenzeichen dargestellt werden sollen. Das muß vielmehr in jedem einzelnen Falle erst festgestellt werden. Man sieht, was für eine ungeheure Arbeit auf diesem Gebiet von der Sprachwissenschaft geleistet worden ist und noch fortgesetzt geleistet werden muß. Denn für jedes Denkmal oder jede Gruppe von Denkmälern aus jeder Zeit und von jedem Orte muß untersucht werden, welche Lautung ihr Schriftbild andeutet oder verbirgt.

Die Schwierigkeit dieser Aufgabe soll ein Beispiel klarmachen. Wir finden etwa auf einer lateinischen Inschrift aus der Zeit des Augustus den Namen und Titel *CAESAR*. Wie ist das zu lesen? Zunächst haben wir für die Lesung eine Überlieferung in unserer Schule, und nach der wird gelesen *Tsäsar*. Aber in Frankreich gibt die Schulüberlieferung *Sésar* und in Italien *Tschesar,* in England bis in unser Jahrhundert gar *Siser*. Übereinstimmung besteht also nur in der Lautung des zweiten und dritten Mitlauts, der Lautwert des anlautenden *C* und der Selbstlaute beider Silben ist zweifelhaft. Nun sind wir nicht auf die Überlieferung der Schule allein angewiesen, denn das Latein ist nicht, wie man immer hört, eine «tote» Sprache, sondern ist von Geschlecht zu Geschlecht überliefert und gesprochen worden bis auf den heutigen Tag. Nur hat es sich eben, wie alle Sprachen, im Laufe von 2000

Jahren verändert, und seine Mundarten sind inzwischen zu selbständigen Sprachen erwachsen – Vorgänge, deren Ursache und Tragweite uns gerade beschäftigen. Aber Italienisch, Französisch, Spanisch, Portugiesisch, Rumänisch sind nichts als die heutigen Formen des Lateinischen, das sich zu ihnen ebenso verhält wie das Althochdeutsche zu unserm heutigen Deutsch oder das Altgriechische zum Neugriechischen. Wenn wir nun diese modernen Formen des Lateinischen, die sogenannten «romanischen» Sprachen, befragen, so finden wir dieselbe oder eine noch größere Mannigfaltigkeit, als sie uns schon in der Schulüberlieferung entgegengetreten ist. Der anlautende Mitlaut nämlich erscheint im Italienischen und Rumänischen als *tš* (mit *š* bezeichnen wir in der Sprachwissenschaft den Laut, der in unserer deutschen Rechtschreibung etwas umständlich *sch* geschrieben wird), im Französischen und Portugiesischen als *s,* im Spanischen als *þ* (so schreiben wir einen Laut, bei dem die Luft zwischen Zungenspitze und Oberzähnen hindurchstreicht; die Engländer haben ihn auch und schreiben ihn *th*) und in einem Dialekt der Insel Sardinien gar als *k*. Offenbar hat sich also der Laut verändert, und zwar in den einzelnen Gebieten in verschiedener Weise. Ob nun einer von diesen Dialekten das Alte festgehalten hat, und welcher das gegebenenfalls gewesen ist, darüber können wir von vornherein nichts wissen. Einig sind sich jedenfalls alle romanischen Dialekte darin, daß der Selbstlaut der ersten Silbe ein *e,* der der zweiten ein *a* ist. Aber man sieht, daß man aus der heutigen Lautgestalt eines Wortes nicht ohne weiteres erkennen kann, wie es in derselben Sprache vor 2000 Jahren geklungen hat. Aber vielleicht können wir das Zeugnis von Leuten befragen, die das Wort vor 2000 Jahren gehört haben? Das könnten etwa Menschen sein, die eine andere Sprache als Latein redeten und das Wort damals aus dem Lateinischen entlehnten. Dann wird es nämlich mit andern Schriftzeichen oder mindestens in anderer Rechtschreibung geschrieben als im Lateinischen, und daraus lassen sich vielleicht Schlüsse auf die Aussprache ziehen. Freilich müssen wir nun erst wieder herausbringen, wie das lateinische Lehnwort in der betreffenden

Sprache ausgesprochen worden ist – wir sind eigentlich so klug wie zuvor. Aber in der entlehnenden Sprache hat das Wort zwar auch Veränderungen durchgemacht, aber andere als im Latein. Und wenn es in mehrere fremde Sprachen entlehnt worden ist, haben wir ebensoviele unabhängige Überlieferungen desselben Wortes. Dadurch lassen sich im günstigen Falle die Möglichkeiten der ehemaligen Aussprache so einschränken, daß wir den Klang annähernd bestimmen können.

Name und Titel *CAESAR* waren selbstverständlich auch im griechischen Sprachgebiet bekannt. Da schreibt man ihn mit griechischen Buchstaben *KAIΣAP,* das ist in lateinischer Umschrift *KAISAR.* Im Anlaut erscheint hier ein Buchstabe, der im heutigen Griechisch als *k* gesprochen wird. Daß jemals im Griechischen ein *s* oder *ts* oder *tš* zu *k* geworden wäre, dafür gibt es kein Beispiel. Auch alle Lehnwörter aus dem Griechischen in fremden Sprachen zeigen für griechisch *K* immer den Lautwert *k.* Also dürfen wir annehmen, daß die Griechen auch schon zur Zeit des Augustus mit *K* den Laut *k* bezeichnet haben. Den Selbstlaut der ersten Silbe schreiben die Griechen mit *AI.* Heute sprechen sie diese Buchstabenverbindung als offenes *e* (*ä*). Aber wir wissen zunächst nicht, ob sie das auch schon zur Zeit des Augustus taten (174).

Mit dem *CAESAR* in Rom hatten aber auch noch andere fremdsprachige Völker zu tun, unter anderem unsere eignen Vorfahren, die alten Germanen. Die haben den Titel in ihre Sprache übernommen, und da erscheint er in althochdeutscher Zeit als *keisur,* so mit lateinischen Buchstaben geschrieben. Das Wort lebt heute noch in unserer Sprache und schreibt sich *Kaiser.* Aus denselben Gründen wie im Falle des Griechischen *K* schließen wir hier, daß der Anlaut des Wortes auch schon vor tausend und zweitausend Jahren *k* gelautet hat. Der Selbstlaut ist zweifellos ein Diphthong und muß es auch vor tausend Jahren gewesen sein, denn die deutsche Rechtschreibung mit lateinischen Buchstaben ist damals neu eingeführt worden, und man hatte keinen Grund, zwei Buchstaben zu schreiben, wenn man nicht auch zwei Laute meinte. Im niederdeutschen Dialekt, wo man *e* sprach, hat man denn auch *e* geschrieben.

Die Übereinstimmung des Griechischen und des Germanischen im Anlaut *k* erklärt sich nur, wenn das gesprochene Wort damals im Lateinischen mit *k* begann, denn es ist äußerst unwahrscheinlich, daß die Griechen und die Germanen unabhängig voneinander ein *s ts* oder *tš* bei der Übernahme durch *k* ersetzt hätten. Es ergibt sich also die überraschende Tatsache, daß fast alle heutigen Fortsetzer des Lateinischen den alten Anlaut verändert haben, und nur ein obskurer Dialekt auf Sardinien ihn bewahrt hat. Der Diphthong des Germanischen beweist, daß zur Zeit der Entlehnung auch lateinisch *AE* noch einen Diphthong bezeichnete. Der ursprüngliche Lautwert der Buchstabengruppe ist das jedenfalls gewesen, denn in alten lateinischen Inschriften werden Wörter, die zur Zeit des Augustus *AE* haben, mit *AI* geschrieben, z. B. *aedes* «Tempel» als *AIDES, haec* «diese» als *HAICE.*

Wir erschließen also für die Schreibung *CAESAR* zur Zeit des Augustus die Aussprache *kaisar* – eine beträchtliche Abweichung von der Schulüberlieferung (175).

Wenn ein Alphabet von einem anderen Volke übernommen wird, so behalten die einzelnen Buchstaben im allgemeinen den Lautwert bei, den sie zur Zeit der Übernahme bei dem gebenden Volke hatten. Wenn sich nachher in der Heimat des Alphabets die Aussprache ändert, kann man den älteren Zustand oft bei dem fremden Volk noch erkennen. Dabei lassen sich manchmal überraschende Einsichten gewinnen. Da haben die Ungarn im Mittelalter das lateinische Alphabet von den Deutschen übernommen. Nun hat heute im Ungarischen der Buchstabe *s* den Lautwert *š* (176). Daraus können wir schließen, daß damals im Deutschen allgemein *š* gesprochen wurde, wo man *s* schrieb. Heute sprechen wir an diesen Stellen meistens *s*. Nur in den Verbindungen *sp st* sprechen wir *š,* bewahren also damit etwas Altes. Dadurch erklärt sich auch, daß die Deutschen in den slawischen Ortsnamen, die sie übernommen haben, das anlautende *s* durch *z* ersetzten, also *Sedlice* zu *Zettlitz* machten. Das deutsche *s* klang eben ganz anders als das slawische. Dagegen benutzten die Deutschen ihr *s,* um das slawische *ž* (ein stimmhaftes *š*) wiederzugeben, z. B. in dem Adelstitel *župan,* der den Familiennamen *Sauppe* ergab (177).

Wenn man Glück hat, kann man aber noch viel unmittelbarere Zeugnisse für den Lautwert einer Schreibung finden, als die Entlehnung von Wörtern in fremde Sprachen. Manchmal nämlich haben Zeitgenossen, die sich um sprachliche Dinge kümmerten, die Aussprache der Buchstaben und Wörter ausdrücklich beschrieben. Für die letzten Jahrhunderte sind solche Beschreibungen sogar recht häufig. Aber auch aus dem Altertum fehlen sie nicht. Sie sind für unsern Zweck außerordentlich wertvoll, vorausgesetzt, daß man sie versteht. Es ist nämlich nicht leicht, die Bildung von Lauten so zu beschreiben, daß sich auch derjenige ein Bild von ihnen machen kann, der sie noch nicht kennt. So berichten uns römische Grammatiker die bemerkenswerte Tatsache, daß es im Lateinischen zwei Arten von *l* gab – aus der Schreibung hätten wir das nicht erraten können. Worin bestand nun der Unterschied? Die Grammatiker nennen die eine Art pinguis «dick», die andere exilis «dünn». Was soll man sich darunter vorstellen (178)?

Wir würden aus der Verlegenheit kaum herauskommen, wenn wir nicht eine weitere Art der Bestimmung der Aussprache heranziehen könnten. Die Laute beeinflussen sich nämlich gegenseitig aus Gründen, die wir im 4. Kapitel kennengelernt haben. Nun beobachten wir, daß sich vor denjenigen *l*, die die Grammatiker als pinguis bezeichnen (das sind *l* vor *o u* oder Mitlauten), ein *e* anderer Formen zu *o* verändert. Der Indikativ «ich will» heißt *volo,* aber der Konjunktiv «ich möchte» *velim.* Dadurch wird die Sache klar: das «dicke» *l* wurde hinten am Gaumen, das «dünne» weiter vorn gebildet. Deswegen gehen dem ersten Selbstlaute voran, die ebenfalls hinten im Munde entstehen, dem zweiten solche, die man vorn im Munde bildet. Wir können also auf die Aussprache eines Lautes auch aus dem Einfluß schließen, den er auf seine Umgebung ausübt. Wenn wir in dem Worte *CAESAR* eine Veränderung des Anlauts von *k* zu *ts* bemerken, so schließen wir, daß schon vorher der Diphthong *ae* zu *e* geworden war, denn vor *e* wird *k* auch sonst zu *ts,* aber vor *a* bleibt es erhalten. Lateinisch *canis* «Hund» (mit *k* im Anlaut) heißt noch heute italienisch *cane.*

Ein unfreiwilliges, aber ebenfalls unmittelbares Zeugnis für die Aussprache eines Wortes zu einer bestimmten Zeit liefern uns die Leute, die die überlieferte und festgelegte Rechtschreibung nicht beherrschen und daher Fehler machen. Diese Fehler entstehen dadurch, daß man schreibt wie man spricht oder hört, während die «richtige» Schreibung eine ältere Aussprache widerspiegelt. Wenn also einer *Libe* oder *Lihbe* statt *Liebe* schreibt, so können wir sicher sein, daß er *Liebe* nicht mit Diphthong *Li-ebe,* sondern mit langem *i Lībe* ausgesprochen hat. Man nennt Schreibungen, die festgehalten werden, nachdem sich die Aussprache geändert hat, historische Schreibungen. Solche gibt es zahlreich im Deutschen, aber noch viel mehr im Französischen und erst recht im Englischen.

Für die Sprechenden im allgemeinen bedeuten diese historischen Schreibungen aber keine Erinnerungen an eine frühere Aussprache – denn von der Vergangenheit ihrer Sprache wissen sie nichts –, sondern sie sind für sie die Bezeichnungen der Laute, die sie jetzt an der Stelle sprechen. Das heißt, für die große Mehrzahl der heute Deutsch Sprechenden bedeutet *ie* den Laut *ī.* Das hat zur Folge, daß man nun *ie* zur Darstellung eines langen *i* auch an Stellen schreibt, wo das *ī* gar nicht aus einem ehemaligen Diphthong *i-e* entstanden ist. Man schreibt also auch *liegen,* gesprochen *līgen,* obwohl dieses *ī* aus kurzem *i* in offener Silbe gedehnt ist. Vor 700 Jahren hieß das Wort *ligen* mit kurzem *i.* Eine solche Übertragung einer historischen Schreibung auf Fälle, wo sie geschichtlich gar nicht berechtigt ist, nennt man umgekehrte Schreibung. Den Begriff muß man sich gut merken, denn er löst die meisten Rätsel der verzwickten Rechtschreibung nicht nur im Deutschen, sondern auch im Französischen und andern Sprachen, ja sogar im Englischen. Eine umgekehrte Schreibung ist es z. B. auch, wenn wir *gehn* und *stehn* mit *h* als Dehnungszeichen schreiben. Früher hießen die Formen *gēn* und *stēn* mit *e,* die von jeher lang waren. Nun gibt es aber Wörter, die früher tatsächlich mit einem *h* gesprochen wurden, das dann geschwunden ist und nur in der Schrift erhalten blieb, wie z. B. *sehen,* das ja *sēn* gesprochen wird. In solchen Wörtern erscheint den Sprechenden das geschichtlich berechtigte *h* einfach als Zeichen für die Länge des *e,* und so schreiben sie es auch, wenn sie irgendein anderes langes *e* zu bezeichnen haben. Diese Entstehung ist der Grund dafür, daß unsere Zeichen für die Länge eines Vokals so mannigfaltig und so willkürlich verteilt sind, während die nächstliegende Weise, die Länge eines Vokals anzudeuten, nämlich die Doppelschreibung wie in *Saal, See, Boot,* nur selten angewendet wird.

2. *Die Tatsachen des Sprachwandels*

Damit haben wir eine gewisse Vorstellung davon bekommen, auf welche Weise man frühere Zustände einer Sprache erschließen kann. Dabei haben wir die Tatsache, daß sich die Sprache im Laufe der Zeit verändert, schon voraussetzen müssen. Sie ist auch in der Tat so augenfällig, daß sie nicht besonders bewiesen zu werden braucht. Wohl aber müssen wir nun erörtern, worin die Veränderung der Sprache im einzelnen besteht.

Bei den Auseinandersetzungen über Schreibung und Aussprache ist dauernd die Rede davon gewesen, daß sich die Gestalt der Wörter oder, wie der Laie zu sagen pflegt, ihre «Aussprache» geändert hat. Wo Walther von der Vogelweide *rīten* und *mīn* sagte, sagen wir heute *reiten* und *mein,* statt seines *hūs* haben wir *Haus,* sein *si tuot* ist bei uns *sie tut.* Walther sagt *ich sach,* wir dagegen *ich sah* (gesprochen *sā*). Unser *euer* lautete vor 750 Jahren *iuwer* (gesprochen *üwer*). Da sind also gewisse Merkmale der Wortgestalt gegen andere vertauscht, ein «Laut» ist durch einen anderen ersetzt worden oder völlig geschwunden.

Aber die Gestalt der Wörter ändert sich auch noch in einer anderen Weise. Die Mehrzahl von *das Kind* heißt heute *die Kinder*, im Mittelhochdeutschen aber sagte man *diu kint*, und fast genau so – *die chind* – lautet die Form noch heute im Dialekt von Bern in der Schweiz. Die Form der Mehrzahl hat also ein besonderes Kennzeichen, eine «Endung» bekommen, die sie früher nicht hatte. Das Umgekehrte beobachten wir im Genitiv der Einzahl von *die Frau*, der heute *der Frau* heißt, aber vor 750 Jahren *der vrouwen* lautete. Da ist eine Endung geschwunden. Wir sagen, daß sich in solchen Fällen die Formbildung geändert hat. Beim Tätigkeitswort läßt sich Ähnliches beobachten. In vielen Fällen wird im älteren Deutsch die Vergangenheitsform durch Vokalwechsel (‚Ablaut') gebildet, während sie jetzt mit Hilfe der Endung *-te* ausgedrückt wird. Wo wir jetzt sagen *pflegte, hinkte, watete*, hieß es althochdeutsch *pflag, ḥank, wuot*. Manchmal gibt es die ältere und die jüngere Form noch heute nebeneinander: von *hauen* heißt die Vergangeheit *hieb* oder *haute*, im Partizipium muß man freilich *gehauen* sagen, *gehaut* ist nur mundartlich.

Viele Fälle der Art sehen aus, als ob sich nur ein Laut geändert hätte. Die Vergangenheit von *er reitet* heißt jetzt *er ritt*, früher aber entsprach der Gegenwart *er rītet* die Vergangenheit *er reit*. An der Stelle unsres *er war* hat das Mittelhochdeutsche *er was*. Man könnte denken, daß hier *ei* zu *i*, *s* zu *r* geworden sei, was ja äußerlich gesehen zweifellos zutrifft. Der Unterschied zeigt sich erst, wenn man die Gesamtheit der Wörter und Formen betrachtet. Da sieht man nämlich, daß fast überall, wo man im Mittelalter *ī* sagte, jetzt *ei* gesagt wird, ebenso einem früheren *ū* jetzt ein *au*, einem *uo* ein *ū*, einem *iu* ein *eu* entspricht. Aber ein mittelhochdeutsches *ei* ist im allgemeinen auch heute ein *ei*, ein mittelhochdeutsches *s* (gesprochen *ś*) heute ein *s*, kein *r*. Nur in einigen bestimmten Fällen sind Formen wie *reit, sneit* zu *ritt, schnitt, was* zu *war* umgestaltet. Das deutet auf andere Ursachen der Veränderung, die uns gleich nachher beschäftigen werden.

Aber vorher müssen wir unsere Übersicht dessen, was sich an der Sprache verändert, vervollständigen. Das ist keineswegs nur die Gestalt der Wörter und Formen. Eine der größten Schwierigkeiten für das Verständnis eines mittelhochdeutschen Textes bieten Wörter, die scheinbar bekannt und auch heute noch geläufig sind, aber doch etwas ganz anderes bezeichnen, als wir heute darunter verstehen. Walther fängt ein Gedicht an: *Ich horte ein wazzer diezen / und sach die vische fliezen.* «Ich hörte ein Wasser rauschen und sah die Fische schwimmen». Bei uns *fließt* nur das Wasser, bei Walther *fließen* auch die Fische, die bei uns *schwimmen*. *Schwimmen* konnte zu Walthers Zeit nur ein Mensch oder ein Schiff, überhaupt etwas, was die Oberfläche des Wassers bricht. Was sich ganz im Wasser befand, das *vloz*, wenn es sich selbst bewegen konnte, wenn es nur dahintrieb, so *swebte* es. Bei uns dagegen kann etwas nur in der Luft *schweben*, nicht im Wasser. Die Verben *fließen, schwimmen, schweben* sind also heute wie damals vorhanden, aber sie waren ehemals auf andere Sachverhalte bezogen als heute. Beispiele für diese Erscheinung bietet jedes Stück eines mittelhochdeutschen Textes. Das Adjektiv *milt* heißt nicht «mild», sondern «freigebig», *ich mac* nicht «ich mag», sondern «ich kann», *getriuwe* nicht «getreu», sondern «verschwiegen», *diu vrouwe* ist nicht «die Frau», sondern «die Herrin, die Dame». Man spricht in diesen Fällen von einem Bedeutungswandel, hält sich also an das Wort und stellt fest, daß es auf etwas anderes angewendet wird als früher. Der Wirklichkeit entspräche es mehr, wenn man Bezeichnungswandel sagte, denn es sind die Sachverhalte, die neue Bezeichnungen bekommen haben.

Eigentlich nur eine Steigerung dieser Erscheinung ist es, wenn wir im Mittelhochdeutschen zahlreiche Wörter finden, die es heute überhaupt nicht mehr gibt, wie *diu sasse* «der Hinterhalt» (jetzt nur noch in der Sondersprache der Jäger als *die Sasse* «Lager des Hasen»), *michel* «groß», *jehen* «sagen». Umgekehrt gebrauchen wir jetzt unzählige Wörter, die im Mittelhochdeutschen noch nicht vorhanden waren. Man braucht dabei gar nicht an die Ausdrücke der Rundfunktechnik und des Flugwesens zu denken. Auch anscheinend so alteingebürgerte Wörter wie *Ausdruck, Einheit, Erziehung, Mütze, verachten, sich verbeugen, Verdacht, vor-*

nehm gab es vor 700 Jahren noch nicht. Es sind also seitdem viele Wörter neu gebildet oder aufgenommen worden und andrerseits viele außer Gebrauch gekommen. Der Bestand an Wörtern ist heute ganz anders als vor Jahrhunderten.

Nicht weniger auffallend und durchgreifend als die Veränderung in Bestand und Aussehen des Wortschatzes ist die Umgestaltung der Satzfügungen seit dem Mittelalter. Man merkt das besonders, wenn man ganz einfache mittelhochdeutsche Sätze in unsere heutige Sprache überträgt. Es muß freilich auch wirklich die heutige Sprache sein. Die landläufigen Übertragungen mittelhochdeutscher Literatur bieten eine Sprache, die es zu keiner Zeit und an keinem Orte wirklich gegeben hat. Dadurch werden wesentliche Änderungen der Sprache verdeckt.

Ein Gedicht Walthers von der Vogelweide gibt ein Gespräch Walthers mit seinem Knappen wieder: *Rit ze hove, Dietrich! – Herre, in mac. – Was irret dich? – Ich han nicht rosses, daz ich dar gerite.* «Reit an den Hof, Dietrich! – Herr, ich kann nicht. – Was hindert dich? – Ich habe kein Pferd, daß ich dahin reiten könnte.» Der einfache Gedanke *ich habe kein Pferd* erscheint mittelhochdeutsch in der fremdartigen Form *ich han nicht rosses*, und der bloße Konjunktiv in dem Satze mit *dass* genügt heute nicht mehr, wir müssen ihn mit dem Hilfsverbum *könnte* umschreiben und erläutern. Außerdem verfügt Walther in der Zusammensetzung mit *ge-* in *gerite* über eine besondere Form des Verbums, die das Zuendekommen einer Tätigkeit bezeichnet. Das haben wir nicht mehr und verzichten deshalb darauf, diese Schattierung besonders wiederzugeben. Ein anderes Beispiel: Walther beklagt sich, daß er bei den Spenden des Wiener Hofes immer übergangen wird: *Wie möht ein wunder grœzer sin: / ez regent bedenhalben min, / daz mir des alles niht enwirt ein tropfe.* «Kann es wohl ein größeres Wunder geben? Es regnet beiderseits von mir, und ich bekomme keinen Tropfen davon ab.» Hier fällt besonders die doppelte Verneinung *nicht en-* auf, die jetzt in der Hochsprache nicht mehr üblich ist.

Es gibt also keine Seite der Sprache, die vom Wandel unberührt bliebe. Und selbstverständlich hat sich die deutsche

Sprache nicht nur zwischen 1200 und 1950, sondern auch schon vorher fortgesetzt gewandelt. Die Denkmäler des Althochdeutschen und des Altniederdeutschen aus dem 9. Jahrhundert bieten sprachlich wieder einen ganz anderen Anblick als ein Gedicht Walthers. Und wo wir Sprachen über noch längere Zeiträume beobachten können, wie das Griechische oder das Indische, deren Geschichte über dreitausend Jahre vor unsern Augen liegt, müssen wir für die ganze Zeit einen ununterbrochenen Wandel feststellen.

3. Die Arten des Sprachwandels

Die Art dieses Wandels ist nun das Nächste, was uns beschäftigen muß. An sich ist es ja sehr auffallend, daß sich die Sprechweise einer ganzen Sprachgemeinschaft ändern soll. Und noch merkwürdiger ist, daß die Sprechenden selbst offenbar gar nichts davon merken. Man kann doch nicht annehmen, daß eine ganze Gruppe von Menschen von heute auf morgen ihre Sprechgewohnheiten ändert. Offenbar treten die Änderungen ganz allmählich eine nach der andern ein und häufen sich erst in Jahrhunderten so, daß eine völlig abweichende Sprachform entsteht. Aber trotzdem stehen viele dieser Änderungen offensichtlich miteinander in Zusammenhang. Der Wandel von Mittelhochdeutsch *ī* zu neuhochdeutsch *ei* beschränkt sich nicht auf ein Wort oder einige Wörter, sondern fast überall, wo eine Wortform im Mittelhochdeutschen ein *ī* aufweist, erscheint neuhochdeutsch ein *ei*. Und bei dem Wandel von *ū* zu *au*, von *ü* zu *eu* ist es ebenso. Außerdem aber haben die drei Erscheinungen unter sich eine gewisse Verwandtschaft. Jedesmal wird ein langer Vokal durch einen Diphthong ersetzt. Aber umgekehrt wird ein Diphthong wie *uo* zur Länge *ū*. Und dann gibt es sowohl Längen wie *a*, z. B. in *iār* «Jahr», als auch Diphthonge wie *ei* (in *zwei*) und *ou* (in *vrouwe* «Frau»), die bestehen bleiben. Das wichtige ist nur, daß derselbe Laut in fast allen Wörtern, wo er vorkommt, dieselbe Veränderung erfährt.

In f a s t allen Wörtern! Um dieses «fast» hat sich ein wissenschaftlicher Streit entsponnen, der mehr als ein Menschenalter gedauert hat. Es war der Kampf um die Lehre von der «Ausnahmslosigkeit der Lautgesetze» (179). Darunter verstand man folgendes: Die Laute ändern sich in naturgesetzlicher Weise, so daß die Veränderungen, genau wie die Wirkungen von Naturgesetzen auch sonst, ausnahmslos durchgeführt werden, wenn sie nicht eine andere, ebenfalls allgemeine Gesetzlichkeit im einzelnen Falle durchkreuzt. Wenn statt mittelhochdeutschem *ī* neuhochdeutsches *ei* in einer Reihe von Wörtern nachgewiesen ist, muß es in allen Wörtern erscheinen, die mittelhochdeutsch *ī* haben. Die Ausnahmen müssen besonders gerechtfertigt werden, indem man die durchkreuzenden Bedingungen in jedem Falle aufzeigt. Solange das nicht gelingt, ist eben das «Lautgesetz» noch nicht richtig formuliert, d. h. der Tatbestand noch nicht zutreffend erkannt worden. Zum Beispiel: mittelhochdeutsch *uo* wird neuhochdeutsch *ū*, also *muot* zu *Mut*, *er tuot* zu *er tut*, *guot* zu *gut*. Aber *muoter* wird zu *Mutter*, also mit Kürze des Vokals statt der erwarteten Länge. Wie läßt sich das rechtfertigen? Nun, das Wort *Mutter* kommt und kam im Gegensatz zu den andern viel häufiger im Anruf und in der Anrede vor. In dieser Rolle hat es aber eine besondere Betonung, und diese Betonung hat die Verkürzung des Vokals zur Folge gehabt. Es waren also besondere lautliche Bedingungen, die in diesem Falle eine Abweichung von der gesetzlichen Lautentwicklung hervorgerufen haben. Das kurze *u* von *Mutter* ist gewissermaßen das Ergebnis von zwei Kräften, die gleichzeitig auf den Laut einwirkten.

Man sieht, im praktischen Gebrauch war die Lehre eigentlich eine methodische Forderung, eine Forderung an das Verfahren des Forschers. Wer behauptete, zwei Wortformen seien wesensgleich trotz verschiedener äußerer Gestalt, sollte nachweisen müssen, daß die eine aus der anderen durch gesetzmäßige Veränderung der Lautgestalt hervorgegangen sei, oder die durchkreuzenden Bedingungen aufzeigen, die zu einem abweichenden Ergebnis geführt hatten.

Als in der Mitte der siebziger Jahre des vorigen Jahrhunderts eine junge Generation von Forschern, die man bald die Junggrammatiker nannte, diese Forderung erhob, stieß sie auf den Widerspruch ihrer älteren Fachgenossen, die bis dahin auch schon Sprachwissenschaft und Sprachgeschichte, und mit beträchtlichem Erfolg, getrieben hatten. Die machten geltend, daß Sprechen ja kein reiner Naturvorgang, sondern eine menschliche Tätigkeit sei und sich infolgedessen nicht unter ausnahmslose Regeln bringen lasse. Die Ergebnisse des Zusammenwirkens vieler Einzelner seien notwendig vielfach unberechenbar. Deshalb könnten sehr wohl Wortformen zusammenhängen, bei denen es nicht gelinge, die gesetzmäßige Lautentwicklung oder die Bedingungen, die sie durchkreuzen, aufzuzeigen. Im Grunde habe jedes Wort seine besonderen Schicksale. So würde kein vernünftiger Mensch den Zusammenhang zwischen dem deutschen (und überhaupt germanischen) Verbum *haben* und dem lateinischen *habere* bestreiten, die nicht nur genau dieselbe Bedeutung, sondern auch dieselbe Flexion haben, obwohl ein germanisches *h* einem lateinischen *h* im Anlaut sonst nicht entspricht. Regelmäßig erscheint nämlich im Germanischen ein *g*, wo das Lateinische ein *h* hat, z. B. lateinisch *haedus* «Bock», deutsch *Geiß*, lateinisch *hostis* «Fremder», deutsch *Gast*. Umgekehrt hat das Lateinische *k* (geschrieben *c*), wo das Germanische ein *h* aufweist, z. B. lateinisch *cornu*, deutsch *Horn*, lateinisch *coxa* «Hüfte», bayrisch *Hachse*. Lautgesetzlich müßten also lateinisch *habere* und deutsch *haben* auf Formen mit verschiedenem Anlaut zurückgehen, d.h. es müßten ganz verschiedene Wörter sein, was offenbar nicht zutrifft (179a).

Solchen Einwendungen gegenüber mußten sich nun die Junggrammatiker auf die Suche nach den Bedingungen begeben, unter denen ein Lautgesetz im einzelnen Falle nicht das erwartete Ergebnis hatte. Wo ihnen das zunächst oder überhaupt nicht gelang, wie gerade im Fall *haben/habere*, hatten sie den Mut der Folgerichtigkeit und trennten die offensichtlich wesensgleichen Wörter. Aber die eifrige Jagd nach Sonderbedingungen in kniff lichen Fällen, die ihnen die Gegner unter die Nase hielten, haben eine ungeahnte Fülle von Einsichten in die Bedingungen sprachlichen Geschehens überhaupt gebracht.

Eine große Gruppe von durchkreuzenden Kräften hatten die Junggrammatiker gleich von Anfang an in ihre Lehre mit aufgenommen, ohne erst von ihren Gegnern dazu veranlaßt zu sein. Das waren Fälle wie mittelhochdeutsch *er reit*, neuhochdeutsch *er ritt*. Der Vokal von *reit* sollte lautgesetzlich auch heute noch bleiben. Aber in der Mehrzahl heißt es mittelhochdeutsch *si riten*, jetzt *sie ritten*, und das neue Deutsch hat den Vokal der Mehrzahl auch in die Einzahl übernommen. Der Vorgang ist, auch wenn man die Einzelheiten des seelischen Geschehens noch nicht überblickt, aus der täglichen Erfahrung leicht verständlich. Man nennt ihn Analogiebildung. In der Sprache kleiner Kinder sind derartige Bildungen, die dort natürlich als «Fehler» auffallen, massenhaft zu beobachten. Die sagen *er esst* (nach *ich esse*), *ich habe gedenkt* (nach *geschenkt, gelenkt*), *die Schühe* (nach *Hüte*), *güter* (nach *schlechter*). Es zeigt sich, daß auf diese Weise die Sprache einförmiger, «regelmäßiger» wird. Zustande kommen die Bildungen durch die Kreuzung zweier Formen, die beide im Bewußtsein anwesend sind, wie wir das im vierten Kapitel beschrieben haben, also durch einen rein seelischen Vorgang. Die Bedeutung dieses Vorgangs, dem unsere «regelmäßigen» Flexionen überhaupt ihr Dasein verdanken, kann gar nicht hoch genug eingeschätzt werden. Die Junggrammatiker ließen somit den Sprachwandel von zwei Kräften beherrscht werden, den mit Naturnotwendigkeit wirkenden Lautgesetzen und der durchkreuzend von der Seele her eingreifenden Analogie, die freilich nur auftreten konnte, nicht mußte. Wir werden heute diese stark vereinfachte Art, Natur und Seele zum Gebilde Sprache zusammenwirken zu lassen, mit einigem Kopfschütteln betrachten. Aber es bleibt doch wahr, daß sich in der Lehre die Ahnung einer tiefen Einsicht ausdrückt.

Mit der Analogie kam man allerdings bei der Erklärung der Ausnahmen von den Lautgesetzen nicht aus. Wie kommt es, daß dem kurzen *i* von mittelhochdeutsch *ich binde* in der heutigen Sprache ebenfalls ein kurzes *i* entspricht, aber dem kurzen *i* von *ich lige* ein langes: *ich liege*? Nun, im ersten Falle steht das *i* in einer geschlossenen Silbe, das ist eine solche, die auf einen Konsonanten endet, im zweiten aber in einer offenen, d. h. einer, die auf den Vokal ausgeht. Es steht also in beiden Fällen nicht unter denselben Bedingungen. Nachprüfung ergibt, daß tatsächlich fast alle mittelhochdeutschen kurzen Vokale in offenen Silben im Neuhochdeutschen gedehnt werden, während sie in geschlossenen kurz bleiben. Das ist also eine Gesetzlichkeit, die das andere Gesetz, daß die mittelhochdeutschen kurzen Vokale im Neuhochdeutschen als solche erhalten bleiben, einschränkt und dadurch genauer bestimmt. Die Junggrammatiker faßten ihre Lehre nun so: die Laute der Sprache verändern sich unter gleichen Bedingungen in gleicher Weise. Diese Bedingungen waren zunächst die lautliche Umgebung, die Stellung in der Silbe (offen oder geschlossen) oder im Wort (Anlaut, Inlaut oder Auslaut), die Betonung (wie im Falle *Mutter*).

Es gab aber noch andere. Mittelhochdeutsch *rīten* wurde zu neuhochdeutsch *reiten*, aber *liegen* ist bis heute *līgen* geblieben. Der Grund ist leicht einzusehen: als das *i* von *ligen* gedehnt wurde, war mittelhochdeutsches *ī* schon überall zu *ei* geworden. Solche *ī*, die nachher neu entstanden, machten den Wandel nicht mehr mit. Die Zeit spielte demnach als Bedingung des Lautwandels eine entscheidende Rolle. Ein Lautgesetz gilt nicht ein für allemal, sondern nur für eine gewisse Zeitspanne, ein paar Jahrhunderte oder gar nur Jahrzehnte. Das war ein sehr wesentlicher Unterschied gegenüber den Naturgesetzen. Aber weiter. Der *Lehm* heißt mittelhochdeutsch (wie heute noch im Bayrischen) *leim*. Sonst bleibt altes *ei* in der heutigen Sprache erhalten, hier entspricht jetzt ein *ē*. Warum? Wenn wir uns umsehen, finden wir, daß es eine ganze Reihe von deutschen Mundarten gibt, alle niederdeutschen und viele mitteldeutsche, in denen der Wandel von altem *ei* zu *ē* das Regelmäßige ist. Man darf also schließen, daß das Wort *Lehm* im Neuhochdeutschen gar nicht die Fortsetzung des mittelhochdeutschen *leim* ist, sondern ein Lehnwort aus einer solchen Mundart. Und so erweist sich, daß auch der Ort für die Geltung eines Lautgesetzes eine Rolle spielt. Nicht nur andere Zeiten, auch andere Gegenden – andere Lautgesetze.

Im weiteren Verlauf der Auseinandersetzung wurden die Ansprüche an die Gleichheit der Bedingungen, unter denen sich Laute entwickeln, immer mehr gesteigert. EDUARD SIEVERS (180) erforschte die Rolle, die die Verschiedenheit des Silben-, des Wort- und des Satztons dabei spielt. Ferner machte er aufmerksam auf den Einfluß des Sprechtempos. Viele Wörter nehmen eine andere Form an, wenn sie schnell, als wenn sie langsam gesprochen werden. Das sind nun alles Kräfte, die das einzelne Wort in verschiedener Weise beeinflussen können, je nachdem, an welcher Stelle im Satz oder in der Rede es auftritt. So entstehen unter Umständen zwei Formen für dasselbe Wort, sogenannte Doppelformen. Und diese Formen bleiben nicht auf die Umgebung beschränkt, der sie ihr Dasein verdanken, sondern werden nun auch überall sonst in der Sprache gebraucht – ein Rätsel für die Erforscher der Lautgesetze.

Dann machte man die Beobachtung, daß auch die Bedeutung der Wörter und Wendungen für ihre lautliche Entwicklung eine Rolle spielt. WILHELM HORN in Gießen faßte sie 1921 systematisch zusammen (181). Wenn nämlich ein Wort innerhalb einer Gruppe oder eine Silbe in einem Wort ihre ursprüngliche Aufgabe nicht mehr erfüllen, sondern gleichgültige Bestandteile des Ganzen werden, dann verringert sich auch ihr Lautkörper, er «schleift sich ab», wie man zu sagen pflegt. So ist unser *zwar* aus mittelhochdeutsch *ze wāre* «in Wahrheit» entstanden, wo *ze* auch schon aus *zuo* abgeschwächt war. Wo die Präposition ihre eigentliche Leistung noch vollbringt, hat sie in unserer Sprache die Gestalt *zu*. Aber in der festen Verbindung, wo man gar nicht mehr an die Leistungen der einzelnen Glieder denkt, ist nur ein *z* noch von ihr übrig geblieben. Das wirkt sich auch auf ganze Sätze aus, z. B. in den Gruß- und Höflichkeitsformeln. Statt *guten Morgen* oder gar *ich wünsche einen guten Morgen* sagt man nur *Morjn. Bitte* und *danke* sind ja eigentlich die Sätze *ich bitte* und *ich danke,* die ihr Subjekt eingebüßt haben. Im Neugriechischen macht man, wenn man fährt oder eine Last trägt, Begegnende mit dem Zuruf *pros!* aufmerksam. Das ist *proseche ton nun!* «paß auf». Da ist von dem ganzen Satz nur die Vorsilbe des Verbums übriggeblieben. Bei zusammengesetzten Ortsnamen werden die zweiten Glieder oft bis zur Unkenntlichkeit verstümmelt. Die Stadt *Ohrdruf* in Thüringen heißt eigentlich *Oradorf* nach dem Flüßchen, an dem sie liegt, der «Stutengarten» *Stuttgart* wird gesprochen *Stuegert, Riednordhausen* in Thüringen heißt an Ort und Stelle *Nurzen*. Dabei handelt es sich überall um geläufige und auch dem heutigen Sprecher noch völlig durchsichtige zweite Bestandteile. Aber im Verband des Eigennamens haben sie keine besondere Geltung mehr. Der Name des Ortes hat seinen Sachgehalt, er nennt diesen bestimmten Ort, aber seine einzelnen Glieder haben ihre Bedeutung eingebüßt. Dadurch steht ihre Lautentwicklung unter besonderen Bedingungen.

Und schließlich ist es für das Schicksal der Lautgestalt eines Wortes nicht gleichgültig, welcher Schicht der Sprache es angehört. Die Alltagssprache hat andere Lautgesetze als die Hochsprache. Im Neuhochdeutschen fallen Wörter wie *Schicksal, Mühsal, Drangsal, Labsal, Scheusal* durch den vollen Vokal ihrer zweiten Silbe auf, während doch sonst der Vokal solcher Bildungssilben zu *e* geschwächt wird. In der Tat ist das auch bei den ganz gleich gebildeten Wörtern *Füllsel, Streusel, Häcksel* der Fall. Worin besteht der Unterschied zwischen den beiden Gruppen? Nun, die erste umfaßt Wörter des hohen und feierlichen Stils, zum Teil der biblischen Sprache, jedenfalls der Hochsprache, die Wörter der zweiten gehören in Küche und Stall. Andere Sprachschicht, andere Lautgesetze.

So hat man die Bedingungen immer genauer erforscht und gesondert, unter denen die Entwicklung der Laute steht, und diese Forschungen sind keineswegs abgeschlossen. Aber man sieht, worauf sie hinauslaufen: auf die Erkenntnis, daß im Grunde jedes einzelne Wort seine eigenen Bedingungen hat. Aber das war es ja, was die Gegner der Junggrammatiker von Anfang an behauptet hatten! So wäre also der ganze Kampf um die Lehre von der Ausnahmslosigkeit der Lautgesetze vergeblich gewesen? Keineswegs. Denn durch die geduldige Arbeit eines halben Jahrhunderts ist an die Stelle des unbestimmten Eindrucks, daß sich die Mannigfaltigkeit der Lautentwicklung der Berechnung entzöge, die klare Einsicht in die Vielfalt ihrer Bedingungen getreten. Gleichzeitig hat sich die Eigenart der sprachlichen Gesetzlichkeit gegenüber der Naturgesetzlichkeit in Physik, Chemie und Biologie scharf herausgestellt.

Und noch etwas anderes fällt uns nach Abschluß dieser Erörterung auf. Wir waren ausgegangen von einer erwarteten Gleichförmigkeit in der Lautentwicklung und hatten uns über die Ausnahmen gewundert. Jetzt, nachdem wir eine Ahnung bekommen haben von den Bedingungen, unter denen diese Entwicklung verläuft, müssen wir uns noch viel mehr über die sehr große Gleichförmigkeit wundern, die trotz allem dabei herrscht. Die Ausnahmen bilden in Wirklichkeit nur einen kleinen Teil aller Fälle gegenüber der großen Masse der regelmäßigen Entwicklung. Gerade diese Regelmäßigkeit und Gleichförmigkeit ist es also, die jetzt ihre Erklärung fordert.

Bevor wir aber diese Frage untersuchen, müssen wir noch weitere Tatsachen des Sprachwandels ins Auge fassen. Es sind ja, wie wir gesehen haben, nicht nur die Wortgestalten, die sich ändern, sondern auch der Bestand an Wörtern selbst und die Beziehung der Wörter auf die Sachverhalte. Hierbei liegt es in der Natur der Sache, daß man von Anfang an auf das einzelne Wort geachtet hat und daß kaum je Lehren aufgetreten sind, die denen von der Ausnahmslosigkeit der Lautgesetze entsprächen. Tatsächlich hat auch jedes Wort seine eigene Geschichte, und ihre Eigenart tritt um so deutlicher in die Erscheinung, je genauer unsere Quellen erlauben, die Einzelheiten der Entwicklung zu beobachten.

Aber selbstverständlich ist es Aufgabe der Wissenschaft, die Fülle der Erscheinungen zu ordnen und die Vorgänge beim Bedeutungswandel der Wörter so zu beschreiben, daß man sie miteinander vergleichen kann.

Da hat man nun zunächst ganz äußerlich festgestellt, daß Wörter ihren Anwendungsbereich, ihre «Bedeutung» teils erweitern, teils verengern. Das heißt, sie werden teils auf mehr Sachverhalte angewandt als früher, teils auf weniger. So bezog sich das Verbum *machen* zuerst nur auf das Kneten von Lehm und dgl., jetzt bezeichnet es ganz allgemein jede Tätigkeit überhaupt. Oder *Sache* war ursprünglich die gerichtliche Untersuchung und der Gegenstand, auf den sie sich bezog, jetzt ist es ein Wort, das sich auf jeden Sachverhalt – da ist es wieder als erstes Glied der Zusammensetzung – anwenden läßt. Umgekehrt war *fahren* im Mittelalter die Bezeichnung für jede willkürliche Ortsveränderung, heute kann man nur im Wagen oder im Schiff *fahren*. Oder *reiten* meinte jedes Schaukeln, z. B. in einem Wagen, in einem Schiff, an einem Strick, aber heute bezeichnet es nur eine ganz bestimmte Art, sich eines Pferdes oder eines ähnlichen Tieres zur Fortbewegung zu bedienen. Wenn man diese beiden Vorgänge, Bedeutungserweiterung und Bedeutungsverengerung, hintereinanderschaltet, kann man tatsächlich alle Bedeutungsübergänge beschreiben. Allerdings muß man häufig Zwischenglieder, die man nicht nachweisen kann, durch die Einbildungskraft ersetzen. Man kann sich etwa denken, daß mittelhochdeutsch *milt* «freigebig» seine Bedeutung zunächst erweiterte und jede wohlwollende Gesinnung und Betätigung gegen andere bezeichnete und dann seinen Bereich wieder einschränkte auf nachsichtiges und gewaltloses Verhalten.

Diese Betrachtungsweise ist in ihrer unanschaulichen Eintönigkeit unbefriedigend. Offenbar verläuft das Leben der Wörter sehr viel abwechslungsreicher. Weiter aber hat sie den grundsätzlichen Nachteil, daß sie von den Wörtern ausgeht und fragt, worauf man sie anwenden kann, während es doch im Leben zweifellos so zugeht, daß Sachverhalte vorliegen, die der Sprechende erfassen will und zu denen er die Wörter sucht. Normalerweise findet er in seinem Gedächtnis, also in seinem Sprachbesitz, das übliche Wort. Wenn ihm das aber einmal nicht glückt oder ihm das übliche Wort aus irgendeinem Grunde nicht zusagt, wo bekommt er eine andere Bezeichnung her? Er kann sie etwa neu bilden, wie wir das im ersten Kapitel gesehen haben – dann bereichert er den Wortschatz der Sprache –, oder er muß sie entlehnen – aus einer andern Mundart, aus einer Fachsprache oder aus der Sondersprache –, oder, schließlich, er überträgt ein Wort aus einem andern Bedeutungsfeld auf den vorliegenden Fall. Welche Beweggründe seine Wahl jedesmal bestimmt haben, läßt sich oft noch erraten.

Wie kommt es z. B., daß die Bewegung des Pferdes, die der Reiter *steigen* nennt, in der Gemeinsprache *sich bäumen* heißt? Zunächst müssen wir von dem rückbezüglichen Pronomen *sich* absehen, denn das ist erst nachträglich durch Vermischung mit *sich aufrichten* dazugekommen. Die ältere Sprache sagt *das Pferd bäumt.* Aber was ist *bäumen?* Jakob Grimm erklärt es im Deutschen Wörterbuch als «sich aufrichten wie ein Baum». Vor hundert Jahren durfte sich auch ein Jakob Grimm mit einer solchen Erklärung zufrieden geben, heute ist uns das nicht mehr erlaubt. Ein *bäumen* in dieser Bedeutung gibt es sonst nämlich gar nicht, wohl aber ein *bäumen* «auf einen Baum klettern» in der Jägersprache, wofür es heute *aufbaumen* heißt. Dadurch wird die Sache nur noch rätselhafter, denn wie konnte jemand dazu kommen, bei einem Pferd an etwas Derartiges zu denken? Von großen Tieren, die gelegentlich *bäumen* «aufbaumen», gab es auf deutschem Sprachgebiet nur eins, nämlich den Bären. Ein *bäumender* Bär richtet sich – man kann es in jedem Bärenzwinger sehen – auf den Hinterbeinen am Baumstamm auf. In dieser Haltung wurde er oft dargestellt, nämlich als Wappenfigur. Da war *bäumender Bär* (franz. *ours rampant*) in der Wappenbeschreibung, also in der Fachsprache der Heraldik, Bezeichnung einer bestimmten Haltung des Tieres. Und in der Heraldik kommen nun endlich auch Pferd und Bär zusammen. Wenn nämlich das Wappen ein Pferd in ähnlicher Haltung wie den *bäumenden Bären* zeigte, dann hieß das eben nun – *bäumendes Roß.* Nun stellt sich auch heraus, daß das heutige Fachwort der Reiterei *steigen* im Grunde bedeutungsgleich mit *sich bäumen* ist. Was ist also geschehen? Die Gemeinsprache hat das Wort aus der Fachsprache der Reiter entlehnt; die Reiter haben es aus der Heraldik. Mit der Heraldik, der Wappenkunde, hatten sie viel zu tun, denn diese Reiter waren eben Ritter, d. h. adlige Herren, die Wappen führten. Innerhalb der Heraldik ist *bäumen* auf das Pferd vom

Bären übertragen worden; die Bezeichnung der Körperhaltung des Bären verdankt die Heraldik der Jägersprache; in dieser ist es einmal vom *Baum* abgeleitet worden. Also auch für die Geschichte des Wortes selbst, obgleich sie nicht das erste Anliegen ist, kommt etwas heraus, wenn man fragt: Wie kommt ein Sachverhalt zu seiner Bezeichnung?

Wenn jemand ein Wort aus seinem Beruf in die Gemeinsprache einführt und andere es ihm nachsprechen, so spielt dabei das Bedürfnis, in der Alltagssprache mit den Ausdrücken zu wechseln, die zu der Erscheinung des Slang führt (S. 253 f.), gewiß auch eine Rolle. Ähnlich ist es mit den Kraftausdrücken (S. 46 f.), die den eigentlichen Ausdruck verdrängen, wie *Kopf* an die Stelle von *Haupt* getreten ist. Da fehlt nicht die Bezeichnung für einen Sachverhalt, sondern man will sie nur nicht verwenden.

Einen Fall freilich gibt es, wo ein neuer Sachverhalt keine neue Bezeichnung braucht, weil er die Bezeichnung fix und fertig erben kann: wenn er einen älteren Sachverhalt vollständig ersetzt und verdrängt. Eine *Brille* heißt noch so, obgleich sie längst nicht mehr aus *Beryll* ist (182); das ist ein Halbedelstein, dem man früher die Eigenschaft zuschrieb, heilsam für die Augen zu sein. Und unsere Schreibfedern führen noch den Namen ihrer Vorgängerinnen, die wirkliche Gänsefedern waren. In diesen Fällen ist es so, daß sich die Sachverhalte nur in unwesentlichen Zügen geändert haben. Wesentlich war der Zweck der Brille (Korrigieren eines Augenfehlers) und der Feder (Schreiben), unwesentlich der Stoff, aus dem sie bestehen. Aber das Ergebnis ist, daß nun die Wörter etwas anderes benennen als früher.

Schließlich müssen wir noch den Wandel in den Fügungen der Sätze betrachten. Er vollzieht sich auf zwei Arten: als Fügungsmischung (Kontamination) und als Gliederungsverschiebung.

Die seelischen Grundlagen der Fügungsmischung haben wir im vierten Kapitel erörtert. Hier kommt es uns auf die Ergebnisse an. Eine Mischung zweier Fügungen liegt z.B. in den zahlreichen Fällen vor, wo sich, wie man zu sagen pflegt, eine Fügung nach einer anderen richtet. So wurde ursprünglich die Präposition *wegen* mit dem Genitiv verbunden, *trotz*, das das entgegengesetzte Verhältnis bezeichnet, mit dem Dativ. Aber beide haben sich nun gegenseitig beeinflußt, so daß es in der Alltagssprache *wegen mir* heißt, in der Hochsprache dagegen heute meist *trotz des Regens*. In früherer Zeit sagte man *einen fliehen*, verband also *fliehen* mit dem Akkusativ, heute ist üblich *vor einem fliehen* nach der gleichbedeutenden alltagssprachlichen Wendung *vor einem davonlaufen*, wo das *vor* seine volle anschauliche Bedeutung hat. Im Bayrischen sagt man *auf etwas vergessen* statt *etwas vergessen* nach dem Gegenteil *sich auf etwas besinnen*. Die Wendungen *das gehört mir* und *das ist mein* kreuzen sich zu *das gehört mein*. Es sind also teils gegensätzliche, teils gleichbedeutende Wendungen, die sich vermischen. Der größte Teil aller Fügungsänderungen geht auf diesem Wege vor sich (183).

Gliederungsverschiebungen sind seltener. Sie beruhen auf Umdeutungen fertiger Fügungen. Die oben erwähnten Präpositionen *wegen* und *trotz* sind durch solche Umdeutungen entstanden, denn ursprünglich sind es ja Substantiva. Zuerst sagte man etwa *um alsolich erbe, als uns annevallen solde von muter wegen*, d.h. von seiten unsrer Mutter. Oder *do ward bischoff Walther von Augspurg erstochen von grauf Eberhartz von Werdenberg wegen*. Das lebt noch heute in Wendungen wie *von Amts wegen*, danach *von Rechts wegen*. Nun wurde aus dem Zusammenhang die Herkunft umgedeutet in die Ursache; gleichzeitig stellte man *von wegen*, das einen Begriff ausdrückte, nebeneinander. So schreibt Luther (1. Macc. 11,33): *Wir gedencken unsern Freunden und trewen Bundgenossen den Jůden guts zuthun / Von wegen jrer trewe und freundschafft gegen uns*. Der letzte Schritt ist dann, daß das *von*, das keine Funktion mehr hat, weggelassen wird.

Aus einem Substantiv kann auch ein Adverb werden. In der Wendung *er ging seinen Weg* blieb gelegentlich das Possessivpronomen *seinen* als selbstverständlich weg – und damit war ein Adverb *weg* entstanden, denn man bezog nun das Wort in derselben Weise auf *gehen* wie in andern Wendungen *hinaus*, so daß *er ging weg* ganz gleich aufgefaßt wurde wie *er ging hinaus*. Das ergab ein zusammengesetztes Verbum *weg-*

gehen, gleichbedeutend mit *fortgehen,* das nun auch *wegnehmen, weggeben, wegbleiben* hervorrief. Das lange *e* von *Weg* stammt analogisch (S. 286) aus den anderen Kasus *Weges, Wege, Wegen,* wo es in offener Silbe gedehnt wurde (S. 286f.); das Adverbium *weg,* das nicht mehr im Verband einer Formgruppe stand, behielt die alte Kürze.

Ähnlich ist das Adverb der Alltagssprache *alle* in *die Suppe ist alle* entstanden. Man muß ausgehen von Wendungen wie *das sind der Knaben alle, das sind der Äpfel alle.* Daneben sagte man *die Äpfel gehen zu Ende* und danach auch *die Äpfel sind zu Ende.* Nun standen in gleichem Sinne nebeneinander *der Äpfel sind alle* und *die Äpfel sind zu Ende.* Das ergab die Vermischung *die Äpfel sind alle,* in der *alle* als Adverb aufgefaßt wurde. Bewiesen wird der Wandel von *alle* zum Adverb dadurch, daß man es auch mit einem Subjekt in der Einzahl verbindet und sagt *die Suppe ist alle.*

In einem Satze wie *man versuchte, das Hindernis zu beseitigen* hängt *das Hindernis* natürlich als Objekt von *beseitigen* ab. Durch Umgliederung wird es aber von *versuchte* abhängig gemacht, und das wird dadurch bewiesen, daß man passive Wendungen findet wie *das Hindernis wurde zu beseitigen versucht* (184).

4. Die Ursachen des Sprachwandels

Die genauere Betrachtung der Arten des Sprachwandels, wie wir sie an einigen Beispielen gezeigt haben, führt von selbst auf die Frage, welches die Ursachen sind, daß sich die Sprache überhaupt ändert. Denn um Veränderungen der Sprache selbst handelt es sich, nicht um gelegentliche Abweichungen beim Sprechen eines einzelnen. Die Neuerungen sind nicht wahlweise zugelassen, sondern sie sind bindende Regeln; wer sie nicht befolgt, macht eben einen Sprachfehler. Niemand kann *rīten* statt *reiten, schneit* statt *schnitt* sagen oder *Fische fließen* lassen und sich darauf berufen, daß vor 750 Jahren die Ausdrucksweise die einzig richtige war. Was damals richtig war, ist heute falsch, und ebenso umgekehrt. Wie kommt das zustande?

Die Frage hat den Sprachforschern viel Kopfzerbrechen

gemacht, und man hat im Laufe der Zeit manche Lehren darüber aufgestellt. Zunächst gab es eine Richtung, die glaubte, daß sich Veränderungen der Sprache in der Art von Naturgesetzen geltend machen, ein Gedanke, den vor allem MAX MÜLLER vertrat. Wenn man nach den natürlichen Einflüssen fragte, die das bewerkstelligen könnten, wurde die Wirkung des Klimas und der Bodenbeschaffenheit angeführt (185). Aber es ist bis zum heutigen Tage keinem gelungen – und man hat es auch kaum versucht – nachzuweisen, daß etwa das Leben im Hochgebirge die Sprachen überall in einer bestimmten typischen Weise veränderte, oder daß die Bewohner sandiger und felsiger Meeresküsten überall gewisse Eigenheiten ihrer Sprechweise hätten, oder daß sich alle Sprachen in den Tropen charakteristisch von allen Sprachen der Arktis unterschieden. Und wenn sich das Gebiet einer Sprache durch mehrere Zonen erstreckt, wie das des Englischen, des Spanischen, des Chinesischen, bleibt die Übereinstimmung weit bedeutender als die selbstverständlich auftretenden Abweichungen, von denen man überdies gar nicht nachweisen kann, daß sie durch das Klima verursacht seien.

Eine andere Theorie geht nicht von der natürlichen, sondern von der gesellschaftlichen Umgebung des Menschen aus. Der russische Sprachwissenschaftler NIKOLAUS MARR entwickelte seit den zwanziger Jahren dieses Jahrhunderts eine Theorie, nach der sich die Sprachen gleichlaufend mit dem gesellschaftlichen Zustand der Gemeinschaft, die sie spricht, verändern (185a). Es gibt also einen Sprachtypus, der der primitiven Horde entspricht, einen andern für den Stamm als Form der Gemeinschaft, weiter Sprachtypen der Sklavenhalter-Gesellschaft, der feudalen, der kapitalistischen Gesellschaft, die die Nationalsprachen hervorbringt, und schließlich wird es auch einen Sprachtypus der klassenlosen sozialistischen Gesellschaft geben. Alle diese Typen folgen gesetzmäßig aufeinander in strenger Abhängigkeit von der Wirtschaftsform und der davon bedingten sozialen Gliederung der Gesellschaft. Marr nannte diese Typen «Stadien» der Sprachentwicklung und seine Theorie die Lehre von der

«Stadialität» (russ. *stadial'nost'*) der Sprache (186). Nun würde nach marxistischer Auffassung Marrs Lehre voraussetzen, daß die Sprache zu dem gedanklichen «Überbau» (russ. *nadstroika*) gehöre, den jede Gesellschaft zur Rechtfertigung ihrer Wirtschaftsweise erzeugt. Das war auch in der Tat Marrs Meinung.

Aber an dieser Voraussetzung entzündete sich der Streit, der im Jahre 1950 in der Zeitung Prawda («Wahrheit») ausgefochten und durch eine Stellungnahme von Stalin selbst entschieden wurde (187). Man stelle sich das vor: eine Auseinandersetzung über die Theorie der Sprache, geführt in den Spalten einer politischen Tageszeitung und beendet durch eine Abhandlung des leitenden Staatsmanns persönlich! Das bewies, daß hier mehr als bloße Theorie im Spiele war, daß die Auffassung von der Rolle der Sprache in der Gesellschaft für die sowjetische Führung eine erhebliche politische Bedeutung besaß. Gewiß ist die Theorie Marrs auch wissenschaftlich gesehen irrig. Die Beobachtung zeigt überall, daß die Sprache einer Gemeinschaft selbst eine Reihe wirtschaftlicher und sozialer Umwälzungen erleben und doch im Wesentlichen des Baus und des Wortschatzes dieselbe bleiben kann. Und es ist gerade die Sprache, die als stärkstes und mitunter letztes Band die Menschen einer Gemeinschaft trotz aller gesellschaftlichen Zerklüftung zusammenhält. Sie ist also von der Wirtschaftsweise einer Gesellschaft offenbar unabhängig. Aber diese theoretischen Einsichten würden Stalin kaum die Feder in die Hand gedrückt haben, wenn sich aus ihnen nicht unmittelbar politisch bedeutsame Folgerungen ergäben. Die Sprache bewahrt nicht nur Überlieferung, sie ist selbst die Überlieferung eines Volkes durch alle Wechselfälle der Geschichte, und sie ist eine der stärksten Kräfte, die menschliche Gemeinschaften zum Volk zusammenschließen.

So führt die Frage nach den Ursachen der Sprachveränderungen unvermutet zu einer interessanten Episode der gegenwärtigen Geistesgeschichte, die erst in diesem Zusammenhang ihre volle Bedeutung gewinnt. Aber beantwortet ist die Frage mit der negativen Feststellung, die Sprache sei in ihrem Kern von wirtschaftlichen und sozialen Umwälzungen unabhängig, natürlich noch nicht. Man muß dazu viel mehr ins Einzelne des wirklichen sprachlichen Lebens gehen, man muß die Gespräche der Menschen selbst belauschen, um durch die Fülle der Einzelbeobachtungen zum anschaulichen Verständnis des Sprachwandels zu gelangen.

Diesen mühsamen, aber lohnenden Weg hat schon vor fast hundert Jahren der Amerikaner WILLIAM D. WHITNEY empfohlen (188), der mit ausführlicher Begründung den Standpunkt vertrat, daß sprachliche Veränderungen aus einem Zusammenwirken des sprechenden Einzelnen mit seiner Sprachgemeinschaft hervorgehen. Diese Auffassung hat sich heute durchgesetzt. Die weitere Frage war nun, wie dieses Zusammenwirken genauer zu denken ist.

Zunächst ging man von der Beobachtung aus, daß Fremde eine Sprache nur mühsam und zuerst unvollkommen lernen und sprechen. Denkt man sich nun, daß viele Fremde gleichzeitig in die Lage kommen, eine Sprache lernen zu müssen, und diese dann auch im Verkehr untereinander anwenden, so müßte daraus wohl eine stark veränderte Form der Sprache entstehen. So sah man denn eine Hauptursache für Veränderungen der Sprache in der Übertragung der Sprache auf ein fremdes Volk. Ein solcher Vorgang ist in der Tat recht häufig. Vor zweitausend und mehr Jahren sprach ein großer Teil der Bewohner von West- und Mitteleuropa keltisch, übernahm dann aber im Laufe von ein paar hundert Jahren unter dem Einfluß der römischen Herrschaft die lateinische Sprache, und zwar so ausschließlich, daß das Keltische gänzlich außer Gebrauch kam. Und zweifellos hat das Lateinische in diesen Gegenden zu dieser Zeit starke Veränderungen erfahren. Im Laufe der Völkerwanderung sind weiterhin viele Länder Europas von den Germanen erobert worden, und in einem Teil von diesen haben die Leute das Lateinische aufgegeben und dafür Germanisch, d. h. Deutsch gelernt, während in andern Gegenden umgekehrt die Germanen ihre Sprache aufgaben und Romanisch lernten. Im Osten Europas ist das große zusammenhängende slawische Sprachgebiet nicht viel über tausend Jahre alt. Vorher wurden dort zahlreiche andere Sprachen gesprochen, unter denen das Slawische nur ein kleines Gebiet einnahm. Seitdem haben also sehr viele Menschen dort Slawisch gelernt und ihre frühere Sprache vergessen. In Nordafrika und in Vorderasien wird jetzt meist arabisch gesprochen. Dieser Zustand ist aber erst eine Folge der mohammedanischen Eroberung im 7. Jahrhundert. Vorher herrschten dort im Osten Griechisch, im Westen Lateinisch, daneben noch Reste einheimischer Sprachen. Und Türkisch redet man in Kleinasien noch keine tausend Jahre. Seit wie lange die heutigen arischen Sprachen in Nordindien herrschen, wissen wir nicht genau. Aber das können wir beweisen, daß sie einmal dorthin gebracht worden sind und die Leute dort vorher anders gesprochen haben. Ganz Südchina hat Chinesisch erst in geschichtlicher Zeit gelernt, vorher war diese Sprache nur im Tal des Gelben Flusses zu Hause. Fast überall also, wo wir die Geschichte von Ländern und Völkern etwas näher kennen, beobachten wir einen oder mehrere Sprachwechsel im Laufe der Zeit, und wir haben keinen Grund, anzunehmen, daß das in früheren Zeiten, von denen wir nichts Näheres wissen, anders gewesen sei.

Übertragungen von Sprachen auf fremde Völker hat es also genügend gegeben. Aber wenn so etwas auch immer mehrere Geschlechter dauert, so kann man doch nicht behaupten, daß die Sprachen ununterbrochen auf fremde Völker übertragen worden seien. Sprachwandel aber findet zu allen Zeiten statt. Das Lateinische hat sich nicht nur in den ersten Jahrhunderten der Kaiserzeit verändert, sondern schon vorher und auch nachher. Die romanischen Sprachen, die aus ihm entstanden sind, verändern sich bis auf den heutigen Tag. Die Geschichte des Deutschen kennen wir überhaupt erst seit der Völkerwanderung näher, also erst nach der Zeit, wo es von vielen fremden Völkern erlernt worden ist, und seit dieser Zeit befindet es sich in fortwährender Veränderung.

Da hat man nun zur Stütze dieser Erklärung des Sprachwandels die Vermutung aufgestellt, es könnten gewisse Veränderungen, die auf das fremde Volk, das die Sprache übernommen hat, zurückgehen, est im Laufe der Jahrhunderte wirksam werden. Also z. B. Einflüsse des Keltischen auf die romanischen Sprachen machen sich nicht nur vor 500, sondern auch nach 1000 n. Chr. geltend. Das ist die Lehre von der Einwirkung des sprachlichen Untergrundes oder die Substrattheorie (189). Freilich ist es schwer, sich anschaulich vorzustellen, wie Eigenheiten einer Sprache, die seit Jahrhunderten nicht mehr gesprochen wird, eine Sprache beeinflussen sollen, die nun bei Leuten im Gebrauch ist, die zum Teil von den Sprechern jener Sprache abstammen. Die einzige Möglichkeit wäre, daß diese Sprecher ihren Nachkommen geistige Eigenschaften vererbt hätten, die sich im Laufe der Zeit auch in der neu übernommenen Sprache ausprägen (190). Aber es stammt doch immer nur ein Teil, manchmal ein sehr kleiner Teil der Angehörigen einer Sprachgemeinschaft von den früheren Bewohnern des Landes ab.

Nun wird ja eine Sprache auf eine größere Gruppe von Menschen gleichzeitig nicht nur in dem Falle übertragen, daß ein fremdes Volk sie übernimmt. Vielmehr spielt sich ein solcher Vorgang fortgesetzt ab, wenn die Kinder ihre Sprache von den Erwachsenen lernen. Unvollkommenheiten und Ungenauigkeiten, die dabei vorkommen, könnten sich in der Sprache der nächsten Generation wohl als Änderungen des Sprachgebrauchs geltend machen (191). Diese Ansicht erklärt wenigstens, warum sich die Sprachen dauernd ändern. Zweifellos lernen die Kinder ihre Muttersprache zunächst mit vielen Fehlern. Aber beruhigen sie sich und beruhigt sich ihre Umgebung bei diesen Fehlern? Auch wo es keine Schulen gibt, sind die Kinder noch längst nicht erwachsen, wenn sie schon alle kindlichen Spracheigenarten abgelegt haben. Das kommt daher, daß Kinder eben nicht nur mit Kindern sprechen, sondern ebenso oft mit Erwachsenen, und daß auch die Kinder nicht nur einen Jahrgang bilden, sondern zehn bis zwölf Jahrgänge umfassen, die sich auf sehr verschiedenen Stufen der sprachlichen Ausbildung befinden. Und so leicht Kinder Unarten und Fehler annehmen, so erbarmungslos unterdrücken sie andrerseits auffällige Abweichungen im Gebaren und besonders in der Sprache. Demnach dürfte gerade hier der Wandel auf starke Hindernisse stoßen.

Die Frage nach dem Einfluß, den der Wechsel der Generationen auf die Sprachgestaltung vielleicht hat, veranlaßte dazu, die sprachliche Entwicklung im kleinsten Kreise genauer zu untersuchen. Man ging dabei sehr ins einzelne. Man beobachtete die Sprache der Altersklassen innerhalb einer Gemeinschaft (192), die Sprache einer Familie, alles über einen längeren Zeitraum, und schließlich auch die Sprache einzelner Menschen von der Wiege bis zur Bahre. Dazu kamen dann noch die Gesichtspunkte, die die sprachgeographische Betrachtungsweise ergab.

Dabei stellte sich nun heraus, daß sich Aussprache, Wortschatz und Satzfügung bei den einzelnen Altersklassen einer Gemeinde und innerhalb derselben Familie bei Kindern und Erwachsenen verschiedener Altersstufen merkbar unterscheiden, ja, daß sie sich bei demselben Menschen im Laufe seines Lebens sehr allmählich aber dauernd ändern. Die Älteren unter uns können das an ihrer eigenen Sprache beobachten: ein *Angeber* war in meiner Jugend ein Denunziant, jetzt ist er ein Großtuer. Das heißt, daß die Bezeichnung *Angeber* für Denunziant außer Gebrauch gekommen ist und daß der Großtuer einen neuen Namen bekommen hat. Es handelt sich gar nicht um ein Wort, sondern um zwei Wörter *Angeber,* die nur zufällig gleich sind. Worauf es hier ankommt, ist, daß sich die Bezeichnung für die beiden Begriffe im Laufe eines Menschenalters völlig geändert hat. In der Sondersprache der Soldaten war während des ersten Weltkriegs das Wort *engschäftig* im Sinne von «bequem», «elegant» sehr beliebt. Im zweiten Weltkrieg war es vollständig verschwunden, obwohl viele Veteranen aus dem ersten Weltkrieg auch im zweiten Soldaten waren. Beide Veränderungen des Wortschatzes habe ich in meinem persönlichen Sprachgebrauch mitgemacht. Ferner habe ich eine Menge besonderer Ausdrücke aus meiner ostthüringischen Heimat im Laufe meines Lebens aufgegeben und durch gemeindeutsche ersetzt, wie *kehren* durch *fegen, Esse* durch

Schornstein. Und schließlich habe ich mir, wie wir alle, mit der Zeit zahlreiche Fremdwörter auch in der Umgangssprache abgewöhnt und gebrauche statt dessen Neubildungen aus deutschem Sprachgut. Solche Erfahrungen kann jeder an seinem Sprachgebrauch machen, der in höhere Jahre kommt. Dabei ist nun eins wichtig: die Veränderungen stimmen überein mit Veränderungen des Sprachgebrauchs der Umgebung, sie sind offenbar von ihr beeinflußt. Wechsel des Wohnsitzes, des Berufs, der Familie, etwa durch Heirat, ziehen nach einiger Zeit eine Veränderung des Sprachgebrauchs nach sich. Und solche Wechsel erlebt jeder Mensch auch in den friedlichsten Zeiten, denn jeder wird aus einem Kinde ein Erwachsener, ergreift einen Beruf und muß früher oder später seine elterliche Familie zugunsten seines eigenen Hausstandes verlassen.

Was für den einzelnen gilt, trifft auch für ganze Gemeinden zu. Die sprachlichen Unterschiede zwischen den Altersklassen erweisen sich als Spiegelbilder von Veränderungen, die sich im größeren Rahmen vollziehen. Ein Wandel, der zuerst in einer Großstadt beobachtet wird, verbreitet sich im Laufe von Jahren und Jahrzehnten über die umgebende Landschaft, und zwar in der Weise, daß er zuerst von den Jüngeren, erst später und weniger durchgreifend von den Älteren mitgemacht wird (193).

Dieses Bild, das die sprachlichen Erscheinungen bieten, ist nun nichts, was der Sprache allein eigentümlich wäre. Genau in derselben Weise ändern sich und verbreiten sich Sitten und Gebräuche, so auch die Trachten. Was wir «Mode» nennen, ist nur ein Ausschnitt aus diesem allgemeineren gesellschaftlichen Tatbestande. Aber gerade die Erscheinung der Mode bietet uns bemerkenswerte Entsprechungen zum Wandel des Sprachgebrauchs. Wir wissen, daß sich Moden von bestimmten Mittelpunkten her verbreiten, sie werden in Paris oder London «kreiert». Wir beobachten aber auch, daß einzelne Menschen, hochgestellte Persönlichkeiten, Künstler und Künstlerinnen, für das Aufkommen einer Mode entscheidend sein können. Das Auffallendste aber ist die Unerbittlichkeit, mit der sich eine

Mode durchsetzt, obwohl nicht die geringste Zwangsgewalt hinter ihr steht. Dabei ist der Widerstand, den sie zu überwinden hat, nach Ort und gesellschaftlicher Schicht verschieden. Nur ganz selten gelingt es einzelnen, sich den Einflüssen einer Mode vollständig zu entziehen. Neben diesen Moden, die sich durchsetzen, gibt es nun aber immer wieder Neuerungen in Tracht und Sitte, die genau wie die Moden entstehen, aber nach kürzerem oder längerem Kampfe abgelehnt werden und verschwinden.

Alle diese Vorgänge finden wir auch bei der Entstehung und Verbreitung von sprachlichen Neuerungen. Auch hier gibt es bestimmte Punkte, von denen die Neuerungen ausstrahlen, der Einfluß führender Persönlichkeiten spielt eine Rolle, eine siegreiche Neuerung übt einen fast unwiderstehlichen Zwang auf den einzelnen aus, der Durchsetzung geht eine mehr oder weniger lange Zeit des Kampfes voran, und es gibt Neuerungen, die sich überhaupt nicht durchsetzen. Die Frage nach den Ursachen und Bedingungen dieses Geschehens soll uns jetzt beschäftigen (194).

Von Anfang an müssen wir uns darüber klar sein, daß jede Veränderung des Sprachgebrauchs, d. h. jede Abweichung von der üblichen Sprechweise, zunächst ein Fehler ist. Und sie bleibt ein solcher, bis sie sich durchgesetzt hat, d. h. als Regel anerkannt ist. Dann wird die bis dahin einzig richtige Sprechweise ihrerseits zum Fehler. Die Frage nach den Ursachen solcher Veränderungen hat also ein doppeltes Ziel: sie fragt erstens danach, wie Abweichungen vom Sprachgebrauch entstehen, und zweitens nach den Bedingungen, unter denen sie sich durchsetzen.

Jede Abweichung vom Üblichen muß einmal in der Äußerung eines einzelnen zuerst Wirklichkeit geworden, einmal muß sie zuerst gesagt worden sein. Dabei kann der Sprechende vom bisherigen Gebrauch absichtlich abweichen, oder die Abweichung entschlüpft ihm wider seinen Willen, ja, ohne daß er sie bemerkt. Unbeabsichtigte Abweichungen werden von all den seelischen Kräften und Bedingungen veranlaßt, die wir im vierten Kapitel kennengelernt haben. Vorausnahme und Nachwirkung führen zu lautlicher Veränderung der Wortgestalt – man «verspricht sich» –, Wörter und Fügungen werden vermischt, und Wörter und Wendungen werden in abweichender Weise gebraucht, weil man fertige Äußerungen beim Verstehen anders gegliedert hatte, als sie eigentlich gemeint waren.

Dazu kommen eine Reihe von Beweggründen, die den einzelnen veranlassen, in bestimmten Fällen absichtlich vom Sprachgebrauch abzuweichen. Hierher gehört in erster Linie das Bestreben, nachdrücklich und eindringlich zu sprechen, um die gewünschte Wirkung bei dem Angeredeten hervorzurufen (195). Man wählt also Kraftausdrücke *Knochen* für *Bein, Pfote* für *Hand, fressen* für *essen,* steigert Eigenschaftswörter durch Umstandswörter wie *furchtbar, entsetzlich, rasend* – so daß absonderliche Wendungen herauskommen wie *furchtbar nett* – und übertreibt seine Angaben in jedem Sinne (196).

Damit hängt das Bestreben zusammen, sich möglichst deutlich auszudrücken, um bestimmt verstanden zu werden. Das führt dazu, lautliche Unterschiede zu übertreiben, sie größer zu machen, als sie bisher waren. So waren im Deutschen die Verschlußlaute *p t k* einerseits, *b d g* andrerseits durch zwei Eigenschaften unterschieden, erstens durch Stimmlosigkeit und Stimmhaftigkeit, und zweitens durch größere und geringere Energie bei der Sprengung des Verschlusses. Weil nun die meisten mitteldeutschen und oberdeutschen Mundarten den Stimmton bei *b d g* aufgegeben haben, wird der Unterschied zwischen den beiden Reihen so gering, daß die Gefahr von Verwechslungen besteht. Daher hatten die Niederdeutschen, als sie das Hochdeutsche als Gemeinsprache übernahmen, das Bedürfnis, den Unterschied der Deutlichkeit wegen zu vergrößern. Sie bewahrten also sorgfältig den Stimmton bei *b d g* oder stellten ihn wieder her und verstärkten den Atemdruck bei *p t k* derartig, daß der Sprengung des Verschlusses ein Hauch folgt, so daß nun die heute gültige Aussprache eigentlich *ph th kh* ist. Wer eine romanische oder eine slawische Sprache lernt, erfährt, daß er bei den *p t k* dieser Sprachen eine derartige Aussprache sorgfältig vermeiden muß.

Endungen und Vorsilben, die bestimmte Wortformen kennzeichnen oder ihre Leistung im Satz bestimmen, werden nicht nur besonders deutlich ausgesprochen und dadurch in ihrem lautlichen Bestande erhalten, sondern, wenn sie durch irgendwelche andern Kräfte undeutlich geworden sind, gänzlich erneuert, so daß sie nun eigentlich doppelt vorhanden sind. Das Partizipium der Vergangenheit von *essen* hieß früher *gessen,* wobei die Vorsilbe *ge-* mit dem Anlaut des Wortes zusammengezogen ist. Dieses *ge-* ist aber für das Partizipium der Vergangenheit so kennzeichnend, daß die Sprechenden es deutlich und in voller Lautgestalt zu äußern wünschten. Deshalb wurde vor der Form *gessen* noch einmal *ge-* gesprochen, so daß die heute übliche Form *gegessen* entstand.

Die Mehrzahlformen vieler neutraler Substantiva hatten ehemals keine besonderen Endungen, so daß sie mit den Einzahlformen gleich lauteten. Man sagte z. B. *das kint,* Mehrzahl *diu kint.* Der Deutlichkeit wegen wollte man aber die Mehrzahl eigens bezeichnen, und so hängte man die Endung *-er* an, die Mehrzahlformen wie *Lämmer* und *Kälber* von jeher besaßen. Das hat man sogar mit einem Maskulinum getan: man sagt jetzt *Männer,* während sich früher die Mehrzahl von der Einzahl nicht unterschied.

Der Name für das weibliche Tier bei Rot- und Damwild war zunächst *Hinde.* Um deutlicher zu bezeichnen, daß es sich um ein weibliches Wesen handelt, hängte man die übliche Endung für Namen weiblicher Wesen an, so daß das Wort jetzt *Hindin* heißt.

Der Konjunktiv der Gegenwart lautet jetzt bei fast allen Verben mit dem Indikativ gleich außer in der dritten Person der Einzahl. Wenn man nun einen deutlich als solchen gekennzeichneten Konjunktiv haben will, greift man zum Konjunktiv der Vergangenheit, der bei den starken Verben eine unverkennbare Form hat. Man sagt z. B. *sie lassen sagen, sie kämen morgen,* nicht *sie kommen morgen,* wo *kommen* ebensogut Indikativ sein könnnte. Bei den schwachen Verben versagt dieses Mittel, weil da auch in der Vergangenheit Konjunktiv und Indikativ gleich lauten. Das hat dazu geführt, den Konjunktiv durch eine Umschreibung mit *würde* zu bilden. Also: *sie behaupten, sie würden damit nicht auskommen.* Eigentlich ist das ja der Konjunktiv zu *sie werden nicht auskommen*, und da die Worte unmittelbar ebensogut gelautet haben können *wir werden damit nicht auskommen* wie *wir kommen damit nicht aus*, ist die Ausdrucksweise in diesem Falle unbedenklich. Aber nun verwendet man sie auch dann, wenn im Indikativ *werden* nicht zulässig wäre, sagt also etwa *ich dachte, du würdest schlecht hören*, wo die unmittelbare Form nur sein kann *du hörst schlecht*, nicht *du wirst schlecht hören.* Da ist man vom Regen unter die Traufe gekommen und hat in dem Bestreben, den Konjunktiv deutlich zu machen, den Ausdruck der Zeit verwirrt.

Ein äußerster Fall für das Streben nach Deutlichkeit liegt vor, wenn zwei Wörter, die in demselben Zusammenhang sinnvoll möglich sind, gleich lauten, wie *eigene Betten* und *eichene Betten* in vielen deutschen Mundarten. Dann kommt es vor, daß das *g* in *eigen* wider den Gebrauch der Mundart als Verschlußlaut gesprochen wird oder daß man eines der beiden gleichlautenden Wörter ganz vermeidet. So hat man im Neuhochdeutschen das Wort *Lehm* aus einer Mundart übernommen, weil die eigentlich hochdeutsche Form *Leim* mit der Bezeichnung des Klebstoffs *Leim* gleich geworden war.

Dem Streben nach Deutlichkeit und Nachdruck wirken aber andere Kräfte entgegen. Der Verkehr unter Menschen erfordert gegenseitige Rücksicht, Schonung der Gefühle des andern, auch im eigenen Interesse, um ihn der eigenen Absicht zugänglich zu machen und nicht von vornherein vor den Kopf zu stoßen (197). Das bedeutet aber für das Sprechen, daß man allzu nachdrückliche Wendungen abschwächen muß, Umschreibungen unangenehmer Dinge gebraucht und sich oft mit Andeutungen begnügt. Man vermeidet den eigentlichen Ausdruck als zu stark, sagt *unbegabt,* wo man *dumm* meint, *vorsichtig* statt *feige, bequem* statt *faul.* Niemand hört gern, daß er *dick* ist. Früher sagte man dafür *stark,* jetzt noch höflicher *vollschlank*. Besonders neigt die Höflichkeit dazu, Anreden und Aufforderungen umzugestalten. Die Anrede in der 2. Person der Einzahl wird zunächst ersetzt durch die in der 2. Person der Mehrzahl, manchmal so gründlich, daß die 2. Person der Einzahl überhaupt außer Gebrauch kommt wie im Englischen und im Niederländischen. Wenn sich das durchgesetzt hat, verlangt die Höflichkeit eine abermalige Steigerung: man redet jetzt in der 3. Person der Einzahl an, indem man das *du* oder *ihr* ausdrücklich oder stillschweigend durch Wendungen wie *der Herr* (schwedisch) oder *Eure Herrlichkeit* (italienisch, spanisch, niederländisch) ersetzt. Noch weiter geht das heutige Deutsch, das in der Gemeinsprache als höfliche Anrede nur die in der 3. Person der Mehrzahl kennt. Aus demselben Grunde vermeidet man möglichst die reine Befehlsform bei Aufforderungen, begleitet sie mindestens mit *bitte* oder ähnlichen Formeln oder ersetzt den Imperativ durch den Konjunktiv; bei der Anrede in der 3. Person ist das ohnehin notwendig, weil es im Imperativ keine 3. Person gibt. Man kann aber auch die ganze Aufforderung als Frage tarnen: *Würden Sie bitte das Fenster schließen?* Hier verrät das *bitte,* daß es sich in Wirklichkeit um eine Aufforderung handelt. Dergleichen Wendungen, zunächst nur wahlweise zugelassen, werden schließlich verpflichtend und ändern so das Gesamtbild der Sprache.

Abschwächung des Ausdrucks kann aber noch andere Gründe haben als Höflichkeit und Rücksicht. Man scheut sich auch, «den Teufel an die Wand zu malen», d. h. unangenehme oder gefährliche Dinge geradezu zu nennen. Andrerseits vermeidet man es, Günstiges laut zu betonen, um nicht den Neid der Mächte zu erwecken. Man soll nichts «beschreien». Aus dieser Haltung erklären sich die vielen Umschreibungen für *Tod* und *sterben* durch Wörter wie *Hinschied, Heimgang, Ableben*; man ist nicht *krank,* sondern *unwohl* oder *leidend.* Auf der anderen Seite ist immer nur der andere und nur in seiner Abwesenheit *reich,* sonst heißt es *wohlhabend.* Die Ernte steht *nicht schlecht,* niemals *gut.* Auch die geschäftliche Klugheit greift zu solchen Verhüllungen: der Preis einer Ware ist nicht *wohlfeil,* sondern *billig,* d. h. ursprünglich «angemessen, gerecht». Natürlich ändert das

Wort *billig* durch die häufige Verwendung als Deckwort seine Bedeutung und muß nun seinerseits ersetzt werden, und zwar durch *preiswert*. Unter keinen Umständen darf man den Verkäufer merken lassen, daß man das Geschäft für sich günstig findet. Solche Gewohnheiten, bestimmte Ausdrücke zu vermeiden, verändern dauernd den Wortschatz der Sprache.

Schließlich ist es das Bestreben eines jeden, der überhaupt auf die Art seines Sprechens achtet, möglichst schön und möglichst richtig zu sprechen (198). Mit der Richtigkeit hat es aber eine eigene Bewandtnis. Wir haben gesehen, daß sich jeder Angehörige einer Sprachgemeinschaft in mehreren ihrer Schichten bewegen muß, die jede ihre eigene Richtschnur des Richtigen haben. Das führt zu Unsicherheiten. Paßt eine Form, die mir nur aus der Mundart oder aus der Alltagssprache bekannt ist, in die Gemeinsprache oder in die Hochsprache? Oder wie muß sie verändert werden, um hineinzupassen? Umgekehrt: Irgendeine Form ist mir aus der Hochsprache zugekommen. Wie muß ich sie meiner Mundart anpassen? Es ist klar, daß solche Fragen nur der gelernte Sprachforscher mit Sicherheit beantworten kann. Der durchschnittliche Sprecher ist auf sein Gefühl angewiesen, und das täuscht ihn oft. Wir bekommen dann «überhochsprachliche» oder «übermundartliche» (sogenannte hyperkorrekte) Formen, die sich aber oft durchsetzen und allgemeingültig werden.

Viele deutsche Mundarten haben statt der mit Rundung der Lippen gesprochenen (gerundeten) Vokale *ö ü eu* die ungerundeten *e i ei*. Die Sprecher dieser Mundarten sind gewöhnt, ein *e i ei*, das sie in ihrer Mundart oder Umgangssprache sprechen, in der Gemeinsprache oder der Hochsprache oft durch *ö ü eu* zu ersetzen. Das tun sie nun manchmal am falschen Orte, und so entstand aus *keichen keuchen* neben *gescheit gescheut*, die nun auch mit dem gerundeten Vokal gesprochen werden. Man kann da merkwürdige Dinge erleben. Es gab früher Handwerker, die Harnische aus Metallplatten herstellten. Die hießen *Plättner*. Als Berufsname ist das Wort mit dem Handwerk selbst verschwunden. Aber wie so viele alte Berufsbezeichnungen lebt es als Familienname weiter, und zwar in sehr mannigfachen Formen. Da kam es zunächst in eine Mundart, die den Vokal dehnte, und wurde *Plēthner*. Leute dieses Namens wanderten in Gegenden, wo die Mundart nur ungerundete Vokale besaß, und dort wurde das *e* als entrundetes *ö* aufgefaßt und in einer überhochsprachlichen Form wiederhergestellt, so entstand *Plöthner*. Andere Träger des Namens kamen in das ostthüringische und obersächsische Gebiet. Dort wird *ē* zu *ī*, das ergab *Bliedtner*. Aber diese Form wurde nun wieder als entrundet aufgefaßt, und so kam schließlich die überhochsprachliche Form *Blüthner* zustande, wohlgemerkt, nicht nur in der Schreibung, sondern auch in der Aussprache. Was hier einem Eigennamen geschehen ist, können auch gewöhnliche Wörter der Sprache erleben.

Sprecher von Mundarten, in denen *g* Reibelaut ist und nicht Verschlußlaut wie in der Gemeinsprache, sind gewöhnt, ihr heimisches *ch* gegen gemeinsprachliches *g* (Verschlußlaut) auszutauschen. Das führt zu Formen wie *die Adligen*. Eigentlich müßte es *die Adlichen* heißen mit derselben Bildungssilbe *-lich* wie in *menschlich*. Auch in der Gemeinsprache wäre also der Reibelaut am Platze.

In Gegenden, wo man in der Mundart und in der Umgangssprache die einfache Form der Vergangenheit (*kam, war*) nicht mehr kennt, sondern die Vergangenheit immer mit *haben* oder *sein* umschreibt (z. B. *wie ich gestern abend heimgekommen bin, ist es erst zehn gewesen*), ist man gewohnt, in der Hochsprache die einfache Vergangenheit zu setzen. Das tut man aber übertriebenerweise auch dann, wenn in der Hochsprache die zusammengesetzte Vergangenheit stehen müßte, wie *wir aßen schon* statt *wir haben schon gegessen*.

Damit haben wir die wichtigsten Kräfte und Beweggründe zusammengestellt, die beim einzelnen immer wieder Abweichungen seiner Sprechweise vom allgemeinen Gebrauch seiner Sprachgemeinschaft hervorrufen. Wie häufig sie wirksam werden, davon kann man sich leicht überzeugen, wenn man seine tägliche Umgebung beobachtet. Wenn alle diese Abweichungen Quellen für Neuerungen im Sprachgebrauch würden, so müßte sich die Sprache in sehr kurzer Zeit und in den verschiedensten Richtungen völlig umgestalten. Das ist nun offenbar nicht der Fall. Der Sprachgebrauch ist vielmehr so beharrlich, daß man den Wandel im Verlauf eines Menschenalters erst bei einiger Aufmerksamkeit gewahr wird. Wie erklärt sich das? Die Frage zeigt, daß sich unser Standpunkt im Laufe der Betrachtung erheblich verschoben hat. Während wir zunächst fragten, wieso sich die Sprache überhaupt wandeln könne, müssen wir uns nun wundern, daß sie sich nur so allmählich verändert. Es ist klar, daß sich die Sprachgemeinschaft gegen die Anerkennung von Neuerungen sträubt, ja, daß selbst die einzelnen bei den Abweichungen, die ihnen mit oder ohne ihren Willen entschlüpfen, kein gutes Gewissen haben. Wir können hier abermals Sitte und Brauch vergleichen, denen sich die Menschen, obgleich sie durch keine Gewalt erzwungen werden, viel gewissenhafter fügen als gesetzlichen Vorschriften, hinter denen die Macht des Staates mit seinen Strafandrohungen steht. Ein schweizerischer Kollege (199) erzählte mir einmal ein Erlebnis aus den Vereinigten Staaten. Er kannte dort einen jungen Studenten, der sich auf seine vollkommene geistige Unabhängigkeit viel zugute tat. Keine Überlieferung, keine Bindung außer seiner eigenen Überzeugung wollte er anerkennen, nicht einmal göttliche Gebote gab es für ihn, denn natürlich war er Freidenker. Da schlug ihm der nüchterne Schweizer vor, er solle doch seine Unabhängigkeit einmal dadurch bekunden, daß er abends zum Essen nicht, wie üblich, im schwarzen Anzug, sondern im Sportanzug erschiene. «No, not that», erwiderte der Revolutionär. So verhalten wir uns aber alle gegenüber der Sitte, die eben darum Sitte ist. Dieselbe gesellschaftliche Macht nun, die die Einhaltung der Sitte so unverbrüchlich erzwingt, ist es auch, die die Beständigkeit des Sprachgebrauchs und seine Einheitlichkeit innerhalb eines engen Kreises gewährleistet. Es ist ja erstaunlich, wie schnell sich Kinder der Sprechweise einer fremden Umgebung anpassen, ohne daß Eltern oder Erzieher darauf hinwirken, ja sogar wider deren Willen, wenn man andrerseits bedenkt, daß es doch immerhin einige Mühe kostet, ihnen anständige Tischsitten beizubringen. Aber wer anders spricht als seine Umgebung, wird eben ausgelacht – und davor fürchten sich die Menschen im allgemeinen mehr als vor dem Gefängnis.

Wir können nun also die Frage, auf die wir Antwort suchen, folgendermaßen fassen: Welche Eigenschaften befähigen sprachliche Neuerungen von einzelnen, sich in der Sprachgemeinschaft gegen deren Widerstand durchzusetzen?

Die Erfahrung lehrt, daß dabei im wesentlichen zwei Gesichtspunkte in Betracht kommen. Erstens nämlich setzen sich diejenigen Neuerungen durch, die «in der Luft liegen», d. h. die den allgemeinen Neigungen des menschlichen Seelenlebens in der Gestaltung der Sprache entgegenkommen. Dahin gehören die Ursachen des Sichversprechens, die Angleichungen, Verdrängungen, die Silbenschichtung, die Vermischung von Wörtern und Fügungen. Aber auch Kraftwörter, Übertreibungen, überhochsprachliche Formen liegen größtenteils den Sprechenden so nahe, daß sie sie gar nicht als Abweichungen vom Üblichen empfinden und sie wiederholen, ohne zu bemerken, daß sie etwas Neues aufnehmen. Das gilt namentlich auch für die Bildung neuer Wörter. Als Untertertianer gebrauchte ich bei der Beschreibung eines Bildes den Ausdruck *Mittelgrund* in der Meinung, ein geläufiges Wort wie *Vordergrund* und *Hintergrund* zu verwenden. Der Lehrer beanstandete das Wort aber als Neuwort, und ich konnte keinen Beleg zu meiner Rechtfertigung anführen. Später habe ich natürlich festgestellt, daß das Wort längst eingebürgert war (schon Wieland gebraucht es im 18. Jahrhundert!), aber in Schriften, aus denen ich es unmöglich bezogen haben konnte. Solche Wörter, die von verschiedenen einzelnen immer wieder gebildet werden, ohne daß sie es merken, setzen sich selbstverständlich leicht durch.

Zweitens aber haben sprachliche Neuerungen, die von angesehenen und einflußreichen Personen ausgehen, eine besondere Durchschlagskraft. Diesen Gesichtspunkt hat man die «Schulzentheorie» genannt. Der Weg der Neuerung ist gewöhnlich der, daß der maßgebende Mann zunächst die Sprechweise seiner Umgebung beeinflußt und diese Kreise dann wegen ihres gesellschaftlichen Ansehens für die ganze Sprachgemeinschaft vorbildlich werden. So ist die Aussprache des französischen *r* im Gaumen, die heute in der Hochsprache allein gilt, ausgegangen von Paris und da wieder von den Kreisen des Hofes, war also zunächst eine affektierte Sprechweise, die vermutlich auf den Sprachfehler irgendeiner hochgestellten Persönlichkeit zurückging. Wie sehr die Sprechweise des Offizierskorps für Tongebung und daraus folgende Ausspracheeigentümlichkeiten des modernen Deutsch vorbildlich gewesen ist, ist bekannt.

Noch deutlicher für den Laien zeigen sich diese Einflüsse in der Wahl der Wörter und Fügungen. Lieblingswörter und -wendungen angesehener Kreise breiten sich mit erstaunlicher Schnelligkeit über die ganze Sprachgemeinschaft aus. Wenn ein maßgebender Mann *Garant* zu sagen pflegt, wimmelt es plötzlich allenthalben von *Garanten* und die *Bürgen* werden verdrängt, obwohl gleichzeitig ein erbitterter Feldzug gegen Fremdwörter im Gange ist. Übrigens sind die maßgebenden Kreise durchaus nicht immer besonders feine oder vornehme Kreise. Es gibt Zeiten und Gegenden, in denen es der Ehrgeiz der jungen Leute ist, möglichst ähnlich wie Gangster und Zuhälter zu sprechen. Viele Modewörter werden von einflußreichen Journalisten aufgebracht, von denen sie ihre minder berühmten Kollegen übernehmen. Sie dringen dann in den Sprachgebrauch der politischen Redner und Schriftsteller ein, die von Berufs wegen viel Zeitung lesen müssen.

Die Ausbreitung jeder sprachlichen Neuerung erfolgt also allmählich von einem bestimmten Ausgangspunkt her in immer weiter werdenden Kreisen, so wie sie ein Stein verursacht, den man ins Wasser wirft. Man hat darum diese Auffassung vom Wandel der Sprache die Wellentheorie genannt. Natürlich wird eine maßgebende Persönlichkeit oder ein als vorbildlich angesehener Kreis die Quelle mancher Neuerungen werden. Aber solche Persönlichkeiten und Kreise gibt es ja in jeder Sprachgemeinschaft mehrere. Und nun können gar die Neuerungen, die in der Luft liegen, an jedem Punkt der Sprachgemeinschaft entstehen und sich von daher ausbreiten. Darum sind die einzelnen Änderungen des Sprachgebrauchs voneinander unabhängig hinsichtlich ihrer Verbreitung. Sie haben verschiedene Ausgangspunkte, entstehen zu verschiedener Zeit und verbreiten sich verschieden rasch je nach ihrer Durchschlagskraft und den gesellschaftlichen Bedingungen, die sie vorfinden. Die Wellenringe, die ihre jeweilige Ausbreitung abbilden, kreuzen sich also vielfach innerhalb des Sprachgebiets. Und das ist ja das Bild, das wir bei der Betrachtung der räumlichen Gliederung der Sprachgemeinschaft vorfanden. Dieses stellt nichts anderes dar, als den jeweils erreichten Zustand in der Ausbreitung der sprachlichen Neuerungen zu einem bestimmten Zeitpunkte. Die Wellenringe sind die Isoglossen. Nur ein Zug an jenem Bilde bedarf noch der Erklärung, nämlich die Tatsache, daß die Isoglossen häufig in Bündeln verlaufen und so Kerngebiete und Randgebiete von Dialekten bilden. Diese Erscheinung wird klar, wenn man nach den Grenzen der Ausbreitung der Wellenringe fragt. Eine endgültige Grenze liegt natürlich an der Grenze des Sprachgebiets selbst. Sie ist gewissermaßen das Ufer, das der Ausbreitung jeder Welle ein Ziel setzt. Aber auch innerhalb des Sprachgebiets scheint es gewisse Linien zu geben, an denen sich die Wellenringe stauen, so daß die später entstandenen die früheren einholen können.

Man hat sich lange darüber gestritten, ob diese Linien natürlichen Hindernissen, Gebirgen, Urwäldern, Wüsten entsprächen oder ob sie irgendwie mit menschlichen Einrichtungen zusammenhingen. Genaue Untersuchung hat gezeigt, daß es sich jedenfalls um Verkehrsgrenzen handelt (200). Wo Menschen miteinander verkehren, breiten sich die Neuerungen des Sprachgebrauchs aus. Wo dieser Verkehr dünner wird oder ganz stockt, stocken auch die Wellen des Sprachwandels eine Zeitlang oder dauernd. Diese Verkehrsgrenzen können ihrerseits durch die Natur bestimmt sein. Ein Fluß zwar ist keine Grenze des Verkehrs, im Gegenteil, er verbindet seine Ufer. Auch das Gebirge, selbst das Hochgebirge, spielt nicht die Rolle als Verkehrshindernis, die man auf den ersten Blick geneigt ist ihm zuzuschreiben. Zum Erstaunen der Sprachgeographen hat sich z. B. herausgestellt, daß das Massiv des Mont Blanc keine Mundartgrenze bildet. Es liegt mitten im französischen Sprachgebiet, und seine beiden Flanken gehörten jahrhundertelang zu demselben Staate. Erst seit 1860 bildet es die politische Grenze zwischen Frankreich und Italien. Die Alpen sind eben durch zahlreiche, wenigstens im Sommer gut gangbare Pässe erschlossen, so daß sie den Verkehr nicht entscheidend hindern. Wirksamer in dieser Hinsicht sind Gebirge, auch Mittelgebirge, die mit Urwald bedeckt sind. Und selbstverständlich ist ein natürliches Verkehrshindernis eine große Wüste wie die Sahara.

Aber wirksamer als alles, was die Natur an Hindernissen bietet, sind die Grenzen, die Menschen gezogen haben. Selbst eine untergeordnete Verwaltungsgrenze macht sich schon nach wenigen Menschenaltern in der Mundartenscheidung bemerkbar. Die Gebietsgrenzen des ausgehenden Mittelalters sind vielfach noch heute auf einer deutschen Dialektkarte abzulesen. Am Rhein z. B. zeichnen sich die ehemaligen Grenzen der Kurfürstentümer Mainz, Trier und Köln durch starke Isoglossenbündel ab. Das erklärt sich daraus, daß die Leute eben innerhalb ihres Verwaltungsbezirks zur Kirche und zu Markte gehen und dort mit den Menschen nur ihres Bezirks zusammentreffen, während der Verkehr über die Grenze hinüber in den Nachbarbezirk viel schwächer ist. Wegen des beharrenden Wesens der Sprache bleibt eine Mundartgrenze noch längere Zeit bestehen, nachdem die Ursache ihrer Entstehung weggefallen ist. Soviel man bisher festgestellt hat, ist eine Mundartgrenze etwa 300 Jahre nach dem Wegfall der Verkehrsgrenze, durch die sie entstanden ist, verschwunden. Sie prägt sich um so schärfer aus, je länger die Verkehrsgrenze besteht, und je hinderlicher sie für den Verkehr ist. Außerordentlich wirksam sind in dieser Hinsicht die Grenzen der modernen Staaten, die ja – im Gegensatz zum Mittelalter – auch Zoll- und Paßgrenzen sind. Nur der Umstand, daß sie alle noch nicht lange bestehen, läßt ihren Einfluß auf die Mundartengliederung nicht so scharf hervortreten. Umgekehrt hat die Erleichterung des Verkehrs innerhalb der modernen Staaten in Verbindung mit den starken Binnenwanderungen, die aus wirtschaftlichen Gründen stattfinden, die Folge, daß die mundartlichen Unterschiede dieser Sprachgebiete immer mehr ausgeglichen werden. Wenn so die Sprechweise zu beiden Seiten einer scharfen Verkehrsgrenze in verschiedener Richtung ausgeglichen wird, wird eine Mundartgrenze zu einer richtigen Sprachgrenze.

Es scheint also, wenn man sich die Tatsachen des Sprachwandels aus der Nähe besieht, daß sie sowohl bei ihrer Entstehung als auch bei ihrer Verbreitung wesentlich vom Zufall abhängen. Welche von den verschiedenen, einander widerstreitenden Kräften bei der einzelnen Sprechhandlung, die den ersten Anstoß geben muß, den Sieg davonträgt, läßt sich nicht voraussagen. Und was sich an Sprachneuerungen durchsetzt und was nicht, das ist so unberechenbar wie die Launen der Mode selbst. Und doch – überblickt man die Ergebnisse dieser Einzelbewegungen über viele Jahrhunderte und über größere Räume hin, so kann man sich dem Eindruck nicht verschließen, daß der Sprachwandel im ganzen eine gewisse Richtung innegehalten hat, daß nicht eine Neuerung die andere gewissermaßen aufhebt, sondern daß sie einander ergänzen. Wenn wir die Zustände derselben Sprache im Abstand von mehreren Jahrhunderten vergleichen, so bemerken wir deutlich einen Unterschied des Gesamtbildes. Die Worte des althochdeutschen Hildebrandsliedes *do si to dero hiltiu ritun* würden mittelhochdeutsch lauten *da si ze dem strīte riten* und neuhochdeutsch *als sie in den Kampf ritten*. Die drei Sprachstufen sehen in kennzeichnender Weise verschieden aus, auch ehe man diesem Eindruck im einzelnen nachgeht.

Als ein erster Grund für diese Erscheinung läßt sich feststellen, daß zahlreiche einzelne Veränderungen der Sprachgestalt auf dieselbe allgemeine Ursache zurückgehen können. So besteht der auffallendste Unterschied zwischen Althochdeutsch und Mittelhochdeutsch darin, daß die vollen und verschiedenfarbigen Vokale der Endsilben des Althochdeutschen im Mittelhochdeutschen zu eintönigem *e* abgeschwächt sind. Die Ursache ist die starke Betonung der ersten Wortsilbe, die die Gestalt der deutschen Sprache seit altgermanischer Zeit bestimmt, aber sich erst nach der Jahrtausendwende durchsetzt. Von der Betonungsweise hängt sicher auch die Umgestaltung der mittelhochdeutschen Vokale im Neuhochdeutschen ab, durch die *ī ū ü* zu *ei au eu*, *ie uo üe* zu *ī ū ǖ* geworden sind. Man wird sich zunächst wundern, daß dieselbe Ursache einmal einen langen Vokal zum Diphthong, das anderemal einen Diphthong zum langen Vokal gemacht haben soll. Aber die Sache hat ihre Richtigkeit. Bei den Längen *i u ü* haben wir eine Unterscheidung innerhalb des Vokals: der erste Teil wird offener und behält allein die Rolle des Silbenträgers, während der geschlossen bleibende zweite als «Halbvokal» nur noch die Rolle eines Konsonanten spielt. Bei den Diphthongen *ie uo üe* wird ebenfalls der erste Bestandteil, obwohl er nur Halbvokal ist, bevorzugt, und der zweite verschwindet gänzlich. Der erste wird Träger der Silbe und zum Ausgleich des Schwundes gedehnt. Es handelt sich also wirklich in beiden Fällen um denselben Vorgang: das lautliche Schwergewicht der Silbe wird auf den ersten Teil einer Länge oder eines Diphthongen verlegt. Darum bleiben auch die Diphthonge *ei ou* als solche unverändert, denn bei ihnen ist diese Gewichtsverteilung von jeher gegeben.

Die Betonungsweise im weitesten Sinne ist der einheitliche Grund für eine Menge einzelner Veränderungen der Sprache. Sie ist es auch, woran man schon nach dem ersten Eindruck die Mundarten erkennt, selbst wenn man gar nicht imstande ist, ihre Einzelheiten zu erfassen und zu bewerten. Und sie beeinflußt nicht etwa nur die Entwicklung der Vokale, sondern auch die der Silben und damit die Wortgestalt schlechthin. Wenn also Silbengrenzen, die vorher scharf und gleichsam undurchlässig waren, anfangen, an lautlicher Eindrücklichkeit zu verlieren, so daß benachbarte Konsonanten einander angeglichen werden (z. B. lateinisch *octo* «acht» zu italienisch *otto* wird) oder Konsonanten zwischen Vokalen zuerst stimmhaft werden und dann ganz schwinden (z. B. lateinisch *securus* zu altfranzösischem zweisilbigem *seur,* neufranzösischem *sûr* «sicher» wird), so werden wir auch diese Erscheinung der Betonungsweise zuschreiben, indem diese über den lautlichen Ausdruck der Silbengrenze entscheidet. Und schließlich ist auch das Schicksal der Laute – Vokale wie Kosonanten – am Ende einer Wortform von der Betonungsweise abhängig. Dieses Schicksal aber ist wieder für das Gesamtbild einer Sprachstufe bedeutsam.

Wenn so eine einheitlich wirkende Kraft eine Menge verschiedener, aber in der gleichen Richtung liegender Veränderungen an der Sprache hervorbringen kann, so stellt andrerseits der Zustand der Sprache, auf den sie wirkt, zu einem bestimmten Zeitpunkt immer ein System dar, das sich in einem gewissen Gleichgewicht befindet. Die Laute, als Merkmale der Wortgestalt, sind durch ihren Gegensatz, und die Inhalte der Wörter durch ihre Beziehungen zueinander bestimmt. Wenn sich nun irgendwo in diesem System etwas ändert, wird sich das sofort auch an andern Stellen bemerkbar machen und dort Neigung oder Bedürfnis nach Änderung hervorrufen. F. de Saussure hat dafür das sehr anschauliche Bild einer Schachpartie gebraucht, bei der jeder Zug nicht nur den Platz eines Steines verändert, sondern auch die Bedeutung jedes andern Steines und seiner Stellung auf dem Brett. So macht etwa die Änderung der Satzfügung, die in der regelmäßigen Verwendung von Präpositionen besteht, die Kasusendungen überflüssig, so daß sie als funktionslos aufgegeben werden. Aus solchen Tatsachen hat man die Ansicht abgeleitet, die gesamte Entwicklung einer Sprache sei nur die allmähliche Auswirkung von Strebungen, die in ihrem Bau von Anfang an angelegt waren (201). Aber diese Auffassung scheitert daran, daß sich eine Sprache in sehr verschiedenen Richtungen gleichzeitig entwickeln kann, je nach der Gegend, in der sie gesprochen wird.

Allgemeine Ursachen für eine Menge einzelner Vorgänge lassen sich auch für den Wandel im Wortbestand und im Wortgebrauch nachweisen. Es gibt in der Entwicklung jeder

Sprache Zeiten, wo die Bezeichnungen vieler geistiger und dinglicher Sachverhalte erneuert werden, wo demgemäß viele neue Wörter aufkommen, Entlehnungen oder Neubildungen, und wo sich die Grenzen der Bedeutungsfelder verschieben. Dabei stehen diese Neuerungen unverkennbar in einem innern Zusammenhang miteinander. Eine solche Zeit war für die griechische Sprache die zweite Hälfte des 5. Jahrhunderts v. Chr., als die sophistische Bewegung die Geister ergriff, für die lateinische das 3. Jahrhundert n. Chr., als sich das Christentum der lateinischen Sprache zu bedienen anfing, für die deutsche das 15. und 16. Jahrhundert, als sich die religiösen Bewegungen der Reformation durchsetzten, für alle europäischen Sprachen das 15. Jahrhundert, als der Humanismus, der viel mehr war als eine gelehrte Angelegenheit, auf der Höhe seines Einflusses stand. Die Ursache für diese Veränderungen liegt in einer Umgliederung der Sprachgemeinschaft. Wo wir nämlich in den Verlauf der Ereignisse tieferen Einblick haben, beobachten wir in diesen Zeiten zugleich einen Wechsel der führenden gesellschaftlichen Schichten. Der Sieg des Christentums in der Spätantike bedeutet das Heraufkommen der Unterschicht, Humanismus und Reformation bezeichnen die maßgebende Bedeutung des städtischen Bürgertums. Diese neu zur Führung gelangten Schichten bringen aber ihren Geschmack in Sachen der Lebensführung und nicht zum wenigsten in der Gestaltung der Sprache mit. Daß die Erneuerung des Wortschatzes mit diesen gesellschaftlichen und geistigen Bewegungen unmittelbar zusammenhängt, wird durch die Art der Neuerungen bewiesen.

Und dieselbe Beobachtung läßt sich für den Wandel im Satzbau machen, der zeitlich mit den Neuerungen im Wortgebrauch zusammenfällt. Ob man beim Bau der Sätze die Glieder eines Gedankens einander ein- und unterordnet oder ob man sie aneinanderreiht, ob man den Sachverhalt als einen geschehenden Verlauf erfaßt oder als ein Verhältnis zwischen bestehenden Gegenständen, ob man bei der Anordnung der Satzglieder der Rücksicht auf die Tonbewegung den Vorrang einräumt oder der sachlichen Zusammengehörigkeit – immer ist es klar, daß eine Menge von Einzelheiten in derselben Richtung wirken müssen und daß diese Richtung von einer geistigen Haltung bestimmt wird.

Man wird hier einwenden, daß der Wandel in Wortgebrauch und Satzbau doch fast ausschließlich vom Standpunkt der Hochsprache aus gesehen und geschildert ist. Das stimmt, aber wer die Alltagssprachen zu verschiedenen Zeiten und an verschiedenen Orten beobachtet, bemerkt mit Erstaunen, wie ähnlich sie sich in der Art des Wortgebrauchs und des Satzbaus sind. Wo sie voneinander abweichen, ist immer der Einfluß der betreffenden Hochsprachen am Werk.

Und nun wollen wir daran denken, daß auch die Tonführung der Rede, die wir als Ursache fast aller lautlichen Veränderungen der Sprache festgestellt haben, selbst der Ausdruck einer geistigen Haltung ist. Sonst könnte sich Charakter und Beruf eines Menschen nicht kennzeichnend im Ton seines Sprechens ausprägen. Und damit haben wir für die Gesamtheit des Sprachwandels eine wirkende Ursache erkannt: Veränderungen in der geistigen Haltung der sprechenden Menschen. Das heißt aber, daß auch umgekehrt aus der Art der sprachlichen Veränderungen auf Art und Stärke der geistigen Ströme in einer Sprachgemeinschaft geschlossen werden kann. Freilich erweist dieser Gedanke erst an durchgeführten geschichtlichen Einzeluntersuchungen seine Fruchtbarkeit.

Bei alldem soll natürlich nicht bestritten werden, daß es auch sprachliche Neuerungen zufälliger Art ohne erkennbaren Zusammenhang mit den großen geistigen Strömungen gibt. Das ist so wie bei den erdgestaltenden Kräften vielleicht an einer Meeresküste. Da werden täglich Felsen unterspült und Sandbänke angeschwemmt, und im Blick der Jahrhunderte erscheint das als zufälliges Hin und Her ohne bestimmte Richtung. Erst über die Jahrhunderttausende hin stellt sich heraus, daß hier ein Erdteil im Meer versunken ist, dort sich ein Land aus dem Meere erhoben hat. Aber nur wer die allgemeine Richtung der großen Veränderungen kennt, kann auch dem täglichen Geschehen den richtigen Platz im Gesamtbilde anweisen.

SIEBENTES KAPITEL

SPRACHVERGLEICHUNG

Als sich im März 1814 die Heere der Verbündeten Paris näherten, um der Herrschaft Napoleons ein Ende zu machen, saß in der Nationalbibliothek ein junger Deutscher, der sich damit beschäftigte, aus einer umfangreichen indischen Handschrift, indem er sie teilweise übersetzte, den grammatischen Bau der heiligen und gelehrten Hochsprache der alten Inder, des Sanskrits, festzustellen. In nächster Nähe drängten sich entscheidende Ereignisse der abendländischen Geschichte, aber der junge Gelehrte war in weiter Ferne und entlegenen Zeiten unterwegs, weltgeschichtliche Vorgänge zu erkunden, die mehreren Jahrtausenden bis auf seine und bis auf unsere Tage das Gepräge gegeben haben und deren Lauf auch heute noch nicht abgeschlossen ist (202).

Freilich, wie der dreiundzwanzigjährige FRANZ BOPP aus Mainz dazu kam, in diesem Augenblick über indischen Handschriften zu sitzen, und wieso ihn diese Forschung in eine Vorzeit führte, von der keine Überlieferung, keine Sage und kein Mythus irgendwo mehr Kunde gibt, das ist eine lange und in jedem Sinne romantische Geschichte, die schon ein paar Jahre vor seiner Geburt begonnen hatte.

Damals nämlich, im Jahre 1786, hatte WILLIAM JONES (1746–1794), Oberrichter in Fort William bei Kalkutta, in einer, natürlich englischen, gelehrten Gesellschaft dieser Stadt einen Vortrag gehalten und darin die erstaunliche Behauptung aufgestellt, daß die alte heilige Sprache der Inder, das Sanskrit, «vollkommener als das Griechische, reicher als das Lateinische ... mit allen beiden näher verwandt sei, sowohl in den Wurzeln der Verben als auch in den Formen der Grammatik, als durch Zufall habe bewirkt werden können; so eng, daß kein Philologe alle drei prüfen könne, ohne zu der Überzeugung zu gelangen, daß sie aus einer gemeinsamen Quelle entsprungen seien, die vielleicht nicht mehr existiere. Ein ähnlicher Grund, wenn auch nicht ganz so zwingend, bestehe für die Annahme, daß sowohl Gotisch als auch Keltisch, wenn auch mit einer abweichenden Sprache gemischt, denselben Ursprung wie das Sanskrit hätten»

(203). Das Sanskrit wurde damals weder in Bengalen noch sonstwo in Indien eigentlich gesprochen; es spielte vielmehr eine ähnliche Rolle wie in Europa im Mittelalter das Lateinische als Sprache der Religion, der Wissenschaft und der höheren Literatur. Jones hatte Veranlassung gehabt, sich damit zu beschäftigen, weil die Verwaltung in Bengalen nach einheimischen Gesetzen Recht sprach und die indischen Gesetzbücher in Sanskrit abgefaßt waren. Wenn seine Behauptung stimmte, so waren die Folgen für unser Bild der Geschichte nicht auszudenken. Denn Griechisch und Lateinisch waren die Sprachen der beiden Kulturvölker des Altertums, und die maßgebenden Sprachen des modernen Europa sind einerseits die romanischen Sprachen wie Französisch, Spanisch, Italienisch, also Abkömmlinge des Lateinischen, andrerseits die germanischen, von denen die gotische die älteste bekannte Vertreterin ist. Also die wichtigsten Kultursprachen alter und neuer Zeit und infolgedessen auch die Völker, die sie redeten, müßten dann schon vor aller Überlieferung in engsten geschichtlichen Beziehungen gestanden haben! Das führte in ungeahnte Urzeiten der Geschichte zurück und umspannte einen Raum, der von Bengalen bis nach Skandinavien reichte.

Um so merkwürdiger ist es, daß weder Jones selbst – der allerdings schon 1794 starb – noch die meisten der zahlreichen Gelehrten, die nach ihm auf diesem Gebiete arbeiteten, es unternommen haben, die Verwandtschaft der genannten Sprachen eigentlich zu beweisen. Und mit gutem Grunde. Der erste Zoologe, der ein Zebra zu Gesicht bekam, wird auch nicht daran gedacht haben, zu beweisen, daß dieses Tier eine Art Pferd sei. Jeder, der Augen hat, sieht das einfach auf den ersten Blick. Und so ist es in der Tat auch mit den Beziehungen des Sanskrits zu Griechisch, Lateinisch und Gotisch (204). Wenn man sieht, daß das Zahlwort für «3» im Sanskrit *traias* heißt, im Griechischen *treîs*, im Lateinischen *trēs* und im Gotischen *þreis* (*þ* bezeichnet einen Reibelaut zwischen Zungenspitze und Oberzähnen, das englische *th*), das Zahlwort für «7» sanskrit *sapta*, griechisch *hepta*, lateinisch *septem*, für «9» sanskrit *nava*, lateinisch *novem*,

«Vater» sanskrit *pitar,* griechisch *patḗr,* lateinisch *pater,* gotisch *fadar,* «Mutter» sanskrit *mātar,* griechisch *mā́tēr,* lateinisch *mater*, «Sohn» sanskrit *sūnus*, gotisch *sunus*, «Tochter» sanskrit *duhitar*, griechisch *thygátēr*, gotisch *dohtar*, «er fährt» sanskrit *vahati*, lateinisch *vehit*, «sie fahren» sanskrit *vahanti*, lateinisch *vehunt*, «sie tragen» sanskrit *bharanti*, griechisch *phéronti*, lateinisch *ferunt*, gotisch *berand*, «weg» sanskrit *apa*, griechisch *apo*, gotisch *af*, «über» sanskrit *upari*, griechisch *hýper*, gotisch *ufar*, und so noch Hunderte von Gleichungen, die auch dem unbewaffneten Auge einleuchten – dann kann die Frage von vornherein nicht sein, ob hier ein Zusammenhang vorliegt, sondern nur, wie er zu denken ist, und welche Bedeutung die offensichtlichen Abweichungen haben. Man sieht schon an unserer kleinen Probeliste, daß nicht alle Wörter gleich einleuchtend in allen vier Sprachen übereinstimmen, manchmal stimmt auch nur die Wortgestalt, aber die Bedeutung weicht etwas ab, z. B. sanskrit *ati* «darüber hinaus», griechisch *eti* «noch dazu», lateinisch *et* «und, auch», gotisch *iþ* «auch». Dann aber haben wir die große Masse des Wortbestandes, die nicht so überzeugend gleich, aber auch wieder nicht so verschieden ist, daß man sie als nicht zusammenhängend beiseite setzen könnte. Freilich, wenn «Sohn» im Lateinischen *filius* heißt, so haben eben die Römer den Sohn mit einem andern Wort benannt als die Inder und die Germanen, und solche Fälle gibt es natürlich viele. Aber was machen wir mit den Zahlwörtern für «2» sanskrit *dvau,* griechisch *duo,* lateinisch *duo,* gotisch *twai,* für «4» sanskrit *catvāras* (*c* bedeutet *tsch*), lateinisch *quattuor*, gotisch *fidwor*, für «5» sanskrit *pañca*, griechisch *pente*, lateinisch *quinque*, gotisch *fimf*, «8» sanskrit *aṣṭa* (*ṣ* ist *sch*), griechisch *okto*, lateinisch *octo*, gotisch *ahtau*, «10» sanskrit *daśa* (*ś* ist eine andere Art *sch*), griechisch *déka*, lateinisch *decem*, gotisch *taíhun?* Oder mit dem Wort für «Pferd» sanskrit *aśvas*, lateinisch *equos?* Oder mit einer Zusammenstellung wie sanskrit *tanus* «dünn», lateinisch *tenuis* «zart»? Oder Formen wie «er geht» sanskrit *eti*, griechisch, *eĩsi*, lateinisch *it?* Sie sind zu ähnlich, um einander fremd, und zu verschieden, um gleich zu sein. Und gerade in dieser Weise verhält sich die Masse der Wörter in den vier Sprachen zueinander.

Hier stehen wir nun vor der Frage und der Aufgabe einer Sprachvergleichung. Sie setzt Verschiedenheit von Sprachen voraus, denn bei völliger Gleichheit wäre es eben nur eine Sprache, aber auch Ähnlichkeit, denn einander völlig fremde Sprachen werfen die Frage ihrer Beziehung gar nicht auf. Sprachen vergleichen heißt also in diesem Falle die Verschiedenheit ähnlicher Wortformen und Satzfügungen begreifen. An der Auseinandersetzung über diese Frage hat sich die Methode der historischen Sprachvergleichung entwickelt.

Was zunächst die Aufmerksamkeit der Forscher und Denker auf sich zog, war der geschichtliche Durchblick, den die neue Entdeckung eröffnete. Weit über alle geschichtliche und selbst mythische Überlieferung hinaus schien man hier den Ursprüngen nahe zu kommen, dem Ursprung der Sprachen (und damit dem Ursprung der Völker) und dem Ursprung des Denkens, ja vielleicht dem Ursprung der Menschheit. Und der Weg zu diesen Ursprüngen führte, wie es schon die Bibel lehrte, nach dem Osten. Wie, wenn Indien die Wiege der Menschheit wäre? Wenn die heilige Sanskritsprache die Ursprache wäre, die das noch rein und durchsichtig bewahrt hätte, was in andern Ländern und jüngeren Zeiten unter dem Schutt der Überlieferung und mannigfacher geschichtlicher Schicksale begraben lag? Vielleicht konnte man in ihr die ersten Schritte eines ursprünglichen Denkens beobachten, in denen sich der Mensch, eben aus dem Mutterschoße der Natur entlassen, seines Anteils am göttlichen Geiste unmittelbar bewußt wurde. Man sieht, in den Zusammenhang welcher geistigen Bewegung die Entdeckung von William Jones gezogen wurde. Es war die Romantik, die in der Ferne der Zeiten und der Ferne des Ostens die Ursprünge der Menschheit und die uranfängliche Weisheit suchte. Und es war ein deutscher Romantiker, der sich zuerst mit der Frage der Methode der Sprachvergleichung auseinandersetzte. War doch diese Methode der Faden, an dem man sich in die fernsten Urzeiten zurückzutasten hoffte. Friedrich Schlegel (1772–1829), der Bruder des Shakespeare-Übersetzers August Wilhelm Schlegel, ließ im Jahre 1808 ein Buch «Über die Sprache und Weisheit der Indier» erscheinen. Darin stellte er als erster Forderungen, und zwar sehr strenge Forderungen, für die vergleichende Methode auf. Er wollte nur das als gleich gelten lassen, was wirklich in allen Einzelheiten gleich war. Abweichungen mußten entweder als bloß scheinbar nachgewiesen oder einleuchtend aus besonderen Bedingungen der abweichenden Sprache erklärt werden. Er hatte bemerkt, daß im allgemeinen das Gerippe der Konsonanten in den Wörtern der einzelnen Sprachen fester und beständiger ist als die Vokale. In Formen wie sanskrit *vahati,* lateinisch *vehit* «er fährt», sanskrit *vahanti,* lateinisch *vehunt* «sie fahren», sanskrit *pitar,* griechisch *patḗr,* lateinisch *pater* «Vater» sind die Konsonanten völlig gleich, aber die Vokale weichen ab. Schlegel meinte, daß die einheitliche Schreibung mit *a* im Sanskrit wohl eine Verschiedenheit der tatsächlichen Aussprache verdecke. Aber wo nun die Konsonanten ebenfalls abwichen, wenn auch sichtlich nicht völlig willkürlich, sondern innerhalb bestimmter Schwankungsbreiten, da kam er nicht weiter. Indessen war es doch klar, wenn «Bruder» sanskrit *bhrātar,* lateinisch *frater,* gotisch *broþar* hieß, daß *bh f b* einerseits und *t þ* andrerseits nicht ohne Beziehung zueinander sein konnten.

Aber Friedrich Schlegel tat einen entscheidenden Schritt hinaus über die Vergleichung einzelner Wörter und Wortformen. Er verlangte, daß man den Bau der Sprachen miteinander vergleiche, und in diesem Zusammenhang gebraucht er zum ersten Male den Ausdruck «vergleichende Grammatik» (205).

Die methodischen Forderungen Schlegels für die Vergleichung der einzelnen Wortformen wurden schon nach wenigen Jahren von einem Manne erfüllt, der sein Buch überhaupt nicht kannte. Ein junger Däne, Rasmus Rask (1787–1832) hatte 1814 einen Preis der Königlich dänischen Gesellschaft der Wissenschaften errungen mit einer Abhandlung «Untersuchung über den Ursprung der alten nordischen oder isländischen Sprache» (206). Es handelte sich um die Sprache, die im Mittelalter in Norwegen und Island gesprochen worden war. Rask, der damals noch kein Sanskrit kannte, hatte Altisländisch schon als Schüler gelernt und verglich es nun mit sämtlichen Sprachen Europas, ja sogar mit dem Grönländischen. Er kannte von den germanischen Sprachen das Gotische und das Altenglische, vom Deutschen nur die heutige Form. Zur Vergleichung verwendete er solche Wörter, die zum Grundbestand jedes Wortschatzes gehören und selten entlehnt werden, wie Zahlwörter, Fürwörter, Verwandtschaftsnamen und die Namen von Körperteilen. Vor allem aber gründete er seine Untersuchungen auf den grammatischen Bau der verglichenen Sprachen. Auf Grund dieser Merkmale stellte er fest, daß mit Grönländisch, Baskisch, Finnisch und Lappisch keine Verwandtschaft bestand. Von den keltischen Sprachen kannte er nur das moderne Kymrische, die Sprache von Wales. Auch mit dieser konnte er keine Verwandtschaft entdecken. Wohl aber erwies ihm die Formenbildung die Verwandtschaft des Slawischen und des Litauischen. Dabei erkannte er, daß die slawischen Sprachen alle Konsonanten am Ende des Wortes verloren haben und daß das Litauische altertümlichere Formen bietet. Am deutlichsten aber zeigt sich die Verwandtschaft des Altisländischen mit dem Lateinischen und dem Griechischen.

Dabei machte er nun eine wichtige Beobachtung. Er stellte nämlich fest, daß bestimmten Lauten einer Sprache in einer anderen nicht derselbe, sondern ein anderer, aber immer derselbe andere Laut gegenübersteht. Dem lateinischen *septem* «7» entsprach griechisch *hepta,* lateinischem *sus* «Schwein» althochdeutschem *sū* «Sau» griechisches *hȳs*, gotischem *sa* «der» griechisches *ho*. Es entspricht also einem anlautendem *s* vor Vokal der anderen Sprachen im Griechischen regelmäßig ein *h*. Besonders oft gab es solche regelmäßigen Abweichungen bei den Konsonanten des Germanischen. Das griechische *patḗr*, lateinisch *pater*, lautet gotisch *fadar*, altisländisch *faðir*, englisch *father*, also *f* für *p*. Lateinisch *cornu* «Horn» war gotisch *haúrn*, altisländisch *horn*, das heißt *h* für *k*, denn *c* ist die lateinische Bezeichnung des *k*.

Und das Zahlwort für «3» hatte griechisch die Form *treĩs*, lateinisch *trēs*, aber gotisch *þreis*, altisländisch *þrīr*, es entsprach also *þ* dem *t*. Weiter entnahm Rask der Gleichung für «10» griechisch *déka*, lateinisch *decem* (auch hier ist *c* = *k*!), gotisch *taíhun*, altisländisch *tio*, englisch *ten* die Entsprechung *t* statt *d*, griechisch *genus* «Wange», lateinisch *gena*, gotisch *kinnus* ergab *k* statt *g*. Diese Entsprechungen belegt Rask nun nicht mit einer, sondern mit mehreren, in vielen Fällen mit zahlreichen Gleichungen (207). Sie erstreckten sich nicht nur auf Konsonanten, sondern auch auf Vokale. So hatte das Germanische ein kurzes *a* regelmäßig an den Stellen, wo Griechisch und Lateinisch *o* hatten, z. B. griechisch *okto* «8», lateinisch *octo*, gotisch *ahtau*, dagegen ein *ō* gegenüber griechischem und lateinischem *ā*, wie griechisch *mắtēr*, lateinisch *mater*, altisländisch *moþer*. Allerdings betrachtete Rask diese Lautentsprechungen nicht als ausnahmslos. Obgleich er auf die Unterscheidung von urverwandten und entlehnten Wörtern Wert legt, hat er doch manches Lehnwort unter seine Gleichungen aufgenommen, wie lateinisch *cattus*, *catta*, litauisch *katẽ*, isländisch *kǫttr*, *ketta*, niederländisch *kater*, *kat* «Kater, Katze», wo *k* = *k* und *t* = *t* ist. Er äußert sich auch nicht darüber, welcher von den einander entsprechenden Lauten ursprünglich, und welcher verändert ist.

Mit Rasks Entdeckung war eine der Forderungen Friedrich Schlegels erfüllt. Wenn eine Sprache auf einen bestimmten Laut einer anderen immer mit demselben abweichenden Laute antwortete, mochte die Ursache davon nun sein, welche sie wollte, so war die Gleichsetzung der betreffenden Formen gerechtfertigt, weil die Willkür ausgeschlossen war. Die Entsprechungen waren «gesetzmäßig», wobei das «Gesetz» eben in der Eigenart der abweichenden Sprache lag. Diese regelmäßige Entsprechung war demnach in der Lage, die vollständige Gleichheit zu ersetzen. Die Gleichsetzung war erlaubt, obwohl die äußere Gestalt verschieden war. Damit war eine zweite Stufe der vergleichenden Methode erreicht: unter der Hülle der Verschiedenheit wurde eine zugrunde liegende Gleichheit erkannt.

Von diesen entscheidenden Entdeckungen Rasks wußte Franz Bopp 1814 noch nichts, und konnte er nichts wissen, weil Rasks Preisschrift erst 1818 im Druck erschien. Er war nach Paris gegangen auf den Rat seines Lehrers WINDISCHMANN von der Universität Aschaffenburg, um die Geheimnisse der indischen Weisheit zu erforschen. Windischmann, ein Philosoph romantischer Richtung, war auf die Bedeutung der alten indischen Kultur durch Friedrich Schlegels Buch «Über die Sprache und Weisheit der Indier» aufmerksam geworden. Er war mit Recht der Ansicht, daß nur vertiefte wissenschaftliche Bearbeitung der indischen Denkmäler selbst weitere Aufschlüsse verspreche, und so schickte er seinen begabten jungen Schüler Bopp nach Paris als dem einzigen Ort, wo man damals in Europa Sanskrit, die Hochsprache der Inder, lernen konnte.

Mit dem Erlernen des Sanskrits stand es nun damals eigentümlich. Es gibt keine Sprache, die so vollkommen von ihren einheimischen Grammatikern beschrieben worden ist wie gerade das Sanskrit. Aber die indischen Sprachgelehrten haben dabei ein Verfahren entwickelt, das größte Kürze der Darstellung mit äußerster Schwierigkeit des Verständnisses vereint. Das Verständnis der einheimischen indischen Grammatik erfordert ein eigenes Studium. Die Engländer, die in Indien Sanskrit lernten, nahmen dazu einen gelehrten Inder in ihre Dienste, der ihnen im mündlichen Unterricht die Grammatik des Sanskrit beibrachte (208). Nach Europa kam dieses Wissen durch einen Engländer, Alexander Hamilton, der auf der Heimreise nach England in Paris 1803 vom Wiederausbruch des Krieges zwischen Napoleon und England überrascht und festgehalten wurde. Von ihm hatte neben anderen auch Friedrich Schlegel Sanskrit gelernt. Aber eine Professur dafür gab es in Paris zunächst noch nicht.

Franz Bopp mußte sich also selbst helfen, und dabei hatte er den Ehrgeiz, auf unsere eigene europäische Weise, die auf die Arbeiten der Griechen und Römer zurückgeht, den Zugang zu dieser neuen Sprache zu gewinnen. Er las – denn gedruckte Sanskritbücher gab es erst wenige – in Handschriften der Nationalbibliothek Teile der Heldengedichte Mahabharata und Ramayana und sammelte dabei die grammatischen Formen des Sanskrits. Und nun vollzog sich in seinem Geiste die Begegnung abendländischer und indischer Sprachwissenschaft. Er wendete nämlich nicht nur die abendländische grammatische Auffassungsart auf das Sanskrit an, sondern auch das sprachwissenschaftliche Verfahren der Inder auf Griechisch, Lateinisch und die germanischen Sprachen. Daß dies Unternehmen überhaupt möglich war und sich sogar als sehr fruchtbar erwies, zeigt die engen Beziehungen, in denen alle diese Sprachen zueinander standen. Bopp gelang es als erstem, den Formenbau zunächst des Verbums der ganzen Sprachgruppe zu vergleichen. Das Ergebnis ist ein kleines Buch, das 1816 mit einer Einführung von Windischmann erschien: «Franz Bopp über das Conjugationssystem der Sanskritsprache in Vergleichung mit jenem der griechischen, lateinischen, persischen und germanischen Sprache. Herausgegeben und mit Vorerinnerungen begleitet von Dr. K. J. Windischmann.» Frankfurt 1816 (209). In diesem Buche bezeichnet es Bopp als seine Absicht, «zu beweisen, ... daß an allen den Sprachen, die von dem Sanskrit oder mit ihm von einer gemeinschaftlichen Mutter abstammen, keine Verhältnisbestimmung durch eine Flexion ausgedrückt werde, die ihnen nicht mit jener Ursprache gemeinsam sei» (S. 9).

Den Indern war es, begünstigt durch den Bau ihrer alten Sprache, gelungen, die Wortformen weitgehend in ihre Glieder zu zerlegen und so Zusammenhänge zwischen ihnen aufzudecken, die auf den ersten Blick erstaunlich scheinen. Sie unterschieden an jeder Wortform einen Kernbestandteil, den sie *dhātu* nannten, und zwei Arten von Ableitungssilben. Die erste Art bildet aus dem Dhātu Wörter, die zweite aus Wörtern bestimmte Formen, z. B. die 3. Person des Singulars im Präsens oder den Nominativ des Plurals. So wird aus dem Dhātu *tan* mit Hilfe der Ableitungssilbe *-tu-* das Wort *tantu-* «Faden», mit *-tra-* das Wort *tantra-* «Aufzug am Webstuhl», mit *-u-* das Präsens eines Verbums *tanu-* «spannen» gebildet. Das Wort *tantu-* kann nun weiter durch *-s* zum Nominativ des Singulars *tantus* «der Faden» oder durch *-m* zum Akkusativ des Singulars *tantum* «den Faden» bestimmt werden. Von *tanu-* aus wird mit der Ableitungssilbe *-mas* die erste Person des Plurals *tanumas* «wir spannen» gebildet. Dabei können die Vokale sowohl des Dhātu als auch der Ableitungssilben in verschiedenen, aber für jede Form festliegenden Abwandlungen erscheinen. Ein kurzes *a* kann mit langem *a* wechseln, ein *i* mit langem *e*, ein *u* mit langem *o*. Außerdem kann der Vokal ganz ausfallen. Das Rezept sozusagen, nach dem man eine Wortform des Sanskrits herstellt, besteht also in der Angabe erstens des Dhātu mit der für diese Form zuständigen Vokalstufe, zweitens der Ableitungssilbe erster Art ebenfalls mit der entsprechenden Vokalstufe und drittens der Ableitungssilbe zweiter Art. Die europäischen Gelehrten übersetzten Dhātu mit «Wurzel», einem Ausdruck, der schon längst geläufig war und eigentlich aus der hebräischen Grammatik stammte. Die Ableitungssilben erster Art nannten sie «Suffixe» und die mit ihrer Hilfe abgeleitete allgemeine Form des Wortes «Stamm». Die Ableitungssilben zweiter Art hießen «Endungen». An einer Form wie sanskrit *padyate* «er geht» unterscheidet man so die Endung *-te*, die die Form als 3. Person des Singulars des Mediums bestimmt, dann das stammbildende Suffix *-ya-*, das aus der Wurzel *pad* den Stamm des Präsens *padya-* «gehen» bildet, und schließlich die Wurzel *pad*, die die Trägerin des Sachgehalts «gehen» ist.

Diese Art und Weise, Wortformen zu betrachten und auseinanderzunehmen, wandte Bopp nun auch auf das Griechische, das Lateinische und die germanischen Sprachen an. Es stellte sich nicht nur heraus, daß sich die Formen dieser Sprachen in ebensolche Bestandteile zerlegen ließen, sondern vor allem, daß sich die gewonnenen Endungen und Suffixe der einzelnen Sprachen ebenso vergleichen ließen wie die fertigen Wortformen. Bopp führte das in seinem Erstlingswerke durch an der Art, wie die zahlreichen Formen des Verbums durch Suffixe und Endungen ausgedrückt werden.

Die Inder unterschieden zehn verschiedene Arten, aus

einer Wurzel den Präsensstamm eines Verbums zu bilden. Wenn man ihr Verfahren folgerichtig auf die verwandten Sprachen anwendet, kommt man auf noch viel mehr. Aber wir wollen zunächst bei den indischen Präsensklassen bleiben und nachweisen, daß sich die Formen der verwandten Sprachen in derselben Weise gruppieren lassen. Natürlich ist hier nicht der Ort, diese Untersuchung wirklich zu führen. Es soll nur an ein paar leicht durchschaubaren Beispielen gezeigt werden, wie die Methode arbeitet (210).

Das Präsens sehr vieler Verben des Sanskrits wird in der Weise gebildet, daß an die Wurzel, die ihren vollen Vokal hat, ein *-a-* tritt. Von diesem Stamm aus entstehen durch Anfügung von Endungen die Personen des Präsens. So lautet der Stamm des Präsens der Wurzel *bhar bhara-,* und die erste Person des Plurals *bharāmas* «wir tragen». Und genau dieselbe Bildungsweise finden wir in den verwandten Sprachen. «Wir tragen» heißt im dorischen Dialekt des Griechischen, der besonders altertümlich ist, *phéromes.* Das zerlegt sich ohne weiteres in die Wurzel *pher,* den stammbildenden Vokal *-o-* und die Endung der 1. Person des Plurals *-mes.* Im Lateinischen heißt die Form *ferimus,* das ist Wurzel *fer,* stammbildender Vokal *-i-,* Endung *-mus.* Und im Gotischen können wir nun *beram* «wir tragen» zerlegen in Wurzel *ber,* stammbildenden Vokal *-a-* und Endung *-m.*

Eine andere Weise der Bildung eines Präsensstammes besteht darin, daß man den ersten Konsonanten der Wurzel mit einem Vokal wiederholt, «redupliziert», wie der Fachausdruck lautet. An diese reduplizierte Wurzel kommen dann einfach die Endungen. So wird die Wurzel *dā* im Sanskrit redupliziert zu *dadā-* und daraus mit der Endung *-mi* eine erste Person des Singulars gebildet *dadāmi* «ich gebe». Genau so verfährt das Griechische: Wurzel *dō,* redupliziert *didō-*, mit Endung *-mi dídōmi* «ich gebe». Natürlich lassen sich solche Gleichungen nicht immer in allen Sprachen belegen, es kommt ja aber auch nur auf die übereinstimmende Weise der Bildung an. Dadurch fällt manchmal Licht auf vereinzelt stehende Formen in einer Sprache. Im Sanskrit bildet die Wurzel *bhī* ihr Präsens nach der reduplizierenden

Weise als *bibhe-,* mit der Endung der dritten Person des Singulars *-ti bibheti* «er fürchtet». Das ist genau das althochdeutsche *bibet* «er bebt», während sonst im Althochdeutschen die Wurzel gar nicht mehr vorhanden ist. Die Sanskritwurzel *pā* bildet einen Präsensstamm *piba-,* und eine 3. Person des Singulars *pibati* «er trinkt». Die Entsprechung finden wir im lateinischen *bibit* «er trinkt», wo der erste Konsonant an den zweiten angeglichen ist.

Bei einer Präsensbildung wird die bloße Wurzel ohne Zusatz als Stamm verwendet; dabei gibt es also keine stammbildende Ableitungssilbe, sondern die Endungen treten unmittelbar an die Wurzel. Die Wurzel *as* z. B. bildet ein Präsens, dessen 3. Person im Singular *asti* «er ist» heißt. Das Griechische hat die entsprechende Form von der Wurzel *es* als *esti,* das Lateinische als *est,* das Gotische genau wie das Deutsche als *ist.* Dieselbe Bildungsweise von der Wurzel *i* ergibt *imas* «wir gehen», griechisch *imen* (mit der etwas abweichenden Endung des ionischen Dialekts), lateinisch *īmus.*

Besonders merkwürdig ist eine Präsensform, bei der an die Wurzel nichts angehängt, sondern etwas in sie eingeschoben wird, nämlich ein Nasal. Zur Sanskritwurzel *bhid* heißt der Präsensstamm *bhind* und die 3. Person des Plurals *bhindanti* «sie spalten». Diese Form finden wir im lateinischen *findunt* «sie spalten» wieder, wo das *n* auch nur im Präsens auftritt, sonst ist die Wurzel *fid.*

Außer dem Präsens gibt es im Sanskrit noch eine Reihe anderer Verbalstammbildungen. Eine davon ist der sogenannte Aorist, eine Form, die dazu dient, einmalige Ereignisse zu berichten. Der Aorist kann auf mehrere Arten gebildet werden. Eine davon ist die, daß an die Wurzel in ihrer schwächsten Stufe der stammbildende Vokal *-a-* gefügt wird. So bildet die Wurzel *budh* den Aoriststamm *budha-,* der dem Präsensstamm *bodha-* (mit höherer Vokalstufe der Wurzel) gegenübersteht. Im Indikativ bekommt der Aorist zur Bezeichnung der Vergangenheit die Vorsilbe *a-,* das sogenannte Augment. Die dritte Person der Mehrzahl heißt dann mit der Endung *-nta abudhanta* «sie erwachten». Die ganze verwickelte Bildungsweise findet sich Stück für Stück im Griechischen wieder, wo wir die Form *epýthonto* «sie erfuhren» haben, bei der *e-* Augment ist, *pyth* die Wurzel, *-o-* der stammbildende Vokal und *–nto* die Endung. Auch hier gibt es daneben einen Präsensstamm mit voller Vokalstufe: *peúthontai* «sie erfahren», entsprechend sanskrit *bodhante* «sie erwachen».

Schließlich gibt es eine Stammbildung, in der man vergangene Ereignisse feststellt, die noch jetzt nachwirken: das Perfektum. Dieses hat eine im wesentlichen einheitliche Bildungsweise: die Wurzel wird redupliziert, hat vollen Vokal, und daran treten besondere, dem Perfektum eigene Personalendungen. Von der Sanskritwurzel *tan* heißt das Perfektum *tatāna* «ich habe gespannt», von Wurzel *budh bubodha* «ich bin erwacht». Dasselbe Verfahren haben wir im Griechischen: die Wurzel *men* bildet ein Perfektum *mémona* «ich erinnere mich», das genau dem lateinischen *meminī* entspricht. Die Gegenwartsform von derselben griechischen Wurzel laute *maínetai* «er rast», und das entspricht wieder dem Sanskritpräsens *manyate* «er glaubt». Lehrreich ist das Nebeneinander der Formen des Präsens, des Aorists und des Perfektums im Griechischen wie *leípomen* «wir lassen», *elípomen* «wir ließen» und *leloípamen* «wir haben gelassen» von der Wurzel *lip*. Bei einer Wurzel wird ganz ausnahmsweise das Perfektum ohne Reduplikation gebildet. Und höchst bezeichnenderweise ist das in allen verwandten Sprachen dieselbe. Das ist die Wurzel *vid*. Da heißt das Perfektum im Sanskrit *veda* «ich weiß», im Griechischen in der ältesten Form *Ϝoĩda*, im Lateinischen *vīdī* «ich habe gesehen» und im Gotischen *wait* «ich weiß». Das gotische *wait* verschafft uns nun gleich Aufschluß über die verwandtschaftlichen Beziehungen der sämtlichen starken Vergangenheitsformen des germanischen Verbums. Es unterscheidet sich nämlich seinem Bau nach in keiner Weise von irgendeinem anderen starken Präteritum. Die starke Vergangenheitsform des Germanischen entspricht also, obwohl sie nur im Gotischen und nur in wenigen Fällen Reduplikation hat, den Perfektbildungen des Sanskrits, des Griechischen und des Lateinischen. Wir können auch unmittelbar nebeneinanderstellen sanskrit *bubhoja* «er hat gebogen», griechisch *pépheuge* «er ist geflohen» (d.h. «ausgebogen») und gotisch *baug* «er bog», sanskrit *bibheda* «er hat gespalten», lateinisch *fidit* (mit anderer Personalendung) und gotisch *bait* «er biß», sanskrit *babandha* «er hat gebunden» und gotisch *band*.

Diese Beispiele aus dem Kapitel über die Stammbildungen der Zeitformen mögen genügen. Aber auch bei allen andern Verbalformen, den Modi, den Partizipien, den Aktiv- und Passivformen läßt sich eine Übereinstimmung bis in die feinsten Einzelheiten nachweisen. Man vergleiche nur die Optativform der Wurzel *as* im Sanskrit *syām syās syāt* «ich (du er) möge sein» mit dem altlateinischen Konjunktiv *siem*, *siēs*, *siet* und dem gotischen *sijau*, *sijais*, *sijai*.

So hat Bopp die Übereinstimmung des Formenbaus beim Verbum nachgewiesen und damit zum ersten Male wissenschaftliche Sprachvergleichung durchgeführt. Die Beweiskraft seiner Formzerlegungen ist so groß, daß er sich keine Kopfschmerzen zu machen brauchte, ob auch die Lautentsprechungen haarscharf stimmten. Das konnte damals kein Mensch wissen, im Gegenteil, erst Bopps Nachweis der Wesensgleichheit der Formglieder schuf eine Grundlage, um auch Lautentsprechungen in genügender Zahl aufzustellen. Denn um zu wissen, ob es sich wirklich um «dasselbe» Wort handelt, genügt nicht eine allgemeine Ähnlichkeit des Namens für einen bestimmten Gegenstand, sondern es muß auch feststehen, daß wir das Wort in der gleichen Bildungsweise vor uns haben. Wenn wir zum Beispiel das germanische Wort für «Knie», gotisch *kniu*, mit dem griechischen Wort für denselben Körperteil vergleichen, das *góny* lautet, so ist die Verwandtschaft offensichtlich, denn daß germanisches *k* griechischem *g* entspricht, hatte schon Rask gesehen. Aber ebenso klar ist, daß die beiden Wörter verschieden gebaut sind, denn der Vokal der ersten Silbe, den das griechische hat, fehlt dem germanischen, und dafür hat das germanische in der zweiten Silbe einen Diphthong *iu*, also eine höhere Vokalstufe gegenüber dem griechischen *u*. Man darf also auf Grund dieser Gleichung nicht etwa griechisch *u* gleich gotisch *iu* setzen! Man sieht, wie außerordentlich wichtig der Gesichtspunkt des Formenbaus für die Vergleichung ist, aber erst auf dem von Bopp beschrittenen Wege konnte er zur Geltung kommen.

Doch die Bedeutung von Bopps Erkenntnissen reicht noch viel weiter. Zunächst zeigten sie, daß die Sprachen, die Jones als verwandt erkannt hatte, nicht nur in ihrem Wortschatz übereinstimmen, sondern auch in dem Verfahren, wie man Abschattungen des Sinnes eines Wortes oder seine Rolle im Satz an der Wortgestalt ausdrückt. Das sind Dinge, die nicht so leicht von einer Sprache in die andere entlehnt werden wie Wörter. Wenn zwei Sprachen in dieser Hinsicht übereinstimmen, so müssen sie gemeinsamen geschichtlichen Ursprung haben. Damit erst bekam der Ausdruck «Sprachverwandtschaft» einen genauen Sinn. Aber welch ein Ausblick eröffnete sich nun, wenn Indisch, Griechisch, Lateinisch und Germanisch als verwandt in diesem Sinne wissenschaftlich erwiesen waren! Denn der strenge Beweis für diese Verwandtschaft, den man sich als überflüssig bisher erspart hatte, war nun durch Bopp tatsächlich geführt, obgleich das gar nicht seine Absicht gewesen war. Aber Bopps Methode der Formvergleichung hat später, wo es sich um Sprachen handelte, deren Zugehörigkeit nicht so unmittelbar auf der Hand lag, entscheidende Dienste geleistet. So wurde die Verwandtschaft des neu entdeckten Hethitischen mit Indisch, Griechisch und Lateinisch 1917 von Hrozný erkannt und nachgewiesen, ehe eine einzige Wortgleichung feststand, nur auf Grund des übereinstimmenden Formenbaus (210a).

Aber Bopps Ehrgeiz ging weiter. In der Zerlegung der Formen hoffte er einen Weg zu finden, die Entstehung dieser Formen zu erkennen. Als Kind seiner Zeit, der Romantik, sucht er nach Ursprüngen, diesmal nach dem Ursprung der grammatischen Abwandlung, der Flexion. Die uns so geläufige Tatsache, daß ein Wort in verschiedener Gestalt erscheint, je nach der Rolle, die es im Satze spielt, ist durchaus nicht selbstverständlich. Es gibt ganze große Sprachfamilien, die das Verfahren nicht kennen, sondern in denen jedes Wort, wo und in welcher Rolle es im Satze auch auftreten mag, unverändert immer in derselben Gestalt erscheint. Von den großen Kultursprachen gehört das Chinesische diesem Typus an. Die Verknüpfung der Wörter miteinander wird in diesen Sprachen durch die Wortstellung und durch besondere Hilfswörter ausgedrückt.

Dieses verschiedene Verhalten der Sprachen hat August Wilhelm von Schlegel, indem er Gedanken seines Bruders weiterführte, zur Grundlage einer Einteilung gemacht (211). Er unterscheidet da 1. Sprachen ohne jeden grammatischen Bau (d. h. ohne Formenbildung), 2. Sprachen, die Bildungssilben gebrauchen, und 3. Sprachen mit Flexion. Die Eigenart der Flexion besteht nach ihm darin, daß die Wurzel im Innern verändert wird und daß als äußerliche Bildungsmittel nur solche Silben und Laute verwendet werden, die für sich allein gar keine Bedeutung haben. Diese Einteilung hat lange gegolten. Man nannte die erste Klasse «isolierende» (d. h. vereinzelnde) Sprachen, die zweite «agglutinierende» (d. h. anleimende), die dritte «flektierende» (d. h. abwandelnde). Schlegel sah darin zugleich eine geschichtliche Stufenfolge. Ursprünglich seien die Wörter der Sprachen unveränderlich gewesen und ihre Beziehungen zueinander durch eigene Wörter ausgedrückt worden. Allmählich aber seien diese beziehungangebenden Wörter mit den anderen zu einem Wort verschmolzen, und so sei der agglutinierende Typus als eine höhere Stufe der Entwicklung entstanden. Ein Beispiel dieses Sprachbaus bietet in Europa das Ungarische, noch einfacher und reiner aber das Türkische. Tatsächlich bleibt im Türkischen und in vielen Sprachen gleichen Baus der eigentliche Wortkern unverändert, so viele Bildungssilben auch antreten, während sowohl in der von Jones entdeckten Gruppe als auch in den semitischen Sprachen die Vokale des Wortkerns, der «Wurzel», in bestimmter Weise verändert werden. Es war nun die Frage, ob dieses Verfahren nur eine Fortentwicklung des agglutinierenden Typus, also eine dritte Stufe, darstelle oder eine grundsätzlich neue Weise, Wörter dem Satz einzufügen. Die romantische Sprachauffassung neigte dazu, die zweite Ansicht zu vertreten und die Wortgestalten inneren Bildungskräften einer, wie man sagte, «organischen» Entwicklung zuzuschreiben. Die Fachausdrücke «Wurzel» und «Stamm» sind teils dieser Auffassung entsprossen, teils haben sie aber ihrerseits die «organische» Auffassung der Sprachformen gestützt (212).

Bopp dagegen vertrat in dieser Auseinandersetzung sehr entschieden den ersten Standpunkt. Er betrachtete den flektierenden Sprachbau als eine Fortentwicklung des agglutinierenden. Die Abwandlung der Vokale der Wurzel führte er auf das verschiedene «Gewicht», d. h. den verschiedenen Umfang der Bildungssilben zurück, das rein äußerlich eine solche Veränderung der Vokale herbeiführte. Ja, er glaubte in vielen Fällen durch die agglutinierende Form hindurch noch die isolierenden Ursprünge der Flexionsformen erkennen zu können. So sah er in dem formbildenden *s* mancher Stämme des Verbums (für Zukunft oder Vergangenheit) die Wurzel *es* «sein», in andern Bildungssilben, die ein *i* oder *j* enthielten, die Wurzel *i* «gehen». Bopp hat diese Auffassung in allen Einzelheiten in seiner «Vergleichenden Grammatik» durchgeführt, die von 1833 bis 1852 erschienen ist. Damals war er schon seit 1821 Professor für orientalische Literatur und allgemeine Sprachkunde an der Universität Berlin als Inhaber des ersten Lehrstuhls der Sprachwissenschaft, der in der Welt errichtet worden ist. Der Mann, durch dessen Vermittlung die eben erst geborene Sprachvergleichung gleichsam amtlich anerkannt und ihr eine Heimstätte geboten wurde, war Wilhelm von Humboldt.

Inzwischen aber hatte die Methode der Sprachvergleichung wieder eine neue Stufe erstiegen. Der Anstoß kam von der Erforschung der germanischen Sprachen und war eine unmittelbare Folge der Erkenntnisse Rasmus Rasks. Auf Grund der bisherigen Ergebnisse der Sprachvergleichung, nicht zum wenigsten von Bopps Erstlingswerk, unternahm es Jakob Grimm (1787–1863), die Grammatik der germanischen Sprachen, d. h. des Gotischen, Deutschen, Englischen und der skandinavischen Sprachen, vergleichend darzustellen. Der erste Band war 1819 gerade erschienen, als Grimm Rasks Untersuchung über den Ursprung der altnordischen Sprache, die 1818 gedruckt worden war, kennen lernte. Er sah sofort die große Bedeutung von Rasks Verfahren und Erkenntnissen, unterbrach den Fortgang seiner Arbeit und schrieb den ersten Band seiner Deutschen Grammatik noch einmal. Diese zweite Bearbeitung ist 1822 erschienen. Hier sind nun Rasks Forschungen verwertet und erweitert. Zum erstenmal ist die Lautlehre einer Sprache planmäßig vergleichend durchgeführt – die erste Bearbeitung hatte überhaupt noch keine Lautlehre enthalten.

Aus der Planmäßigkeit und Vollständigkeit seiner Darstellung erwuchs Grimm eine bedeutsame neue Anschauung. Er betrachtet die Lautentsprechungen

sanskrit-griechisch-lateinisch	germanisch
p	*f*
t	*þ*
k	*h*
b	*p*
d	*t*
g	*k*

sanskrit	griechisch	
bh	*ph*	*b (ƀ)*
dh	*th*	*d (đ)*
gh	*kh*	*g, (ǥ)*,

die alle schon von Rask erkannt waren, nicht als einzelne, voneinander unabhängige Züge, sondern als Teilerscheinungen einer einzigen Lautbewegung, durch die das alte System der Verschlußlaute in den germanischen Sprachen umgestaltet worden sei. Diese hatten also die Laute verändert, die verwandten Sprachen hatten das Ursprüngliche bewahrt. Sämtliche Unterschiede dieser Verschlußlaute sind erhalten geblieben – es gibt nach wie vor je drei Arten von Lippen-, von Zahn- und von Gaumenlauten –, aber die Art, wie diese Unterschiede zum Ausdruck kommen, hat sich verändert. Das Gerüst als solches ist geblieben, aber es ist in sich verschoben worden. Das ist die berühmte germanische Lautverschiebung, die die Engländer noch heute

Grimm's law, Grimms Gesetz, nennen. Rasks Verdienst geschieht damit kein Abbruch, denn es ist etwas anderes, eine Reihe von Lautentsprechungen festzustellen, als den Zusammenhang zwischen einigen dieser Entsprechungen zu behaupten. Rask blieb auf dem Boden der Tatsachen; was er festgestellt hat, kann nicht bestritten werden und bleibt gesicherter Besitz der Wissenschaft. Grimm deutete Tatsachen und brachte sie in einen bestimmten Zusammenhang – aber für seine Deutung muß er auch die Verantwortung tragen und sich gefallen lassen, daß gerade heute wieder Gelehrte seine Auffassung als Täuschung betrachten und den Zusammenhang der Erscheinungen der Lautverschiebung bestreiten.

Und Grimm ging in seiner Suche nach Zusammenhängen noch weiter. Er beobachtete, daß in einer bestimmten Gegend des germanischen Sprachgebiets, nämlich in Mittel- und Oberdeutschland, noch einmal eine Verschiebung des nunmehr germanischen Bestands an Verschlußlauten stattfand. Dabei waren die Ergebnisse verschieden, je nachdem der stimmlose Verschlußlaut im Anlaut oder im Inlaut stand. Es wurde

germanisch	hochdeutsch		
	anlautend	inlautend	(212a)
p (niederdeutsch *peerd*) (englisch *hope*)	*pf* (*Pferd*)	*ff* (*hoffen*)	
t (englisch *ten, hate*)	*ts* (*zehn*)	*ss* (*hassen*)	
k (englisch *come, make*)	*ch* (*chumme*)	*ch* (*machen*)	

Die Verschiebung des anlautenden *k* ist allerdings nur im Ober-Alemannischen durchgeführt. Von den stimmhaften Verschlußlauten wird *d* allgemein hochdeutsch zu *t*, wie niederdeutsch *dier* zu hochdeutsch *Tier*, aber *b* und *g* ergeben nur im Oberbayrischen die von Grimm erwarteten *p* und *k*. Immerhin, eine erneute Verschiebung des Gerüsts der Verschlußlaute hat zweifellos stattgefunden, die zweite oder hochdeutsche Lautverschiebung, und wenn man einen Zusammenhang zwischen den einzelnen Erscheinungen der ersten Lautverschiebung annimmt, wird man einen solchen für die zweite Lautverschiebung nicht bestreiten wollen. Grimm freilich ging weit darüber hinaus und behauptete sogar einen Zusammenhang zwischen den beiden Lautverschiebungen in dem Sinne, daß sich genau derselbe Vorgang in der Geschichte derselben Sprache zweimal im Abstand von vielen Jahrhunderten abgespielt habe. Dabei werden wir ihm nicht mehr folgen. Es würde zu weit führen, hier das Netz von Irrtümern aufzudröseln, das Grimm zu der Meinung brachte, daß die hochdeutsche Lautverschiebung genau derselbe Vorgang sei wie die germanische. Aber bedeutsam bleibt dieser erste Versuch, durchgehende Strömungen in der Gesamtgeschichte einer Sprache festzustellen, gleichwohl.

Denn dies ist die große Leistung Jakob Grimms: die Sprache aufzufassen in der Einheit ihrer zeitlichen Entwicklung, in ihrer Gegenwart ihre Vergangenheit und ihre Zukunft zu sehen, die Grammatik zur Sprachgeschichte zu machen. Die geschichtliche Betrachtung ergänzte die Vergleichung nach der Tiefe hin. Erforschte die Vergleichung, welche Abweichungen voneinander die einzelnen verwandten Sprachen aufwiesen, so zeigte die Sprachgeschichte den Weg, auf dem es zu diesen Abweichungen gekommen war. Die Vergleichung sucht das Gemeinsame in den Einzelsprachen, die Sprachgeschichte die Eigenart jeder bestimmten Sprache. Die praktische Folge von Grimms Verfahren war, daß die Aufmerksamkeit der Forscher auf die ältesten überlieferten Zustände jeder Sprache gelenkt wurde, von denen aus die Vergleichung wesentlich ertragreicher, ja vielfach überhaupt erst möglich war.

Für die Methode der Vergleichung bedeutet Grimm einen weiteren entscheidenden Schritt über Rask hinaus. Wenn die germanischen Sprachen in ihrer Gesamtheit die erste und die hochdeutschen Mundarten die zweite Lautverschiebung durchgemacht haben, dann konnten nur solche Wörter als echte und alte Bestandteile dieser Sprachen gelten, die die Spuren dieser Verschiebungen zeigen. Englisch *pound,* hochdeutsch *Pfund* sind zweifellos dasselbe Wort wie lateinisch *pondus* «Gewicht». Aber gerade die Gleichheit der Konsonanten im Lateinischen und Englischen beweist, daß das Wort ein wesentliches Schicksal aller germanischen Wörter, nämlich die erste Lautverschiebung, nicht miterlebt hat, sonst müßte es im Englischen mit *f* anfangen. Es ist also kein altes, einheimisches germanisches Wort, sondern ein Lehnwort aus dem Lateinischen. Hochdeutsch *Pfund* aber zeigt gerade durch seinen abweichenden Anlaut, daß das Wort im Deutschen heimisch war, als die hochdeutschen Mundarten entstanden. Damit sind zwei zeitliche Grenzen für die Entlehnung festgelegt: nach der ersten und vor der zweiten Lautverschiebung. Methodisch entscheidend aber ist, daß die völlige Gleichheit die Gleichsetzung verbietet, die gesetzmäßige, durch die Sprachgeschichte bedingte Verschiedenheit sie fordert (213). Hatte Schlegel gesagt: «Wir dürfen nur Wörter gleichsetzen, die sich vollständig dekken», und Rask darüber hinaus: «Wir dürfen auch Wörter gleichsetzen, obwohl sie in bestimmter Weise voneinander abweichen», so sagte nun Grimm: «Wir dürfen Wörter nur gleichsetzen, weil sie in bestimmter Weise abweichen.» Das ist die dritte und letzte Stufe der vergleichenden Methode. Erst die Spuren der Sprachgeschichte an der Gestalt der Wörter gewährleisten ihre ursprüngliche Wesensgleichheit. Wohlgemerkt: keine dieser Stufen der Vergleichung kann übersprungen werden. Um regelmäßige Lautentsprechungen im Sinne Rasks festzustellen, braucht man völlig einleuchtende Gleichungen, wie sie Schlegel gefordert und Rask beigebracht hatte. Und andrerseits bilden die Lautentsprechungen Rasks die Grundlage für Grimms Sprachgeschichte, die nun wieder die Gleichheit des Verschiedenen erfaßt. Denn das eben heißt vergleichen, in der Sprache wie anderwärts: das Verschiedene als gesetzmäßige Abwandlung desselben Urbilds verstehen.

Es ist auch nicht so, daß die höhere Stufe der Vergleichung die niedere ungültig machte. Eine einleuchtende Gleichung bleibt eine einleuchtende Gleichung, und wenn die Lautverschiebung oder sonst ein allgemeines sprachgeschichtliches Gesetz – denn die Lautverschiebung ist ja nur ein Beispiel – Einspruch erhebt, so entsteht aus diesem

Widerspruch eine Aufgabe, nämlich entweder diesen Einspruch zu beseitigen, indem man die besonderen Bedingungen aufzeigt, die im einzelnen Falle die allgemeine Gesetzmäßigkeit einschränken, oder die einleuchtende Gleichung als nur scheinbar einleuchtend zu entlarven.

Das wollen wir an dem Beispiel der «Ausnahmen» von der ersten Lautverschiebung zeigen. Mit manchen war leicht fertig zu werden. Lateinisch *stare* und althochdeutsch und altniederdeutsch *stan* «stehen» sind selbstverständlich dasselbe Wort, ebenso lateinisch *sperno* und altisländisch *spern* «stoße mit dem Fuße». Wenn in den Lautgruppen *st sp sk* die *t p k* niemals verschoben werden, so liegt das offenbar daran, daß der Reibelaut *s* die Entstehung eines neuen Reibelautes aus *p t k* unmittelbar hinter sich verhindert hat; d. h. die Schwierigkeit der Aussprache hat die Neigung, *p* zu *f*, *t* zu *þ*, *k* zu *h* zu verschieben, im Keime erstickt. Bewiesen wird diese Auffassung dadurch, daß von zwei aufeinanderfolgenden Verschlußlauten nur der erste verschoben wird, der zweite aber unverschoben bleibt: lateinisch *octo* wird gotisch *ahtau* «acht».

Aber es gab härtere Nüsse zu knacken. Die Strenge der Methode hätte verlangt, daß man sanskrit *bandhas* «Band» und deutsch *Band* voneinander trenne, denn einem indischen *b* im Anlaut mußte ja ein germanisches *p* und ein hochdeutsches *pf* entsprechen. Selbstverständlich war dazu niemand bereit. Aber germanisches *b* setzte eigentlich sanskrit *bh* voraus. Solcher Fälle gab es nun viele Dutzende. Die Lösung des Rätsels fand R. von Raumer im Jahre 1837 (214). Nicht das Germanische war es, das hier aus der Reihe tanzte, sondern das Sanskrit hatte eine Besonderheit. Wenn nämlich zwei Silben hintereinander mit einem behauchten Verschlußlaut anfingen, dann wurde bei dem ersten der Hauch verdrängt. Sanskrit *bandh-* geht also auf **bhandh-* zurück, und das ist genau die Lautgestalt, die germanisch *band* widerspiegelt.

Noch bedenklicher wird die Sache, wenn das Germanische mit sich selbst in Widerspruch gerät, wenn nämlich derselbe ursprüngliche Verschlußlaut in zwei verschiedenen

Gestalten aus der Lautverschiebung hervorgeht. Wir sagen *ich ziehe* mit *h,* aber *ich zog, wir zogen* mit *g.* Früher war die Verteilung etwas anders; da hieß die Einzahl der Vergangenheit *zoh* mit *h,* nur die Mehrzahl *zugum* mit *g.* Zugrunde liegt selbstverständlich derselbe Laut, und zwar *k.* Lateinisch *dūco* «ich ziehe, führe» ist dasselbe Wort. Demnach sollte man *h* im Germanischen erwarten. Woher aber das *g?* Dieselbe Frage stellt sich bei *schneiden* mit *d* und der Vergangenheit *schnitt, schnitten* mit *t.* Das doppelte *t* des Neuhochdeutschen ist nur Schreibung, mittelhochdeutsch heißt es *wir sniten.* Auch hier ging die Einzahl der Vergangenheit früher mit dem Präsens und hatte *d,* das *t* trat erst in der Mehrzahl auf. Das hochdeutsche *d* geht auf germanisches *þ,* das hochdeutsche *t* auf germanisches *d* zurück; die Verschiedenheit von *þ/d* entspricht also genau der von *h/g.* Grimm hatte die Erscheinung natürlich beobachtet und nannte sie, weil sie beim Wechsel der grammatischen Form auftrat, «grammatischen Wechsel». Damit wollte er keine Erklärung, sondern nur einen Namen geben. Aber die Erscheinung ist gar nicht auf Flexionsformen beschränkt. Niemand wird bezweifeln, daß lateinisch *pater* «Vater» und *frāter* «Bruder» auf dieselbe Weise gebildet sind, daß also das *t* in beiden Wörtern von jeher derselbe Laut ist. Tatsächlich haben auch das Sanskrit und das Griechische beide Male *t.* Wir hingegen sagen *Vater* mit *t,* aber *Bruder* mit *d.* Das Gotische hat *fadar* neben *brōþar.*

Ein halbes Jahrhundert bemühte sich der Scharfsinn der Sprachforscher vergeblich, eine Bedingung ausfindig zu machen, unter der sich derselbe Laut im Germanischen verschieden entwickelt haben könnte. Da war es ein Däne deutscher Abstammung, KARL VERNER, der 1876 eine ganz überraschende Erklärung brachte, die nun nicht nur diese Frage beantwortete, sondern gleich weitere Ausblicke auf die germanische Sprachgeschichte gewährte (215). Worin bestand denn überhaupt der Wechsel auf der germanischen Lautstufe, auf der er ja eingetreten sein mußte? Klar waren *þ* und *h:* das waren stimmlose Reibelaute. Aber was steckte hinter den Schreibungen *d* und *g* des Niederdeutschen und des

Gotischen? Offenbar stimmhafte Laute. Aber Verschlußlaute oder Reibelaute? Darüber war aus den germanischen Sprachen zu keiner Entscheidung zu kommen. Aber der grammatische Wechsel betraf auch ein Paar von Lauten, die mit der Lautverschiebung gar nichts zu tun hatten, weil sie auch auf der vorgermanischen Lautstufe keine Verschlußlaute gewesen waren. Genau in denselben Formen, in denen *h* und *g*, *þ* und *d* wechselten, wechselten nämlich auch *s* und *r*. Althochdeutsch heißt es *kiusu* «ich wähle», *kōs* «ich wählte», aber *kurum* «wir wählten». Die verwandten Sprachen zeigen, daß *s* der ursprüngliche Laut ist. Und das *r* des Deutschen, Englischen und Skandinavischen geht, wie das Gotische lehrt, auf *z*, ein stimmhaftes *s*, zurück. Nun war die Lage klar. Auch *d* und *g* entsprachen im Urgermanischen stimmhaften Reibelauten (*d* etwa englischem stimmhaftem *th* und *g* deutschem *j*), und der grammatische Wechsel war ursprünglich ein Wechsel zwischen stimmlosen und stimmhaftem Reibelaut. Aber wodurch war dieser bedingt? Verner fand die Bedingung für den Lautwechsel des Germanischen im ältesten Indisch! Der Wechsel tritt bekanntlich gerade ein zwischen Einzahl und Mehrzahl des Präteritums starker Verben. Diese Form entspricht dem «Perfektum» der verwandten Sprachen. Und in diesem Perfektum wechselt nun im Altindischen auch etwas zwischen Einzahl und Mehrzahl, nämlich die Stelle des Worttons, der uns in diesen alten Texten glücklicherweise überliefert ist. Der Ton lag in der Einzahl auf der Wurzel, in der Mehrzahl auf der Endung. Also, schloß Verner, geht im Germanischen stimmloser Reibelaut aus der Verschiebung hervor, wenn dieser unmittelbar hinter dem altindischen Sitz des Worttons stand. Außerdem immer im Wortanlaut. Stand der Reibelaut aber vor dem Wortton oder nicht unmittelbar hinter ihm, so wurde er stimmhaft. Die Sache stimmte auch außerhalb der Flexion. Das Altindische betont *pitár-* «Vater», aber *bhrā́tar-* «Bruder». Daher die Verschiedenheit der Verschlußlaute noch in unserer Sprache.

Verner hatte sämtliche damals bekannten Fälle des Wechsels durchgeprüft. An seinen Ergebnissen war nicht zu zweifeln. Das gefundene Gesetz heißt ihm zu Ehren mit Recht das Vernersche Gesetz. Aber welche weittragenden Folgerungen mußten aus Verners Entdeckung gezogen werden! Erstens war der Wortton, wie er im ältesten Indisch überliefert war, als der ursprüngliche auch für das Germanische und daher wahrscheinlich für die ganze Sprachgruppe anzusehen. Und zweitens mußte dieser Wortton im Germanischen noch zur Zeit der ersten Lautverschiebung bestanden haben, sonst hätte er ihre Ergebnisse nicht beeinflussen können. Das war eine Neuigkeit, denn alle geschichtlich greifbaren germanischen Sprachen haben ihren Wortton auf der ersten Silbe. Umgekehrt aber erlaubte nun das Vernersche Gesetz, die ursprüngliche Betonung eines Wortes auch aus dem Germanischen zu erschließen, so daß man jetzt über zwei Quellen dafür verfügte, das Altindische und das Germanische. Und was man nicht zu hoffen gewagt hatte, wurde Wirklichkeit: man konnte so flüchtige und selten aufgezeichnete Erscheinungen wie die Betonung vergleichen und geschichtlich erfassen. Damit setzte, als Folge einer genialen Entdeckung, eine ganze neue Forschungsrichtung ein.

Man muß sich klar machen, daß alle diese Ergebnisse nur der Strenge der Methode zu verdanken sind. Man hätte fünfe gerade sein lassen und sagen können: «Der Unterschied zwischen einem stimmlosen und einem stimmhaften Reibelaut ist nicht so wesentlich; wer weiß, ob die alten Germanen darauf Wert gelegt, ob sie ihn überhaupt bemerkt haben. Die Verteilung kann rein auf Zufall beruhen.» Dafür hätte man sich sogar auf die heutige deutsche Umgangssprache berufen können, in der in vielen Gegenden das *s* regellos bald stimmlos, bald stimmhaft ist, und derselbe Sprecher in demselben Wort einmal die eine und ein anderes Mal die andere Art gebraucht, ohne daß es ihm zum Bewußtsein kommt. Daß eine solche Auffassung nicht durchgedrungen ist, ist das Verdienst von Jakob Grimm und seiner Forderung, daß nur die gesetzmäßige Verschiedenheit die Gleichsetzung gestatte.

Die Frage der Lautverschiebung und ihrer Ausnahmen

ist nur ein Beispiel für die Art, wie die Methode der Vergleichung erarbeitet worden ist und auch heute noch angewendet wird. Viele andere Fragen sind in dem Jahrhundert nach Bopp in ähnlicher Weise erörtert und beantwortet worden. Es ist hier leider nicht möglich, die Problemgeschichte der Sprachwissenschaft eingehender darzustellen, denn dafür ist die genaue Kenntnis der einzelnen Sprachen notwendig. Nur die Entwicklung und das Wesen der Methode sollte an einigen Fragen gezeigt werden.

Der Sprachstamm, den Jones entdeckt hatte und dessen Eigenarten Rask, Bopp und Grimm erforschten, war nun gesicherter Besitz der Wissenschaft geworden in dem Sinne, in dem Wissenschaft überhaupt Besitz hat, d. h. als Frage und Aufgabe. Es war eine geschichtliche Einheit entdeckt, deren Schicksale sich in unbekannten Jahrtausenden abgespielt hatten und die heute von der Nordsee bis zum Golf von Bengalen reichte. Sie hatte keinen Namen, denn niemand hatte vor Jones etwas von ihr geahnt. Aber nun mußte man sich auf einen Namen für sie einigen, denn es war doch zu unbequem, wie Bopp es tat, immer die zugehörigen Sprachen einzeln aufzuzählen. Und es wurde ganz unmöglich, als sich deren Zahl vermehrte. Von vielen Vorschlägen setzte sich in Deutschland, wo die neue Wissenschaft zuerst festen Fuß gefaßt hatte, einer durch, den Klaproth 1823 machte (216): er nannte die neu entdeckte Sprachgemeinschaft Indogermanisch nach den äußersten Gliedern der Kette, die sich über zwei Erdteile spannte. Bopp selbst gebrauchte «sanskritisch» oder «indisch-europäisch», und die letzte Bezeichnung ist außerhalb Deutschlands üblich geworden. Abgekürzt wird «indogermanisch» als «idg.», «indoeuropäisch» als «i.-e.».

Diese indogermanische Sprachfamilie erwies sich nun als noch weit ausgedehnter, als es zunächst geschienen hatte. In rascher Folge wurden weitere Sprachen als zugehörig erkannt. Außerdem suchte man nach dem Vorbild Grimms immer weiter in die Tiefe der Zeit zu dringen und sich gleichzeitig der ausgebreiteten Wirklichkeit der Sprache zu bemächtigen, wie sie in den Mundarten vorlag.

Solchem Suchen kam eine überraschende Fülle von Entdeckungen zu Hilfe. Das Sanskrit ist gewiß eine, namentlich in seiner Lautgestalt und seinem Formenbau, höchst altertümliche Sprache. Aber in den heiligen Schriften der Inder, deren Gesamtheit sie Veda «Wissen» nennen, ist eine noch ältere Form dieser Sprache überliefert, die nun außerdem einen sehr altertümlichen Satzbau hat. Die Erforschung des Veda beginnt schon 1805 mit der Tätigkeit des Engländers Colebrooke. Die Bezeichnung Sanskrit trifft für diese Sprachstufe nicht mehr zu, man nennt sie deshalb mit einem sowohl das Vedische als auch das Sanskrit umfassenden Namen Altindisch. Am Altindischen machte man zum ersten Male die Erfahrung, daß die indogermanischen Sprachen einander immer ähnlicher werden, je ältere Formen man von ihnen erreichen kann.

In nächster Nachbarschaft Indiens wurde aber noch eine zweite, dem Altindischen sehr nahe stehende Sprache erschlossen. Es gab in Indien in der Gegend von Bombay eine religiöse Sekte, die Verehrer des Feuers waren und ursprünglich aus Persien stammten. Daher werden sie als Parsi bezeichnet. Deren heilige Schriften, Avesta genannt, sind in einer sehr altertümlichen Sprache abgefaßt. Mit ihnen hatte sich schon in der Mitte des 18. Jahrhunderts ein abenteuerlustiger Franzose, Anquetil-Duperron, der als französischer Soldat nach Indien gegangen war, beschäftigt und davon 1771 eine allerdings völlig unkontrollierbare Übersetzung mit Anmerkungen geliefert. Immerhin genügte das Wenige, was er darin über die Sprache dieser Texte sagte, um den Zusammenhang mit dem Sanskrit erkennen zu lassen. Dieser Zusammenhang wurde denn auch von W. Jones 1789 und Paulinus a S. Bartholomaeo 1798 festgestellt. Handschriften dieser Texte brachte erst Rasmus Rask 1823 nach Europa. Die philologische Erschließung der Sprache begann mit Eugène Burnouf 1840.

Inzwischen hatte man aber noch eine zweite Form des Altiranischen entdeckt. Die alten Könige Persiens, die aus der griechischen Geschichte bekannt sind, hatten an verschiedenen Orten Irans Inschriften auf Felswänden einhauen lassen, in denen sie wichtige Ereignisse ihrer Regierung der Nachwelt überliefern wollten. Diese Inschriften sind in «Keilschrift» geschrieben, die deshalb so heißt, weil ihre Zeichen aus keilförmigen Strichen zusammengesetzt sind. Die Keilschrift wurde zu Anfang des 19. Jahrhunderts von dem Deutschen G. F. GROTEFEND (1775–1853) am Schreibtisch und um die Mitte des Jahrhunderts von dem Engländer H. C. RAWLINSON im Gelände entziffert – eine Geschichte, die wieder ein Roman für sich ist. Zwischen beiden gelang Rasmus Rask 1826 ein wesentlicher Fortschritt, der die Verwandtschaft der Sprache mit dem Altindischen sicherstellte. Dabei stellte sich nun heraus, daß die Inschriften dreisprachig abgefaßt waren: erstens in einer semitischen Sprache, die die Sprache des alten Babylon gewesen war; zweitens in Elamisch, der alten einheimischen Sprache der Landschaft um Susa im Westen Irans; und drittens in einer sehr altertümlichen Form der persischen Sprache, wie sie heute in Iran gesprochen wird. Das heutige Persisch ist, weil das Land seit reichlich tausend Jahren zum Kulturkreis des Islam gehört, sehr stark mit arabischen Wörtern und Wendungen durchsetzt (vgl. S. 266). Trotzdem und trotz der vorgeschrittenen Entwicklung der iranischen Wortformen hatte schon im 16. Jahrhundert ein Niederländer die Ähnlichkeit mancher Wörter mit niederdeutschen bemerkt (217). Etwa zwei Drittel der Wortgleichungen, die der Mann aufgestellt hat, stimmen tatsächlich. Seitdem war es eine ausgemachte Sache unter den wenigen Gelehrten, die sich mit solchen Fragen beschäftigten, daß Persisch und Deutsch besonders enge Beziehungen hätten. Jetzt nun enthüllte sich eine Form dieser Sprache, die mehr als zweitausend Jahre alt war.

Aus diesen beiden Quellen, dem Altpersischen und der Sprache des Avesta, konnte man ein ziemlich gutes Bild von der altiranischen Sprache bekommen. Es zeigte sich, daß diese Sprache vom ältesten Indisch eigentlich nur mundartlich verschieden war. Tatsächlich nennen sich auch Inder und Iranier mit demselben Volksnamen, nämlich *Arya* «Arier». Man nennt deshalb diesen ganzen Zweig des Indogermanischen das Arische. Der Name ist später von der Völkerkunde in viel weiterem Sinne verwendet worden, so daß manche Verwirrung entstand. Für die Sprachwissenschaft aber bedeutet Arisch nichts anderes als die Einheit von Indisch und Iranisch.

Noch viel bedeutender war die Erweiterung, die die Kenntnis von den indogermanischen Sprachen auf europäischem Boden erfuhr. Die Zugehörigkeit des Litauischen, des Lettischen und der ausgestorbenen Sprache der alten Preußen hatte schon Rask erkannt. Vom Litauischen gibt es keine Überlieferung, die älter als das 16. Jahrhundert wäre. Aber die Sprache ist in ihrem Formenbau so altertümlich, daß es keine Schwierigkeiten machte, sie zunächst mit dem Griechischen und dem Lateinischen und dann auch mit dem Altindischen in Beziehung zu bringen. Man braucht bloß litauisch *jùngiu* «ich spanne ins Joch» mit lateinisch *jungo* oder litauisch *ašvà* «Stute» mit altindisch *áśvā* zu vergleichen, um sich ein Bild von den Verhältnissen zu machen. Das Lettische macht den Eindruck einer jüngeren Stufe des Litauischen. Das Altpreußische ist nur in einem Vokabular aus dem 15. und einer Übersetzung des lutherischen Katechismus aus dem 16. Jahrhundert erhalten, die aber von einem deutschen Pfarrer mit Hilfe eines Preußisch sprechenden Knechtes angefertigt worden ist. Außerdem können wir zahlreiche Ortsnamen in Ostpreußen für die Erschließung der Sprache nutzbar machen. Alle drei Sprachen, Litauisch, Lettisch und Preußisch, fassen wir, weil sie in der Gegend der Ostsee gesprochen werden, als die Gruppe der baltischen Sprachen zusammen.

Die engen Beziehungen dieser baltischen Gruppe zu den benachbarten slawischen Sprachen sind namentlich auf dem Gebiete des Wortschatzes und der Satzfügung offensichtlich und auch von Rask schon erkannt worden. Aber bei der Einordnung der slawischen Sprachen, also des Polnischen, Russischen, Tschechischen, Slowakischen, Serbischen, Slowenischen und Bulgarischen ergibt sich eine eigentümliche Schwierigkeit. Diese Sprachgruppe hat nämlich einmal eine Zeit durchgemacht, in der sie sämtliche geschlossenen Silben, das sind solche, die auf einen Konsonanten ausgehen, aufgegeben hat. Es fielen also im Innern der Wörter von mehreren Konsonanten alle bis auf den letzten aus, die Diphthonge wurden vereinfacht, und am Wortende fielen sämtliche Konsonanten ab. Es läßt sich denken, wie stark dadurch das Aussehen der Wörter verändert wurde. Vor allem verloren die meisten Endungen ihre kennzeichnende Gestalt. Die Vergleichung war also zunächst auf die Stammbildung, Bopps eigenstes Gebiet, angewiesen. Die slawischen Sprachen sind nicht aus so alter Zeit bekannt wie das Arische, das Griechische und das Lateinische. Aber tausend Jahre ihrer Geschichte können wir doch überblicken. Die ältesten Texte sind Übersetzungen der Bibel, die im 9. Jahrhundert von byzantinischen Missionaren bei den Slawen angefertigt worden sind. Diese Missionare übersetzten in die bulgarische Sprache, die sie aus ihrer Heimat kannten und die damals offenbar auch bei anderen slawischen Völkern verstanden wurde. Als Kirchensprache ist diese Form des Slawischen noch heute bei den orthodoxen Slawen in Gebrauch und heißt darum «Kirchenslawisch». Das Kirchenslawische hat Bopp von der zweiten Lieferung seiner vergleichenden Grammatik an (1835) für die Vergleichung herangezogen. Da er Rasks Arbeit nicht kannte, mußte er selbständig die Zugehörigkeit des Slawischen beweisen (218).

Eine ebenso große Erweiterung wie östlich vom Germanischen erfuhr das Gebiet der indogermanischen Sprachen in westlicher Richtung. Der Engländer J. C. Prichard 1831, der Schweizer A. Pictet 1837 und Franz Bopp 1839 wiesen nach, daß auch die keltischen Sprachen indogermanisch sind. Bopp führte diesen Nachweis am heutigen Irisch; die ältere Überlieferung der Sprache war ihm noch nicht bekannt. Wer das Neuirische kennt, kann Bopps genialen Scharfblick nicht genug bewundern, denn die Gestalt der indogermanischen Wörter ist im Irischen heute bis zur Unkenntlichkeit verändert. Die alten Endungen gibt es längst nicht mehr. Aber in einzelnen wenigen Fällen haben sie ihre Spuren am Anlaut des folgenden Wortes hinterlassen. Dieser Anlaut hat eine andere Gestalt, je nachdem das vorhergehende Zahlwort oder der Artikel auf Vokal, auf Nasal oder auf *s* ausging. Diese winzigen Spuren erkannte Bopp und deutete sie richtig. Daraus konnte er die ursprünglichen Endungen erschließen und ihre Übereinstimmung mit den indogermanischen erweisen. Es sind dann ältere Denkmäler des Irischen seit dem 8. Jahrhundert zugänglich geworden, deren Sprachformen die indogermanische Eigenart der Sprache völlig deutlich machten. Damit aber war auch für die Schwestersprachen des Irischen, das Kymrische in Wales und das Bretonische in der Bretagne, die indogermanische Verwandtschaft erwiesen. Die ganze Gruppe heißt die keltische und erscheint geschichtlich als letzter Rest einer Sprachfamilie, die einst viel weiter verbreitet war. Zur Zeit Cäsars wurden nicht nur fast ganz Gallien und Oberitalien, sondern auch der Nordwesten Spaniens, die Schweiz, Süddeutschland und Österreich, außerdem Großbritannien von keltisch redenden Menschen bewohnt. Das wird uns ausdrücklich von griechischen und römischen Schriftstellern berichtet und von den Ortsnamen dieser Gebiete bestätigt. Zeugnisse für das Aussehen dieser alten keltischen Sprache sind nur die geographischen und die Personennamen, dazu wenige Inschriften. In ihnen zeigt sich völlig deutlich eine erstaunliche Ähnlichkeit mit dem Lateinischen und dem Griechischen. Da heißt *rix* «König», lateinisch *rex, viros* «Mann», lateinisch *vir, garanos* «Kranich», griechisch *géranos, tarvos* «Stier», griechisch *taũros.* Dasselbe Bild bietet die Flexion. Das Wort *viros* flektierte im Altgallischen *viros* «der Mann», *viri* «des Mannes, *viru* «dem Manne», also fast wie im Altlateinischen. Aber wir wollen uns erinnern, daß Bopp seinen Nachweis nicht auf Grund dieser einleuchtenden Gleichungen, sondern mit Hilfe eines viel, viel spärlicheren und unsichereren Materials geführt hat.

So hatte sich herausgestellt, daß fast ganz Europa vom Beginn unserer Überlieferungen an von Völkern bewohnt war, die indogermanische Sprachen redeten. Und als indogermanisch konnte Bopp 1854 nun auch die einzige noch übrige Sprache nachweisen, die außer Slawisch, Griechisch und Türkisch (das erst im Mittelalter eingedrungen ist) auf dem Balkan gesprochen wird, das Albanische. Der Wortschatz dieser Sprache stammt freilich zum größeren Teil aus dem Lateinischen, aber der Rest und der Formenbau erweisen sie als selbständige indogermanische Sprache.

Sprachvergleichung und Sprachgeschichte gewährten einen ganz neuen Blick auf anscheinend längst durchforschte Sprachen. Auf dem Gebiete des Griechischen und des Lateinischen hatten sich die Philologen seit zwei Jahrtausenden mit der Sprache der Literatur befaßt. Für die Sprachwissenschaftler wurde jetzt die Sprache als solche, ohne Rücksicht auf die in ihr ausgedrückten Inhalte, in ihrer ganzen Fülle wichtig. Wie es Jakob Grimm für das Germanische vorgemacht hatte, richtete man nun die Aufmerksamkeit auf die Dialekte des Griechischen und des Lateinischen. Denkmäler für diese lieferten reichlich die Ausgrabungen der zweiten Hälfte des 19. Jahrhunderts, die viele zum Teil sehr umfangreiche Inschriften zutage brachten, die oft im Dialekt der betreffenden Landschaft abgefaßt waren. So ergab sich für das Griechische ein viel reicheres Bild als bisher, und es zeigte sich, daß viele Dialekte eine altertümlichere Wortgestalt boten als das Ionische und das Attische, die bisher im Mittelpunkt der Aufmerksamkeit gestanden hatten. Und diese Formen sahen den entsprechenden arischen und lateinischen viel ähnlicher als die attischen.

In Italien erschlossen die Inschriften zunächst eine ältere Gestalt des Lateinischen, die nun wieder dem Griechischen und dem Arischen ähnlicher sah als die Sprache Ciceros. Außerdem lernte man mehrere neue Sprachen kennen, die zweifellos dem Lateinischen nahestanden, aber doch selbständig waren. Da war das Umbrische, dessen Hauptdenkmal, die Tafeln von Iguvium, dem heutigen Gubbio, schon 1444 ausgegraben wurde, aber erst in der Mitte des 19. Jahrhunderts gedeutet werden konnte (219). Dann das Oskische, die Sprache der Samniten (220), der alten Wettbewerber der Römer in der Herrschaft über Italien. Dazu eine Reihe kleinerer Sprachen oder Dialekte. Man hatte es also nicht mehr nur mit dem Lateinischen, sondern mit einer ganzen italischen Gruppe des Indogermanischen zu tun.

Nicht zu dieser Gruppe, obwohl unzweifelhaft indogermanisch, gehört das Messapische im Südosten der Halbinsel, dessen Beziehungen eher nach dem Westen der Balkanhalbinsel weisen. Dort wohnte im Altertum das Volk der Illyrier, dessen Stammes-, Fluß- und Ortsnamen zeigen, daß es sich um ein Volk indogermanischer Zunge handelt. Die gründliche Durchforschung dieser Sprachreste durch Hans Krahe hat für die indogermanische Sprachwissenschaft wichtige Ergänzungen geliefert (221).

Der Osten der Balkanhalbinsel gehörte im Altertum den Thrakern, deren Wohnsitze sich weit nördlich von der Donau erstreckten und über die Meerengen nach dem nordwestlichen Kleinasien übergriffen. Die einzige Inschrift, die sie hinterlassen haben, ist bis heute nicht gedeutet, aber mit Hilfe der Namen hat Tomaschek schon 1883 den indogermanischen Charakter der Sprache nachgewiesen. Weitere Erkenntnisse über sie verdanken wir Norbert Jokl (222).

Aber die Kette indogermanischer Sprachen erstreckte sich noch weiter nach Osten. Das Hochland von Kleinasien bewohnten die Phryger, von denen eine ganze Anzahl von Grabschriften aus mehreren Jahrhunderten erhalten ist. Sie erweisen das Phrygische eindeutig als indogermanisch (223).

Mit den Phrygern brachte schon Herodot die Armenier, ihre östlichen Nachbarn, in Verbindung. Im 19. Jahrhundert hielt man das Armenische lange für eine iranische Sprache. In der Tat wimmelt es von iranischen Wörtern, haben doch die indogermanischen Armenier seit ihrer Niederlassung im heutigen Armenien im 6. Jahrhundert v. Chr. bis zur mohammedanischen Eroberung unter iranischem Einfluß gestanden. Aber Hübschmann konnte 1885 nachweisen, daß die Sprache ein selbständiger Zweig des Indogermanischen ist. Bei diesem Nachweis spielte eine merkwürdige Erscheinung des Armenischen eine große Rolle, nämlich eine regelrechte Lautverschiebung, durch die *t* zu *th*, *k* zu *kh*, *d* zu *t*, *g* zu *k* wird, während für *p* *h* erscheint.

Da man aus den Berichten der alten Geschichtsschreiber wußte, daß Südrußland vom Kaukasus bis zur Donau ehemals von iranischen Stämmen bewohnt war (224), glaubte man nun ein zusammenhängendes indogermanisches Sprachgebiet vom Atlantischen Ozean bis zum Golf von Bengalen feststellen zu können. Das war erstaunlich genug, aber das neue Jahrhundert brachte weitere Überraschungen.

Zu Beginn des 20. Jahrhunderts waren in der Wüste von Chinesisch-Turkestan mehrere Forschungsunternehmungen tätig gewesen, eine französische, die Mission Pelliot, in der Gegend von Kutscha, und vier deutsche Turfan-Expeditionen. Beide fanden in verlassenen Städten und buddhistischen Klöstern reiche Schätze an Kunstwerken, dazu viele Handschriften auf Palmblättern in verschiedenen Sprachen. Darunter waren mehrere bisher unbekannte mitteliranische Dialekte, außerdem aber eine ganz neue Sprache, die sich zur allgemeinen Überraschung als indogermanisch herausstellte. Das konnte durch eine Fülle einleuchtender Wortgleichungen bewiesen werden. Auch die Personalendungen des Verbums boten das vertraute Bild. Die Sprache wurde gleich in zwei ziemlich abweichenden Dialekten bekannt, von denen der eine, zunächst A genannt, nur im Osten, der andere (B) hauptsächlich im Westen des Gebiets gebraucht wurde. Als Gesamtbezeichnung hat sich trotz mancher Bedenken der Name Tocharisch durchgesetzt. Die gefundenen Denkmäler stammen aus dem 5. bis 8. Jahrhundert nach Christi Geburt (225).

War das Tocharische an einer gänzlich unerwarteten Stelle im Raume aufgetaucht, so führte die nächste Entdeckung in unwahrscheinlich ferne Zeiten zurück. Im Jahre 1906 fand Hugo Winkler bei dem türkischen Dorfe Boghaz-köi in Kleinasien (östlich von Ankara) die Hauptstadt des Reichs der Hethiter, das im 2. Jahrtausend v. Chr. eine Großmacht gewesen war. In einem Tempel dieser Stadt entdeckte man nun das Archiv der Regierung in Gestalt von Tausenden von Tontafeln, die in Keilschrift beschrieben waren. Die Texte zu lesen machte also verhältnismäßig wenig Schwierigkeiten. Aber neben dem wohlbekannten Babylonisch erschienen mehrere unbekannte Sprachen, darunter eine, die offenbar die amtliche Sprache des Reiches gewesen war. Man nannte sie deshalb Hethitisch, die Leute selbst hatten sich *Hatti* genannt (226).

An die Entzifferung dieser Sprache machten sich natürlich zuerst Kenner des Babylonischen und der Keilschrift. Einer von ihnen, der Tscheche Hrozný, veröffentlichte 1915 einen Aufsatz, dem er 1917 ein Buch folgen ließ, in dem er den Nachweis unternahm, daß das Hethitische eine indogermanische Sprache sei (227). Die Behauptung begegnete ungläubigem Staunen, denn dieses Indogermanisch wäre ja Jahrhunderte älter gewesen als das älteste Arisch oder Griechisch, das man damals kannte, und das war zu schön, um wahr zu sein. Immerhin waren die geplagten Indogermanisten gezwungen, zu ihren vielen Alphabeten nun auch noch die Keilschrift zu lernen, und das bedeutete die Aneignung nicht nur einer neuen Schrift, sondern einer ganzen Philologie. Aber die Arbeit wurde geschafft, und wenige Jahre später, 1921, war Hroznýs Entdeckung bestätigt und anerkannt. Die Gestalt der indogermanischen Wörter sah im Gewande der Keilschrift zunächst etwas ungewohnt aus, auch gab es im Anfang wenig einleuchtende Gleichungen. Aber wenn das Wasser *watar* hieß, so mußten die Zweifler wohl stutzig werden. Und es kam auch vor, daß eine zunächst abenteuerlich aussehende Gleichung schließlich doch einen richtigen Kern enthielt. So hatte Hrozný die Form *ezzatteni* «ihr eßt» in aller Harmlosigkeit mit der entsprechenden althochdeutschen *esset* verglichen. Das erregte mit Recht den Unwillen der Indogermanisten, denn es sah ja aus, als hätten die Hethiter nicht nur die erste, sondern gleich auch noch die zweite Lautverschiebung mitgemacht! Als man aber die Schreibgewohnheiten und auch einige von den Lautregeln der Hethiter näher kennen lernte, stellte sich heraus, daß die Sache doch ihre Richtigkeit hatte. Nur wird man die hethitischen Formen nicht gleich mit den althochdeutschen, sondern zunächst mit den altindischen und den lateinischen vergleichen. Dabei ergibt sich eine durchaus befriedigende Übereinstimmung:

hethitisch	altindisch	lateinisch	
etmi	*admi*	*edo*	«ich esse»
etstsi	*atti*	*est*	«er ißt»
atantsi	*adanti*	*edunt*	«sie essen»

So mehrte sich bei genauerer Kenntnis der Bestand an einleuchtenden Gleichungen, und heute ist das Hethitische eine anerkannte indogermanische Sprache mit Grammatik und Wörterbuch. Das Hauptverdienst an ihrer Erschließung haben Ferdinand Sommer und Johannes Friedrich (228).

Die Amtssprache des Reiches von Hatti ist nicht die einzige indogermanische Sprache, die in dem Archiv von Boghazköi vertreten ist. Allerdings wird die Erforschung der anderen dadurch erschwert, daß die Texte, die in ihnen abgefaßt sind, keinen großen Umfang haben. Deshalb können wir auch noch nicht sagen, in welchem verwandtschaftlichem Verhältnis diese Sprachen, das Luwische und das Palaische, zum Hethitischen stehen. Die Sache wird aber noch verwickelter dadurch, daß im Bereiche der hethitischen Kultur noch eine weitere indogermanische Sprache entdeckt worden ist. Dazu war wieder eine Entzifferung nötig, nämlich von Inschriften aus Syrien, die mit Bildzeichen oder Hieroglyphen geschrieben sind. Sie sind ein paar hundert Jahre jünger als die letzten Keilschrifturkunden der Hethiter. Damals gab es in Syrien eine Art Nachfolgestaat des hethitischen Reiches – es sind die Hethiter des Alten Testaments. Aber die Sprache dieser Leute ist zwar indogermanisch, doch sicher nicht eine jüngere Stufe des Keilschrift-Hethitischen. Wo sie hingehört – denn in Syrien ist sie bestimmt nicht zu Hause – kann man beim heutigen Stand der Forschung noch nicht sagen. Einstweilen bezeichnet man die ganze Gruppe des Hethitischen, Luwischen, Palaischen und «Hieroglyphenhethitischen» rein geographisch als die anatolischen indogermanischen Sprachen. Da sie zum Teil sehr früh überliefert sind – das Keilschrifthethitische mit den frühesten Texten schon aus der ersten Hälfte des zweiten Jahrtausends v. Chr.! –, ist zu hoffen, daß wir manches über die älteste Geschichte der indogermanischen

Sprachen erfahren, wenn erst einmal das gegenseitige Verhältnis dieser anatolischen Sprachen aufgehellt ist (229).

Ebenfalls einer Entzifferung verdanken wir die vorläufig letzte bedeutende Erweiterung unserer Kenntnis von der Geschichte einer indogermanischen Sprache. Schon vor mehr als einem halben Jahrhundert hatte der englische Archäologe Evans bei seinen Ausgrabungen auf Kreta, die die sogenannte «minoische» Kultur des 2. Jahrtausends v. Chr. erschlossen, zahlreiche beschriebene Tontäfelchen gefunden. Die Schriftzeichen darauf waren von drei Arten: auf den ältesten Bilderschrift, also Hieroglyphen, auf den jüngeren, offenbar daraus abgekürzt, Strichzeichen in zwei Gestalten, die man Linearschrift A und B nennt. Solche Schriftdenkmäler kamen zunächst fast nur auf Kreta zutage, auf dem griechischen Festlande hatte Schliemann bei seinen berühmten Ausgrabungen in Mykene keine gefunden. Man glaubte deshalb, die Träger der mykenischen Kultur, also die Leute, unter die Homer die Handlung seiner Gedichte verlegt, hätten von der Kunst des Schreibens keinen Gebrauch gemacht. Aber seit 1939 fand man bei der Ausgrabung einer mykenischen Burg im alten Pylos im Südwesten der Peloponnes große Mengen solcher Täfelchen, allerdings nur in Linearschrift B beschrieben. Und im Jahre 1953 wurde der kleine Kreis derer, die an so entlegenen Dingen Anteil nehmen, durch die Nachricht überrascht, daß es den englischen Forschern M. Ventris und J. Chadwick gelungen sei, die Linearschrift B zu entziffern (230). Sie legten nicht nur ihre Ergebnisse vor, sondern auch ihr Material und die Methode, die sie angewendet hatten. So konnte man die Entzifferung nachprüfen und sehen, daß die Sache auf festem Boden stand. Kurz darauf wurden neue Täfelchen gefunden, man konnte sie nach den Ansätzen von Ventris und Chadwick lesen, und es ergab sich ein überzeugend passender Sinn. Damit waren die letzten Zweifel beseitigt, und der klassischen Philologie war ein neues Feld der Forschung geöffnet.

Denn die Sprache dieser Täfelchen erwies sich zweifellos als Griechisch. Für die mykenische Kultur hatte man auf

Grund verschiedener Erwägungen schon vorher vermutet, daß ihre Sprache Griechisch gewesen sei. Überraschend war aber, daß selbst Knossos auf Kreta schon in so früher Zeit von Griechen bewohnt gewesen ist. Für die Geschichte der griechischen Sprache ist die Erschließung des neuen Materials von größter Bedeutung. Die Sprache, die wir hier kennen lernen, ist mehr als ein halbes Jahrtausend älter als die Sprache der homerischen Gedichte. Die Sprachwissenschaftler erlebten die Genugtuung, daß sich viele ihrer Vermutungen über das Aussehen des ältesten Griechisch bestätigten. Auch die Mundart, die man in der mykenischen Zeit schrieb, ist dieselbe, die man für diese Zeit und diese Gegend vermutet hat. Wir wissen also nun, wie drei wichtige indogermanische Sprachen, nämlich Arisch, Hethitisch und Griechisch, schon in der Mitte des 2. Jahrtausends v. Chr. ausgesehen haben.

Durch alle diese Entdeckungen, die sich über mehr als hundert Jahre erstrecken, ist das Feld der indogermanischen Sprachwissenschaft abgesteckt worden. Es sind mehr als ein Dutzend Sprachzweige, fast alle mit zahlreichen Einzelsprachen und Dialekten, die die Vergleichung miteinander in Beziehung zu setzen hat. Jede dieser Sprachen hat ihre eigene Entwicklung, ihre eigenen Bedingungen für die Gestalt der Wörter. Da geht es nicht mehr an, einfach die Lautentsprechungen nebeneinanderzustellen, wie das ohne weiteres möglich ist, wenn man nur zwei Sprachen zu vergleichen hat. Bei der Vergleichung vieler Sprachen würde das Bild ganz unübersichtlich werden. Man muß vielmehr nicht die eine Sprache auf die andere, sondern alle zusammen auf einen gemeinsamen Hintergrund abbilden. Diesen Hintergrund liefern diejenigen Züge der Wortgestalt, also die «Laute», von denen wir annehmen, daß sie die Ausgangspunkte für die regelmäßigen Veränderungen in den Einzelsprachen gewesen sind.

Wenn wir zum Beispiel finden, daß das Wort für «Vater» im Arischen, Griechischen, Lateinischen, Oskisch-Umbrischen und Tocharischen mit *p* anlautet, im Germanischen mit *f,* im Armenischen mit *h,* während es im Irischen überhaupt keinen Konsonanten im Anlaut hat, sondern gleich mit *a* beginnt, so werden wir *p* als den ursprünglichen Laut und die abweichenden Vertretungen als Veränderungen davon betrachten, weil eine Mehrzahl selbständiger Sprachen *p* zeigt, weil die Abweichungen unter sich verschieden sind, und vor allem, weil man sonst nie beobachtet, daß aus *h* oder gar aus nichts ein *p* würde. Voraussetzung für diesen Schluß ist allerdings, daß dieselben Entsprechungen bei allen Wörtern auftreten, die im Arischen, Griechischen usw. mit *p* anlauten. Nur auf diese Weise läßt sich auch das Schicksal des Lautes in sämtlichen indogermanischen Sprachen feststellen, denn es ist ja ganz selten, daß dasselbe Wort überall vorkommt.

Oft erheben sich freilich Zweifel. So entspricht einem altindischen *bh* regelmäßig ein griechisches *ph* (das ist nicht *f*, sondern *p* + *h*), ein lateinisches und oskisch-umbrisches *f*, ein germanisches *w* (ein stimmhafter Lippenreibelaut, geschrieben *b* oder *ƀ*), ein tocharisches und hethitisches *p*, in allen andern verwandten Sprachen ein *b*. Hier ist zunächst festzustellen, daß eine Reihe von Sprachen, nämlich das Altindische, das Armenische, das Griechische, das Lateinische, das Oskisch-Umbrische und das Germanische den fraglichen Laut von *b* unterscheiden, die andern nicht. Ist der Unterschied ursprünglich, oder ist er erst im Laufe der Entwicklung entstanden? Wenn ein Laut in der Geschichte einer Sprache verschieden behandelt wird, müssen Bedingungen vorliegen, unter denen das geschieht. Solche lassen sich in unserem Falle nicht angeben. Nun, das könnte an unserer Unkenntnis liegen. Aber für einige Sprachen, die den Unterschied nicht kennen, läßt sich nachweisen oder wahrscheinlich machen, daß sie ihn einst gekannt haben. So dürfen wir vermuten, daß der Unterschied im Anfang bestand, aber dann in mehreren Sprachen aufgegeben wurde. Wodurch kann sich nun *bh ph f w* oder was es nun gewesen ist von *b* unterschieden haben? Nicht durch die Stelle der Lautbildung – es sind alles Lippenlaute. Auch nicht durch die bloße Abwesenheit des Stimmtons, denn *p* ist in allen Sprachen ein deutlich gesonderter Laut außer im Tocharischen und Hethitischen, die überhaupt nur einen einzigen Lippenverschlußlaut (umschrieben *p*) haben. Es bieten sich noch an die Behauchung wie im Altindischen und Griechischen oder der Reibelaut wie im Germanischen und den beiden italischen Sprachen, gegebenenfalls in Verbindung mit Abwesenheit des Stimmtons wie im Griechischen und in den italischen Sprachen. Nun fällt der fragliche Laut, wo überhaupt eine Wahl besteht, niemals mit *p*, sondern immer mit *b* zusammen, und das erlaubt die Vermutung, der Stimmton habe zu seinen Merkmalen gehört. Es bleibt also die Wahl zwischen stimmhaftem Reibelaut und stimmhaftem behauchtem Verschlußlaut. Die Entscheidung wird davon abhängen, ob man den Übergang eines Reibelautes in einen behauchten Verschlußlaut für wahrscheinlicher hält als den umgekehrten. Solange wir nur Wortformen unterscheiden wollen, spielt es keine Rolle, ob wir schreiben **bhero* oder **ƀerō* «ich trage». Erst wenn wir den Ehrgeiz haben, ein ursprüngliches Lautsystem der indogermanischen Sprachen aufzustellen, müssen wir Farbe bekennen.

So versuchen wir, für jede Reihe regelmäßiger Lautentsprechungen in den indogermanischen Sprachen einen Lautwert festzulegen, der den tatsächlichen Befund in jeder Einzelsprache nach Möglichkeit verstehen läßt. Dabei bilden wir uns nicht ein, eine Lautung genau zu treffen, sondern wir wollen nur die Merkmale festhalten, durch die sich die Wortformen unterscheiden. Da die «Laute», die wir so voraussetzen, nichts anderes sind als Züge einer Wortgestalt, fügen sie sich natürlich auch zu einer solchen zusammen, so daß wir zum Ansatz ursprünglicher Wortformen kommen. Solche Formen versieht man in der Schrift, um sie nicht mit belegten Formen aus wirklichen Sprachen zu verwechseln, mit einem Stern. Wir fassen also die Gleichung altindisch *bháranti*, griechisch *phéronti*, lateinisch *ferunt*, gotisch *berand* in den Ausdruck **bheronti* «sie tragen» zusammen.

Was ist aber nun dieses **bheronti?* AUGUST SCHLEICHER in Jena (1821–1868), der erste, der dieses Verfahren angewendet hat (231), war überzeugt, daß er damit wirkliche Wörter einer wirklichen Sprache zurückgewonnen habe. Er nannte das Verfahren daher «Rekonstruktion der indogermanischen Ursprache». Seine Überzeugung von der Wirklichkeit dieser Sprache war so fest, daß er sogar einen Text in dieser Sprache verfaßte und einem Lesebuch, in dem er Textproben der wichtigsten indogermanischen Sprachen zusammenstellte, einverleibte. Später wurde man vorsichtiger, und diese Vorsicht steigerte sich schließlich so weit, daß einige in den «rekonstruierten» Wortformen nur Formeln sehen wollten, abgekürzte Schreibweisen für die ausführliche Gleichung, die die entsprechenden Formen der Einzelsprachen enthielt.

Aber diese Zurückhaltung geht doch wohl zu weit. Denn wo immer man um die Richtigkeit eines Ansatzes gestritten hat, da ging es nicht nur um die Zweckmäßigkeit einer Bezeichnungsweise, sondern darum, ob man eine sprachliche Wirklichkeit erfaßt oder verfehlt habe. Und beide Parteien haben sich nie auf Zweckmäßigkeit berufen, sondern auf Wirkung von Lauten aufeinander. Als es sich darum handelte, die Gleichung altindisch *a*, griechisch *e*, lateinisch *e* zu beurteilen, hätte die Zweckmäßigkeit ohne weiteres für die Bezeichnung *e* entschieden, denn mit *a* hätte man ja zwei verschiedene Gleichungen schreiben müssen. Aber die Auseinandersetzung ging eben darum, ob *e* aus *a* entstanden oder *a* aus *a* und *e* zusammengefallen sei, d. h. um die Erkenntnis einer wirklichen Lautentwicklung. Und entschieden wurde die Frage durch die Beobachtung, daß im Altindischen die Wirkung eines ursprünglichen *e* an vorhergehenden Gaumenlauten noch zu erkennen war. Wirkungen können aber nur von Wirklichem ausgehen, nicht von bloßen Formeln.

Freilich, auch Schleichers Standpunkt werden wir nicht ohne Vorbehalt teilen können. Wir wissen zu genau, wie viele Einzelheiten die wirkliche Sprache enthält, von denen uns keine Vergleichung Kunde gibt und geben kann. Das Entscheidende, nämlich wie die erschlossene Sprache geklungen hat, werden wir nie erfahren. Aber sollen wir deshalb, weil wir nicht alles erfahren können, was wir gern wissen möchten, auch die Erkenntnisse verschmähen, die uns zu Gebote stehen? Niemand glaubt ja, daß der Tierkundige im Gerippe eines vorzeitlichen Tieres die volle Wirklichkeit dieses Tieres erfasse. Aber ebensowenig wird man bestreiten, daß es sich um das wirkliche Gerippe eines wirklichen Tieres handelt. So liefert uns auch die Erschließung, die «Rekonstruktion», nur das Gerippe einer Sprache, aber einer wirklichen Sprache. Das macht sich besonders geltend, wenn nicht nur nach der Gestalt, sondern auch nach der Bedeutung der erschlossenen Wortformen gefragt wird (232).

Die Bedeutungen der Wörter begann man viel später als ihre Laute und Formen planmäßig zu vergleichen. Es lag dazu im Anfang auch kein Bedürfnis vor, denn es gab genug der Gestalt nach vergleichbare Wörter, deren Bedeutung in den verschiedenen Sprachen dieselbe war. Wenn so ein Wort in allen Sprachen, in denen es vorkommt, das «Haus» bezeichnet oder das «Pferd» oder «rot» oder «gehen» oder «sterben», so gibt es keine Schwierigkeit. Aber als die Vergleichung weiter fortschritt und man danach strebte, den gesamten Sprachstoff zu vergleichen, stieß man auch auf Fälle anderer Art, und gerade diese erwiesen sich als besonders aufschlußreich. Man wußte ja längst aus der Sprachgeschichte, daß Sachverhalte ihre Bezeichnung ändern und daß die neue Bezeichnung sehr oft nicht neu geschaffen, sondern anderswoher übertragen ist. Wenn man nicht vom Gegenstand, sondern vom Wort ausging – und das mußte man bei der Vergleichung, die ja Wörter lieferte, tun –, so hieß das, daß ein Wort Bezeichnung für einen andern Gegenstand wurde als bisher. Es gibt da bestimmte Vorgänge, die in allen Sprachen immer wiederkehren. Überall werden z. B. Bezeichnungen für Unanschauliches dem Bereich des Anschaulichen entnommen. Und nun beobachten wir bei der Vergleichung häufig, daß die eine Sprache ein Wort in anschaulicher Bedeutung verwendet, eine andere dagegen nur für etwas Unanschauliches. So heißt im Griechischen *ánemos* «Wind», lateinisch *animus* aber «Geist, Gemüt». Die Verbindung führt über urtümliche Seelenvorstellungen, die eben dadurch auch für die indogermanische Frühzeit gesichert werden. Wenn man althochdeutsch *bibet* «bebt» mit altindisch *bibheti* «fürchtet» vergleicht, so findet man nebeneinander, was so häufig in der Geschichte der Einzelsprachen hintereinander vorkommt, nämlich ein Wort für einen körperlichen Vorgang, und dasselbe Wort für das entsprechende seelische Erlebnis.

Schwieriger wird die Sache, wenn dasselbe Wort in verschiedenen Sprachen verschiedene greifbare Dinge derselben Art bezeichnet. Da ist die berühmte «Buchengleichung»: althochdeutsch *buohha* «Buche», lateinisch *fagus* «Buche», aber griechisch *phāgós* «Eiche». Und das Kurdische, ein iranischer Dialekt in der Gegend der heutigen türkisch-persischen Grenze, nennt mit demselben Worte die «Ulme». Welcher Baum hat den Namen nun ursprünglich getragen? Die Frage ist wichtig, weil die Verbreitung der Buche auf Mittel- und Westeuropa beschränkt ist. Gab es einen alten Namen für sie im Indogermanischen, dann ist die Heimat dieser Sprachgemeinschaft auf das Buchengebiet festgelegt (233).

Ähnlich folgenreich ist die Antwort auf die Frage, was das Wort ursprünglich bezeichnet hat, das in der Gleichung lateinisch *mare,* altgallisch *mori,* altslawisch *morje,* neuhochdeutsch *Meer* vorliegt. Auf den ersten Blick meint man, die Sache sei ganz einfach und die Bedeutung selbstverständlich eben «Meer», wie sie die vier Sprachzweige tatsächlich bieten. Aber wenn man näher zusieht, wird man stutzig. Im Deutschen bezeichnet nämlich das Wort nur bei den Stämmen das Weltmeer, die nicht am Meere wohnen. Alle Niederdeutschen nennen das Weltmeer *See.* Mit *meer* bezeichnet der Niederländer ein Binnengewässer gerade im Gegensatz zum offenen Meer. Als die *Zuiderzee* durch einen Damm von der offenen See getrennt wurde, bekam sie den Namen *IJsselmeer.* Und im Hannoverschen finden wir das *Steinhuder Meer.* Dazu kommt, daß im Litauischen der Plural *mãrės* das «Haff» bezeichnet. Auch das gallische und das slawische Wort werden außer für das Meer für Binnengewässer und Sümpfe gebraucht. Nun hängt das Wort zweifellos mit deutsch *Moor* zusammen. Man muß sich also fragen, in welcher Richtung die Übertragung erfolgt ist. Haben die Leute Binnenseen und Sümpfe «kleine Ozeane» oder haben sie das Weltmeer «großen Teich» genannt? Die Wahrscheinlichkeit scheint für die zweite Annahme zu sprechen. Daß auch dieser Ansatz für die Heimatfrage wichtig ist, versteht sich von selbst.

Dies sind zwei Beispiele für die Fälle, in denen es schwierig ist, den Gang der Übertragung zu erschließen, und man über eine Wahrscheinlichkeit nicht hinauskommt.

Oft läßt der Bedeutungsunterschied einen Sachwandel erkennen. Im Altindischen heißt *śā́khā* «Ast», im Russischen *socha* «Hakenpflug», das ist ein Pflug, der einfach aus einem krummen Ast besteht. Ähnlich wird man das Verhältnis von altindisch *ajras* «Weide» zu griechisch *agrós*, lateinisch *ager*, gotisch *akrs* «Acker» beurteilen. Was ursprünglich Weide war, wurde beim Übergang zum Ackerbau zum Acker gemacht, so daß hier das Arische für sich allein die alte Bedeutung festgehalten hat, während mehrere andere Sprachzweige die neue bieten. Daß «Weide» wirklich die ältere Bedeutung ist, wird dadurch bewiesen, daß **agros* von dem Verbum altindisch *ajati*, griechisch *ágei*, lateinisch *agit* kommt, das überall «Vieh treiben» bedeutet.

Umstritten sind die Fälle, in denen ein Teil der Sprachen eine allgemeine, ein anderer Teil eine ganz enge Bedeutung eines Wortes aufweist. Das Wort, das der Sippe von deutsch *mahlen* entspricht und in den europäischen Sprachen mit dieser Bedeutung weit verbreitet ist, heißt im Arischen «zermalmen». In solchen Fällen ist der Laie geneigt, die allgemeine Bedeutung als die ursprüngliche anzusetzen und die besondere daraus hervorgehen zu lassen. Viele Sprachforscher teilen diese Ansicht. Aber auch da muß man vorsichtig sein, denn die Erfahrung lehrt, wie wir gesehen haben (S. 264), daß oft Fachausdrücke eines bestimmten Gebiets sehr allgemein verwendet werden. Und das Hethitische hat auch die Bedeutung «mahlen». Warum soll *mahlen* nicht als Kraftausdruck zu der Bedeutung «zermalmen» gekommen sein?

Wie man sieht, bedarf es sprachgeschichtlicher Erfahrung,

sachlicher Kenntnisse und einer wohlgezügelten Phantasie, um die Vergleichung von Wortbedeutungen erfolgreich durchführen zu können. Vor allem muß man den Blick für alle Möglichkeiten offen behalten.

Eine besonders lehrreiche Gruppe von Bedeutungabweichungen sind die, die sich als selbständig gewordene Seiten einer alten Gesamtbedeutung herausstellen. Lateinisch *petit* heißt «er geht auf etwas los», dann auch «er fordert». Griechisch *píptei* ist ein redupliziertes Präsens von derselben Wurzel, bedeutet aber «er fällt». Und altindisch *patati* heißt «er fällt, er fliegt». Übergänge von einer dieser Bedeutungen zur anderen lassen sich schwer ersinnen, aber es gibt einen Vorgang, der sie alle als einzelne Seiten enthält: das ist der Stoß des Habichts auf seine Beute. Das ist zugleich ein Losgehen auf, ein Fallen und ein Fliegen, und somit ist es der ursprüngliche Sachgehalt der Wurzel *pet*. Noch ein Beispiel dieser Art. Das deutsche *suchen*, gotisch *sōkjan*, entspricht der Gestalt nach dem lateinischen *sāgīre* «wittern», «spüren» und dem griechischen *hāgeĩtai* «er führt». Es ist die Tätigkeit des Spürhundes, die mit diesem Worte bezeichnet wurde, der zugleich «wittert» und «sucht» und eben damit seinen Herrn «führt». Dadurch erklärt sich weiterhin, daß dasselbe Wort im Griechischen auch «er meint, glaubt» bedeutet.

Dieses Verfahren liefert Ergebnisse auch für unanschauliche Sachverhalte. Griechisch *kãdos* heißt «Kummer» und «Fürsorge», gotisch *hatis* «Haß». Das scheint beinahe das Gegenteil zu sein. Aber im Griechischen bezieht sich das Wort besonders auf die Fürsorge für und den Kummer um verstorbene Verwandte. Es bezeichnet also die Stimmung und die Verpflichtungen nach einem Todesfall. Dazu gehört unter urtümlichen Verhältnissen auch die Rache an dem, der den Tod veranlaßt hat, so daß «Haß» eine einleuchtende Ergänzung der griechischen Bedeutungsverzweigung darstellt.

Dafür, daß sich entgegengesetzte Bedeutungen als verschiedene Seiten einer bestimmten Lage erklären, noch ein Beispiel, das wieder für die Heimatfrage von Bedeutung ist. Dem lateinischen *lūcus* «Wald», althochdeutsch *lōh* «Wald» entspricht litauisch *laũkas* «Feld», altindisch *lokas* «freier Raum». Die Herkunft von Wurzel *leuk* «leuchten» macht klar, daß der ursprüngliche Sachgehalt «Lichtung im Walde» ist. Solche stellen, wie wir wissen, das älteste Siedlungsgebiet dar. Da ist «Wald» und «Feld» in einer Lage vereinigt.

Man kann nun dieses Verfahren planmäßig für möglichst große Teile des Wortschatzes durchführen, indem man wichtige Lebensgebiete, handwerkliche Techniken, Wirtschaftsweisen, gesellschaftliche Bräuche auf ihre Ausdrucksweise betrachtet. Das hat neuerdings J. Trier in einer Reihe von ausführlichen Untersuchungen über Gemeinschaftsleistungen, Fachwerkbau und Niederwaldwirtschaft getan (234). Es stellt sich dabei heraus, daß aus dem Gesamtverband der Bedeutungen auf einem solchen Gebiet der Bedarf an Bezeichnungen weit darüber hinaus gedeckt wird. So liefert der Fachwerkbau mit seinem Flechtwerk, Lehmbewurf und Kalkanstrich einen großen Teil der Wörter für Landschaft, Siedlung und Schmuck, die dabei aus dem ursprünglichen Zusammenhang gelöst und auf einzelne Seiten ihres Sachgehalts festgelegt werden.

An diesem Punkt müssen wir uns einen Augenblick überlegen, was mit dieser ganzen Veranstaltung, diesem Vergleichen von Wortformen nach ihrer Gestalt und ihrem Inhalt nun eigentlich beabsichtigt und erreicht wird. Es handelt sich, wie man gesehen hat, von Anfang bis zu Ende um Wortformen, die als «dieselben» über Raum und Zeit verfolgt wurden. Nun sind Wortformen auf der einen Seite sehr flüchtige Gebilde: wenn man sie ganz modern und sehr korrekt definieren will, so sind sie Gewohnheiten von Menschen, auf gewisse Reize hin ihre Sprechorgane in bestimmter Weise zu betätigen. Andrerseits zeigt aber gerade die historische Sprachvergleichung, daß Wortformen durch Jahrtausende und in Dutzenden von Brechungen beständig bleiben und wiedererkannt werden. Das ist möglich, weil ihre Veränderungen ganz allmählich geschehen und der geschichtliche Zusammenhang zwischen diesen «Gewohnheiten» der Menschen niemals abreißt: kein Mensch erwirbt eine solche Gewohnheit, der sie nicht von einem andern Menschen lernte. Darum sind Wortformen nicht nur ebenso beständig wie Stein, Erz oder Knochen, sondern sie sind darüber hinaus lebendige Erbstücke, die von konkreten Beziehungen zwischen Menschen durch viele Geschlechter Zeugnis ablegen. Das Wesentliche und Eigentümliche dieser Art von Sprachvergleichung ist also der Blick auf das Material der Sprache, auf die einmalige Lautung mit ihrem besonderen Inhalt, die seit Urzeiten von Mund zu Mund überliefert ist. Das macht das Verfahren zu einem geschichtlichen im strengen Sinne. Die historisch-vergleichende Sprachwissenschaft ist erstens ihrem Thema nach ein Zweig der Geschichte der Menschheit, indem sie die Entwicklung der Sprachen darstellt und deutet, und sie ist zweitens eine Hilfswissenschaft für alle andern historischen Fachrichtungen, denen sie Ergänzungen aus ihren besonderen, auf andere Weise nicht zugänglichen Erkenntnissen liefern kann.

Die Vergleichung der indogermanischen Sprachen ist nicht das einzige Unternehmen dieser Art. Überall, wo die Verhältnisse ähnlich günstig sind, d. h. dasselbe Material in zahlreichen Brechungen vorliegt und vielleicht noch ältere Zustände der Sprachen festgestellt werden können, läßt sich dieselbe Methode anwenden und ergibt die Geschichte einer Sprachfamilie. So hat man eine vergleichende Grammatik der semitischen (235) und der hamitischen Sprachen (in Nordafrika), der uralischen Sprachen in Osteuropa und Nordwest-Asien (236), der Bantusprachen (im mittleren und südlichen Afrika) (237), der Dravida-Sprachen (in Südindien), der indonesischen Sprachen (238) und der tibetochinesischen Sprachen (in Ostasien und Hinterindien).

Was auf diese Weise festgestellt wird, ist also eine geschichtliche Beziehung zwischen einer Anzahl von Sprachen. Die nächste Frage muß sein, wie man sich diese Beziehung näher zu denken hat. Lange Zeit herrschte unbestritten die Auffassung, die schon William Jones angedeutet hatte, als er von der «gemeinsamen Quelle» des Sanskrit, des Griechischen, des Lateinischen und des Gotischen sprach. Danach waren geschichtlich verwandte Sprachen Fortentwicklungen derselben «Ur-» oder «Grund»-Sprache, die sich unter dem Einfluß historischer Bedingungen umgestaltet hatten. Die Keime für die spätere Verschiedenheit mochten in mundartlichen Unterschieden der Grundsprache selbst liegen. Das Modell für diese Auffassung war die Entstehung der romanischen Sprachen aus dem gesprochenen Latein, das sich im Gefolge der römischen Herrschaft über Westeuropa und Nordafrika verbreitet hatte. Wenn auch die Einzelheiten des Vorgangs noch längst nicht alle geklärt sind, so besteht doch kein Zweifel, daß sich eine verhältnismäßig einheitliche Sprache in den einzelnen Gegenden zu deutlich verschiedenen selbständigen Sprachen entwickelt hat.

Aber ist dies die einzig denkbare Möglichkeit, wie Sprachen geschichtlich miteinander zusammenhängen können, so daß wir in jedem Fall, wo wir geschichtliche Sprachverwandtschaft feststellen, unbedingt eine einheitliche Grundsprache voraussetzen müssen? Es gibt doch noch andere Beziehungen zwischen Sprachgemeinschaften, die auf geschichtlichen Berührungen zwischen Menschen beruhen. Jede Entlehnung ist ja eine solche, sei es, daß man fremde Wörter geradezu übernimmt, sei es, daß man den eigenen Wortschatz nach dem Vorbild des fremden ausgestaltet (s. S. 264). Und Entlehnungen können sehr weit gehen. Es gibt Sprachen, deren Wortschatz zum größten Teil aus Lehnwörtern besteht. Zwar werden nicht alle Arten von Wörtern gleich leicht und gleich häufig entlehnt, aber grundsätzlich sicher vor Entlehnung ist keine von ihnen, auch nicht Pronomina und Zahlwörter. Dazu kommt die Entlehnung von Bildungssilben (deutsch *-ieren* aus altfranzösisch *-ier*) und Flexionsendungen (deutsch *-s* als Pluralzeichen aus dem Englischen) und die Nachahmung des Satzbaus (des französischen im Englischen, des lateinischen in allen europäischen Sprachen). Wenn man das alles zusammennimmt, kann wohl ein Bild herauskommen, wie es geschichtlich verwandte Sprachen zu bieten pflegen. Solange allerdings die Richtung der Entlehnungen einseitig bleibt, beobachten wir nur, wie sich das Gebiet einer Sprache auf Kosten einer anderen ausdehnt. So ähnlich müssen wir uns wohl den Vorgang der Verbreitung des Lateinischen vorstellen, denn wir besitzen aus Italien und aus Gallien Inschriften, deren Sprache zwar größtenteils, aber noch nicht vollständig lateinisch ist. Eine Sprache, bei der das Lateinischwerden auf einer früheren Stufe unterbrochen worden ist, stellt das Albanische dar. Solche Vorgänge würden durchaus zu dem hergebrachten Bilde von der Verwandtschaft der indogermanischen Sprache passen: eine Sprache, eben die «Grundsprache», verdrängt auf einem größeren Gebiet eine Reihe von andern Sprachen, wobei sie natürlich mehr oder weniger große Veränderungen erleidet.

Anders sieht die Sache aus, wenn die Entlehnungen zweier Sprachen gegenseitig sind, so daß am Ende aus zwei Sprachen eine dritte geworden ist. Ein Beispiel für diese Möglichkeit ist das Englische. Da haben sich das (westgermanische) Angelsächsisch und das (französische) Anglonormannisch zum Mittelenglischen ausgeglichen, das weder westgermanisch noch französisch ist. Wenn etwas Derartiges in der Geschichte des Indogermanischen geschehen sein sollte, wäre es wichtig zu wissen, in welchem Moment der Sprachentwicklung das Ereignis anzusetzen wäre. Wenn die Verschmelzung nämlich vor der Ausgliederung der Einzelsprachen erfolgt wäre, würde sie die Entstehung der Grundsprache betreffen, also in die Vorgeschichte des Indogermanischen gehören. Für das Verhältnis der Grundsprache zu den Einzelsprachen würde das gar nichts ausmachen. Wenn die Varianten des Englischen in den Vereinigten Staaten, Kanada, Südafrika und Australien dereinst zu selbständigen Sprachen erwüchsen, wären sie alle Töchter des Englischen und hätten denselben Anteil am angelsächsischen und am anglonormannischen Erbe in der Form, wie es in ihrer Grundsprache ausgeglichen ist. Die Auseinandersetzung zwischen den beiden Bestandteilen des Englischen wäre für ihre Unterschiede voneinander ganz ohne Bedeutung. Sehr bedeutungsvoll dagegen wäre es, wenn sich nachweisen ließe, daß die einzelnen indogermanischen Sprachen in verschiedenem Maße Anteil an zwei oder mehr sprachlichen Erbschaften hätten und daß daher ihre Verschiedenheit rühre.

Neben gemeinsamer Abstammung und nachbarlichem Austausch gibt es noch eine dritte Weise geschichtlicher Beziehung zwischen Sprachen, nämlich gleichlaufende Entwicklung im Rahmen derselben Kultur. Eine solche wird immer auch von lebhaften Entlehnungen unter den beteiligten Sprachen begleitet sein, aber sie erschöpft sich nicht darin. Es wird dabei nicht nur schon vorhandenes sprachliches Gut ausgetauscht, sondern neue Formen des Ausdrucks entstehen und verbreiten sich über eine ganze Gruppe von Sprachen, die an derselben Kultur teilhaben. Ein Beispiel dafür ist die Geschichte der europäischen Sprachen seit der Völkerwanderung. Sie ist aus verständlichen Gründen noch nicht geschrieben, aber eine ganze Anzahl von Erscheinungen ergibt sich schon aus den Darstellungen der einzelnen Sprachen. Die eindrucksvollste davon ist vielleicht die Ausbildung der umschriebenen Vergangenheitsform, also *ich habe gesehen, j'ai vu, I have seen,* neben der oder den altererbten einfachen *ich sah, je vis* und *je voyais, I saw.* Weder im Lateinischen noch im Germanischen hatte es etwas Derartiges gegeben. Die Form ist eine Neubildung, die für den Ausdruck des Geschehens neue Möglichkeiten eröffnet. Wie immer in solchen Fällen kann man fragen, ob ein neues Ausdrucksbedürfnis die Form geschaffen hat oder die zufällig entstandene Form für neue Zwecke ausgenutzt worden ist. Jedenfalls sehen wir hier eine wichtige Umgestaltung im wesentlichsten Bereich sprachlichen Ausdrucks von einer Gruppe selbständiger Sprachen gemeinsam vollzogen. Wie würde unser Eindruck sein, wenn solche Neigungen, verstärkt durch reichliche Entlehnungen, lange Zeit ungehemmt wirkten? Man müßte auch dann wohl von einer geschichtlichen Sprachfamilie reden, nur daß sie nicht durch Auseinanderstreben, sondern durch Annäherung ihrer Glieder zustandegekommen wäre. Freilich ist bisher noch kein Fall nachgewiesen worden, in dem die zusammenlaufende Entwicklung selbständiger Sprachen einen solchen Grad erreicht hätte.

Wir müssen also heute, wenn wir einen Fall historischer Sprachverwandtschaft zu beurteilen haben, mehrere Möglichkeiten in Betracht ziehen, wie er zustande gekommen sein könnte. Daraus erwächst für die Vergleichung die Aufgabe, das sprachliche Material, das ihr zur Verfügung steht, daraufhin zu prüfen, ob es eine Entscheidung in dem einen oder dem andern Sinne erlaubt.

Die Darstellung der geschichtlichen Verwandtschaft von Sprachen und der Methoden, mit denen man sie feststellt und auswertet, hat ziemlich viel Raum in Anspruch genommen. Das ist durch den Stand der Wissenschaft bedingt: während des 19. Jahrhunderts und noch bis weit in das 20. hinein hat sich die Forschung ganz überwiegend mit der Geschichte der Sprachen und Sprachfamilien beschäftigt, von der die Vergleichung im bisher besprochenen Sinne ein wichtiges Teilgebiet ist. Über der Fülle wichtiger und dauernder Ergebnisse, die auf diese Weise erzielt worden sind, darf man aber nicht vergessen, daß der Gedanke der Vergleichung von Sprachen ursprünglich nicht in diesem eingeschränkten Sinne gemeint war. Schon bevor mit Rask (1814) und Bopp (1816) die Vergleichung geschichtlich verwandter Sprachen wissenschaftliche Gestalt gewann, hatte Wilhelm von Humboldt Sprachvergleichung in einem viel weiteren Sinne verlangt und begonnen (239). Er wollte grundsätzlich alle Sprachen daraufhin vergleichen, wie sich menschliche Gemeinschaften in ganz verschiedener Weise durch die Sprache die Welt geistig zu eigen machen. Die Sprache ist, so hat er es später formuliert, «eine Arbeit des Geistes». «Das in dieser Arbeit des Geistes, den artikulierten Laut zum Gedankenausdruck zu erheben, liegende Beständige und Gleichförmige, so vollständig als möglich in seinem Zusammenhange aufgefaßt und systematisch dargestellt, macht die Form der Sprache aus» (240). Diese Form kann man also von zwei Seiten her betrachten, von der Seite der Lautgestalt und von «den inneren Sprachgesetzen», vom «inneren Sprachsinn» (241) her. Die Lautgestalt, die äußere Form, kann man nur bei geschichtlich verwandten Sprachen vergleichen. Für die innere Form besteht diese Schranke nicht, und diese weltweite Vergleichung ist für Humboldt die letzte und höchste Aufgabe der Sprachwissenschaft. Er selbst hat sie am Baskischen, an einigen Indianersprachen, am Chinesischen und am Javanischen durchzuführen versucht.

Wilhelm von Humboldt starb 1835, bevor er seinen großen Entwurf ausführen konnte. Wer in seinem Sinne arbeiten wollte, stieß bald auf die Frage, wie man die mannigfaltige Gestaltung einer gegebenen Sprache auf die «inneren Sprachgesetze», den «inneren Sprachsinn» zurückführen sollte. Als Vorbedingung für jede allgemeine Vergleichung in Humboldts Sinne stellte sich die Aufgabe, die innere Form einer gegebenen Sprache erst einmal zu beschreiben, und zwar so zu beschreiben, daß man das Ergebnis mit gleichartigen Beschreibungen anderer Sprachen vergleichen konnte. Dazu braucht man ein gemeinsames Bezugssystem, das aber erst im Zuge der Vergleichung erarbeitet werden kann. Es ist verständlich, daß nicht viele Lust gehabt haben, sich an diesen harten Nüssen die Zähne auszubeißen. Denn zu allem Überfluß besteht durchaus keine Gewähr, daß die Nüsse nicht hohl sind, daß die innere Form nicht ein romantisches Wunschbild ist und die Gestalt einer Sprache auf einer langen Reihe geschichtlicher Zufälle beruht.

Zunächst versuchte man, die Fülle der Sprachen auf wenige grundsätzlich unterschiedene Typen zu verteilen, wie es Friedrich Schlegel 1808 und August Wilhelm Schlegel 1818 taten (s. S. 335). Zu dieser Frage hatte Bopp 1816 in seinem Erstlingswerk Stellung genommen. Der Grundsatz dieser Typenbildung bezog sich in der Tat auf ein ganz entscheidendes Baugesetz jeder menschlichen Sprache, nämlich auf das Verhältnis von Wort und Satz. Nur fehlte es noch an der notwendigen theoretischen Klärung dieser Begriffe. So geriet man in einen unfruchtbaren Streit über Wesen und Wert der Flexion, der seinen Ursprung aus der Schulstube nicht verleugnen konnte. Aber die Typenlehre wurde weiter ausgebaut, zuerst von einem Schüler Humboldts, H. Steinthal, der Professor für allgemeine Sprachwissenschaft in Berlin war. Er gab 1850 eine «Klassifikation der Sprachen, dargestellt als die Entwicklung der Sprachidee». Zehn Jahre später änderte er in einer Neubearbeitung unter dem Titel «Charakteristik der hauptsächlichsten Typen des Sprachbaus» diese Einteilung etwas ab, und ebenso verfuhr Franz Misteli, als er 1893 Steinthals Schrift neu herausgab. Das bisher letzte umfassende Unternehmen dieser Art ist Nikolaus Fincks Buch «Die Haupttypen des Sprachbaus» (1910). Nur für die Sprachen Europas hat Ernst Lewy 1942 eine typologische Beschreibung vorgelegt (242). Man muß sich dabei vor Augen halten, daß die ganze Zeit daneben Bestrebungen einhergehen, die Gesamtheit der Sprachen in geschichtlich verwandte «Familien» zu gruppieren, soweit der Stand unserer Kenntnis das zuläßt – und manchmal noch darüber hinaus (243).

Die Sprachbeschreibung hatte überhaupt lange um ihre Anerkennung als wissenschaftlich fruchtbares Unternehmen zu kämpfen. Erst mit dem Erscheinen von F. de Saussures «Cours de linguistique générale» (1916) (244) erhielt die «synchronische» (beschreibende) Sprachbetrachtung ihren Platz neben der «diachronischen» (geschichtlichen) im Ganzen der Sprachwissenschaft. Sprachbeschreibung war für de Saussure deshalb entscheidend wichtig, weil er überzeugt war, daß jeder Sprachzustand ein in sich geschlossenes System darstelle, in dem jeder einzelne Zug alle andern bestimmt und von ihnen bestimmt wird. Es ist klar, daß man ein solches System, wenn es zutreffend beschrieben ist, ohne Rücksicht auf geschichtliche Verwandtschaft mit allen andern Systemen vergleichen kann. Dadurch bekam die allgemeine Sprachvergleichung im Sinne Humboldts neuen Auftrieb.

Man ging nun teils so vor, daß man einzelne, überall wiederkehrende Aufgaben des sprachlichen Ausdrucks in den verschiedenen Sprachen auf ihre Lösung hin verglich, wie etwa die Bezeichnung der räumlichen Beziehung zwischen Gegenständen (245). Teils wandte man sich wieder, nun aber mit verbessertem logischem und grammatischem Rüstzeug, der schon aus der Antike überkommenen Frage nach den Wortarten oder «Redeteilen» zu, die ja ganz unmittelbar das Verhältnis von Wort und Satz angeht (246). Aber auch der Griff nach dem höchsten Kranz, der Erfassung der inneren Form als ganze, wurde immer wieder gewagt. Zuerst freilich versuchte man unmittelbar die innere Form einer Sprache als Ausdruck des Geistes einer Sprachgemeinschaft zu deuten, wie N. Finck 1899 den deutschen Sprachbau als Ausdruck deutscher Weltanschauung oder K. Vossler 1913 «Frankreichs Kultur im Spiegel seiner Sprachentwicklung». Die Gefahr willkürlicher Verknüpfung lag hier allzu nahe, und die Kritik hatte es nicht schwer, in den Einzelheiten und im ganzen Ansatz die schwachen Stellen aufzuzeigen. Doch die Aufgabe, die einst Wilhelm von Humboldt der Sprachwissenschaft gestellt hat, läßt den Forschern keine Ruhe, und die Gegenwart sieht bedeutsame Versuche sehr verschiedener Prägung zu ihrer Lösung (247). Bis zur Vergleichung beliebiger Sprachen ist es freilich auf diesem Wege noch nicht gekommen. Für Sprachen, die in ihrem Bau wesentlich abweichen – und solche sind für die Vergleichung unentbehrlich –, fehlt es noch an entsprechenden Vorarbeiten.

Doch mit diesen letzten Betrachtungen sind wir an einen Punkt gelangt, wo sich nicht mehr gemeinverständlich von «Ergebnissen» berichten läßt – denn noch streitet man hart schon um die Fragestellung –, wo die «Methoden» erst im Werden sind und um ihretwillen manchmal der eine den andern nicht gelten läßt, wo also allein die «Probleme» übrig sind, die alten Rätselfragen um das Phänomen Sprache. Da hört das Berichten auf, und die Weiterarbeit beginnt. Da muß auch dieses Buch enden, nicht als sei nun etwas abgeschlossen, sondern in der Hoffnung, vielleicht an einigen Stellen den Samen einer Anregung ausgestreut zu haben.

ANMERKUNGEN

(1) Frg. 169 Schr. Plat. Gorg. 484b. νόμος ὁ πάντων βασιλεύς. Eine Geschichte des Gedankens des Nomos gibt Hans Erich Stier in seinem Aufsatz *ΝΟΜΟΣ ΒΑΣΙΛΕΥΣ* im Philologus Bd. 83 (1927), S. 224–258.

(2) Vgl. Herodot III 38.

(3) Die mykenischen Inventare, die ein halbes Jahrtausend älter sind als Homer, dürfen in diesem Zusammenhang außer Betracht bleiben.

(4) Die Lebenswichtigkeit des Redenkönnens spielt in der Werbung der Sophisten für ihre Kunst die entscheidende Rolle, vgl. Platons Gorgias.

(5) Das Wort σοφιστής ist Nomen agentis zu σοφίζομαι, das wiederum von σοφός «sachverständig» abgeleitet ist nach dem Vorbild von φροντίζω «kümmere mich um» (seit Sappho) zu φροντίς «Sorge». Σοφίζομαι heißt also «bin sachverständig», wie Hesiod Erg. 649 οὔτε τι ναυτιλίης σεσοφισμένος «weder der Schiffahrt kundig». Σοφιστής ist demnach der Fachmann im Gegensatz zum Laien, besonders in Musik und Dichtkunst. Das Wort ist seit Aischylos und Pindar belegt. Die Sophisten nannten sich kurz so statt σοφισταὶ λόγων «Fachleute der Redekunst».

(6) So kann man die griechischen Ausdrücke Nomos und Physis sinngemäß am besten wiedergeben.

(7) Frg. B 51 D.

(8) Platon hat die Sache für wichtig genug gehalten, um ihr eine eigene Untersuchung zu widmen. Sie liegt vor in seinem Dialog Kratylos. Vgl. Ilse Abramczyk, Zum Problem der Sprachphilosophie in Platons Kratylos, Breslau 1929. Erich Haag, Platons Kratylos, Tübinger Beiträge zur Altertumswissenschaft, Heft 19, Stuttgart 1933. B. Unterberger, Platons Etymologien im Kratylos. Graz 1935/37. V. Goldschmidt, Essai sur le Cratyle, Paris 1940. Ausgabe mit Kommentar von A. Manzoni, Turin 1936 (ital.). Die Unterscheidung von Urwörtern und abgeleiteten Wörtern Krat. 421c ff.

(9) Im homerischen Hymnos auf den delischen Apollo wird V. 64 die Deutung des Namens der Insel Delos als ἐτήτυμον bezeichnet.

(10) Das Wort ist etwa seit Beginn unserer Zeitrechnung belegt.

(11) In dem altindischen Śatapatha-Brahmana (1, 6, 3, 8–10) wird eine Legende erzählt, nach der ein alter Zauberer, um sich an dem Gotte Indra zu rächen, einen *indraśátru* «Töter Indras» schaffen wollte. Er versprach sich aber bei der entscheidenden Formel und brachte so einen *índraśatru*, einen «dessen Töter Indra ist» zustande, der denn auch mit leichter Mühe von dem Gotte besiegt wurde.

(12) Aristophanes verspottet in den «Wolken» die sophistische Schulmeisterei, indem er sie verlangen läßt, man solle nicht ὁ ἀλεκτρυών «der Hahn» und ἡ ἀλεκτρυών «die Henne» sagen, sondern ὁ ἀλέκτωρ und ἡ ἀλεκτρύαινα (V. 666). Das Wort gibt

es im Griechischen überhaupt nicht. Das Deutsche entspricht hier den sophistischen Forderungen, denn *Henne* ist ja «Hahnin».

(13) *ὀρθότης τῶν ὀνομάτων* Krat. 383a.

(14) Die angeführten Wörter sind erst seit dem 16. oder 17. Jahrhundert belegt. Nur *gurren* und *klappern* sind auch schon im Mittelhochdeutschen nachzuweisen. Bemerkenswert ist, daß sich die Lautgestalt bei einigen stark verändert hat oder lautlich abweichende Nebenformen vorkommen wie neben *krächzen kröchzen* und *krächsen,* statt *blöken* älter *bläcken,* neben *quieken quicken.* Auffallender noch ist, daß die Zuordnung solcher Wörter zu bestimmten Geräuschen durchaus nicht von Anfang an eindeutig ist. So wird *krächzen* und seine Nebenformen im 16. Jahrhundert auch von Schweinen gesagt. Der älteste Beleg von *klappern* (aus dem Elsaß, 14. Jahrhundert) bezieht sich auf das Knirschen mit den Zähnen (vor Wut), und *gurren* sagt Freidank von einem Esel!

(15) Das Wort ist sicherlich neu gebildet. Ein älteres *knipsen* «mit den Fingern schnellen» gibt es seit dem Ende des 18. Jahrhunderts (vgl. dazu Trübners Deutsches Wörterbuch Bd. 4, S. 203).

(16) Mhd. *gouch,* ae. *gēac,* an. *gaukr.*

(17) Ahd. *hehara,* ae. *higora, gr. κίσσα* aus **κικια,* ai. *kikis.* Das altindische Wort verändert die *k* vor *i* nicht in der sonst regelmäßigen Weise, um die lautliche Beziehung zum Laut des Vogels festzuhalten.

(18) Der Ausdruck ist von W. Wundt geprägt.

(19) Vgl. Oehl, Das Lallwort in der Sprachschöpfung, Freiburg im Uechtland, 1933.

(20) Plat. Krat. 426c ff.

(21) Man hat Versuche darüber angestellt, was für Vorstellungen durch die Lautung unbekannter Wörter erweckt werden. H. Müller, Experimentelle Beiträge zur Analyse des Verhältnisses von Laut und Sinn, Berlin 1935; H. Wissemann, Untersuchungen zur Onomatopoiie, Heidelberg 1954.

(22) Ausführlicher über den lyrischen Wert der Laute Porzig, Aischylos (Leipzig 1926), S. 73ff.

(23) Die Lautung *pūr* ist nur ionisch und attisch, alle anderen griechischen Dialekte sagen *pŭr.*

(24) Plat. Krat. 434b ff.

(25) In dem sumerischen *ur* «Hund» mag man das Knurren des gereizten Tieres hören. Griechen und Römer hörten es jedenfalls im *r*-Laut, der «littera canina». Aischylos kennzeichnet die Lautgebung der Eumeniden, die sich ganz wie Spürhunde benehmen, durch reichliche Verwendung von *r*-Lauten.

(26) Zum Folgenden vgl. Peter J. Wexler, La formation du vocabulaire des chemins de fer en France (1778–1842). Société de publications romanes et françaises 48, Genève-Lille 1955.

(27) «Homme de confiance qui, sans être nécessairement le

cocher d'une voiture, la dirige et fait payer les voyageurs, etc.» Littré.

(28) *Veloziped* ist das französische *vélocipède,* das um 1870 entlehnt wurde. Der optische *télégraphe* wurde 1792 in Frankreich erfunden und so benannt. *Telephon* ist danach gebildet. Auch die Wörter *automobile* und *aéroplan* sind in Frankreich geschaffen. Vgl. F. Kainz, Sprache und Technik, Geistige Arbeit. 5. März 1939.

(28a) Vgl. dazu Nederlands Etymologisch Woordenboek, Leiden 1963ff., S. 167, wo zwei weitere mögliche Erklärungen geboten werden.

(29) Der älteste Beleg des Wortes stammt von 1735!

(29a) Vgl. auch die Raumfahrtterminologie: *Raumstation, Raumschiff, Mondlandefähre, Astronaut* etc.

(30) Zu diesem ganzen Gebiet vgl. Paul Zinsli, Grund und Grat, Bern o. J. [1945].

(31) Die eigentliche Bedeutung ist urgermanisch, die Übertragung wurde im 17. Jahrhundert vorgenommen.

(32) Zuerst bei Luther *eine faule, kalte, lame entschůldigung* WA 54, S. 153, Z. 15f.; *faule aus rede* WA 38, S. 244, Z. 37.

(33) Zuerst sagte man *fadenscheinige Täuschungen,* d. h. solche, die man leicht durchschauen konnte.

(34) Ein noch älteres Muster eines Täternamens zu *fliegen* ist das Wort *Vogel* selbst; es ist aus urgermanisch **fluglaz* dissimiliert.

(35) Über den seelischen Vorgang siehe Näheres im 4. Kapitel, S. 172ff.

(36) Sonderbarerweise hat es die beiden Wörter schon länger gegeben. *Entdunkeln* gebraucht J. H. Voss um 1800 in der Bedeutung «aufhellen», *entwarnen* «vor etwas warnen» der Dichter Pfeffel Anfang des 19. Jahrhunderts. Das hindert natürlich nicht, daß beide Wörter, wie wir sie gebrauchen, neu gebildet sind.

(37) Diese Methode der Wortforschung ist von L. Sütterlin begründet worden.

(37a) Im FEW wird Zusammenhang mit gr. καβάλλης vermutet, da der älteste Beleg für *caballus* aus Kampanien stammt.

(38) Pferd geht zurück auf althochdeutsch *pferfrit,* älter *parfrit.* Das ist entlehnt aus dem spätlateinischen *paraveredus,* einer Zusammensetzung aus griechisch *para* «neben» und keltisch-lateinisch *veredus* «Pferd». Das Wort bezeichnete ursprünglich ein Pferd, das für staatliche Zwecke (Post u. dgl.) gestellt werden mußte, dann ein Reisepferd im Unterschied vom Streitroß.

(39) H. Sperber, Über den Affekt als Ursache der Sprachveränderung. Halle 1914. Einführung in die Bedeutungslehre. Bonn und Leipzig 1923, Bonn ³1965; P. Hartmann, Das Wort als Name, Köln/Opladen 1958; S. Ullmann, Grundzüge der Semantik, Berlin 1967 (deutsche Fassung von S. Koopmann).

(40) Die Absicht dieses und des folgenden Kapitels ist, die gegenwärtig vertretenen Richtungen der Sprachtheorie miteinan-

der und mit unentbehrlichen Nachbarwissenschaften ins Gespräch zu bringen. Da ein solches in Wirklichkeit leider nicht stattfindet, war es notwendig, die thematische und terminologische Unnahbarkeit der einzelnen Standpunkte etwas aufzulokkern. Dogmatiker werden damit nicht einverstanden sein, aber die lesen es sowieso nicht. Andere, und vor allem die Laien, für die das Buch geschrieben ist, werden vielleicht veranlaßt, zu prüfen, ob es nicht dasselbe Phänomen Sprache ist, um das wir uns alle von den verschiedenen Seiten her bemühen.

(41) K. VON FRISCH, Aus dem Leben der Bienen. Berlin, Göttingen, Heidelberg [5]1953.

(42) G. RÉVÉSZ, Ursprung und Vorgeschichte der Sprache (Bern 1946), S. 136ff., dazu S. 152 Fußn.

(43) DIOG. LAERT. IX 53f. *Πυθμένες λόγων*. *Πυθμήν* kann auch «Boden» (eines Gefäßes) oder «Wurzelstock» bedeuten. Da es aber gerade vier sind, wird man die bei Homer belegte Bedeutung «Stütze» vorziehen (vgl. PORZIG, Wörter und Sachen 15, 118). Die Lehre des Protagoras ist in ihrer Bedeutung verkannt worden, weil man von seinen vier Termini *ἐντολή εὐχωλή ἐρώτησις ἀπόκρισις εὐχωλή* fälschlich mit «Gebet» übersetzte. Aber dadurch wird das Prinzip der Einteilung ganz unklar. *Εὔχεσθαι* heißt wohl auch «beten», aber zunächst «laut verkünden», dann «sich rühmen» und daher *εὐχωλή* geradezu «Triumph». Protagoras wählte den Ausdruck, um a potiori den Ausruf zu bezeichnen.

Protagoras wirkt noch heute nach in der üblichen Einteilung der Satzarten in Aufforderungs-, Ausruf-, Frage- und Aussagesätze, die GARDINER (The Theory of Speech and Language S. 187) von der Leistung der Sprache her neu begründet hat. In der neuesten, sehr gründlichen Behandlung des Gegenstandes will G. RÉVÉSZ (Ursprung und Vorgeschichte der Sprache, Bern 1946, S. 152) den Ausruf von den Grundfunktionen der Sprache ausschließen, weil er nicht notwendig an jemanden gerichtet sei und also keine «Kommunikationsform» darstelle, worin Révész mit Recht das Wesen der Sprache erblickt. Aber der Ausruf ist als sprachliche Äußerung immer an jemand, und sei dieser fingiert, gerichtet, wie im Text ausgeführt. Es ist durchaus richtig, wenn Révész für die Unterscheidung der Grundfunktionen entscheidendes Gewicht auf die Intonation legt. Aber dann kann man den Unterschied zwischen einem fragenden *so?* (steigend) und einem entrüsteten *so?!* (fallend-steigend) nicht vernachlässigen.

(44) N. TINBERGEN, Social Behaviour in Animals, London 1953. Deutsch von O. KOEHLER, Tiere untereinander. Berlin 1955.

(45) Zum Folgenden vgl. L. BLOOMFIELD, Language (Chicago 1933), Kap. 2.

(46) Περὶ ἑρμηνείας cap. 1.

(47) Das ist die «mentalistische» Formulierung (L. Bloomfield, Language, S. 32f.). Vom «mechanistischen» Standpunkt aus beschreibt derselbe Autor (Language S. 26) denselben Sachverhalt: «The gap between the bodies of the speaker and the hearer—the discontinuity of the two nervous systems—is bridged by the sound-waves.»

(48) Die Szene ist nicht etwa Sokrates zu Ehren nach Athen verlegt, sondern das Gespräch hat im März 1932 wirklich dort stattgefunden.

(49) J. R. Kantor, An Objective Psychology of Grammar (Bloomington Ind. ^{2}1952), S. 73ff.

(50) John Locke, Essay concerning Human Understanding 1690.

(51) s. Anm. (46).

(52) Vgl. L. Weisgerber, Vom Weltbild der deutschen Sprache, 2. Aufl. (Düsseldorf 1953), I 105ff.

(53) Shakespeare, Romeo and Juliet II 2 (*Was ist ein Name? Was uns Rose heißt/ Wie es auch hieße, würde lieblich duften*).

(54) L. Weisgerber, Vom Weltbild der deutschen Sprache. 2. Aufl. I 50ff.

(55) Die stoischen Termini sind *τὸ λεκτόν, τὸ ἐκτὸς ὑποκείμενον, ἡ διάνοια.* Zum Begriff der Sprachinhalte vgl. L. Weisgerber, Vom Weltbild der deutschen Sprache. 2. Aufl. I.

(56) 388 b/c *ὄνομα ἄρα διδασκαλικόν τί ἐστιν ὄργανον καὶ διακριτικὸν τῆς οὐσίας.*

(57) L. Bloomfield, Language, S. 29ff.

(58) O. Koehler, Vorformen menschlicher Ausdrucksmittel im Tierreich, Universitas (Stuttgart) 9 (1954) 759ff.

(59) L. Weisgerber, Muttersprache und Geistesbildung (^{3}1941). Das Gesetz der Sprache (Heidelberg 1951), S. 163ff.

(60) L. Weisgerber, Das Gesetz der Sprache, S. 137ff.

(61) L. Weisgerber, Das Gesetz der Sprache, S. 102ff.

(62) L. Weisgerber, Vom Weltbild der deutschen Sprache.

(63) L. Weisgerber, Das Gesetz der Sprache, S. 16ff.

(64) O. Koehler, Verh. d. dt. Zoologen in Mainz 1949, S. 219ff.; Ornithologie als biologische Wissenschaft. Festschr. E. Stresemann, Heidelberg 1949, S. 125ff.; Proc. of the Xth International Ornithological Congress Uppsala 1950, S. 383ff.; Verh. d. Dt. Zoolog. Ges. in Freiburg 1952, S. 202ff.; Lebendiges Wissen (Wiesbaden 1953), S. 271ff.; Vierteljahrsschr. d. Naturforsch. Ges. in Zürich 98 (1953), S. 242ff.

(64a) Der Gedanke der Steuerung bei K. Bühler, Sprachtheorie (Jena 1934), S. 36.

(65) K. Goldstein, Language and Language Disturbances, New York 1948, S. 138 ff.

(66) L. Weisgerber, Das Gesetz der Sprache, S. 105ff.

(67) L. Hjelmslev, Principes de grammaire générale, Kopenhagen 1928.

(68) Diese Gefahr, auf die schon in der Frühzeit der modernen Sprachwissenschaft Wilhelm von Humboldt aufmerksam machte, wird jetzt von allen Richtungen anerkannt. Verschieden sind nur die Folgerungen, die man daraus zieht. Ausführlich behandelt findet man die Frage bei J. R. Kantor, An Objective Psychology of Grammar, Bloomington, Ind. ²1952, und L. Weisgerber, Vom Weltbild der deutschen Sprache, 2. Aufl. II (Düsseldorf 1954), S. 6ff.

(69) J. R. Kantor, An Objective Psychology of Grammar², S. 64ff.

(69a) Zum Problem der gesprochenen Sprache s. H. Zimmermann, Zu einer Typologie des spontanen Gesprächs (= Basler Studien zur deutschen Sprache und Literatur 30), Bern 1965; H. Rupp, Gesprochenes und geschriebenes Wort, Wirkendes Wort 15 (1965), S. 19ff.; H. Steger, Gesprochene Sprache. Zu ihrer Typik und Terminologie. In: Schriften des Instituts für deutsche Sprache in Mannheim Bd. 1, Düsseldorf 1967, S. 259ff.; A. Jecklin, Untersuchungen zu den Satzbauplänen der gesprochenen Sprache, Bern 1971.

(70) L. Hjelmslev, Prolegomena to a Theory of Language (Baltimore 1953, das dänische Original Omkring sprogteoriens grundlaeggelse. Kopenhagen 1943), S. 30.

(71) J. R. Kantor, An Objective Psychology of Grammar, S. 117ff.

(72) L. Hjelmslev, Omkring sprogteoriens grundlaeggelse, Kopenhagen 1943 (englisch v. Fr. J. Whitfield u. d. T. Prolegomena to a Theory of Language, Baltimore 1953); Zellig S. Harris, Methods in Structural Linguistics. Chicago 1951; Charles C. Fries, The Structure of English, New York 1952; Linguistics Today. Word. Vol. 10 No. 2–3, New York 1954. H. Glinz, Die innere Form des Deutschen, Bern 1952, ⁴1965; N. Chomsky, Syntactic Structures, Janua Linguarum 4, The Hague 1957, ⁷1968; M. Bierwisch, Strukturalismus. Geschichte, Probleme und Methoden. Kursbuch 5 (1966), S. 77–151. Acta Linguistica. Revue internationale de linguistique structurale, Kopenhagen seit 1939. – Es ist selbstverständlich nicht möglich, die methodischen Feinheiten des Strukturalismus in der gebotenen Kürze gemeinverständlich darzustellen.

(73) Harris, Methods, S. 13ff.

(74) Harris, Methods, S. 156ff.

(75) Harris, Methods, S. 195f.

(76) Unter «Wurzel» versteht man jetzt in der beschreibenden Grammatik einen Lautkomplex, der einer ganzen Wortsippe gemeinsam ist und sie eben als Sippe kenntlich macht. Aber es gehört zu diesem Begriff, daß der Lautkomplex in gesetzmäßiger Weise variieren kann, wie bei *Band, Binde, Bund,* wo der Vokal verschieden ist, oder bei *ziehen, zog, Zug, Zucht,* wo außer dem Vokal auch der letzte Konsonant wechselt. Die «Wurzel» ist

also gar keine wirkliche Lautung, sondern ein Inbegriff von gesetzmäßig wechselnden Lautungen. Die Möglichkeiten und die Bedingungen des Wechsels gehören zur «Wurzel», die also ein sehr abstraktes Gebilde ist.

(77) Nämlich aus dem der indogermanischen Sprachen, insbesondere aus dem Griechischen, auf dessen Bau Aristoteles die Ontologie begründet hat.

(78) Dazu FRIES, The Structure of English (Anm. 72) und H. GLINZ, Die innere Form des Deutschen, Bern 1952, [4]1965.

(79) JOHN B. WATSON, Behaviorism, New York 1930; L. BLOOMFIELD, Language, New York 1933, London 1935; J. R. KANTOR, An Objective Psychology of Grammar, Bloomington (Ind.) 1936, [2]1952; C. W. MORRIS, Signs, Language and Behavior, New York 1946; KENNETH L. PIKE, Language in Relation to a Unified Theory of the Structure of Human Behavior, Glendale, Cal. 1954/55.

(80) W. PORZIG, Die Leistung der Abstrakta in der Sprache. Blätter für deutsche Philosophie 4 (1930) 66ff.

(81) L. WEISGERBER, Muttersprache und Geistesbildung, Göttingen 1929, [3]1941; Vom Weltbild der deutschen Sprache, Düsseldorf 1949, 2. erw. Auflage in 2 Bdn 1953/54; J. TRIER, Der deutsche Wortschatz im Sinnbezirk des Verstandes, Heidelberg 1931; Lehm, Marburg 1951; Holz, Münster-Köln 1952; S. ÖHMAN, Wortinhalt und Weltbild, Stockholm 1951; E. LEISI, Der Wortinhalt. Seine Struktur im Deutschen und Englischen, Heidelberg 1953, [3]1967; H. BRINKMANN, Die deutsche Sprache. Gestalt und Leistung. Düsseldorf 1962; H. GIPPER, Bausteine zur Sprachinhaltsforschung, Düsseldorf 1963; H. GIPPER/H. SCHWARZ, Bibliographisches Handbuch zur Sprachinhaltsforschung. Köln/Opladen 1962ff.

(82) L. WEISGERBER, Vom Weltbild der deutschen Sprache[2] I 137ff. II 83ff.

(83) Μετεωρολόγικα 372aff.

(84) A. GELB und K. GOLDSTEIN, Über Farbennamenamnesie. Psychol. Forsch. 6 (1925), S. 127ff.

(85) L. WEISGERBER, Vom Weltbild der deutschen Sprache[2] I 53f.

(86) L. WEISGERBER, I 127ff.

(87) Die Erkenntnis, daß im Sprechen zwei Klassen von Setzungen zusammen wirken müssen, die der Rede und die der Wörter, verdanken wir K. BÜHLER, Sprachtheorie, Jena 1934. S. 73 ff.

(88) A. W. DE GROOT, Structurele Syntaxis, Den Haag 1949, S. 19f.

(89) Text bei TH. W. ALLEN, Homeri Opera (Oxford 1912) V 225ff. Deutsche Übersetzung in W. SCHADEWALDT, Legende von Homer, dem fahrenden Sänger, Potsdam 1942 (Neuausgabe Zürich 1959).

(90) Die Begriffsbestimmung des Satzes hat den Sprachforschern seit dem Altertum Kopfzerbrechen verursacht. Die Erscheinung wurde von jeder Seite her angefaßt, so daß eine große Zahl scheinbar oder wirklich abweichender Aussagen zustande kam. Eine kritische Übersicht der Ergebnisse gab J. Ries, Was ist ein Satz? Prag 1931. Ferner E. Seidel, Geschichte und Kritik der wichtigsten Satzdefinitionen. Diss. Jena 1935; A. W. de Groot, Structurele Syntaxis, S. 12ff.; Ch. C. Fries, The Structure of English (New York 1952), S. 9ff.

(91) s. Anm. (87).

(92) F. de Saussure, Cours de linguistique générale, Lausanne 1916, Paris [4]1949. (Deutsche Übersetzung: Grundfragen der allgemeinen Sprachwissenschaft, Berlin und Leipzig 1937. 2. Aufl. 1967).

(93) Zu diesem Begriff J. Trier, Der deutsche Wortschatz im Sinnbezirk des Verstandes, 1931. Zeitschr. f. dt. Bildung 1932, S. 417ff.; Neue Jahrbücher für Wiss. u. Jugendbildung 10 (1935) 428ff.; H. Rupp, Wortfeld und Wortinhalt. In: Festgabe für F. Maurer, Düsseldorf 1968, S. 35–49. O. Reichmann, Deutsche Wortforschung, Stuttgart 1969 (Sammlung Metzler 82), S. 29ff.; R. Hoberg, Die Lehre vom sprachlichen Feld, Schriften des Instituts für deutsche Sprache in Mannheim 11, Düsseldorf 1970.

(94) Vgl. Weisgerbers eingehende Darstellung Vom Weltbild der deutschen Sprache[2] I 59ff.

(95) P. Zinsli, Grund und Grat. Die Bergwelt im Spiegel der schweizerdeutschen Alpenmundarten, Bern o. J. [1945]. G. Hard, Die ‹Landschaft› der Sprache und die ‹Landschaft› der Geographen, Bonn 1970; ders., Ein Wortfeldtest. Zum lexikalischen Feld des Wortes ‹Landschaft›. In: Wirkendes Wort 21 (1971), S. 2–14.

(96) Ihm steht die *Ordnungswidrigkeit* gegenüber, die nicht mit *Strafe,* sondern mit *Buße* geahndet wird.

(97) Der deutsche Wortschatz im Sinnbezirk des Verstandes, Heidelberg 1931.

(97a) Dazu s. G. Helbig/W. Schenkel, Wörterbuch zur Valenz und Distribution deutscher Verben, Leipzig 1969 (mit bibliographischen Angaben).

(98) Vgl. dazu W. Porzig, Wesenhafte Bedeutungsbeziehungen. Beitr. z. Gesch. d. dt. Sprache u. Lit. 58 (1934), S. 70ff.; E. Leisi, Der Wortinhalt, Heidelberg 1953, [3]1967.

(99) Die Frage nach der Einheit des Wortes ist sehr umstritten. Vgl. A. Carnoy, La science du mot, Löwen 1927; A. Reichling, Het woord, Nimwegen 1935; H. R. Walpole, Semantics. The nature of words and their meanings, New York 1941; A. Rosetti, Le mot. Esquisse d'une théorie générale, Kopenhagen [2]1947; E. A. Nida, Morphology. The Descriptive Analysis of Words. Ann Arbor, Mich. [2]1949.

(100) W. Porzig, Die Leistung der Abstrakta in der Sprache.

Bll. f. dt. Philosophie 4 (1930), S. 66ff.; Die Namen für Satzinhalte im Griechischen und im Indogermanischen, Berlin 1942.

(101) Den Ausdruck hat G. Ipsen vorgeschlagen.

(101a) Heute ist *Winker* durch *Blinker* ersetzt. Das Beispiel zeigt, wie schnell sich Bezeichnungen dieser Art ändern können.

(102) Vom Weltbild der deutschen Sprache, 1. Aufl. (1949), S. 80ff., 2. Aufl. I (1953), S. 158ff. II (1954), S. 120ff.

(102a) Zum Stand der Forschung s. O. Reichmann, Deutsche Wortforschung, Stuttgart 1969 (Sammlung Metzler 82).

(103) Russ. in den Mitt. d. Ak. d. W. der UdSSR, Abt. Literatur u. Sprache, 1951, Bd. 10, Heft 3, S. 218ff. Dt. Übersetzung (v. H. Zikmund) in: Beiträge aus der sowjetischen Sprachwissenschaft, Folge 1 (Berlin 1952), S. 129ff.

(104) L. Weisgerber, Vom Weltbild der deutschen Sprache[2] I 174 (so schon [1]106).

(105) Aus der unübersehbaren Literatur eine unvermeidlich subjektive Auswahl: O. Jespersen, Philosophy of Grammar, London 1924, [6]1951; Analytic syntax, Kopenhagen 1937; Ch. Bally, Linguistique générale et linguistique française, Paris 1932, Bern [4]1965; E. Drach, Grundgedanken der deutschen Satzlehre, Frankfurt 1937, [4]1963; A. W. de Groot, Structurele Syntaxis, Den Haag 1949; H. Glinz, Die innere Form des Deutschen, Bern 1952, [4]1965; L. Weisgerber, Vom Weltbild der deutschen Sprache[2]. I (1953) 193ff. II (1954) 159; H.-J. Heringer, Theorie der deutschen Syntax, München 1970 (Linguistische Reihe 1).

(106) Cat. 1b *ὑποκείμενον* «subiectum» und *κατηγορούμενον* «praedicatum».

(107) Zu dieser Frage P. Hartmann. Einige Grundzüge des japanischen Sprachbaues, Heidelberg 1952; Wortart und Aussageform, Heidelberg 1956.

(107a) E. Drach, Grundgedanken der neuen Satzlehre, Frankfurt 1937, [4]1963; K. Boost, Neue Untersuchungen zum Wesen und zur Struktur des deutschen Satzes, Berlin 1955.

(108) E. Hermann, Die Wortarten, Berlin 1928; V. Brøndal, Ordklasserne, Kopenhagen 1928 (franz. v. P. Naert u. d. T. Les parties du discours, Kopenhagen 1948); I. I. Meščaninov, Satzglieder und Redeteile (russ.), Moskau 1945; Ch. C. Fries, The Structure of English, New York 1952; L. J. Piccardo, El Concepto de «Partes de la Oración». Rev. de la Fac. de Humanidades y Ciencias No 9 (Montevideo 1952), S. 183ff.; L. Weisgerber, Vom Weltbild der deutschen Sprache[2], I 206ff. II 128ff.; P. Hartmann, Wortart und Aussageform, Heidelberg 1956.

(109) G. Martin, Klassische Ontologie der Zahl, Köln 1956.

(110) Sprachtheorie, Jena 1934, S. 103, 150.

(111) F. Kainz, Psychologie der Sprache (Stuttgart 1954) Bd. 3, S. 362ff.

(112) E. Dieth, Vademekum der Phonetik, Bern 1950, S. 334ff.

(113) Die norddeutsche Aussprache und ihr folgend die Büh-

nenaussprache läßt nach *t* (ebenso wie nach *p* und *k*) einen Hauch vernehmen. In Mittel- und Süddeutschland wird der Verschluß ohne nachfolgenden Hauch gesprengt.

(114) KARL BÜHLER, Sprachtheorie (1934), S. 42ff.

Die Wissenschaft, die die Laute nach ihrer Hervorbringung und ihrem Gehörseindruck untersucht, ist die Phonetik. Die Untersuchung der Laute als bedeutsamer Merkmale an Wortgestalten ist Aufgabe der Phonologie. Der Begründer der wissenschaftlichen Phonologie ist N. TRUBETZKOY. N. TRUBETZKOY, Grundzüge der Phonologie. Travaux du cercle linguistique de Prague VII, Prag 1939; N. VAN WIJK, Phonologie. Een hoofdstuk uit de structurele taalwetenschap, Den Haag 1939. E. ZWIRNER, Phonologie und Phonetik. Acta linguistica 1 (1939), S. 29ff.

(115) Im Deutschen wird in Mittel- und Oberdeutschland stimmhaftes und stimmloses *s*, also [*s*] und [*z*] auch in der Gemeinsprache nicht unterschieden, die Wortformen *heiser* und *heißer, reisende* und *reißende* lauten also gleich.

(116) E. und K. ZWIRNER, Grundfragen der Phonometrie, Berlin 1936.

(117) Zur Theorie der Silbe vgl. VIETOR, Elemente der Phonetik, Leipzig [6]1915, S. 356ff. SÜTTERLIN, Lehre von der Lautbildung, 3. Aufl., Leipzig 1925, S. 134ff. DIETH, Vademekum der Phonetik, S. 374ff. L. HJELMSLEV, The syllable as a structural unit. Proceedings of the third International Congress of Phonetic Sciences, Gent 1939, S. 266ff. Hjelmslev bestreitet, daß man die Silbe überhaupt nach phonetischen Gesichtspunkten bestimmen könne. A. ROSETTI, Sur la théorie de la syllabe, Den Haag [2]1963.

(118) A. SCHMITT, Untersuchungen zur allgemeinen Akzentlehre, Heidelberg 1924; Akzent und Diphthongierung, Heidelberg 1931; E. DIETH, Vademekum der Phonetik, S. 72ff.

(119) Ich entnehme das Beispiel aus L. BLOOMFIELD, Language, S. 116.

(120) Das gilt grundsätzlich. Aber manche Sprachen lassen in der Wortfuge Lautverbindungen zu, die im Inneren des Wortes nicht vorkommen. Und in Sprachen, wo eine bestimmte Silbe die Trägerin des Worttons ist (die letzte wie im Armenischen, die vorletzte wie im Polnischen, die erste wie im Tschechischen) ergibt dies natürlich auch eine lautliche Abgrenzung des Wortes.

(121) E. DIETH, Vademekum der Phonetik, S. 75ff.

(122) Fr. 45 D.: *ψυχῆς πείρατα ἰὼν οὐκ ἂν ἐξεύροιο πᾶσαν ἐπιπορευόμενος ὁδόν· οὕτω βαθὺν λόγον ἔχει.*

(123) Zu allem Folgenden F. KAINZ, Psychologie der Sprache, Bd. 3, Stuttgart 1954. Außer einer umfassenden Bibliographie findet man dort eine eingehende Darstellung der verschiedenen Auffassungen.

(124) Zu den sprachlichen Fehlleistungen F. KAINZ, Psychologie der Sprache, Bd. 4, Stuttgart 1956, S. 394ff.

(125) Sehr zahlreiche, unmittelbar der täglichen Erfahrung entnommene Beispiele für diese und andere Erscheinungen, die noch weiterhin zur Sprache kommen werden, finden sich in R. MERINGERS Büchern «Versprechen und Verlesen», Berlin 1895, und «Aus dem Leben der Sprache», Berlin 1908. Dazu H. PAUL, Prinzipien der Sprachgeschichte [4], S. 160ff.

(126) F. KAINZ, Psychologie der Sprache, 3. Bd., S. 148ff.

(127) M. GRAMMONT, Note sur la Dissimilation. (Revue des Langues romanes, 1907): Lorsque dans un même mot ou dans un même groüpe de mots faisant une unité, un même mouvement articulatoire doit être répété deux fois à distance, soit qu'il faille reproduire le même phonème, soit qu'il faille émettre des phonèmes contenant des éléments communs, l'un des phonèmes perd par le fait de l'autre un ou plusieurs éléments qu'il possède en commun avec lui. Zum gesamten Problem M. GRAMMONT, La Dissimilation consonantique dans les langues i.-e. et dans les langues romanes, Dijon 1895.

(128) K. BRUGMANN, Idg. Forsch. 39, 130.

(129) Auch dafür viele Beispiele bei MERINGER in den Anm. 125 genannten Werken.

(130) Z. B. suaheli: *watu wafanyao watapokea mshahara mkubwa* «die Leute, die arbeiten, werden einen hohen Lohn erhalten». Die beiden Verba haben das pluralische Klassenpräfix des Subjekts (*wa*), ebenso wie Substantiv und Adjektiv (*mshahara mkubwa*) im Präfix übereinstimmen.

(131) J. WACKERNAGEL, Vorlesungen über Syntax I^2 (1926), S. 50ff.

(132) E. SIEVERS, Rhythmisch-melodische Studien, Heidelberg 1912. G. IPSEN und F. KARG, Schallanalytische Versuche, Heidelberg 1928.

(133) Zum Folgenden vgl. K. GOLDSTEIN, Language and Language Disturbances. Aphasic Symptom Complexes and their Significance for Medicine and Theory of Language, New York 1948; F. KAINZ, Psychologie der Sprache, 3. Bd., S. 28ff.

(134) P. BROCA, Mémoires sur le cerveau de l'homme et des primates. Publiées par Pozzi 1888. Dies ist ein Sammelband, der auch die Abhandlung über Siège de la faculté du langage articulé enthält. Die im Text erwähnte Entdeckung wurde 1861 zuerst veröffentlicht.

(135) C. WERNICKE, Der aphasische Symtomencomplex, 1874.

(136) A. GELB und K. GOLDSTEIN, Über Farbennamenamnesie. Psychol. Forsch. 6 (1925), S. 127ff.

(137) A. PICK, Die agrammatischen Sprachstörungen, Berlin 1913. FR. PANSE, G. KANDLER, A. LEISCHNER, Untersuchungen zum Agrammatismus, Stuttgart 1952 (m. Lit.).

(138) G. IPSEN, Zur Theorie des Erkennens. Untersuchungen über Gestalt und Sinn sinnloser Wörter. Neue psychol. Studien I (1926), S. 279ff. Dazu Idg. Forsch. 46 (1928), S. 253ff.

(139) Ch. von Ehrenfels, Über Gestaltqualitäten, Vierteljahresschrift für wissenschaftliche Philosophie 14 (1890), S. 249ff.

(140) Hierzu F. Kainz, Psychologie der Sprache I, S. 145ff.

(141) Der Begriff stammt von Franz Brentano, Psychologie vom empirischen Standpunkt. Buch II, Kap. 1, § 5. (I 124 der Neuausgabe von Kraus, Leipzig 1924.)

(142) 1. Mos. 11, 1–9.

(143) L. Weisgerber, Muttersprache und Geistesbildung, Göttingen ³1941; Die volkhaften Kräfte der Muttersprache, ³1943; Die Muttersprache im Aufbau unserer Kultur, Düsseldorf 1950; Das Gesetz der Sprache, Heidelberg 1951.

(144) P. Kretschmer, Wortgeographie der hochdeutschen Umgangssprache, Göttingen 1918, S. 559ff. W. Pessler, Deutsche Wortgeographie, Heidelberg 1932.

(145) Die ausführlichste Darstellung einer Sprache unter soziologischen Gesichtspunkten ist J. van Ginneken, Handboek der Nederlandsche Taal, 2 Bde, Nijmegen 1913/14. Ferner Grace A. de Laguna, Speech, its function and development, New Haven, Conn., London 1927; Mead, Mind, Self and Society, Chicago 1934; T. T. Segerstedt, Ordens makt. En studie i språkets psykologi, Stockholm 1944. (dt. u. d. T. Die Macht des Wortes. Eine Sprachsoziologie, Zürich 1947); M. M. Lewis, Language in Society, London 1947; L. Weisgerber, Das Gesetz der Sprache, S. 102ff.; G. Pätsch, Grundfragen der Sprachtheorie, Halle 1955, S. 106ff.

(146) Zur Theorie der Dialekte: K. Ettmayer. Über das Wesen der Dialektbildung. Denkschr. d. Ak. d. W. in Wien, Phil.-hist. Kl. 66, 3, 1924; K. Wagner, Deutsche Sprachlandschaften, 1927; E. Gamillscheg, Die Sprachgeographie und ihre Ergebnisse für die allgemeine Sprachwissenschaft, 1928; K. Jaberg und J. Jud, Der Sprachatlas als Forschungsinstrument, Halle 1928; S. Pop, La dialectologie, 2 Bde, Löwen 1950; W. Mitzka, Handbuch zum deutschen Sprachatlas, Marburg 1952. Zu den deutschen Mundarten: B. Martin, Die deutschen Mundarten, Leipzig 1939; A. Bach, Deutsche Mundartforschung, Heidelberg ²1950; K. Wagner, Die Gliederung der deutschen Mundarten. Ak. d. Wiss. u. d. Lit. in Mainz, Abh. d. Geistes- u. sozialwiss. Kl. 1954 Nr. 12, Wiesbaden 1955; G. Hard, Zur Mundartgeographie. Ergebnisse, Methoden, Perspektiven. Beiheft 17 zum Wirkenden Wort, Düsseldorf 1966. Sprachatlanten: Deutscher Sprachatlas, Marburg 1927ff.; W. Mitzka, Deutscher Wortatlas, Gießen 1951ff.; J. Gilliéron, Atlas linguistique de la France, Paris 1902–1920; R. Hotzenköcherle, Sprachatlas der deutschen Schweiz, Bern 1962ff.; K. Jaberg und J. Jud, Sprach- und Sachatlas Italiens und der Südschweiz, Zofingen 1928–1934; S. Pop, Atlasul linguistic român, 1938ff.

(147) O. Bremer, Beiträge zur Geographie der deutschen Mundarten, Leipzig 1895.

(148) W. Vetter, Die persönlichen Fürwörter im thüringischen Sprachraum, Weimar 1937.

(149) F. Maurer, Volkssprache, Erlangen 1933, S. 110ff. (Neue, veränderte Ausgabe Düsseldorf 1964 als Beiheft 9 zum Wirkenden Wort).

(150) H. Paul, Deutsche Grammatik I, Halle 1916, S. 115ff. F. Kluge, Von Luther bis Lessing. Straßburg [5]1918.

(151) W. Henzen, Schriftsprache und Mundarten. Ein Überblick über ihr Verhältnis und ihre Zwischenstufen im Deutschen, 2. Aufl., Bern 1954.

(152) C. K. Ogden, Basic English, London 1930; Basic English versus the Artificial Languages, London 1935.

(152a) Vgl. auch I. A. Pfeffer, Grunddeutsch, New Jersey 1964/65; H. Oehler, Grundwortschatz Deutsch. Essential German. Allemand fondamental. Stuttgart 1966; G. Gougenheim, R. Michéa, P. Rivenc, A. Sauvageot, L'élaboration du français fondamental (1er degré), Paris 1964.

(153) L. Couturat et L. Leau, Histoire de la langue universelle, Paris 1903; A. L. Guérard, A Short History of the International Language Movement, London 1922; H. Shenton, E. Sapir, O. Jespersen, International Communication, London 1931; E. L. Thorndike, in: Language Learning, New York 1933; H. Jacob, A Planned Auxiliary Language, London 1947; W. J. A. Manders, Vijf kunsttalen, Utrecht 1947; F. L. Sack, The problem of an international language, Washington 1951; A. Gode and H. E. Blair, Interlingua. A Grammar of the International Language, New York 1951; F. Bodmer, The Loom of Language, London 1943. Deutsch von R. Keller u. d. T. Die Sprachen der Welt, Köln 1955, S. 415ff.

(153a) s. dazu W. Niepold, Sprache und soziale Schicht. Darstellung und Kritik der Forschungsliteratur seit Bernstein. Berlin 1970 (mit Bibliographie).

(154) T. Roorda, Javaansche Grammatica, Amsterdam 1855.

(155) Die Tatsache, daß auch die soziale Gliederung der Sprachgemeinschaft zu Unterschieden in der Sprechweise führt, läßt sich selbstverständlich nicht durch den Hinweis aus der Welt schaffen, daß diese Unterschiede dem geschichtlichen Wechsel unterworfen sind, wie G. Pätsch, Grundfragen der Sprachtheorie, S. 118ff., meint. Daß jemand, der von Gliederungen innerhalb einer Sprachgemeinschaft spricht, die Wirksamkeit eben dieser Sprachgemeinschaft voraussetzt, muß jedem klar sein, dem es erlaubt ist, die Tatsachen unbefangen zu betrachten.

(156) E. Graf von Harrach, Die Jagd im deutschen Sprachgut. Wörterbuch der Weidmannssprache, Stuttgart 1953.

(157) P. Horn, Die deutsche Soldatensprache, 1899. A. Hübner, in «Die neueren Sprachen» 28, 152, mit Literatur.

(158) W. Heraeus, Die römische Soldatensprache. Arch. f. lateinische Lexikographie, 12 (1902), S. 255ff. Nachträge dazu

Kleine Schriften, Heidelberg 1937. B. L. SAINÉAN, L'argot des tranchées, Paris 1915.

(159) F. KLUGE, Deutsche Studentensprache, Straßburg 1895.

(160) F. KLUGE, Rotwelsch. Quellen und Wortschatz der Gaunersprache und der verwandten Geheimsprachen, Straßburg 1901; S. A. WOLF, Wörterbuch des Rotwelschen, Mannheim 1956.

(161) M. R. LASCH, Über Sondersprache und ihre Entstehung. Mitt. d. Anthropologischen Ges. in Wien 37. A. VAN GENNEP, Essai d'une théorie des langues spéciales. Rev. des ét. ethnographiques et sociologiques, I (1908), 327f. A. SCHIRMER, Die Erforschung der deutschen Sondersprachen. Germ.-Roman. Monatsschr. 5, 1ff.

In diesen Veröffentlichungen wird in der Regel zwischen Fachsprachen und Sondersprache nicht unterschieden.

(162) Das Wesen der Alltagssprache ist merkwürdigerweise am besten zuerst an einer toten Sprache erfaßt worden: J. B. HOFMANN, Lateinische Umgangssprache, Heidelberg 1926. Vgl. aber für das Deutsche H. WUNDERLICH, Unsere Umgangssprache in der Eigenart ihrer Satzfügung, Weimar/Berlin 1894. Ferner s. Anm. 69a.

(163) L. V. BERREY and M. VAN DEN BARK, The American Thesaurus of Slang. A complete Reference Book of Colloquial Speech, New York [1]1942, [2]1953.

(164) L. WENGER, Sprachforschung und Rechtswissenschaft, Wörter und Sachen 1, 84. KAUFFMANN, Aus dem Wortschatz der Rechtssprache. Zs. f. deutsche Philologie 47, 153f. Deutsches Rechtswörterbuch, Weimar 1914ff.

(165) E. WÜSTER, Internationale Sprachnormung in der Technik, Berlin 1931.

(166) Die hier vorgetragene Gliederung des Sprachraums in mehreren Dimensionen als Dialekt und Gemeinsprache, Schichtensprachen, Alltagssprache und Hochsprache, Fachsprachen und Sondersprache erlaubt ein klareres Bild der verwickelten wirklichen Verhältnisse zu geben als der Versuch, die meisten dieser Sprachformen auf nur einer Stufenleiter von der niedrigsten Form des Slang bis zur gehobenen Sprache der Dichtung unterzubringen.

(167) Vgl. das Anm. 151 genannte Werk von HENZEN.

(168) J. STALIN, Der Marxismus und die Fragen der Sprachwissenschaft (russ. und dt.), Berlin 1952.

(169) H. SCHUCHARDT, Sprachmischung. Schuchardt-Brevier (1922), S. 128ff. H. PAUL, Prinzipien der Sprachgeschichte, 4. Aufl., S. 390ff. E. WINDISCH, Zur Theorie der Mischsprachen und Lehnwörter. Ber. üb. d. Verh. d. sächs. Ges. d. Wiss. phil.-hist. Kl. 1897, S. 101.

(170) H. SCHUCHARDT, Slawo-deutsches und Slawo-italienisches, Graz 1884.

(171) S. SINGER, Lehnbedeutung. Zs. f. deutsche Wortforschung. 3, 220ff. O. REICHMANN, Deutsche Wortforschung, Stuttgart 1969 (Sammlung Metzler 82), S. 57ff.

(172) Noch mehr im einzelnen gliedert diese Vorgänge BETZ in der Einleitung zu seiner Untersuchung: Deutsch und Lateinisch. Die Lehnübersetzungen der althochdeutschen Benediktinerregel. Bonn 1949; ders., Lehnwörter und Lehnprägungen im Vor- und Frühdeutschen (In: Deutsche Wortgeschichte, hrsg. von F. MAURER und F. STROH, Bd. 1 Berlin ²1959, S. 127ff.).

(172a) F. KLUGE, Etymologisches Wörterbuch der deutschen Sprache, 18. Aufl., bearbeitet von W. MITZKA, Berlin 1960, S. 283.

(173) H. PAUL, Prinzipien d. Sprachgeschichte, 4. Aufl., S. 399ff.

(174) Die gewaltigen Schwierigkeiten, die zu überwinden waren, bis man die wirkliche Aussprache des Griechischen in den verschiedenen Zeiten seiner langen Geschichte festgestellt hatte, schildert E. DRERUP in seinem großen Werke «Die Schulaussprache des Griechischen von der Renaissance bis zur Gegenwart». Paderborn, I, 1930; II, 1932. Die Ergebnisse der Forschung mit ausführlicher Begründung in E. SCHWYZERS Griechischer Grammatik I, München 1939.

(175) Über die Aussprache des Lateinischen unterrichtet M. LEUMANN und J. B. HOFMANN, Lateinische Grammatik, München 1925/28. J. MAROUZEAU, La prononciation du latin², Paris 1938.

(176) Wenn der Ungar den Laut unseres *s* bezeichnen will, schreibt er *sz*.

(177) O. BEHAGHEL, Geschichte der deutschen Sprache⁵, S. 398f.

(178) Es kommen auch andere Bezeichnungen vor. Zur ganzen Frage F. SOMMER, Handbuch der lateinischen Laut- und Formenlehre²·³, Heidelberg 1914 (Neudruck 1948).

Die besten Lautbeschreibungen einer alten Sprache haben uns die Inder hinterlassen, für die die genaue Aussprache der heiligen Texte eine religiöse Bedeutung hatte.

(179) A. LESKIEN, Die Declination im Slavisch-Litauischen und Germanischen, Leipzig 1876, S. Xff.; K. BRUGMANN und H. OSTHOFF, Morphologische Untersuchungen I, Leipzig 1878 (im Vorwort); H. PAUL, Prinzipien der Sprachgeschichte, Halle 1880; G. CURTIUS, Zur Kritik der neuesten Sprachforschung, 1885; K. BRUGMANN, Zum heutigen Stand der Sprachwissenschaft, 1885; B. DELBRÜCK, Die neueste Sprachforschung, 1885; H. SCHUCHARDT, Über die Lautgesetze. Gegen die Junggrammatiker, Berlin 1885 (Schuchardt-Brevier, S. 43ff.); G. I. ASCOLI, Lettere glottologiche, 1886 (dt. v. B. GÜTERBOCK, Leipzig 1887); W. WUNDT, Über den Begriff des Gesetzes mit Rücksicht auf die Frage der Ausnahmslosigkeit der Lautgesetze, Philos. Studien 3, 1886; E. WECHSSLER, Giebt es Lautgesetze? Halle 1900; B. DEL-

BRÜCK, Grundfragen der Sprachforschung, Straßburg 1901, S. 93ff.; HERZOG, Die Lautgesetzfrage, Halle 1904; J. VENDRYES. Réflexions sur les lois phonétiques. Mélanges Meillet (Paris 1903), S. 115ff.; E. HERMANN, Lautgesetz und Analogie. Abh. d. Ges. d. Wiss. zu Göttingen, Phil.-Hist. Kl. N.F. 23, 3, Berlin 1931; A. DEBRUNNER, Lautgesetz und Analogie, Idg. Forsch. 51 (1933), S. 269ff.; R. JAKOBSON, Kindersprache, Aphasie und allgemeine Lautgesetze, Uppsala 1941.

(179a) s. dazu F. KLUGE, Etymologisches Wörterbuch der deutschen Sprache, 18. Aufl. bearbeitet von W. MITZKA, Berlin 1960, S. 237 *geben* und S. 278 *haben*.

(180) E. SIEVERS, Grundzüge der Lautphysiologie, Leipzig 1876. Von der 2. Auflage (1881) ab Grundzüge d. Phonetik. 5. Aufl. 1901.

(181) W. HORN, Sprachkörper und Sprachfunktion, Leipzig 1921. ^{2}1923.

(182) F. KLUGE, Etymologisches Wörterbuch der deutschen Sprache, 17. Aufl. bearb. v. W. MITZKA, unter *Brille*.

(183) H. PAUL, Prinzipien der Sprachgeschichte^{4}, S. 163ff.

(184) H. PAUL, Prinzipien^{4}, S. 282ff.

(185) MAX MÜLLER, Lectures on the Science of Language I, London 1861, S. 28ff.; H. MEYER, Zs. f. deutsches Altertum 45, 101ff.

(185a) N. J. MARR, Die Entstehung der Sprache. In: Unter dem Banner des Marxismus, 1. Jg. 1925/26.

(186) I. I. MEŠČANINOV, Novoe učenie o jazyke na sovremennom etape jego razvitija. Russkij jazyk 9 (1948) H. 6. Dt. u. d. T. Die neue Sprachtheorie auf ihrer heutigen Entwicklungsstufe, Berlin u. Leipzig 1949.

(187) Die ganze Folge der Prawda-Artikel in englischer Übersetzung: The Soviet Linguistic Controversy. Transl. from the Soviet Press by JOHN V. MURRA, ROBERT M. HANKIN, FRED HOLLING, New York 1951. In die «Beiträge aus der sowjetischen Sprachwissenschaft», Folge I (Berlin 1952), S. 7–83, sind nur die rechtgläubigen Artikel aufgenommen worden. Gesondert veröffentlicht wurde Stalins Stellungnahme: J. STALIN, Der Marxismus und die Fragen der Sprachwissenschaft (russ. u. dt.), Berlin 1952.

(188) W. D. WHITNEY, Language and the study of language, New York 1867; The life and growth of language, New York 1875. Dt. v. A. LESKIEN, Leipzig 1876.

(189) G. I. ASCOLI, Lettere glottologiche (s. Anm. 179), 1886; H. HIRT, Idg. Forsch. 4 (1894), S. 36ff.; Die Indogermanen, Straßburg 1905, 1907; S. FEIST, Beitr. z. Gesch. d. deutschen Sprache u. Lit. 36, 307ff. 37, 112ff.; Kultur, Ausbreitung und Herkunft der Indogermanen, Berlin 1913, S. 442ff.; Indogermanen und Germanen, Halle 1914, ^{3}1924; J. SCHRIJNEN (dt. v. W. FISCHER), Einführung in das Studium der vergl. indogerm.

Sprachwissenschaft, Heidelberg 1921, S. 87f.; J. Pokorny, Das nicht-indogermanische Substrat im Irischen. Zs. f. celt. Phil. 16 (1927); W. Havers, Handbuch der erklärenden Syntax, Heidelberg 1931, S. 138ff. (m. Lit.); A. Schmitt, Die germanische Lautverschiebung und ihr Wert für die Frage nach der Heimat der Indogermanen. In: Germanen und Indogermanen. Festschrift für H. Hirt, Heidelberg 1936, Bd. 2, 343ff.; B. Terracini, Sostrato. Scritti in onore di A. Trombetti, Mailand 1938, S. 321ff.; N. Å. Nielsen, La théorie des substrats et la linguistique structurale. Acta linguistica 7 (1952).

(190) Dies ist die Meinung von A. Meillet.

(191) O. Jespersen, Language, its Nature, Development and Origin, London 1922. Übers. von R. Hittmair und K. Waibel, Heidelberg 1925.

(192) J. Rousselot, Les modifications phonétiques du langage, Paris 1891. Gauchat, L'unité phonétique dans le patois d'une commune. Aus romanischen Sprachen und Literaturen (Festschr. H. Morf, Halle 1905), S. 175ff.

(193) F. Maurer, Volkssprache, Erlangen 1935, S. 82ff. (Neue veränderte Ausgabe Düsseldorf 1964 als Beiheft 9 zum Wirkenden Wort).

(194) Die Auffassung der sprachlichen Neuerungen als Moden findet sich zuerst bei Friedrich Müller 1884, dann 1885 bei Schuchardt (Über die Lautgesetze. Schuchardt-Brevier S. 55). R. Meringer, Aus dem Leben der Sprache, Berlin 1908, S. 240.

(195) W. Havers, Handbuch der erklärenden Syntax, Heidelberg 1931, S. 156ff. (mit Literatur).

(196) Ebenda S. 161.

(197) Ebenda S. 184ff.

(198) Ebenda S. 171ff.

(199) Otto von Greyerz.

(200) Die erste eingehende Untersuchung eines Gebiets unter diesem Gesichtspunkt stammt von Karl Haag, Die Mundarten des oberen Neckar- und Donau-Landes. Progr. Reutlingen 1898.

Im Zusammenhang mit der Verbreitung anderer Kulturgüter wird die Frage untersucht in

H. Aubin, Th. Frings, J. Müller, Kulturströmungen und Kulturprovinzen in den Rheinlanden, Bonn 1926.

Den bis 1939 erreichten Stand der Forschung gibt B. Martin, Die deutschen Mundarten, Leipzig 1939, S. 95ff (mit Literatur).

(201) C. Juret, Dominance et résistance dans la phonétique latine, Heidelberg 1913.

(202) Sein Lehrer Windischmann schreibt von ihm: «In diesen Arbeiten hat er sich von den Stürmen der Zeit nicht stören lassen; er blieb bey allem Wechsel der Dinge ruhig in Paris, immer heiter und arbeitsam, zweimal erfreut, viele deutsche Freunde bey sich zu sehen.» F. Bopp, Über das Conjugationssystem der Sanskritsprache, Frankfurt 1816, S. III.

S. LEFMANN, Franz Bopp, 2 Bde. u. ein Nachtrag, Berlin 1891–1897.

(203) «The Sanscrit language whatever may be its antiquity, is of a wonderful structure; more perfect than the Greek, more copious than the Latin, and more exquisitely refined than either; yet bearing to both of them a stronger affinity, both in the roots of verbs and in the forms of grammar, than could have been produced by accident; so strong that no philologer could examine all the three without believing them to have sprung from some common source which, perhaps, no longer exists. There is a similar reason, though not quite so forcible, for supposing that both the Gothic and Celtic, though blended with a different idiom, had the same origin with the Sanscrit. The old Persian may be added to the same family.» Asiatic Researches T. I (1788), S. 422.

(204) Der erste, der Beweisgründe für den Zusammenhang des Sanskrits mit dem Griechischen anführte, war der Schotte Lord MONBODDO im 4. Band seines Werkes «Antient Metaphysics» (1795), S. 322. Er stützte sich auf die Vergleichung der Zahlwörter und legte besonderen Wert auf die Unregelmäßigkeit, daß im Zahlwort für «20» nicht das Zahlwort für «2» erscheint, und zwar ebensowenig in sanskrit *viṃśati* wie in griechisch *εἴκοσι* und in lateinisch *viginti*. Weiter verglich er Zusammensetzungen wie sanskrit *tripada-* mit griechisch *τριποδ-* und den übereinstimmenden Gebrauch des *α* privativum in beiden Sprachen. Schließlich hat er zuerst sanskrit *asmi, asi, asti, santi* neben griechisch *εἰμί εἰ ἐστι* und lateinisch *sunt* gestellt. Vgl. MAX MÜLLER, Lectures on the Science of Language I (1861), S. 154ff. Monboddo hatte also erkannt, worauf es methodisch ankam. Seine Kenntnis des Sanskrits hatte er von Ch. Wilkins.

(205) «Jener entscheidende Punkt, der hier alles aufhellen wird, ist die innere Struktur der Sprachen, oder die vergleichende Grammatik, welche uns ganz neue Aufschlüsse über die Genealogie der Sprachen auf ähnliche Weise geben wird, wie die vergleichende Anatomie über die höhere Naturgeschichte Licht verbreitet hat.» S. 28.

(206) Die Schrift liegt jetzt im Neudruck vor: RASMUS RASK, Ausgewählte Abhandlungen, herausgegeben... von LOUIS HJELMSLEV, I. (Kopenhagen 1932). Mit einer Einleitung von HOLGER PEDERSEN. Der Titel des Originals lautet «Undersøgelse om det gamle Nordiske eller Islandske Sprogs Oprindelse».

(207) Er führt 352 Wortgleichungen an, außer den Zahlwörtern und den Pronomina, S. 296ff. des Neudrucks.

(208) Sanskritgrammatiken gab es in europäischen Sprachen schon 1790 (Paulinus a S. Bartholomaeo), aber eine zum Lernen brauchbare erschien erst 1808, von CH. WILKINS.

(209) Daß Bopp das Persische mit heranzieht und nicht nur im Titel unmittelbar neben das Deutsche stellt, sondern auch mit

dem Germanischen in einem Kapitel behandelt, geht auf eine Überlieferung aus dem 16. Jahrhundert zurück, nach der Persisch und Deutsch nahe verwandt sein sollten. Vgl. W. STREITBERG, Zur Geschichte der Sprachwissenschaft. Idg. Forsch. 35 (1915), 182ff.

(210) Bopps Ausführungen im «Conjugationssystem» zu folgen würde sehr umständliche Erklärungen nötig machen. Die Methode ist ganz allmählich ausgebildet worden. Deshalb wird sie in der Gestalt vorgeführt, die sie schließlich angenommen hat.

(210a) F. HROZNÝ, Die Sprache der Hethiter, ihr Bau und ihre Zugehörigkeit zum indogerm. Sprachstamm. Leipzig 1917.

(211) Observations sur la langue et la littérature provençales, Paris 1818, S. 14.

(212) Vgl. A. W. VON SCHLEGELS Worte: «On pourrait les (sc. les langues à inflexions) appeler les langues organiques, parce qu'elles renferment un principe vivant de développement et d'accroissement, et qu'elles ont seules, si je puis m'exprimer ainsi, une végétation abondante et féconde.» (Observations S. 15).

(212a) Die genaueren Bedingungen lauten: Die Verschiebung zur Affrikata erfolgt 1. im Anlaut, 2. im In- und Auslaut nach Konsonant, 3. in der Gemination. Die Verschiebung zur (Doppel-)Spirans erfolgt im In- und Auslaut nach Vokal.

(213) Grimm sagt (Deutsche Grammatik I, 2. Aufl., S. 588): «Es liegt bei wortforschungen weniger an der gleichheit oder ähnlichkeit allgemein-verwandter consonanten, als an der wahrnehmung des historischen stufengangs, welcher sich nicht verrücken oder umdrehen läßt. Ein hochd. wort mit *p*, das im goth. *b*, im lat. *f* zeigt, ist in diesen drei sprachen urverwandt, jede besitzt es unerborgt; fänden wir aber *f* in einem hochd., *b* in einem goth., *p* in einem lat. wort, so wäre die verwandtschaft widersinnig, unerachtet abstract genau dieselben buchstabenverhältnisse vorliegen. Das griech. *τ* fordert ein goth. *þ*, das goth. *t* aber kein griech. *ϑ* und so beruht durchall die identität auf der äußeren verschiedenheit.»

(214) Die Aspiration und die Lautverschiebung, Leipzig 1837, § 64. H. GRASSMANN machte die in der Zwischenzeit vergessene Entdeckung noch einmal im Jahre 1862: Z. f. vgl. Sprachforsch. 12 (1863), S. 110ff.

(215) Z. f. vgl. Sprachforsch. 23 (1877), S. 97ff.

(216) Zur Geschichte der Benennung vgl. W. WISSMANN, Der Name der Buche. Dt. Ak. d. Wiss. Berlin, Vorträge u. Schriften 50, Berlin 1952.

(217) S. Anm. 209.

(218) Vergleichende Grammatik des Sanskrit, Zend, Griechischen, Lateinischen, Litthauischen, Gothischen und Deutschen. Berlin, 1. Teil 1833, 2. Teil 1835, 3. Teil 1837, 4. Teil 1842, 5. Teil 1849, 6. Teil 1852.

(219) Von LEPSIUS 1833 und 1841, LASSEN 1833 und 1834, und vor allem von AUFRECHT und KIRCHHOFF 1849–1852.

(220) GROTEFEND 1839, TH. MOMMSEN 1845, 1846, 1850.

(221) H. KRAHE, Die alten balkanillyrischen geographischen Namen, Heidelberg 1925; Lexikon altillyrischer Personennamen, Heidelberg 1929; Die Sprache der Illyrier. Erster Teil: Die Quellen, Wiesbaden 1955. Dazu viele Aufsätze in Zeitschriften. A. MAYER, Die Sprache der alten Illyrier. I. Schriften d. Balkankomm.. Ling, Abt. XV. Wien 1957.

(222) W. TOMASCHEK, Die alten Thraker. Sb. d. Wiener Ak. 1893–1894. N. JOKL, Artikel Thraker in Eberts Reallexikon der Vorgeschichte. D. DETSCHEW, Die thrakischen Sprachreste. Schriften d. Balkankomm. Ling Abt. XVI. Wien 1957.

(223) P. KRETSCHMER, Einleitung in die Geschichte der griechischen Sprache, Göttingen 1896.

(224) Einen Überrest dieser Bevölkerung stellen die iranisch sprechenden Osseten im mittleren Kaukasus dar.

(225) W. KRAUSE, Tocharisch. Hb. d. Orientalistik, 4. Bd., 3. Abschnitt, Leiden 1955.

(226) Geschichte der Forschung von J. FRIEDRICH, Hethitisch und «kleinasiatische» Sprachen in: Geschichte der indogermanischen Sprachwissenschaft, Zweiter Teil, 5. Band, Lieferung 1, Berlin 1931; Entzifferung verschollener Schriften und Sprachen, Berlin, Göttingen, Heidelberg 1954.

(227) F. HROZNÝ, Die Lösung des hethitischen Problems. Mitt. d. Deutschen Orient-Ges. 56 (1915), S. 17ff. Die Sprache der Hethiter, ihr Bau und ihre Zugehörigkeit zum indogermanischen Sprachstamm, Leipzig 1917.

(228) J. FRIEDRICH, Hethitisches Elementarbuch, 2 Teile, Heidelberg 1940/46; Hethitisches Wörterbuch, Heidelberg 1952/54; F. SOMMER, Hethiter und Hethitisch, Stuttgart 1947; H. KRONASSER, Vergleichende Laut- und Formenlehre des Hethitischen, Heidelberg 1956.

(229) H. KRONASSER, Vgl. Laut- u. Formenlehre (s. Anm. 228), S. 15ff., 216ff.

(230) Evidence for Greek Dialect in the Mycenaean Archives. Journ. Hell. Stud. 73 (1953), S. 84ff.

(231) A. SCHLEICHER, Compendium der vergleichenden Grammatik der indogermanischen Sprachen, Weimar 1861 (2. Aufl. 1866, 3. Aufl. 1870).

(232) A. MEILLET, La méthode comparative en linguistique historique, Oslo 1925.

(233) S. Anm. 216. Besser ist man daran, wenn das Wort selbst einen Hinweis auf eine Eigenschaft der benannten Sache gibt. So können wir mit Bestimmtheit sagen, daß das Wort *Birke* schon in indogermanischer Zeit denselben Baum bezeichnet hat wie heute, weil es zu einer Wortsippe gehört, deren Bedeutungskern «schimmern, leuchten» ist.

(234) First, Über die Stellung des Zaunes im Denken der Vorzeit. Gött. Nachr. N.F. Fachgr. IV. Bd. 3, Nr. 4, S. 55 ff.; Zaun und Mannring. Beitr. z. Gesch. d. dt. Spr. u. Lit. 66 (1942), S. 232 ff.; Lehm, Etymologien zum Fachwerk, Marburg 1951; Holz, Etymologien aus dem Niederwald, Münster und Köln 1952.

(235) C. Brockelmann, Semitische Sprachwissenschaft, Slg. Göschen, Leipzig 1906; Grundriß der vergleichenden Grammatik der semitischen Sprachen, 2 Bde., Berlin 1908–13.

(236) J. Szinnyei, Finnisch-ugrische Sprachwissenschaft. Slg. Göschen, Leipzig 1910.

(237) C. Meinhof, Grundzüge einer vergleichenden Grammatik der Bantusprachen, Berlin 1906.

(238) O. Dempwolff, Vergleichende Lautlehre des austronesischen Wortschatzes, 3 Bde., Berlin 1934–1938.

(239) Ankündigung einer Schrift über die baskische Sprache und Nation, 1812; Über Sprachverwandtschaft, 1812/14; Über das vergleichende Sprachstudium, 1820; Über die Verschiedenheit des menschlichen Sprachbaues, 1836.

(240) Gesammelte Schriften 7, 2, S. 49.

(241) Gesammelte Schriften 7, 2, S. 250.

(242) Der Bau der europäischen Sprachen. Proc. of the R. Irish Academy. 48 C 2. S. 15 ff. Dublin 1942.

(243) P. W. Schmidt, Die Sprachfamilien und Sprachenkreise der Erde, Heidelberg 1926; A. Meillet et M. Cohen, Les langues du monde^2, Paris 1952.

(244) Dt. v. H. Lommel u. d. T. Grundfragen der allgemeinen Sprachwissenschaft, Berlin u. Leipzig 1931.

(245) L. Hjelmslev, La catégorie des cas. Etude de grammaire générale. Acta Jutlandica VII 1 u. IX 2, Aarhus 1935/37; V. Brøndal, Théorie des prépositions. Introduction à une sémantique rationnelle. Übers. v. P. Naert, Kopenhagen 1950. (Das dänische Original erschien 1940.)

(246) E. Hermann, Die Wortarten. Gött. Nachr. 1928; V. Brøndal, Ordklasserne (Die Wortarten, dän.), Kopenhagen 1928; Franz. v. P. Naert u. d. T. Les parties du discours, 1948; I. I. Meščaninov, Cleny predlozenija i časti reci (Satzglieder und Redeteile, russ.), Moskau u. Leningrad 1945; P. Hartmann, Wortart und Aussageform, Heidelberg 1956. In diesem Werk sind Gegenstände der Vergleichung das Malaiische, das Ewe (in Westafrika) und ein Eskimo-Dialekt.

(247) Charles C. Fries, The Structure of English, New York 1952; H. Glinz, Die innere Form des Deutschen, Bern 1952; L. Weisgerber, Vom Weltbild der deutschen Sprache, Düsseldorf 1949, 2. Aufl. in 2 Bdn., 1953/54.

WEGWEISER DURCH DIE LITERATUR

Das Gebiet der Sprachwissenschaft ist sehr ausgedehnt und reich gegliedert. Entsprechend zahlreich und vielseitig sind die Veröffentlichungen, die Jahr für Jahr erscheinen und deren Fülle auch der Fachmann nicht mehr überblicken kann. Um so dringender brauchen der Anfänger und der Außenstehende Hinweise auf das, was für sie zunächst wichtig und ihnen auch zugänglich ist. Die Auswahl darf nicht einseitig sein, aber sie erfüllt ihren Zweck nur, wenn sie knapp ist. Sie zu erweitern ist leicht, denn in jedem Buch finden sich Literaturangaben. Freilich wird man von Anfang an nicht nur mit Werken auskommen, die in deutscher Sprache geschrieben oder ins Deutsche übersetzt sind.

Zuerst noch einige Einführungswerke, damit auch andere Standpunkte zur Geltung kommen:

H. Güntert, Grundfragen der Sprachwissenschaft, Leipzig 1925. 2. Aufl. bearbeitet von A. Scherer, Heidelberg 1956.

F. Bodmer, The loom of language, London 1943, [6]1955. Deutsch v. R. Keller u. d. T. Die Sprachen der Welt, Köln, Berlin 1955, Köln [3]1964. Die deutsche Ausgabe ist nicht nur eine Übersetzung, sondern stellt das Buch auf den Standpunkt des Deutschsprechenden um. Bietet viele Tatsachen und ist unterhaltend zu lesen. Die Sprache wird durchaus praktisch als Gerät zur Verständigung betrachtet.

H. Homeyer, Von der Sprache zu den Sprachen, Olten 1947.

L. Weisgerber, Das Gesetz der Sprache, Heidelberg 1951. 2. neubearbeitete Auflage 1964 u. d. T. Das Menschheitsgesetz der Sprache als Grundlage der Sprachwissenschaft.

Mehr fachlich gerichtet ist

W. von Wartburg, Einführung in Problematik und Methodik der Sprachwissenschaft, Halle 1943. 2. verbesserte und erweiterte Auflage unter Mitwirkung von S. Ullmann, Tübingen 1962, [3]1970.

B. Snell, Der Aufbau der Sprache, Hamburg 1952, 2. durchgesehene und erweitere Auflage 1961.

M. Bierwisch, Strukturalismus. Geschichte, Probleme und Methoden. In: Kursbuch 5 (1966), S. 77–152. [2]1969.

G. C. Lepschy, La linguistica strutturale, Turin 1966. Deutsch von H. Stammerjohann u. d. T. Die strukturale Sprachwissenschaft. Eine Einführung. München 1969 (Mit einem ergänzenden Kapitel des Übersetzers: Die strukturale Sprachwissenschaft in Deutschland).

H. Buehler, G. Fritz, W. Herrlitz, F. Hundsnurscher, B. Insam, G. Simon, H. Weber, Linguistik I. Lehr- und Übungsbuch zur Einführung in die Sprachwissenschaft. Tübingen 1970 (= Germanistische Arbeitshefte 5). (Mit Bibliographie.)

H. Glinz, Linguistische Grundbegriffe und Methodenüberblick, Frankfurt 1970. 2. verbesserte Auflage 1971.

Gesamtdarstellungen

F. de Saussure, Cours de linguistique générale, Lausanne u. Paris 1916, ^{5}1954. Deutsch von H. Lommel u. d. T. Grundfragen der allgemeinen Sprachwissenschaft, Berlin 1931. 2. Auflage mit neuem Register und einem Nachwort von P. v. Polenz 1967.
Diese Vorlesungen sind nach dem Tode des Verfassers (1913) von seinen Schülern Ch. Bally und A. Sechehaye herausgegeben worden. Sie sind der Ausgangspunkt für fast alle Richtungen der heutigen Sprachwissenschaft.

A. Noreen, Einführung in die wissenschaftliche Betrachtung der Sprache. Beiträge zur Methode und Terminologie der Grammatik. Deutsch von H. Pollack, Halle 1923.
Das ist die Übersetzung der allgemein sprachwissenschaftlichen Darlegungen aus Noreens großem Werk Vårt Språk.

E. Sapir, Language. An Introduction to the study of speech, New York 1921. Ins Deutsche übertragen und für den Leser bearbeitet von C.P. Homberger u. d. T. Die Sprache. Eine Einführung in das Wesen der Sprache. München 1961.

J. Vendryes, Le langage. Introduction linguistique à l'histoire, Paris 1921. ^{2}1950.

F. Brunot, La pensée et la langue. Méthode, principes et plan d'une théorie nouvelle du langage appliquée au français, Paris 1922, ^{3}1953.

O. Jespersen, Language; its nature, development and origin, London 1922, ^{10}1954. Deutsch von R. Hittmair u. H. Waibel, Heidelberg 1925.

O. Jespersen, Philosophy of Grammar, London 1924, ^{6}1951.
Der Ausdruck «Philosophy» bedeutet in diesem Zusammenhang «Theorie».

H. Ammann, Die menschliche Rede, 2 Teile, Lahr i. B. 1925/28. Reprographischer Nachdruck 1969.
Enthält viele fruchtbare Anregungen.

A.H. Gardiner, The Theory of Speech and Language, Oxford 1932, ^{3}1960.

Ch. Bally, Linguistique générale et linguistique française, Paris 1932, Bern ^{4}1965.

L. Bloomfield, Language, New York 1933, London 1935. Letzte Auflage 1963.
Mit reichhaltigem Literaturverzeichnis.

K. Bühler, Sprachtheorie. Die Darstellungsfunktion der Sprache, Jena 1934. Neudruck Stuttgart 1965.
Zur Einführung besonders geeignet.

J. Marouzeau, La linguistique ou science de langage, Paris ^{2}1944, ^{3}1950.

L. Weisgerber, Von den Kräften der deutschen Sprache, 4 Bde., Düsseldorf 1949/50. Der besonders wichtige 2. Band Vom

Weltbild der deutschen Sprache in 2. erweiterter Auflage in 2 Halbbänden 1953/54. Die beiden Halbbände in 3. neubearbeiteter Auflage 1962 als Bd. I Grundzüge der inhaltsbezogenen Grammatik und Bd. II Die sprachliche Gestaltung der Welt.

E. Otto, Stand und Aufgabe der allgemeinen Sprachwissenschaft, Berlin 1954. 2. durchgesehene und erweiterte Auflage 1965.

H. Glinz, Die innere Form des Deutschen, Bern 1952. ^{4}1965.

L. Hjelmslev, Sproget. En introduktion. Kopenhagen 1953. Deutsch u. d. T. Die Sprache. Eine Einführung. Darmstadt 1968.

A. Martinet, Eléments de linguistique générale, Paris 1960. ^{2}1967. Deutsch von A. Fuchs unter Mitarbeit von H.-H. Lieb u. d. T. Grundzüge der allgemeinen Sprachwissenschaft, Stuttgart 1963. ^{2}1967.

W. Admoni, Der deutsche Sprachbau, Moskau/Leningrad 1966. 3. durchgesehene und erweiterte Auflage München 1970.

Die deutsche Sprache. Kleine Enzyklopädie. Hrsg. von E. Agricola, W. Fleischer und H. Protze, unter Mitwirkung von W. Ebert. 2 Bde., Leipzig 1969.

Einzelne Gebiete

Sprachphilosophie

E. Cassirer, Philosophie der symbolischen Formen. I. Die Sprache, Berlin 1923, Darmstadt ^{4}1964.

A. Dauzat, La philosophie du langage, Paris 1927.

G. Ipsen, Die Sprachphilosophie der Gegenwart, Berlin 1930.

J. Stenzel, Philosophie der Sprache, München und Bern 1934. Reprographischer Nachdruck München 1964.

R. Hönigswald, Philosophie und Sprache, Basel 1937, Paris 1939.

W.M. Urban, Language and reality. The philosophy of language and the principles of symbolism, London 1939.

E. Otto, Sprachwissenschaft und Philosophie, Berlin 1949.

J.J. Katz, The Philosophie of Language, New York/London 1966. Deutsch von R. Kruse u. d. T. Philosophie der Sprache, Frankfurt 1969.

Sprachpsychologie

Hier verfügen wir über ein umfassendes Werk, das alle weiteren Literaturangaben enthält:

F. Kainz, Psychologie der Sprache, 5 Bde., Stuttgart. I 1941, ^{4}1967; II 1943, 2. umgeänderte Auflage 1960; III 1954, ^{2}1965; IV 1956, ^{2}1967; V, Teil I 1965, Teil II 1969.

F. Kainz, Einführung in die Sprachpsychologie, Wien 1946.

Sprachsoziologie

A. Dauzat, La géographie linguistique, Paris 1943.

A. Bach, Deutsche Mundartforschung, Heidelberg ²1950.

W. Mitzka, Handbuch zum deutschen Sprachatlas, Marburg 1952.

G.A. de Laguna, Speech, its function and development, New Haven, Conn. u. London 1927.

M.M. Lewis, Language in Society. London 1947.

W. Niepold, Sprache und soziale Schicht. Darstellung und Kritik der Forschungsliteratur seit Bernstein. Berlin 1970 (mit Bibliographie).

Lautlehre

E. Dieth, Vademekum der Phonetik. Phonetische Grundlagen für das wissenschaftliche und praktische Studium der Sprachen. Bern 1950, ²1968.
Hierin werden alle Richtungen der Phonetik berücksichtigt.

N.S. Trubetzkoy, Grundzüge der Phonologie, Prag 1939, Göttingen ⁴1967.

H.H. Waengler, Grundriß einer Phonetik des Deutschen mit einer allgemeinen Einführung in die Phonetik. Mit einer Sprachplatte. Marburg 1960. 2. verbesserte Auflage 1967.

Wortkunde

A. Carnoy, La science du mot. Traité de sémantique, Louvain (Löwen) 1927, Paris 1937.

A. Reichling, Het woord, Nimwegen 1935.

H.R. Walpole, Semantics. The nature of words and their meanings, New York 1941.

A. Rosetti, Le mot. Esquisse d'une théorie générale, Kopenhagen 1943, 2. erweiterte Auflage 1947.

V. Pisani, L'etimologia: storia, questioni, metodo, Mailand 1947.

E.A. Nida, Morphology. The descriptive analysis of words. Ann Arbor (Mich.). 2. neubearbeitete Auflage 1949.

Suzanne Öhman, Wortinhalt und Weltbild, Stockholm 1951.

H. Kronasser, Handbuch der Semasiologie, Heidelberg 1952.

E. Leisi, Der Wortinhalt. Seine Struktur im Deutschen und Englischen, Heidelberg 1953. 3. durchgesehene und erweiterte Auflage 1967.

S. Ullmann, The principles of semantics, Glasgow 1951. 2. erweiterte Auflage Glasgow/Oxford 1959. Deutsch von S. Koopmann u. d. T. Grundzüge der Semantik, Berlin 1967.

Deutsche Wortgeschichte, hrsg. von F. Maurer und F. Stroh. 3 Bde. 2. neubearbeitete Auflage Berlin 1959–60.

J.J. Katz, J.A. Fodor, The Structure of a Semantik Theorie. In: Language 39 (1963), S. 170–210. Deutsch von G.W. Weber u. d. T. Die Struktur einer semantischen Theorie. In: Vorschläge für eine strukturale Grammatik des Deutschen, hrsg. von H. Steger. Darmstadt 1970. S. 202–268.

O. Reichmann, Deutsche Wortforschung, Stuttgart 1969 (Sammlung Metzler 82).

R. Hoberg, Die Lehre vom sprachlichen Feld. Schriften des Instituts für deutsche Sprache in Mannheim 11, Düsseldorf 1970.

F. Hundsnurscher, Neuere Methoden der Semantik. Eine Einführung anhand deutscher Beispiele. Tübingen 1970 (= Germanistische Arbeitshefte 2).

Satzlehre

J. Wackernagel, Vorlesungen über Syntax, 2 Bde., Basel 1920/24, ^{2}1926/28. Neudruck 1950/51.

A. Sechehaye, Essai sur la structure logique de la phrase, Paris 1926.

W. Havers, Handbuch der erklärenden Syntax, Heidelberg 1931.

O. Jespersen, Analytic syntax, Kopenhagen 1937.

E. Koschmieder, Die noetischen Grundlagen der Syntax. Sitz.-Ber. d. bayer. Ak. d. Wiss. Phil.-hist. Kl. 1951,4. München 1952. Ferner in: Beiträge zur allgemeinen Syntax, Heidelberg 1965.

N. Chomsky, Syntactic Structures, Janua Linguarum 4, The Hague 1957. ^{7}1968.

H. Glinz, Der deutsche Satz, Düsseldorf 1957. 4. verbesserte Auflage 1965.

L. Tesnière, Eléments de Syntaxe structurale. 2. durchgesehene und verbesserte Auflage Paris 1965.

N. Chomsky, Aspects of the Theorie of Syntax, Cambridge 1967. Deutsch u. d. T. Aspekte der Syntax-Theorie, Frankfurt 1969.

J. Bechert, D. Clément, W. Thuemmel, K.H. Wagner, Einführung in die generative Transformationsgrammatik, München 1970. (= Linguistische Reihe 2)

H. J. Heringer, Theorie der deutschen Syntax, München 1970 (= Linguistische Reihe 1).

Einführungen in die Vergleichung der indogermanischen Sprachen

A. Meillet, Introduction à l'étude comparative des langues indo-européennes, Paris 1903, ^{8}1837, Neudruck Alabama 1964. Deutsch von W. Printz (nach der 2. Auflage), Leipzig u. Berlin 1909.

J. Schrijnen, Handleiding bij de Studies der Vergelijkende Indogermaansche Taalwetenschap, Leiden 1917, ^{2}1923/24. Deutsch von W. Fischer u. d. T. Einführung in das Studium der indogermanischen Sprachwissenschaft, Heidelberg 1921.

E. Kieckers, Einführung in die indogermanische Sprachwissenschaft, München 1933.

V. Pisani, Introduzione alla linguistica indeuropea, Turin ^{3}1948.

H. Krahe, Indogermanische Sprachwissenschaft, 2 Bde., Berlin (Sammlung Göschen). I [5]1966, II 4. neubearbeitete Auflage 1963.

Geschichte der Sprachwissenschaft

H. Arens, Sprachwissenschaft. Der Gang ihrer Entwicklung von der Antike bis zur Gegenwart, Freiburg-München 1955. 2. durchgesehene und stark erweiterte Auflage 1969.
Die wichtigsten Äußerungen zur Theorie der Sprache von Platon bis Hjelmslev im Wortlaut, ggf. übersetzt, mit verbindendem Text. Dazu eine reichhaltige Bibliographie, die auch den gegenwärtigen Stand der Forschung wiedergibt. Die eigenen Bewertungen des Verfassers sind mit Vorsicht aufzunehmen. Die Literatur zur Geschichte der Sprachwissenschaft in der 1. Auflage S. 544, in der 2. Auflage S. 776f.

A. Borst, Der Turmbau von Babel. Geschichte der Meinungen über Ursprung und Vielfalt der Sprachen und Völker. 4 Bde. Stuttgart 1957–1963.

SACHVERZEICHNIS

abendländische Sprachen 37, 265, 318
Ablaut 328 ff.
Ableitung 41 f., 128 ff.
Ableitungsgruppen 128 ff.
ihr Zerfall 132 f.
Ableitungssilben 328 f.
Abstrakta 104 f., 381, 382 f.
abstraktive Relevanz 156
Abweichung vom Sprachgebrauch 303
Adjektiv 149 ff.
Adjektivabstrakta 129 f.
Adverbium 149
Affekt als Ursache des Sprachwandels 377
agglutinierende Sprachen 335 f.
agrammatische Störungen 197, 385
Ähnlichkeitsassoziation 170
Akzent 384
dynamischer 160
musikalischer 160
des Satzes 143
der Silbe 159
des Wortes 160
Albanisch 267, 351
Alliteration 181
Alltagssprache 219 f., 251 ff., 261, 388
Altenglisch (Angelsächsisch) 266, 325
Altersklassen 301 f.
Althochdeutsch 269, 275, 280, 283, 315, 331, 343
Altindisch 344, 346
Altiranisch 346 f.
Altisländisch 324 f.
Altpersisch 346 f.
altpreussische Ortsnamen 348
Amnesie (Gedächtnisverlust) 197
Analogie 286
anatolische Sprachen 355
Angelsächsisch (Altenglisch) 266, 325
Angleichung (Assimilation) 182 ff., 311, 316
Anglonormannisch 266
Anlautwechsel, irischer 349 f.
Anrede, Formen der 306 f.
Anrufbetonung 284
Antike Sprachen und Technik 36 f.
Aoristbildung 331 f.
Aphasie 193, 385
Arabisch
als internationale Verkehrssprache 231
als religiöse Sprache 258
Aramäisch
als internationale Verkehrssprache 231
Arier 347
arische Sprachen 230, 299, 348
Armenisch 352, 384
Artikulation 154, 207, 245
Störung 178 ff.
artikulierte Laute 154
Aspiratendissimilation 341
Assimilation (Angleichung) 182 f.
Assoziation (Gedankenverbindung) 170
Äthiopisch als Kirchensprache 258
Attisch (Sprache von Athen) 225, 351
Attraktion 184 f.
des Kasus 184
des Modus 185
des Tempus 185
attributive Fügung 136, 140
Aufforderung 55, 73, 307, 378
Augment 331 f.
Ausnahmen der Lautverschiebung 341 ff.
Ausruf (Stellungnahme) 55, 378
Außenwelt 207 ff.
Äußerung 98
Aussprache 244, 301

Austausch unter Nachbarsprachen 367 f.
Avesta 346 f.

Babylonisch 347, 354
als internationale Verkehrssprache 231
baltische Sprachen 348
Bantu-Sprachen 183, 366
Basic English 235 f., 387
Baskisch 325, 395
Bauern, Fachsprache 259 f.
bedeutsame Auswahl, Gesetz der 156
bedeutsame Lautunterschiede 155 ff.
im Deutschen 157
Bedeutung
als Sachbezug 73
Veränderung 281
als Vorstellung 72
des Wortes 160, 201, 210 f., 288 f.
Vergleichung der Wortbedeutungen 361 ff.
Bedeutungsentlehnung 268 f.
Bedeutungserweiterung 291
Bedeutungsfeld 117 ff.
parataktisches 120
syntaktisches 125
Bedeutungsverengerung 290 f.
Bedeutungswandel 281, 290 ff.
Bedingungen des Lautwandels 287 ff.
Behaviorism (Methode der Psychologie) 100, 104 f., 163 f., 381
Benennung 30 ff.
Berbersprachen 229
Bereitschaft zur Reaktion 63 f.
Berührungsassoziation 170
beschreibende Sprachwissenschaft 372
beschwörende Macht der Rede 211
Bestimmung, gegenseitige, der Wörter im Satz 125 f.
Bestimmungsgruppen 141
Betonung s. Akzent
Betonungsweise 316 f.
Bewußtsein, seine Rolle beim Sprechen 164 ff.
Bewußtseinsinhalt 61
Bezeichnungen, verhüllende 46, 211, 307 f.
Bezeichnungswandel 281, 291 ff.
Beziehung zwischen Wörtern und Sachen 20 ff.
Beziehungen, seelische 60 f.
Bienensprache 50 ff., 378
als Zeigsprache 81
Bienentänze 52 ff.
Bilderschrift 272
Bildung und Sprechweise 244
Bildungssilben 335 f.
Bindewort (Konjunktion) 149
biologischer Wert der Sprache 59 f.
Boghazköi 353
Bretonisch 350
Broca'sches Zentrum 194
Buchengleichung 362
Bulgarisch 348 f.

Chemie, Fachsprache 260
Chinesisch 24, 140, 159, 299, 335
als internationale Verkehrssprache 232
Christentum, sein Einfluß auf die Sprache 318

Dänisch 229
Darstellung als sprachliche Technik 60
Denken, unbenanntes 86
denominatives Verbum 130
deskriptive Grammatik 93
Deutlichkeit, Streben nach 304 ff.
Deutsch 35, 159, 258, 264, 274, 278, 298, 304, 312, 318, 325, 336 ff., 342
Mundarten 220 ff.
Dhātu 328 f.
Dialekt (Mundart) 216, 220 ff., 256, 260 ff., 345, Literatur 386
Dialektgeographie 386, 391
Dialektgrenze 221 ff., 313 ff.

Dimotiki (neugriechische Volkssprache) 257
Diphthongierung im Neuhochdeutschen 316
Dissimilation 180, 385
Distribution 382
divergente Entwicklung 366 f.
Doppelformen 288
Dorisch 330
Dravida-Sprachen 230, 366
Durchsetzung von Neuerungen 311 f.
dynamischer Akzent 160

Eigenschaftsabstrakta 129 f.
Eigenschaftswort (Adjektiv) 149 ff.
Eindeutung (Volksetymologie) 204 ff., 267
Einführungswerke 397
Einwort-Reden 109 f.
Eisenbahn, Wortschatz der 31 ff.
Elamisch 347
Endreim 181
Endung 305, 329 ff., 349
Englisch 31 f., 265 f., 271, 278, 307, 336
  als internationale Verkehrssprache 232 f.
Engramme (Eindrücke) 78, 171
Entdeckung der indogermanischen Sprachverwandtschaft 320 ff.
  des Hethitischen 353 ff.
  des Tocharischen 353
Entlehnung 245, 263 ff., 291, 367 f.
  von Bildungsweisen 269
  aus Dialekten 263
  aus Fachsprachen 263 f.
  aus fremden Sprachen 264 ff.
  gegenseitige 368
  von Satzfügungen 269 f.
  einer Schrift 276 f.
  aus Sondersprachen 263 f.
Entwicklung
  divergente 366 f.
  konvergente 367 f.
Entzifferung
  des Hethitischen 354 f.
  der Keilschrift 347
  der Linearschrift B 356 f.
Erbanlagen, sprachliche 78
Erotik, Sprache der 249
Esperanto 238 f.
Etymologie 18, 135, 375
etymologische Gruppen s. Ableitungsgruppen
europäische Sprachen 37, 265, 318, 367
evidente Gleichungen 321 f.
Evidenz der Sprachverwandtschaft 321 f.

Fachausdruck 219, 263 f., 292
Fächerung 134
Fachsprache 219 f., 258 ff., 262, 388
  bäuerliche 259 f.
  chemische 260 f.
  grammatische 259 f.
  juristische 259, 388
  medizinische 259
  radiotechnische 259
  sprachwissenschaftliche 259
  technische 260
Fachwerkbau 365
Fachwörter 219, 263 f., 292
Familiensprache 301
Farbfeld 105 ff.
Fehlleistungen 384 f.
Felder
  parataktische 117 ff.
  syntaktische 120 ff.
finite Verbalformen 137 ff.
Finnisch 325
flektierende Sprachen 335 f.
Flexion 128
  Ursprung 334 f.
Form, innere 370 ff., 395
Formen, überhochsprachliche (hyperkorrekte) 308 f.
Formwort 145 f., 152
Formzerlegung 328 f.
Frage 54 f.
Français fondamental 387

Französisch 35, 184 f., 215, 258, 265, 274, 278, 321
als internationale Verkehrssprache 232
Fremdwörter 245, 260, 302, 312
Fügung
attributive 136, 140
prädikative 136 ff.
Fügungsmischung 172 ff., 293 ff.
Funktionslosigkeit, Wirkung der 288, 294
Fürwort (Pronomen) 149

Gallisch 350
Gaunersprache 218, 249, Literatur 388
Gebärden 24
Gebärdensprache 54
Gedächtnis 169 ff.
Gedächtnisverlust (Amnesie) 197
Gedankenverbindung (Assoziation) 170
geistige Haltung und Sprachwandel 319
Geländeformen, Namen für 39
gemeinsame Neubildungen 369
Gemeinschaftsleistungen 365
Gemeinsprache 217 ff., 225 ff.
Entstehung 227 f.
fremde 229 f.
Verhältnis zur Mundart 225, 228, 308 f.
Generationswechsel 300 f.
Genus und Sexus 375 f.
germanische Sprachen 321, 325 ff., 336 ff.
Lautverschiebung 337 f.
Gesamtdarstellungen 398
Geschichte der Sprachwissenschaft 402
geschlossene Silbe 286 f.
Gesellschaft und Sprache 318
Gesetz
der bedeutsamen Auswahl 156
Vernersches 342 ff.
Gespräch 95 ff.
Gesprächspartner, Rücksichtnahme auf 306 f.
gesprochene Sprache 380
Gestalt 199 ff.
Gestaltcharakter 199, 201 ff.
Gestaltqualitäten 386
Gleichungen, evidente 321 f.
Gliederung
der Äußerung 100 ff.
des Farbfeldes 105 ff.
der Lautung 153 ff.
des Satzes 135 ff.
des Sprachraums 220 ff., 313, 388 f.
der Wirklichkeit 60, 107
des Wortes 158 ff.
des Wortschatzes 117 ff.
Gliederungsverschiebung 293 ff.
Gotisch 320 ff., 336, 343
Grammatik
deskriptive 93
Fachsprache 259
inhaltbezogene 100, 105 ff., Literatur 381
als Sprachgeschichte 339
vergleichende 324 ff., 392 f.
grammatischer Wechsel 341 f.
Griechisch 37, 225, 227, 229, 259, 271, 274 f., 283, 299, 318, 320 ff., 325 f., 330 ff., 356 f.
Aussprache 387
Dialekte 228 f., 330, 351, 394
als internationale Verkehrssprache 231
Neugriechisch 257, 274, 288 f.
Grönländisch 325
Großhirn 187 ff.
Großhirnrinde, ihre Rolle beim Sprechen 167 f.
Grunddeutsch 387
Grundfunktionen der Sprache 378
Grundwortschatz 134
Gruppen, etymologische 128 ff.

Halluzination 208
hamitische Sprachen 366

Haplologie (Silbenschichtung) 179 f.
Hauptwort (Substantiv) 149 ff.
Hebräisch 258
Herakliteer 17, 20, 25, 29
Heraldik 292
Hethiter 353 f.
Hethitisch 334, 354 f., 363, Literatur 390 f.
Hieroglyphen 355
Hieroglyphen
hethitische 355
kretische 356
Hildebrandslied 315
Hindi 230
Hindustani 230
historische Schreibung 278
hochdeutsch
Lautverschiebung 338 f., 393
Mundarten 340
Hochsprache 219 f., 254 ff., 261 f., 289, 294, 319
Höflichkeit, ihr Einfluß auf das Sprechen 306 f.
Homonyme 68, 117
Humanismus 318
hyperkorrekte Formen 308 f.

IALA (International Auxiliary Language Association) 240
Ido 239 f.
Iguvinische Tafeln 351
Illyrier 352
Illyrisch 352, Literatur 394
indische Sprachwissenschaft 327
Individualsprache 301 f.
Indoeuropäisch 345
Indogermanen, Siedlungsgebiet 362 ff.
Indogermanisch 345
Akzent 343 f.
Rekonstruktion der Grundsprache 357 ff.
indogermanische Sprachen 320 bis 357
indonesische Sprachen 366
Inhalte, sprachliche 75 ff., 98
inhaltbezogene Grammatik 100, 105 ff., Literatur 381
innere Form 370 ff., 395
innere Sprache 97, 174, 186
Intentionalität 207 ff., 386
Interlingua 235
Interlingue 241
International Auxiliary Language Association (IALA) 240
Internationale Verkehrssprachen 230 ff.
allgemeine Einführung 242
geplante 236 ff., Literatur 387
geschichtliche 231 ff.
vereinfachte 235 f.
Inventare, mykenische 375
Ionisch 351
Irisch 349 f.
Ironie 70
Isoglossen 222, 313
isolierende Sprachen 335 f.
Italienisch 274, 321
italische Sprachen 351 f.

Jägersprache 217 f., 247 ff., 281, Literatur 387
Japanisch 383
Javanisch 246 f., 261
Junggrammatiker 284 ff.
juristische Fachsprache 259, 388

Kasus 395
Attraktion 184
Katharewusa (neugriechische Hochsprache) 257
Keilschrift 347, 353 f.
keltisch 229, 298, 320, 325, 349 f.
Ortsnamen 350
Kern einer Bestimmungsgruppe 141
Kerngebiet einer Mundart 224, 313
Kindersprache 24 f., 203, 210, 300 f., 310 f., 376
Kirchenslavisch 258, 349
Kirchensprachen 258, 349
Klassenpräfixe 385
Klassenscheidung 243 f.
Klassifikation der Sprachen 335, 371 f.

Klima und Sprache 296
Knossos 357
Koiné (altgriechische Gemeinsprache) 229
Kommunikation ohne Sprache 53 ff.
Komposition (Zusammensetzung) 37, 131
Kongruenz 146 f., 183 f.
Konjunktion 149
Konkordanz 146
Kontamination (Kreuzung) 172 ff., 293 f.
konvergente Entwicklung 367 f.
Kopula 140 f.
Korrektheit, Streben nach 308
Kraftwörter 46 f., 245, 254, 293, 304
Krankheit, Parkinsonsche 188
Kratylos (platonischer Dialog) 20, 77 f., Literatur 375
kretisch
  Hieroglyphen 356
  Linearschrift 356
Kreuzung (Kontamination) 172 ff., 293 f.
Kromo (javanische Schichtensprache) 246 f.
Kurzformen 37 f.
Kutscha 353
Kymrisch 325, 350

Lallwort 376
Landsmål 229
Lappisch 325
Lateinisch 36 f., 225, 227, 229, 259 f., 268 ff., 298 f., 318, 320 ff., 325 f., 330 f., 333
  Aussprache 273 ff., Literatur 389
  als internationale Verkehrssprache 231
  als Kirchensprache 258
  als Sprache der Wissenschaft 258
Latino sine flexione 235
Laut und Vorstellung 376
Laute
  artikulierte 154
  tierische 153
  Veränderung 279 f.
Lautbeschreibung 277, 389
Lautentsprechungen 325 f., 333, 337 f., 357 ff.
Lautgebärden 24 f.
Lautgebung 244, 261
Lautgesetze 284 ff., Literatur 389 f.
Lautgestalt
  des Satzes 207
  des Wortes 29 f., 156
Lautlehre, Literatur 400
  vergleichende 337 ff.
Lautnachahmung 20 ff.
Lautsymbolik 25 ff.
  Kritik 29 f.
Lautübertragung 23
Lautung 29, 152 ff., 167 f., 205 f.
Lautunterschiede, bedeutsame 155 ff.
  im Deutschen 157
Lautveränderung unter dem Einfluß der umgebenden Laute 277 f.
Lautverschiebung
  1. (germanische) 337 f.
  2. (hochdeutsche) 338 f., 393
  armenische 352
Lautwandel, Bedingungen 287 ff.
Lautwert
  des lat. ae 276
  des lat. c 273 ff.
  des lat. l 277
  des mittelhochdeutschen s 276 f.
  des ungarischen s 276
Lehnbedeutung 268 f., 389
Lehnübersetzung 267 f.
Lehnwort 267
Leistung, spezifische, der Sprache 59 ff.
Leistungen, fundamentale, der Sprache 52 ff., 378
Lesen 273
Lettisch 348
Lieblingswörter 47 f., 312
Linearschrift, kretische 356
Litauisch 247, 325, 348

Literatursprache 254
Logos 20
Lokalisation 194, 385
Lokalisationslehre 194
Luwisch 355
Lyrik 26 ff., 376

Madjo (javanische Schichtensprache) 247, 261
Magie 211
Mahabharata 328
Männerbund 249 f.
medizinische Fachsprache 259
Meer 362 f.
Mehrdeutigkeit der Wörter 69, 117
Meidung von Wörtern (Tabuierung) 45 f., 211, 307 f.
Merkfähigkeit 170
Merkmale der Wortgestalt 156 f.
Messapisch 352
Metapher s. Übertragung
Metathese (Umstellung) 174 f.
Methoden
  sprachwissenschaftliche 93 ff.
  der Vergleichung 323 ff., 329 ff., 339 ff., 344 f., 357 ff., 392 f., 394
  der Wortforschung 377
Mischformen 224
Mischsprachen 265 ff.
Mißbildungen der Sprechorgane 186 f.
Missingsch 261
Mission Pelliot 353
Mitempfindungen (Synästhesien) 23
Mitteilung 52
Mittelenglisch 266
Mittelhochdeutsch 279 ff., 315
Mode und Sprache 302 f.
Modewörter 48
Modusattraktion 185
Modusbildung 333
monologische Sprachäußerungen 96 ff.
Monophthongierung im Neuhochdeutschen 316
Morphem 101 f.
mots populaires 265
mots savants 265
Mundart (Dialekt) 216, 220 ff., 256, 260 ff., 345, Literatur 386
  Kerngebiet 224, 313
  Randgebiet 224, 313
Mundarten
  hochdeutsche 340
  niederdeutsche 287, 304
  oberdeutsche 304
  Übergangsgebiete 224
musikalischer Akzent 160
Muttersprache 86 f., 213 ff.
mykenische Inventare 375
mykenische Tontafeln 356
mykenisches Griechisch 356 f.

Nachbarsprachen, Austausch unter 367 f.
Nachdruck 304
Nachwirkung 176 ff., 303 f.
nadstroika (Überbau) 297
Namen, Richtigkeit der 20 ff.
Namengebung 13 ff.
  Beweggründe 30 ff.
  Notwendigkeit 30 ff.
Namenzauber 18
Nationalsprachen 93
Nebensatz 148 f.
Nennwörter 152
Neubenennung 39 ff.
  Gründe 44 ff.
Neubildung von Wörtern 41 ff., 132, 259 f., 311, 318
Neubildungen, gemeinsame 369
Neuerungen im Sprachgebrauch 309 ff.
  Durchdringen 311 ff.
Neuhochdeutsch 287, 289, 304
  Diphthongierung 316
  Monophthongierung 316
Neupersisch 266 f., 392 f.
Ngoko (javanische Schichtensprache) 246 f.
niederdeutsche Mundarten 287, 304
Niederländisch 226, 307
Niederwaldwirtschaft 365

Nomen actionis (Verbalabstraktum) 129
Nomen agentis (Tätername) 41, 129, 269
Nomen qualitatis (Adjektivabstraktum) 129 f.
Nominalsatz 139 f.
Nomos 15 f., 18, 375
Normalstimme 190 f.
Norwegisch 229
Numerale (Zahlwort) 149, 151

oberdeutsche Mundarten 304
objektive Psychologie 61 ff., 379
Occidental 241
offene Silbe 286 f.
Optativ 333
organische Auffassung der Sprache 336, 371
Orientierung der Insekten 53 f., 81
Ortsnamen
  altpreußische 348
  illyrische 352, 394
  keltische 350
  Veränderung der Lautgestalt 289
Oskisch 351 f., 358
Osseten 394

Pakistan 230
Palaisch 355
Pali als religiöse Sprache 258
Paraphasie 195 f.
parataktische Felder 177 ff.
Parkinsonsche Krankheit 188
Parsi 346
Partikeln 145 f., 152
Pennälersprache 218, 248
Perfektbildung 332 f.
Phonem 100 f.
Phonetik 384
Phonologie 155 ff., 384
Phonometrie 384
Phrygisch 352
Physis 18
Plansprachen 236 ff., Literatur 387
Polnisch 348 f., 384
Portugiesisch 274
Prädikat 137 ff., 206, 383
prädikative Fügung 136 ff.
Präposition 149 f., 210, 395
Präsensbildung 329 ff.
Präteritum, starkes, im Germanischen 332 f.
Preußisch 348
Pronomen 149
  fragendes 58
Psychologie, objektive 61 ff., 379
Pylos-Tafeln 356

Ramayana 328
Randgebiet einer Mundart 224, 313
Rang, syntaktischer 141 f.
Raumfahrtterminologie 377
Reaktion, Bereitschaft zu 63 f.
Rechtschreibungsfehler 278
Rechtssprache 259, 387
Rede 95 ff., 109 ff.
  Abgrenzung 98 f.
  beschwörende Macht 211
Redeteile (Wortarten) 147 ff., 372
Reduplikation 330 ff.
Reformation 318
Regelmäßigkeit 290
Reichssprache 229
Reim 181
Reiz-Verarbeitung 63 f.
Rekonstruktion der indogermanischen Grundsprache 357 ff.
Relevanz, abstraktive 156
Remanenzen (Rückstände) 171
Rhythmus 189, 206
Richtigkeit der Namen 20 ff.
romanische Sprachen 265, 274, 299, 321, 367
Romantik und Sprachwissenschaft 323 f.
Rotwelsch (Verbrechersprache) 218, 249, Literatur 388
Rücksichtnahme auf den Gesprächspartner 306 f.
Russisch 226, 229 f., 348
  als internationale Verkehrssprache 232

Sachbeziehung der Rede 74
Sachgehalt 205, 207
Sachverhalte, Gliederung 74 f.
Sachwandel 38 f., 293, 363
Samniten 351
Sanskrit 257, 320 ff., s. auch Altindisch
Sanskritgrammatiken 392
Satz
  Begriff 111 ff., 114, Literatur 382
  Einheit 114 f.
  Gliederung 135 ff.
  Leistung 114
  Sinn 202, 206
  Umgliederung 203
  Verhältnis zur Zeit 112 f.
Satzakzent 143
Satzbildung 206 f.
Satzfügung, Veränderung 282
Satzgliederung 135 ff.
  Mittel dazu 142 ff.
  prädikative 138 ff.
Satzlehre, Literatur 401
Satzschema 206 f., 380
Satzton 110, 114, 143, 202, 206
Schallanalyse 189 ff., 385
Schichtensprachen 217, 220, 243 ff., 261
  javanische 246 f., 261
Schlagreim 181
Schreiben 97 f.
Schreibung
  historische 278
  umgekehrte 278 f.
Schrift und Sprache 271 ff.
Schriftsprache 254, 387
Schulaussprache
  griechische 389
  lateinische 273 ff.
Schulzentheorie 311 f.
Schwärmen, Verhalten der Bienen nach dem 80
Seelische Beziehungen 60 f.
Seemannssprache 248
Selbstgespräch 96 f.
semitische Sprachen 24, 335, 366, 395
serbisch 348 f.
Sexus und Genus 375 f.
Siedlungsgebiet der Indogermanen 362 ff.
Silbe 158 f., 201, 317, Literatur 384
  geschlossene und offene 286 f.
Silbenakzent 159
Silbenschichtung (Haplologie) 179 f.
Silbenton 159, 201
Sinn 198 f.
  des Satzes 202, 206
Sinngebung 199
Situation 73
skandinavische Sprachen 336, 343
Slang 253 f., 293, 388
Slavisch 299, 325, 348 f.
Slowenisch 348 f.
Soldatensprache 248, 387 f.
Sondersprache 217 f., 220, 247 ff., 262, Literatur 388
Sophisten 16, 375
Sophistik 318
sowjetische Sprachwissenschaft 297, 390
Spaltung von Sprachen 366 f.
Spanisch 274, 321
  als internationale Verkehrssprache 232
Sprachauffassung, organische 336, 371
Sprachäußerungen, monologische 96 ff.
Sprachbeschreibung 93
Sprachbesitz 84 f., 291
Sprache, Bedeutungen des Wortes 92 f.
  biologische Grundlagen 83
  biologischer Wert 59 f.
  und Gesellschaft 318
  gesprochene 380
  als Gewohnheit 67, 78, 86
  Grundfunktionen 378
  innere 97, 174, 186
  und Klima 296
  als Mittel der Kommunikation 60 f.

und Mode 302 f.
als Reiz und Reaktion 63 ff.
Sprache und Schrift 271 ff.
als System 317
als Tradition 82 f.
Übertragung auf ein fremdes Volk 298 f.
Ursprung 378
Weltbild 86, 214 ff.
als Zeichen 68 f.
Zweiklassensystem 115 f., 381
Sprachen
abendländische 37, 265, 318
agglutinierende 335 f.
anatolische 355
arische 230, 299, 348
baltische 348
der Bantu 183, 366
dravidische 230, 366
europäische 37, 265, 318, 367
flektierende 335 f.
germanische 321, 325 ff., 336 ff.
hamitische 366
indogermanische 320 bis 357
indonesische 366
isolierende 335 f.
italische 351 f.
keltische 229, 298, 320, 325, 349 f.
Klassifikation 335, 371 f.
romanische 265, 274, 299, 321, 367
semitische 24, 335, 366, 395
skandinavische 336, 343
tibetochinesische 366
Typologie 335 f., 371 f., 395
uralische 366
Vielheit 83 ff.
Sprachfamilien 366, Literatur 395
Sprachfehler 187
Sprachgebrauch 310
Abweichungen 303
Neuerungen 309 ff.
Sprachgemeinschaft 84 ff., 116, 212 ff.
Sprachgeographie 222 ff., Literatur 386
Sprachgeschichte als Grammatik 339
Sprachgrenze, Entstehung 315
Sprachinhalte 75 ff., 107 f.
Sprachkritik 19
sprachliche Erbanlagen 78
sprachliche Inhalte 75 ff., 98
Sprachmelodie 188 ff.
Sprachmischung 265 ff., 368, 388
Sprachphilosophie 20 ff., Literatur 399
stoische 379
Sprachpsychologie 162 ff., 384, Literatur 399
Sprachraum, Gliederung 220 ff., 313, 388
Sprachrichtigkeit 308
Sprachsoziologie 243 ff., 386, Literatur 400
Sprachstörungen 186 ff., 192 ff.
Sprachtabuierung 45 f., 211, 307 f.
Sprachtheorie 377 f.
Sprachveränderung 271 ff., 391
Sprachvergleichung
allgemeine 370 ff.
geschichtliche 323 ff.
Methoden 323 ff., 329 ff., 339 ff., 344 f., 357 ff., 392 f., 394
Sprachverwandtschaft
Entdeckung der indogermanischen 320 ff.
Evidenz 321 f.
geschichtliche 320 ff.
der indogermanischen Sprachen 334, 392 f.
Sprachwandel und geistige Haltung 319
Sprachwechsel 87, 298 f.
Sprachwissenschaft
beschreibende 372
Fachsprache 259
Geschichte, Literatur 402
indische 327
Methoden 93 ff.
und Romantik 323 f.
sowjetische 297, 390

Sprechakt, unbewußte Vorgänge beim 165 ff., 172, 186
Sprechen
Formen 95
als Reaktion auf zwei gleichzeitige Reize 65
als Steuerung 90 f.
Sprechorgane, Mißbildungen 186 f.
Sprechtätigkeit, Störungen 186 ff.
Sprechtempo, Einfluß des, 288
Sprechvorgang 167 f.
Stabreim (Alliteration) 181
Stadialität (russ. stadial'nost') 296 f.
Stamm der Wortform 329, 336
Stammhirn 188 f., 192
Stärkeakzent 160
Stellungnahme (Ausruf) 55, 378
Steuerung durch Sprechen 90 ff., 379
Stilistik 121
Stoiker 76 f.
stoische Sprachphilosophie 379
Störungen
agrammatische 197, 385
der Artikulation 178 ff.
der Sprechtätigkeit 186 ff.
der Wortfindung 193 f.
des Wortverständnisses 194
Stottern 187
Strukturalismus 99 ff., Literatur 380
Studentensprache 248, 388
«Stützpfeiler der Rede» (Protagoras) 55, 378
Suaheli 385
Subjekt 137 ff., 383
Substantiv 149 ff.
Substrattheorie 299 f., 390 f.
Sudansprachen 229
Suffix 329
Suppletiv-Verhältnis 128
Symbol 53 f.
Synästhesien (Mitempfindungen) 23
Syntax 401
syntaktische Felder 120 ff.
syntaktischer Rang 141 f.
System der Sprache 317

Tabuierung 45 f., 211, 307 f.
Tafeln, iguvinische 351
Täternamen (Nomina agentis) 41, 129, 269
Tätigkeitswort (Verbum) 129 ff., 149 ff.
Taubstumme, ihre Gebärdensprache 54
Technik
Sprache der 260, 388
Wortschöpfung 35 f.
Tempusattraktion 185
Thraker, Thrakisch 352, Literatur 394
tibetochinesische Sprachen 366
tierische Laute 153
Tierstimmen, Bezeichnungen für 21, 376
Tocharisch 353, Literatur 394
Tontafeln, mykenische 356
topographische Ausdrücke 377
Trappisten, Gebärdensprache der 54
Tschechisch 348, 384
Turfan-Expeditionen 353
Turkestan 353
Türkisch 183, 299, 335
Typologie der Sprachen 335 f., 371 f., 395

Überbau (russ. nadstroika) 297
Übergangsgebiet zwischen Mundarten 224
überhochsprachliche (hyperkorrekte) Formen 308 f.
Übertragung (Metapher) 38 f., 70, 121 f., 377
Übertragung der Sprache auf ein fremdes Volk 298 f.
Übertreibung 252, 304, 311
Ukrainisch 229 f.
Umbrisch 351, 358
Umdeutung 203 f.
Umgangssprache 227, 261 f.

umgekehrte Schreibung 278 f.
Umgliederung
des Satzes 203
des Wortes 202 f.
Umlegstimme 190 f.
Umstandswort (Adverbium) 149
Umstellung (Metathese) 174 f.
Unanschauliches, Benennung 40, 209 f., s. auch Abstrakta
unbenanntes Denken 86
unbewußte Vorgänge beim Sprechakt 165 ff., 172, 186
Ungarisch 183, 276, 389
uralische Sprachen 366
Urdu (Hindustani) 230
Ursprung der Sprache 378
Urwörter 17

Valenz 382
Veda 346
Veränderung
der Bedeutung 281
der Formen 280
der Laute 279 f.
der Satzfügung 282
der Wortgestalt 317
des Wortschatzes 281 f.
Verbalabstrakta (Nomina actionis) 129
Verbalsatz 139
Verbum 129 ff., 149 ff.
denominativum 130
finitum 138 f.
Verdrängung 175 f.
Vergangenheitsform s. Präteritum
vergleichende Grammatik 324 ff., 392 f.
vergleichende Lautlehre 337 ff.
Vergleichung
der indogermanischen Sprachen, Literatur 401 f.
der Wortbedeutungen 361 ff.
Verhalten
der Menschen 54 f.
der Tiere 56 f., 378
Verhaltensforschung 100, 104 f., 163 f.
Verhältniswort (Präposition) 149 f., 210, 395
verhüllende Bezeichnungen 46, 211, 307 f.
Verkehrsgrenzen 313 f.
Verkehrssprachen, internationale 230 ff.
allgemeine Einführung 242
geplante 235 ff., 387
geschichtliche 231 ff.
vereinfachte 235 f.
Vernersches Gesetz 342 ff.
Verschlußlaute im Neuhochdeutschen 304
Verstehen 63 f., 168
Vielheit der Sprachen 83 ff.
Vokalharmonie 183
Vokallänge, Bezeichnung 279
Vokalstufen (Ablaut) 328 ff.
Volapük (Plansprache) 237 f.
Volksetymologie (Eindeutung) 204
Vorausnahme 176 ff., 303 f.
Vorstellung und Laut 376

Wechsel, grammatischer 341 f.
Weißrussisch 229 f.
Wellentheorie 312 ff.
Weltbild der Sprache 86, 214 ff.
Wernickesches Zentrum 194
Wert, biologischer der Sprache 59 f.
Wort
Begriff 110 f.
Einheit 115, 127 f., 160
lautliche Abgrenzung 384
Nachweis 66 f.
Neubildung 41 ff., 132, 259 f., 311, 318
Seinsweise 115 f.
Umgliederung 202 f.
als Verhaltensweise 78
als Werkzeug 77 f., 379
Literatur 383, 400
Wortakzent (Wortton) 160
dynamischer (Stärkeakzent) 160
musikalischer 160
indogermanischer 343 f.

Wichtigkeit für die Bedeutung 375
Wortarten (Redeteile) 147 ff., 372
Einteilung
nach der grammatischen Form 149
nach der Leistung 150
ontologische 150 f.
Literatur 382, 400
Wortbedeutung, Vergleichung 361 ff.
Wortbestand, seine Veränderungen 281 f.
Wortfeld 117 ff., 381 f.
Wortformen
Beharrlichkeit 365 f.
Zerlegung 328 ff.
Wortforschung, Methode 377
Wortgeographie 385
Wortgestalt
im Dienst der Funktion 334
Merkmale 156 ff.
Veränderung 317
Wortkunde, Literatur 400 f.
Wortkürzung 37 f.
Wortschatz 116
Gliederung 117 ff.
der Eisenbahn 31 ff., 376
der Raumfahrt 377
Veränderung 281 f.
Wortstände 134
Wortstellung 143 ff., 202, 318 f., 335
Wortton s. Wortakzent
Wortverständnis, Störung 194
Wortverwechslung (Paraphasie) 195 f.
Wortwahl 206, 219, 251, 312
Wortzusammensetzung (Komposition) 37, 131
Wurzel 102, 329, 336, 380 f.

Zahlwort (Numerale) 149, 151
Zeichen und Sprache 68 ff.
Zeigwörter 152
Zeit
Aufhebung im Satz 113
durch Raum dargestellt 209 f.
Zeitwort (Verbum) 129 ff., 149 ff.
Zensur der Sprachgemeinschaft 309 ff.
Zentrum
Broca'sches 194
Wernickesches 194
Zufall bei sprachlichen Neuerungen 319
Zusammenhang der sprachlichen Neuerungen 315 ff.
Zusammensetzung (Komposition) 37, 131
Zweiklassensystem der Sprache 115 f., 381

WÖRTERVERZEICHNIS

Abkürzungen

afr. altfranzösisch
ahd. althochdeutsch
ai. altindisch
aisl. altisländisch
aksl. altkirchenslavisch
arab. arabisch
as. altsächsisch
bair. bairisch
chin. chinesisch
e. englisch
fr. französisch
gall. gallisch
got. gotisch
gr. altgriechisch
hebr. hebräisch
heth. hethitisch
idg. indogermanisch
ir. irisch
it. italienisch
lat. lateinisch
lit. litauisch
mhd. mittelhochdeutsch
nd. niederdeutsch
ngr. neugriechisch
nl. niederländisch
norw. norwegisch
np. neupersisch
russ. russisch
schwd. schweizerdeutsch
sem. semitisch
skand. skandinavisch
sum. sumerisch
westger. westgermanisch
*erschlossene Form

Unbezeichnete Wörter sind neuhochdeutsch. Unterscheidungszeichen an Buchstaben bleiben für die alphabetische Anordnung außer Betracht. þ folgt auf *t*.

aber 145
abfahren 131, 151
Abfahrt 131, 151
Abfahrtszeit 131
abhauen 248
Ableben 211, 307
abmontieren 248
absehen 48
Absicht 48
abtrudeln 248
abudhanta ai. 331
abwischen 130
ackern 43
adlig 309
admi ai. 355
aedes lat. 276
aedificare lat. 269
aer lat. 37
aéroplan fr. 35, 37, 377
af got. 322
ágei gr. 363
ager lat. 363
agit lat. 363
agrós gr. 363
*agros idg. 363
ahtau got. 322, 326, 341
ajati ai. 363
ajras ai. 363
akrs got. 363
alektryṓn gr. 375
alle 295
allerdings 146
als 145
an 119
anaku sem. 24
ánemos gr. 361
anfahren 131
Angeber 301
Angriff 48, 264
anguis lat. 46
anhauen 264
animus lat. 361
anknipsen 21
anlachen 264
annalis lat. 180
anscheinend 245
Anschlag 48
anständig 119
apa ai. 322
apó gr. 322
apókrisis gr. 378
árktos gr. 46
ars ahd. 45
arsch 45
arth ir. 46
āryas ai. 347
ås norw. 39
Asch 203
Aschmarkt 203
äsen 217
aṣṭa ai. 322

asti ai. 331, 392
Astronaut 377
aśvā ai. 348
ašvà lit. 348
aśvas ai. 322
ati ai. 322
Atomreaktor 35
auf 119
aufbaumen 292
Ausdruck 281
ausfahren 131
ausknipsen 21
auslösen 48
ausschalten 48, 264
Ausstellung 267
Auto 37
Automobil 31, 35, 37
automobile fr. 377
autós gr. 35

babandha ai. 333
backen 119, 123
Bäcker(in) 123
Bahnhof 34
bait got. 333
band got. 333
Band 341, 380
bandhas ai. 341
Bankrott 267
Bau (des Fuchses) 248
bauen 122, 269
baug got. 333
Baum 120 f., 123, 292 f.
sich bäumen 292 f.
beef e. 266
Beere 107
Behang (des Hundes) 247
Bein 47, 304
Beinhaus 47
beißen 120 f., 123 f.
bellen 120 f., 123
benachteiligen 48
bequem 306
beram got. 330
berand got. 322, 359
Berg 118
bero ahd. 46
Berufsfahrer 131
Beryll 293
beschimpfen 48
beschränken 133
Besitz 259
Bewußtsein 268
*bhand-idg. 341
bharāmas ai. 330
bharanti ai. 322, 359
*bheronti idg. 359
bhindanti ai. 331
bhrātar-ai. 324, 343
bi-lat. 36
bibet ahd. 331, 362
bibheda ai. 333
bibheti ai. 331, 362
bibit lat. 331
bicycle e. 35 ff.
bike e. 37
bil skand. 37 f.
billig 307 f.
Binde 380
binden 42, 286
Birke 394
bitte 288, 307
bläcken 376
blatten 44
blau 72, 105 ff., 197
blaue Bohnen 248
blecchazzen ahd. 26
bleiben 126
Bliedtner 309
Blinker 383
Blitz 26
blitzen 26
blöken 21, 376
blond 120 f., 123
Blüthner 309
Blume (des Hasen) 248
bocca it. 47
bodhante ai. 332
bohren 133
Bohrer 133
Boot 279
böse 119
bouche fr. 47
braten 119
braun 107, 124
bread e. 67
Brille 293, 390
Brot 67, 123
brōþar got. 324, 342
Bruder 342
bubhoda ai. 332
bubhoja ai. 333
Buche 362
buchstabieren 269
Bund 380
buohha ahd. 362
bureau fr. 267
Bürge 312
Buße 382

caballus lat. 45, 377
cadran fr. 215
Caesar lat. 273 ff.
campio mittellat. 47
cane it. 30, 278
canis lat. 278
captif fr. 265
captivus lat. 265
caput lat. 46
caravane fr. 33
catta lat. 326
cattus lat. 326
catvāras ai. 322
Chauffeur 38, 41
chemin de fer fr. 32, 35
chétif fr. 265
chien fr. 30
chleb russ. 67
chlōrós gr. 106
chumme schwd. 338
clepsydre fr. 215
cocorico fr. 21
come e. 338
comedere lat. 47
conducteur fr. 34
conscientia lat. 268
convoi fr. 33
cornu lat. 285, 325
côte fr. 39

coxa lat. 285
crête fr. 39
crista lat. 39
culpa lat. 267
cuppa lat. 46

dadāmi ai. 330
dämpfen 119
danke 288
dann 152
daśa ai. 322
daß 145
dead e. 133
death e. 133
decem lat. 322, 326
Deckung 48
déka gr. 322, 326
denn 145 f.
der 152
dhātu ai. 328
Dichtung 68
dick 306
dicke Luft 248
dídōmi gr. 330
die e. 133
Dienstfahrt 131
dier nd. 338
dieser 152
diezen mhd. 281
diffamieren 48
Ding 264
dinglich 259
diskriminieren 48
doch 145 f.
dog e. 30
dohtar got. 322
domestic e. 266
dort 152
Drangsal 289
drive e. 75 f.
du 24, 152
ducere lat. 342
duhitar- ai. 322
dumm 29, 306
dunkel 29
duo gr. lat. 322
dvau ai. 322
edel 119
edo lat. 355
*egho idg. 24
Eigentum 259
eíkosi gr. 392
Einfluß 47, 264
Einheit 281
einleuchten 47, 264
einschalten 48, 264
einschränken 133
Eisenbahn 31 f.
Eisenbahnhof 34
eiserner Weg 32
eĩsi gr. 322
Elektrizität 35
elípomen gr. 332
engschäftig 301
entästen 43
entbinden 42
entdunkeln 42, 377
enthaupten 43
enthüllen 42
entkräften 43
entladen 42
entlassen 42
entlausen 43
entolḗ gr. 378
entpflichten 42 f.
entschärfen 42
entschlammen 43
entschuldigen 267
entsetzlich 304
entsichern 42
entspannen 42
entstören 42 f.
entwaffnen 43
entwarnen 42, 377
entweder 145
epýthonto gr. 332
equo vehi lat. 38
*equos idg. 45
equos lat. 45, 322
erbauen 269
Erdapfel 224
Erdbirne 224
erṓtēsis gr. 378
Ertoffel 224
Erziehung 281
Esel 123
eßbar 130
esse lat. 47
Esse 301
essen 47, 119, 124 130, 304
esset ahd. 354
est lat. 331
esti gr. 331, 392
et lat. 322
etḗtymos gr. 375
éti gr. 322
eti ai. 322
etmi heth. 355
etwa 145 f.
étymos gr. 18
eúchesthai gr. 378
euchōlḗ gr. 378
euer 279
exculpare lat. 267
excusare lat. 267
exposition fr. 267
ezzatteni heth. 354

fadar got. 322, 325, 342
fadenscheinig 40, 377
fađir aisl. 325
fagus lat. 362
fahrbar 130
fahrbereit 131
fahren 38, 41 ff., 75 f., 104 f., 123, 126, 129, 130 f., 291
Fahrer 41 ff., 129 f.
Fahrerlaubnis 131
Fahrgeld 131
Fahrgelderstattung 131
Fahrkarte 131
fahrkundig 131
Fahrrad 31
Fahrstraße 131
Fahrt 104 f., 129
Fahrtenbuch 131
Fahrtrichtungsanzeiger 133

Fahrtunterbrechung 131
Fahrzeug 131
Fahrzeugschuppen 131
fällen 120 ff.
father e. 325
faul 40, 306, 377
Feder 293
fegen 301
feige 306
Feldkanone 121
ferimus lat. 330
ferunt lat. 322, 359
fidit lat. 333
fidwor got. 322
fiets nl. 37
filia lat. 45
filius lat. 45, 322
fimf got. 322
findunt lat. 331
finster 29
Finte 264
fire e. 29
fix 25
Flamme 121
Flanke 39, 264
Fliege 41
fliegen 41 f., 76, 119, 129, 377
Flieger 41 ff.
fliehen 294
fließen 281, 295
fliezen mhd. 281
Flinte 248
flioga ahd. 41
flirren 23
Flug 129
Flugzeug 31
flüstern 124
folgen 130
folgsam 130
fragile fr. 265
fragilis lat. 265
frater lat. 324, 342
Frau 280
frêle fr. 265
fressen 47, 304
Front 48, 264
Frucht 130
fruchtbar 130
früher 119
Frühling 118
füllen 130
Füllsel 289
fuoco it. 29
Furcht 29
fruchtbar 304
Fuß 39

Gang 129
garanos gall. 350
Garant 312
gare fr. 33
gartenære 269
Gast 285
Gauch 22
gaukr aisl. 376
Gaul 248
gēac ae. 376
Gebeine 47
geben 390
gegessen 305
gehen 47, 75 f., 124 ff., 279
gehören 294
Geiß 285
gelb 105 ff., 117, 124
gelbgrün 117
Geleise 33
gemein 119
gēn mhd. 279
gena lat. 326
génus gr. 326
géranos gr. 350
Gesäß 45
gescheit 308
gescheut 308
gestern 119, 152
getriuwe mhd. 281
Gewissen 268
gewizeni ahd. 268
Gipfel 118
glänzen 151
gleiten 25
Glut 29
go e. 75 f.
Golf 39
góny gr. 333
gouch mhd. 376
grasen 217
grau 107
grün 105 ff., 117, 124, 134, 197
Grund 47, 264
Grundbirne 224
grünlich 134
grunzen 21
guard e. 34
guot mhd. 284
gurren 21, 376
gut 119, 284, 307

Haar 120 f., 123
haben 285, 390
habere lat. 285
Hachse 285
Häcksel 289
haec lat. 276
haedus lat. 285
hageītai gr. 364
Häher 22
halbieren 269
Halt 129
halten 129
hamaq Indianerwort 204
Hammer 130
hämmern 130
hammock e. 204, 267
Hand 304
Hang 118
Hängematte 204 f., 267
Härregägger schwd. 22
hart 29, 72
Haß 135
hassen 338
häßlich 135
hate e. 338
hatis got. 364
hauen 280
Haupt 46, 293

haúrn got. 325
Haus 122, 279
hausieren 269
hehara ahd. 376
Hehlerei 179
Heimgang 211, 307
heiser 384
heiß 117, 221 f., 384
heiter 40
Held 121
Henne 357 f.
heptá gr. 321, 325
Herbst 118
heute 119, 152
higora ae. 376
Himmelskörper 118
hinaufsteigen 148
Hinde, Hindin 305
hinken 280
Hinscheiden 211
Hinschied 307
hinter 119
Hinterer 45
Hintergrund 311
Hitze 29
ho gr. 325
hoch 129
hofieren 269
Höhe 129
Höhle 248
horloge fr. 215
horn aisl. 325
Horn 285
hostis lat. 285
house e. 266
hross aisl. 46
Hund 120 f., 123
hüpfen 119
hūs mhd. 279
husten 22 f.
hypér gr. 322
hypokeímenon gr. 383
hȳs gr. 325

iār mhd. 283
ich 128, 152
iénai gr. 18
ignis lat. 29
IJselmeer 362
imas ai. 331
ímen gr. 331
imus lat. 331
in 119
indraśátrus, índraśatrus ai. 375
iron roads e. 32
isch hebr. 14
ischa hebr. 14
ist got. 331
it lat. 322
iþ got. 322
iuwer mhd. 279

ja 145 f.
Jägerei 179
Jahreszeit 118
jechat' verchom russ. 38
jehen mhd. 281
jener 152
jetzt 119, 152
jùngiu lit. 348
jungo lat. 348

kabállēs gr. 377
kā̆dos gr. 364
Kaffer 267
kafir arab. 267
Kaiser 275
kalt 104 f., 117, 129
Kälte 104 f., 129
Kamel 123
Kamm 39, 118
Kampf 47
kämpfen 47
Kämpfer 47
Kapitulation 264
Kartoffel 224
kat nl. 326
katẽ lit. 326
kater nl. 326
katēgorū́menon gr. 383
kehren 301
keichen 308
keisur ahd. 275
kelb arab. 30
kernen 44
ketta aisl. 326
keuchen 308
kikeriki 21
kikis ai. 376
Kind 130, 222, 279 f.
kindisch 130
kindlich 130
king e. 266
kinnus got. 326
kint mhd. 279 f., 305
kiosan ahd. 343
kíssa gr. 376
klappern 21, 376
klar 25
Kleid 44
kleiden 44
klettern 119
klopfen 130
Kluft 264
klug 29
Knabe 263
Knappe 263
knipsen 21 f., 376
kniu got. 333
Knochen 47, 304
kochen 119
Kohinur 266
kókkyx gr. 21
kólpos gr. 39
kommen 126
Kontakt 48, 264
Kopf 43, 46, 293
köpfen 43 f.
korrekt 119
kǫttr aisl. 326
krächsen 376
krächzen 21, 376
Kraft 43
krank 307
kribbeln 23
kriechen 119
kröchzen 376
Krone 44
krönen 44
Kuchen 123

Kuckuck 21
kūh np. 266
Kuhfuß 248
kühl 117, 130
kühlen 130
Kurzschluß 264
Kutscher 130
kýklos gr. 36

Labsal 289
lachen 22
laden 42
Ladenschwengel 264
Lager 248
lahm 40, 377
laisareis got. 269
lammen 43
landen 38
Landschaft 118
Landzunge 39
langage fr. 93
langue fr. 93
lau 117
Laub 124
laufen 47, 119, 248
laũkas lit. 365
Lauscher (des Rehs) 247
laut 25
lecken 120 f., 123
legere lat. 268
Lehm 263, 287, 306
lehren 135
Lehrerin 179
leidend 307
leim mhd. 287
Leim 306
Leim bair. 263
leípomen gr. 332
leise 25
Leitung 48
leloípamen gr. 332
lenken 41
Lenker 41, 123
lesen 268
-lich 134
Liebe 272, 278
liegen 278, 286 f.
ligen mhd. 286 f.
lila 107
links 119
List 135
locomotive e. 34 f.
logier afr. 269
Löffel (des Hasen) 217 247
lōh ahd. 364
lokas ai. 365
Lokomotive 34
loschieren mhd. 269
lucus lat. 364
Luftschiff 38
Lunte (des Fuchses) 217, 248

ma chin. 159
mac mhd. 281
machen 291
Macht 130
mächtig 130
mahlen 363
maínetai gr. 332
make e. 338
manducare lat. 47
manger fr. 47
mangiare it. 47
manyate ai. 332
mare lat. 362
mãrės lit. 362
markatas ai. 204
Mar-Katte 204
mātar- ai. 322
mater lat 322, 326
mắtēr gr. 322, 326
*mati-sahs westgerm. 39
Matte 216
Mauer 130
mauern 130
Maus 264
*me idg. 24
1 meckern 21 f.
2 meckern 264
medved' russ. 46
Meer 204, 362
meer nl. 362
Meerbusen 39
Meerkatze 204
mein 279
memini lat. 332
mémona gr. 332
Messer 39, 133
miauen 21
michel mhd. 281
military service e. 215
milt mhd. 281, 291
mīn mhd. 279
mi-partir fr. 269
Mittelgrund 311
mobilis lat. 35
molinarius lat. 269
Mond 118
Mondlandefähre 377
montre fr. 215
Moor 362
morgen 119, 152
mori gall. 362
morje aksl. 362
moþer aisl. 326
mügen mhd. 281
muhen 21 f.
Mühsal 289
Mulde 118, 123
mulināri ahd. 269
muot mhd. 284
muoter mhd. 284
Mut 29, 284
Mutter 284, 287
mutton e. 266
Mütze 281

nach 119
Nachdruck 264
nachsteigen 264
naschen 203
Naschmarkt 203
Nase 39
Natur 241
natur e. fr. 241
nava ai. 321
neben 119
nes norw. 39

ngok chin. 24
nicht 146 f.
sich niederlegen 248
niederträchtig 119
sich niedertun 248
noch 145
nómos gr. 15, 18, 20, 375
novem lat. 321
nun 145
nūr arab. 267
Nurzen 289

oben 148
octo lat. 316, 322, 326, 341
oder 145
Ofen 123
Ohr 217, 247
Ohrdruf 289
oikodomeîn gr. 268
oktṓ gr. 322, 326
ónoma gr. 379
Oradorf 289
Ordnungswidrigkeit 382
ornière fr. 33
*orsos idg. 45
os lat. 47
otto it. 316
ox e. 266

padyate ai. 329
pain fr. 67
pañca ai. 322
pará gr. 377
Parade 264
paraveredus lat. 377
parfrit ahd. 377
patati ai. 364
patḗr gr. 322, 324 f.
pater lat. 322, 324 f., 342
peerd nd. 338
pendule fr. 215
pénte gr. 322
pépheuge gr. 333
perambulator e. 36 f.
Perron 33
pes lat. 35
petit lat. 364
peúthontai gr. 332
Pfeifenkopf 46
Pferd 46, 123, 222, 338 377
pferfrit ahd. 377
pflegen 280
Pfote 304
Pfund 339 f.
phāgós gr. 362
phéromes gr. 330
pléronti gr. 322, 359
Photographie 35
phýsis gr. 18, 375
pibati ai. 331
pig e. 266
Pilot 38
píptei gr. 364
pitar- ai. 322, 324, 343
Plan 48
planer fr. 37
plätschern 21
Plättner 308
Pleite 264
Plethner 309
Plöthner 309
Pol 264
pondus lat. 339
pork e. 266
positio lat. 267
Posthof 34
pound e. 339
poussieren 264
pram e. 37
preiswert 307
pros ngr. 288
*pstrneuti idg. 23
ptárnytai gr. 23
puffen 22
putzen 130
pŷr gr. 29, 376
pythmḗn gr. 378

quai fr. 33
Quark 216
quattuor lat. 322
quicken 376
quieken 21, 376
quietschen 21
quinque lat. 322

Rabe 263
Rache 25
Rachen 25
rail e. 33
railway e. 32, 35
Rappe 263
rasend 304
rasseln 21
Räuberei 179
rauh 124
Raumschiff 377
Raumstation 377
reaktionär 48
rechts 119
redina ahd. 269
redinā̂ri ahd. 269
reich 129, 307
Reichtum 129
rein 130
reinigen 130
Reise 129
reisen 129, 384
reißen 384
reiten 41 f., 76, 123, 134, 279 f., 286 f., 291, 295
Reiter 41 ff., 123, 134
rennen 47
restaurativ 48
rex lat. 350
rheîn gr. 17
ride e. 75 f.
Riednordhausen 289
rîten mhd. 279 f., 286 f., 295
Ritt 134
rittlings 134
rix gall. 350
robben 43
Roß 46, 222
rösten 119

rot 105 ff., 124, 197
rotzen 248
royal e. 266
Rücken 39
Rückfahrkarte 131
Rückzug 48, 264
Rute (des Hundes) 248

sa got. 325
Saal 279
sable fr. 215
sablier fr. 215
sach mhd. 279
Sache 264, 291
saecularis lat. 180
sagire lat. 364
sahs as. 39
Sachsen 39
sail e. 38, 75 f.
śā́khā ai. 363
Salz 67
Sanduhr 215
sanft 124
šang chin. 148
sapta ai. 321
sāsse mhd. 281
Sasse 248, 281
Sattel 118
sauber 130
säubern 130
Sauppe 277
Säure 121
sausen 25
saxum lat. 39
Schaffen 216
Schale 130
schälen 44, 130
schalten 264
schärfen 42
Schau 267
scheinbar 245
Scheusal 289
Schicksal 289
schief 40
Schießprügel 248
Schiff 123
Schinder 248
schlagen 130
Schlange 46
schlecht 119, 307
schleichen 25
schließen 133
Schlitten 123
Schlucht 118
Schlüssel 133
Schmerz 121
Schmuck 44
schmücken 44
schmutzig 124
Schnauze 39
Schnee 124
schneiden 133, 280, 295, 342
Schneiderin 179
Schnepfe 224
Schniepf 224
schnüren 248
schön 129 f.
Schönheit 129
Schopf 263
Schornstein 302
Schrank 132 f.
Schranke 132 f.
Schreck 25
schuldrechtlich 259
Schulter 39
schuppen 44
Schuppen 263
Schwanz 217, 248
schwarz 107
schweben 281
Schwerpunkt 48, 264
schwimmen 119, 281
securus lat. 317
Sedlice wendisch 276
See 279, 362
sehen 279
sein 140
septem lat. 321, 325
serpens lat. 46
set e. 253
seur afr. 317
sheep e. 266
sichern 42
sieden 119
siem, sies, siet lat. 333
sijau, sijais, sijai got. 333
sint mhd. 203
Sintflut 203
skili ngr. 30
skíuros gr. 26
snīden mhd. 280, 342
sobaka russ. 30
socha russ. 363
sōkjan got. 364
Sommer 118
Sonne 118
Sonnenuhr 215
sophistḗs gr. 375
sophízomai gr. 375
sowohl 145
spannen 42
Spannung 48, 264
später 119
Speer 121
spern aisl. 341
sperno lat. 341
spitz 25
Spott 121
Sprache 92 f.
sprechen 92
Spritze 248
squirrel e. 26
Staat 130
staatlich 130
Stadt 130
städtisch 130
stān ahd. 341
stare lat. 341
stark 306
Station 33
stehen 279
steif 29
steigen 129, 292
Stein 69
stēn mhd. 279
sterben 133, 307
Stern 118
sternuit lat. 23
Stieg 129

Stift 264
stiften gehen 248
stocken 25
Stöpsel 264
stören 43
Strafe 382
strahlen 25
streicheln 124
Streit 47
streiten 47
Streiter 47
Streusel 289
Stuegert 289
Stuttgart 289
sū ahd. 325
suchen 364
Sündflut 203
sunus got. 322
sūnus ai. 322
sûr fr. 317
sus lat. 325
sweben mhd. 281
syām, syās, syāt ai. 333

table fr. 265
tabula lat. 265
taíhun got. 322, 326
Tal 118
tantram ai. 328
tantus ai. 328 f.
tanumas ai. 329
tanuṣ ai. 322
Tänzerin 179
Tarnung 48
tarvos gall. 350
Taschenuhr 215
Tassenkopf 46
tatāna ai. 332
taũros gr. 350
Teig 123
Telefon 31, 35, 371
Telegraf 31, 35
télégraphe fr. 377
ten e. 326, 338
tenuis lat. 322
testa it. 46
tête fr. 46
thygátēr gr. 322
Tiegel 216
Tier 338
tio aisl. 326
tippeln 264
Tod 133, 307
tôle fr. 265
tolonarius lat. 269
tornoier afr. 269
tot 133
train e. fr. 33
trayas ai. 321
treĩs gr. 321, 326
trēs lat. 321, 326
trinken 119
tripadas ai. 392
trípus gr. 392
trotz 294
Tugend 130
tugendhaft 130
tun 279, 284
tuon mhd. 279, 284
türmen 248
Turmuhr 215
turnieren mhd. 269
twai got. 322

þrīr aisl. 326
þreis* got. 321, 326

úata gr. 39
über 119, 145
Übertretung 119
ufar got. 322
Uhr 215
um 119
Umgebung 48, 264
unbegabt 306
unbeschrankt 133
unbeschränkt 133
und 145
unter 119
unwohl 307
upari ai. 322
ur sum. 376
ursus lat. 46
vahanti ai. 322
vahati ai 322, 324
Vater 130, 342
väterlich 130, 151
veda ai. 332
vehere lat. 322, 324
vélo fr. 37 f.
Velociped 35, 377
vélocipède fr. 37, 377
velox lat. 35
verachten 281
sich verbeugen 281
Verbrechen 119
Verdacht 281
verdunkeln 42
veredus lat. 377
Vergehen 119
Vergessen 294
verhüllen 42
verkaufen 120
verleumden 48
vermutlich 245
Verstand 119
verstandesmäßig 134
verständig 134
verständlich 134
Verteidigung 48
vidi lat. 332
vielleicht 146
viginti lat. 392
viṃśati ai. 392
vir lat. 350
viros gall. 350
Vogel 377
Vogesen 174
voĩda gr. 332
voll 130
vollschlank 306
von 119, 145
vor 119
voraussichtlich 245
Vordergrund 311
vorfahren 131
Vorfahrt 131
Vorfahrtsrecht 131
vorhin 119, 152
vornehm 281 f.

vorsichtig 306
Vosegus lat. 174
Vosges fr. 174
vrouwe mhd. 280 f., 283

Wagen 123
während 203
wait got. 332
Wanduhr 215
warm 72, 117
waschen 130
Wasgau 174
Wasser 130
wässern 130
Wasseruhr 215
watar heth. 354
waten 280
weder 145
Weg 294 f.
weg 294 f.
wegen 294
wegfahren 131
Wehrpflicht 215
weich 25, 29
Weiche 33
weil 145
weiß 107, 124
welk 124
Weltbild 86
wenn 145
Wilderei 179
Winde 68
winken 133
Winker 133, 383
Winter 118
wir 128
wirken 130
wirksam 130
Witz 25
wiȥȥan 268
wohl 145 f.
wohlfeil 307
wohlhabend 307

Zahn 120 f., 123 f.
zart 29
zärtlich 124
Zauberin 179
ze mhd. 288
zehn 338
Zettlitz 276
ziehen 48, 342, 380
Ziel 48
Ziepf 224
zolanāri ahd. 269
Zorn 130
zornig 130
Zosse 248
zu 288
Zucht 380
zucken 25
Zug 125 f., 380
Zugtier 123
Zuiderzee 362
Zunge 120 f., 123
župan wendisch 277
zürnen 130
zurückfahren 131
zwar 288
Zweck 48
zwei 283

NAMENVERZEICHNIS

Abramczyk I. 375
Admoni W. 399
Agricola E. 399
Aischylos 375 f.
Alexander der Große 225, 231
Allen Th. W. 381
Ammann H. 398
Andersen H. Ch. 271
Anquetil-Duperron A. H. 346
Arens H. 402
Aristophanes 375
Aristoteles 60, 72, 106, 137, 195, 381
Ascoli G. I. 389 f.
Aubin H. 391
Aufrecht Th. 394

Bach A. 386, 400
Bally Ch. 383, 398
van den Bark M. 388
de Beaufort L. 239
Bechert J. 401
Behaghel O. 389
Berrey L. V. 388
Betz W. 389
Bierwisch M. 380, 397
Blair H. E. 387
Bloomfield L. 378 f., 381, 384, 398
Bodmer F. 387, 397
Boost K. 383
Bopp F. 320, 327 ff., 333 f., 336, 345, 349 f., 370 f., 391 ff.
Borst A. 402
Bremer O. 386
Brentano F. 386
Brinkmann H. 381
Broca P. 194, 385
Brockelmann C. 395
Brøndal V. 383, 395
Brugmann K. 385, 389
Brunot F. 398
Bühler H. 397
Bühler K. 152, 156, 379, 381, 384, 398
Burnouf E. 346

Caesar 350
Carnoy A. 382, 400
Cassirer E. 399
Cato 166
Chadwick J. 356
Chomsky N. 380, 401
Cicero 351
Clément D. 401
Cohen M. 395
Colebrooke H. Th. 346
Couturat L. 387
Curtius G. 389

Dante 226
Dauzat A. 399 f.
Debrunner A. 390
Delbrück B. 389 f.
Dempwolff O. 395
Descartes 237
Detschew D. 394
Dieth E. 383 f., 400
Diogenes Laërtius 378
Drach E. 383
Drerup E. 389

Ebert W. 399
von Ehrenfels Ch. 386
Ennius 181
Evans Sir A. 356
Ettmayer K. 386

Feist S. 390
Finck N. 372 f.
Fischer W. 390 f., 401
Fleischer W. 399
Fodor J. A. 400
Fontane Th. 184
Freidank 376
Friedrich J. 355, 394
Fries Ch. C. 380 ff., 383, 395
Frings Th. 391
von Frisch K. 51 ff., 59, 378
Fritz G. 397
Fuchs A. 399

Gamillscheg E. 386
Gardiner A. H. 378, 398
Gauchat L. 391
Gelb A. 197, 381, 385
van Gennep A. 388
Gilliéron J. 386
van Ginneken J. 386
Gipper H. 381
Glinz H. 380 f., 383, 395, 397, 399, 401
Gode A. 387
Goethe 26 ff., 175, 179, 207, 267
Goldschmidt V. 375
Goldstein K. 197, 379, 381, 385
Gougenheim G. 387
Grammont M. 385
Grassmann H. 393
von Greyerz O. 391
Grimm J. 292, 336 ff., 342, 351, 393
de Groot A. W. 381 ff.
Grotefend G. F. 347, 394
Güntert H. 397
Guérard A. L. 387
Güterbock B. 389

Haag. E. 375
Haag K. 391
Hamilton A. 327
Hankin R. M. 390
Hard G. 382, 386
Graf von Harrach E. 387
Harris Z. S. 380
Hartmann P. 377, 383, 395
Havers W. 391, 401
Hegel F. 252
Helbig G. 382
Henzen W. 387 f.
Heraeus W. 387 f.
Herakleitos 17 f., 162
Heringer H. J. 383, 401
Hermann E. 383, 390, 395
Herodot 352, 375
Herrlitz W. 397
Herzog E. 390
Hesiod 112, 375
Hirt H. 390 f.
Hittmair R. 391, 398
Hjelmslev L. 379 f., 384, 392, 395, 399
Hoberg R. 382, 401
Hönigswald R. 399
Hofmann J. B. 388 f.
Holling F. 390
Homer 112, 271, 356 f., 375, 378, 381
Homeyer H. 397 f.
Horn P. 387
Horn W. 288, 390
Hotzenköcherle R. 386
Hrozný F. 334, 354, 393 f.
Hübner A. 387
Hübschmann H. 352
von Humboldt W. 77, 336, 370 ff., 380
Hundsnurscher F. 397, 401

Ibsen H. 196
Insam B. 397
Ipsen G. 383, 385, 399
Isidorus von Sevilla 154

Jaberg K. 386
Jacob H. 387
Jakobson R. 390
Jecklin A. 380
Jespersen O. 383, 387, 391, 398, 401
Jokl N. 352, 394
Jones W. 320 f., 323, 334 f., 345 f., 366
Jud J. 386
Juret C. 391

Kainz F. 377, 383 ff., 399
Karg F. 385
Kandler G. 385
Kantor J. R. 379 ff.
Katz J. J. 399 f.
Kauffmann Fr. 388
Keller R. 387, 397
Kieckers E. 401
Kirchhoff A. 394
v. Klaproth J. 345

Kluge F. 387 ff.
Koehler O. 378 f.
Koopmann S. 377, 400
Koschmieder E. 401
Krahe H. 352, 394, 401 f.
Kraus O. 386
Krause W. 394
Kretschmer P. 386, 394
Kronasser H. 394, 400
Kruse R. 399

de Laguna G. A. 386, 400
Lasch M. R. 388
Lassen Chr. 394
Leau L. 387
Lefmann S. 392
Leischner A. 385
Leisi E. 381 f., 400
Lepschy G. C. 397
Lepsius R. 394
Leskien A. 389 f.
Lessing G. E. 173, 387
Leumann M. 389
Lewis M. M. 386, 400
Lewy E. 372
Lieb H. H. 399
Locke J. 72, 379
Lommel H. 395, 398
Luther M. 226, 271, 294, 377, 387

Manders W. J. A. 387
Manzoni A. 375
Marouzeau J. 389, 398
Marr N. 296 f., 390
Martin B. 386, 391
Martin G. 383
Martinet A. 399
Maurer F. 382, 387, 389, 391, 400
Mayer A. 394
Mead G. H. 386
Meillet A. 391, 394 f., 401
Meinhof C. 395
Meringer R. 175 f., 385, 391
Meščaninov I. I. 383, 390, 395
Meyer H. 390
Michéa R. 387
Misteli F. 372
Mitzka W. 386, 389 f., 400
Mommsen Th. 394
Monboddo, Lord J. B. 392
Morf H. 391
Morris C. W. 381
Müller F. 391
Müller H. 376
Müller J. 391
Müller M. 296, 390, 392
Murra J. V. 390

Naert P. 383, 395
Napoleon 320, 327
Nida E. A. 382, 400
Nielsen N. Å. 391
Niepold W. 387, 400
Noreen A. 398
Notker 268

Oehl W. 376
Oehler H. 387
Öhman S. 381, 400
Ogden C. K. 235 f., 387
Osthoff H. 389
Otfrid von Weissenburg 271
Otto E. 399

Pätsch G. 386 f.
Panse Fr. 385
Parkinson J. 188
Paul H. 385, 387 ff.
Paulinus a S. Bartholomaeo 346, 392
Paulus 268
Peano G. 235, 241
Pedersen H. 392
Pessler W. 386
Pfeffel G. C. 377
Pfeffer I. A. 387
Piccardo L. J. 383
Pick A. 385
Pictet A. 349
Pike K. L. 381
Pindar 15, 375
Pisani V. 400 f.
Platon 17, 20, 28, 77 f., 195, 237, 271, 375 f.

Pokorny J. 391
von Polenz P. 398
Pollack H. 398
Pop S. 386
Porzig W. 376, 378, 381 ff.
Pozzi S. J. 385
Prichard J. C. 349
Printz W. 401
Protagoras 55, 378
Protze H. 399

Rask R. 324 ff., 336 ff., 345 ff., 370, 392
von Raumer R. 341
Rawlinson H. C. 347
Reichling A. 382, 400
Reichmann O. 382 f., 389, 401
Reuter F. 261
Révész G. 378
Rilke R. M. 181
Ries J. 382
Rivenc P. 387
Roorda T. 387
Rosetti A. 382, 384, 400
Rousselot J. 391
Rupp H. 380, 382

Sack F. L. 387
Sainéan L. 388
Sappho 375
Sapir E. 387, 398
de Saussure F. 115, 317, 372, 382, 398
Sauvageot A. 387
Schadewaldt W. 381
Schenkel W. 382
Scherer A. 397
Schiller 190 f.
Schirmer A. 388
Schlegel A. W. 324, 335, 371, 393
Schlegel F. 324, 326 f., 335, 340, 371
Schleicher A. 359 f., 394
Schleyer F. 237
Schliemann H. 356
Schmidt P. W. 395
Schmitt A. 384, 391
Schrijnen J. 390, 401
Schuchardt H. 388 f., 391
Schwarz H. 381
Schwyzer E. 389
Sechehaye A. 398, 401
Segerstedt T. T. 386
Seidel E. 382
Shakespeare 324, 379
Shenton H. 387
Sievers E. 189 ff., 288, 385, 390
Simon G. 397
Singer S. 389
Snell B. 397
Sokrates 20, 379
Sommer F. 355, 389, 394
Sperber H. 377
Speusippos 195
Stalin J. W. 262, 297, 288, 390
Stammerjohann H. 397
Steger H. 380, 401
Steinthal H. 371 f.
Stenzel J. 399
Stephenson G. 34
Stier H. E. 375
Stoltenberg H. L. 134
Streitberg W. 393
Stresemann E. 379
Stroh F. 389, 400
Sütterlin L. 377, 384
Szinnyei J. 395

Terracini B. 391
Tesnière L. 401
Thorndike E. L. 387
Thümmel W. 401
Tinbergen N. 378
Tomaschek W. 352, 394
Trier J. 119, 365, 381 f.
Trombetti A. 391
Trubetzkoy N. S. 384, 400

Ullmann S. 377, 397, 400
Unterberger B. 375
Urban W. M. 399

Vendryes J. 390, 398
Ventris M. 356

Verner K. 342 ff.
Vetter W. 387
Viëtor W. 384
Voss J. H. 377
Vossler K. 373

Wackernagel J. 385, 401
Wagner K. 386
Wagner K. H. 401
Wahl O. 241
Waibel K. 391, 398
Walpole H. R. 382, 400
Walther von der Vogelweide 271, 279 ff.
Wängler H. H. 400
von Wartburg W. 397
Watson J. B. 381
Weber G. W. 400
Weber H. 397
Wechssler E. 389
Weisgerber L. 134, 379 ff., 386, 395, 397 ff.
Wenger L. 388
Wernicke C. 194, 385
Wexler P. J. 376
Whitfield Fr. J. 380
Whitney W. D. 298, 390
van Wijk N. 384
Wilkins Ch. 392
Windisch E. 388
Windischmann K. J. 327 f., 391
Winkler H. 353
Winogradow W. W. 134
Wissemann H. 376
Wissmann W. 393
Wolf S. A. 388
Wolff Ch. 268
Wüster E. 388
Wunderlich H. 388
Wundt W. 376, 389

Zamenhof L. L. 238
Zikmund H. 383
Zimmermann H. 380
Zinsli P. 377, 382
Zwirner E. 384
Zwirner K. 384

Erklärung der fremden Buchstaben

- å = ō in skandinavischer Rechtschreibung
- č = tsch
- j = dsch in altindischen Wörtern
- š = sch
- ś, ṣ = eine Art sch in altindischen Wörtern
- þ = Reibelaut zwischen Zungenspitze und Oberzähnen, englisch th. Vgl. S. 274
- ž = stimmhaftes sch, französisch j